"十二五"普通高等教育本科国家级规划教材

配套教材

东北财经大学会计学系列

U0816613

国家重点学科

国家级特色专业 / 国家级一流本科专业

国家级精品课程 / 国家级精品资源共享课

11th Edition

第11版

Financial Analysis: *Exercises and Cases*

财务分析

习题与案例

张先治　张晓东　秦志敏　主编

东北财经大学出版社
Dongbei University of Finance & Economics Press
大连

图书在版编目（CIP）数据

财务分析习题与案例 / 张先治，张晓东，秦志敏主编．—11 版．—大连：东北财经大学出版社，2025.8.—（东北财经大学会计学系列配套教材）．—ISBN 978-7-5654-5747-0

Ⅰ. F231.2

中国国家版本馆 CIP 数据核字第 20256MC713 号

财务分析习题与案例

CAIWU FENXI XITI YU ANLI

东北财经大学出版社出版

（大连市黑石礁尖山街 217 号　邮政编码　116025）

网　　址：http://www.dufep.cn

读者信箱：dufep@dufe.edu.cn

大连东泰彩印技术开发有限公司印刷　东北财经大学出版社发行

幅面尺寸：148mm×210mm　　字数：414 千字　　印张：13.75

2025 年 8 月第 11 版　　2025 年 8 月第 1 次印刷

责任编辑：李　彬　王　丽　高　铭　　责任校对：刘贤恩

吴　茜　曲以欢

封面设计：张智波　　版式设计：原　皓

书号：ISBN 978-7-5654-5747-0　　定价：34.00 元

教学支持　售后服务　联系电话：（0411）84710309

版权所有　侵权必究　举报电话：（0411）84710523

如有印装质量问题，请联系营销部：（0411）84710711

第11版前言

《财务分析习题与案例》是“十二五”普通高等教育本科国家级规划教材《财务分析》主教材（张先治，陈友邦．财务分析［M］．11版．大连：东北财经大学出版社，2025）的配套教材。《财务分析习题与案例》无论包含的内容，还是编写体例，都充分考虑了目前本科教学的特点，具有较强的适用性，既有利于激发学生课前预习和课后复习的主动性，也有利于丰富教师授课内容与授课方法，提高教学质量。本次修订强化思政引领，认真贯彻落实党的二十大和二十届三中全会精神以及《高等学校课程思政建设指导纲要》的相关要求。同时，紧密结合新经济、新技术和新环境的发展对财务分析实践的影响。

《财务分析习题与案例》第11版在保持该辅助教材上一版基本体例和风格的基础上，结合《财务分析》主教材第11版的内容修订和教学的需要，对各章相关部分的内容进行了补充、调整与完善，特别是对各章大部分案例进行了更新。修订后的教材每章包括的内容有：本章重点与难点、关键概念、相关准则制度及阅读书目、复习思考题、练习题、案例分析题六个部分。书后附有练习题参考答案、复习思考题及案例分析题提示。

《财务分析习题与案例》由张先治、张晓东和秦志敏主编。各章执笔人分别为：第一章，张先治；第二章，张晓东；第三章，张先治；第四章，张晓东；第五章，秦志敏、赵梅；第六章，王玉红、张先治；第七章，秦志敏、赵梅；第八章，王玉红、张先治；第九章，徐晶、张晓东；第十章，王玉红；第十一章，于悦；第十二章，徐晶；第十三章，于悦、张先治。最后由张先治教授和张晓东教授总纂定稿。

受作者水平所限，本书在体例安排和内容的表述上，都可能存在某些疏漏或不足，在此诚恳地希望读者批评指正。

编　者

2025年5月于大连

目　录

第一篇　财务分析概论

第二篇　财务报告分析

第三篇　财务效率分析

第四篇　财务综合评估

第一篇

财务分析概论

第一章　财务分析理论

□ 本章重点与难点

一、财务分析学科发展现状

目前的财务分析从学科基础上看，主要可分为基于会计学的财务分析与基于财务学的财务分析两种。

（一）会计学中的财务分析与基于会计学的财务分析

1.会计学中的财务分析

会计学中的财务分析具有以下特点：

第一，主要介绍财务报表分析的基本方法，如水平分析法、垂直分析法和趋势分析法，对更进一步的会计分析（包括会计政策变更等对财务报表的影响分析）介绍得较少。

第二，主要介绍几个重要的财务比率，没有对财务比率体系进行论证与分析，也不进行财务比率的因素分析。

第三，会计学中的财务报表分析不研究财务比率分析的应用。

2.基于会计学的财务分析

基于会计学的财务分析通常具有以下特点：

第一，基于会计学的财务分析是一门独立的课程，拥有完整的理论体系、方法论体系和内容体系。

第二，基于会计学的财务分析以会计报告信息分析为出发点，以影响会计报告信息的因素（特别是会计假设、会计政策、会计估计等因素）变动为分析重点。

第三，基于会计学的财务分析往往将盈利能力分析、营运能力分析、偿债能力分析等作为会计信息在财务分析中的应用。

第四，基于会计学的财务分析在处理财务分析与财务管理的关系上，往往强调财务效率。

（二）财务学中的财务分析与基于财务学的财务分析

1.财务学中的财务分析

财务学中的财务分析具有以下特点：

第一，将财务分析作为财务管理的职能，与财务预测、财务预算、财务控制、财务评价与激励等并列。

第二，将财务分析（或财务报告与分析）作为财务管理的基础，提供对财务管理中筹资活动、投资活动与分配活动决策有用的信息。

第三，将财务分析定义为财务比率分析，往往以盈利能力分析、营运能力分析和偿债能力分析为分析体系和主要内容。

2.基于财务学的财务分析

基于财务学的财务分析内容广泛，通常具有以下特点：

第一，基于财务学的财务分析是一门独立的课程，拥有完整的理论体系、方法论体系和内容体系。

第二，基于财务学的财务分析以财务学的领域为导向，以价值分析与量化分析技术为基础，以公司财务比率或能力分析、证券市场分析等为主要内容。

第三，基于财务学的财务分析应用领域较为广泛，包括证券估价、业绩评价、风险管理、企业重组等。

第四，基于财务学的财务分析在处理财务分析与会计学的关系上，往往将财务报告及管理会计信息作为分析基础。

（三）财务分析的学科定位

关于财务分析的学科定位问题一直存在较大争议。有人将其划归会计学，有人将其划归财务管理，还有人将其划归金融学、统计学等。财务分析之所以定位较难，是因为它是一门与上述学科都相关的边缘性学科，这也从另一个方面说明财务分析应该外在于上述学科而独立存在。

财务分析实际上是在会计信息供给（会计学）与会计信息需求（财务学、经济学、管理学等）之间架起的一座桥梁，因为在会计学与经济学、管理学和财务学等学科的关系中，都涉及会计学的发展如何满足相关学科发展的信息需求、其他学科的发展如何有效利用会计信息的问题。在会计学与相关学科关系的信息转换中，财务分析起着至关重要的作用。财务分析就是指根据相关学科或人们对会计信息的需求，将标准的会计信息分析转换为决策与管理所需要的信息，同时，又将相关学科理论与实务所需求的信息分析转换为会计应该提供的信息。

从财务分析在会计学与相关学科关系中的地位与作用看，随着会计学科地位的提升和相关学科对会计学信息需求范围、数量与质量要求的提高，财务分析将在分析主体、分析对象、分析内容和学科地位上有进一步的扩展与提升。财务分析不仅要满足投资者、债权人等外部信息需求者的需要，而且要满足管理者、员工等内部信息需求者的需要；不仅要满足管理学理论与实务发展的需要，而且要满足经济学理论与实务发展的需要。财务分析不仅是一门独立的边缘性学科，而且将成为一个独立于会计学和财务学等的专业方向。

二、我国财务分析的发展与挑战

（一）我国财务分析实践发展

我国的财务分析思想出现较早，但真正开展财务分析工作还是在20世纪初。中华人民共和国成立后，在计划经济体制下，我国一直把财务分析作为企业经济活动分析的一部分。改革开放以来，随着企业自主权的扩大，财务分析引起了越来越多有识之士的重视，不仅经济活动分析中的财务分析内容得到了充实，财务管理和管理会计等学科中也增加了财务分析的内容。随着我国社会主义市场经济体制和现代企业制度的建立，企业的所有者、债权人、经营者和政府经济管理者都站在各自的立场上，或从各自的目的和利益出发，关心企业的经营状况、财务状况和经济效益。同时，我国统一了财务会计制度，完善了财务会计信息披露制度等。这些都为我国财务分析的发展奠定了基础。

财务分析的发展要适应学科地位及专业发展的需要，必须充分考虑新环境、新经济和新技术变化所带来的挑战。这些挑战也势必给财务分析实践发展和财务分析理论带来影响。因此，要建立现代财务分析学科体系，提升财务分析学科地位，必须面对各种挑战，创新财务分析理论与方法。

（二）新环境、新经济、新技术的挑战

当前，中国特色社会主义进入新时代，这意味着中国社会主义事业发展进入了一个新的历史阶段。新时代还意味着中国面临新的挑战和机遇。新时代带来了新的环境、新经济和新技术，对社会和经济发展产生

了深远影响。

新时代的新环境、新经济和新技术为社会和经济发展带来了新的机遇和挑战，对产业结构、经济模式、社会生活方式等方面产生了深远影响。同时，需要制定相应的政策和措施，以促进新经济和新技术的良性发展，解决相关的问题。

（三）新环境、新经济和新技术对财务分析发展的挑战

在新经济和新技术的背景下，财务分析面临许多挑战，如：（1）数据量的增加和多样性；（2）数据质量和一致性；（3）快速变化的商业环境；（4）隐私和数据安全；（5）技术和工具的更新；（6）复杂的金融工具和交易；（7）市场不确定性；（8）社会和环境责任。

因此，财务分析在新经济和新技术环境下需要应对更复杂的数据、更快速的变化和更多的风险。同时，这也为企业提供了更多的机会，通过更好的财务分析来实现创新和增长，增强竞争优势。财务分析人员需要不断适应这些挑战，并寻求创新的方法来处理和分析财务数据。

（四）新环境、新经济、新技术的挑战对财务分析理论的影响

这些挑战会对财务分析理论体系产生影响，因为传统的财务分析方法和理论体系通常不足以解决新经济和新技术环境中出现的问题。以下是一些应对这些挑战的方式，涉及财务分析理论体系的方面：

（1）整合非财务数据；（2）强调实时性；（3）数据质量和一致性标准；（4）风险管理和合规性；（5）技术工具的集成；（6）可持续发展和社会责任。

总的来说，财务分析理论体系需要不断演进，以适应新经济和新技术环境的挑战和机会。这意味着要寻求更全面的理论框架，整合多样的数据来源，强调实时性和风险管理，以更好地支持企业在新经济中的决策和战略规划。财务分析专业人员和研究者需要积极参与和推动这一领域的发展。

三、财务分析的基本内涵

财务分析是以会计核算和报表资料及其他相关资料为依据，采用一系列专门的分析技术和方法，对企业等经济组织过去和现在有关筹资活动、投资活动、经营活动的偿债能力、盈利能力和营运能力状况等进行分析与评价，为企业的投资者、债权人、经营者及其他关心企

业的组织或个人了解企业过去、评价企业现状、预测企业未来、做出正确经营决策、进行管理控制和监督管理提供准确的信息或依据的经济应用学科。

从相关主体看，财务分析可分为投资者财务分析、管理者财务分析、监管者财务分析、客户财务分析、供应商财务分析、员工财务分析等；从分析方法看，财务分析可分为会计分析与比率分析；从服务对象看，财务分析可分为外部财务分析和内部财务分析；从职能作用看，财务分析可分为基于决策的财务分析、基于控制的财务分析和基于监管的财务分析。

四、财务分析的目标

财务分析无论从其主体看、客体看，还是从使用目的看，其目标都是要满足投资者、债权人、经营管理者及其他利益相关者决策与控制的需要。因此，研究财务分析的目标可从以下几方面进行：

（一）从企业投资者的角度看财务分析的目标

企业的投资者包括企业的所有者和潜在投资者，他们进行财务分析最根本的目标是看企业的盈利能力状况，因为企业拥有盈利能力是投资者资本得以保值和增值的关键。

（二）从企业债权人的角度看财务分析的目标

债权人进行财务分析的主要目标：一是看其对企业的借款或其他债权是否能及时、足额收回，即研究企业偿债能力的大小；二是看其收益状况与风险程度是否相适应，为此，还应将偿债能力分析与盈利能力分析结合起来。

（三）从企业经营者的角度看财务分析的目标

企业经营者进行财务分析的目标是综合的和多方面的。从对企业所有者负责的角度看，他们也关心盈利能力，这是他们的总体目标。但是，在财务分析中，他们不仅仅关心盈利的结果，还关心盈利的原因及过程。

（四）从其他利益相关者的角度看财务分析的目标

其他利益相关者主要指与企业经营有关的企业单位和国家行政管理与监督部门。

五、西方财务分析体系与内容评价

财务分析作为一门独立学科，必然涉及对财务分析目标、分析方法、分析内容的界定与安排问题。从不同角度或不同的分析目标出发，可得出不同的财务分析体系。目前，西方理论界关于财务分析体系的安排可归为以下几种：

（一）概论、会计分析、财务分析三大部分

这种体系实际上是在总论财务分析目标、方法、资料、环境的基础上将财务分析内容分为会计分析和财务分析两大部分。

（二）概论、分析工具、分析应用三大部分

这种体系中的概论部分主要强调财务分析的环境与目的，而将分析工具专门作为一部分研究。第三部分是分析的具体应用问题，即上述分析工具在实践领域的应用，通常包括证券分析、信贷分析及经营分析评价在兼并与收购、公司筹资政策和管理交流等方面的应用。

（三）概论、经营分析、投资分析、筹资分析、价值评估分析

这种体系的概论部分主要论述财务分析的内涵，通常从企业筹资活动、投资活动和经营活动三方面引出分析目的、分析资料及分析内容。在此基础上，对经营、投资、筹资、价值评估几个方面，应用相应的分析方法进行系统分析与评价。

六、我国财务分析体系构建的理论基础

（一）企业目标与财务目标

财务分析作为对企业财务活动及其效率与结果的分析，其目标必然与企业的财务目标相一致。目前，关于企业财务目标的提法或观点较多，如股东权益目标、企业价值目标、利润目标、经济效益目标等。

现代企业制度属于资本雇佣劳动制，因此，企业所有者是资本所有者，企业目标应与企业资本所有者目标相一致，即实现资本的保值与增值。

（二）财务目标与财务活动

企业追求财务目标的过程正是企业进行财务活动的过程，这个过程包括筹资活动、投资活动、经营活动和分配活动。

（三）财务活动与财务报表

企业的基本财务报表由资产负债表、利润表和现金流量表组成。企业的各项财务活动都直接或间接地通过财务报表来体现。

（四）财务报表与财务效率

财务报表包括动态报表和静态报表，其不仅能直接反映筹资活动、投资活动、经营活动和分配活动的状态或状况，而且可间接揭示或通过财务分析揭示财务活动的效率或企业能力，包括盈利能力、营运能力、偿债能力和增长能力。

上述各种能力是企业财务运行效率的体现，而财务运行效率的计算与分析离不开财务报表。

七、我国财务分析体系与内容的构建

在研究财务分析的产生与发展、界定财务分析内涵、明确财务分析目标与作用的基础上，结合对国外财务分析体系与内容的剖析，我们将我国财务分析体系与内容归纳为以下四篇十三章内容。

第一篇为财务分析概论，本篇包括财务分析理论、财务分析信息和财务分析方法三章内容。

第二篇为财务报告分析，本篇包括资产负债表分析、所有者权益变动表分析、利润表分析和现金流量表分析四章内容。

第三篇为财务效率分析，本篇包括盈利能力分析、营运能力分析、偿债能力分析和发展能力分析四章内容。

第四篇为财务综合评估，本篇包括综合分析与业绩评价和企业价值评估两章内容。

八、财务分析的形式与条件

（一）财务分析的形式

由于进行财务分析的角度不同，如分析的主体不同、客体不同、目的不同等，因此财务分析的形式也有所不同。通常，财务分析的形式可从以下几方面进行划分：

财务分析根据分析主体的不同，可分为内部分析与外部分析。

财务分析根据分析的方法与目的的不同，可分为静态分析和动态分析。

财务分析根据分析的内容与范围的不同，可分为全面分析和专题分析。

财务分析从分析资料的角度划分，可分为财务报表分析和内部报表分析。

（二）财务分析的条件与要求

明确了财务分析的目的、作用、内容及形式，为进行财务分析奠定了理论基础，然而，要搞好财务分析，充分发挥财务分析的作用，还必须搞清财务分析的前提条件：

1.统一的财务会计制度。

2.产权清晰的企业制度。

3.完善的信息披露体制。

在弄清财务分析前提条件的基础上，为健全与完善财务分析理论，做好财务分析实务，必须做好以下几点：

1.创造与完善财务分析条件。

2.学习与掌握财务分析方法。

3.建立与健全财务分析组织。

九、财务分析的作用

（一）财务分析可正确评价企业过去

正确评价过去，是说明现在和揭示未来的基础。通过对实际财务报表等资料的分析，财务分析能够准确地说明企业过去的业绩状况，指出企业存在的问题及产生的原因，如是主观原因还是客观原因等。这不仅对正确评价企业过去的经营业绩是十分有益的，而且可对企业投资者和债权人的行为产生积极的影响。

（二）财务分析可全面反映企业现状

财务分析根据不同分析主体的分析目标，采用不同的分析手段和方法，可得出反映企业在某方面现状的指标。这种分析对于全面反映和评价企业的现状有重要作用。

（三）财务分析可用于企业未来估价

财务分析对企业未来的估价主要体现在：第一，可为企业未来的财务预测、财务决策和财务预算指明方向；第二，可准确评估企业的价值及价值创造，这对企业进行经营者绩效评价、资本经营和产权交易都是十分有益的；第三，可为企业进行财务危机预测提供必要信息。

□ 关键概念

1.财务分析　　2.财务报表分析
3.财务报告分析　　4.经济活动分析
5.动态分析　　6.静态分析
7.全面分析　　8.专题分析
9.内部分析　　10.外部分析

□ 相关准则制度及阅读书目

[1] 王化成，支晓强，王建英．财务报表分析［M］．3版．北京：中国人民大学出版社，2022.

[2] 宋常．财务分析学［M］．5版．北京：中国人民大学出版社，2022.

[3] 张先治，张晓东．财务分析（数智版）［M］．2版．大连：东北财经大学出版社，2024.

[4] 企业会计准则编审委员会．企业会计准则详解与实务：条文解读+实务应用+案例讲解（修订版）［M］．北京：人民邮电出版社，2019.

□ 复习思考题

1.财务分析为什么会形成独立的课程？
2.如何理解财务分析的基本内涵？
3.如何理解西方财务分析体系对我们的启示？
4.如何理解财务分析目标的多元化？

□ 练习题

一、单项选择题

1.基于会计学的财务分析以（　　）分析为出发点。

A.会计假设　　B.会计报告信息
C.会计政策　　D.会计估计

2.财务分析的对象是（　　）。

A.会计报表　　B.财务报告

C.财务活动及成果　　　　　　D.财务效率

3.企业投资者进行财务分析的根本目标是关心企业的（　　）。

A.盈利能力　　　　　　　　B.营运能力

C.偿债能力　　　　　　　　D.增长能力

4.（　　）是财务分析最主要的信息。

A.会计信息　　　　　　　　B.财务信息

C.统计信息　　　　　　　　D.业务信息

5.西方财务分析体系之一的基本架构是（　　）。

A.盈利能力分析、偿债能力分析、营运能力分析

B.分析概论、会计分析、财务分析

C.资产负债表分析、利润表分析、现金流量表分析

D.水平分析、垂直分析、比率分析

6.（　　）是建立财务分析理论体系和内容体系的关键。

A.财务分析职能　　　　　　B.财务分析主体

C.财务分析目标　　　　　　D.财务分析对象

7.业绩评价在财务分析体系中属于（　　）。

A.财务报告分析　　　　　　B.财务效率分析

C.财务战略分析　　　　　　D.财务综合评估

二、多项选择题

1.财务分析的作用主要体现在（　　）。

A.可正确评价企业过去　　　　B.可用于企业未来估价

C.可完善现代企业制度　　　　D.可完善会计信息披露

E.可全面反映企业现状

2.财务分析可揭示的财务活动及成果的效率或能力包括（　　）。

A.盈利能力　　　　　　　　B.营运能力

C.偿债能力　　　　　　　　D.增长能力

E.借款能力

3.企业财务活动包括（　　）。

A.投资活动　　　　　　　　B.经营活动

C.分配活动　　　　　　　　D.研发活动

E.管理活动

4.财务分析的主体包括（　　）。

A.企业所有者或潜在投资者　B.企业债权人

C.企业经营者　D.企业供应商和客户

E.政府管理部门

5.财务分析的前提条件包括（　　）。

A.产权清晰的企业制度　B.完整的财务指标体系

C.完善的信息披露机制　D.统一的财务会计制度

E.先进的财务分析方法

6.财务分析概论包括的内容有（　　）。

A.财务分析理论　B.财务分析方法

C.会计分析　D.财务分析信息

E.增长能力分析

7.财务分析的主体包括（　　）。

A.投资者　B.债权人

C.经营者　D.分析师

E.审计师

8.财务报告分析包括对（　　）的分析。

A.成本报表　B.资产负债表

C.利润表　D.销售报表

E.现金流量表

9.财务分析从分析范围与内容角度看，可分为（　　）。

A.动态分析　B.专题分析

C.全面分析　D.静态分析

E.现状分析

三、判断题

1.会计学中的财务报表分析和财务学中的财务比率分析，都可以反映财务分析的本质。（　　）

2.财务分析所依据的信息包括会计信息及其他相关信息。（　　）

3.财务分析实际上是在会计信息供给与会计信息需求之间架起的一座桥梁。（　　）

4.财务分析与财务管理的相同点在于二者都将财务活动作为研究对象。（ ）

5.追求股东权益或股东价值增加是企业财务的根本目标，它与追求企业价值或其他相关利益者的利益相矛盾。（ ）

6.财务分析作为一个全面、系统的分析体系，通常包括财务分析理论、财务分析信息、财务分析方法、财务报告分析、财务效率分析及财务分析应用。（ ）

7.内部报表主要指除财务会计报表之外的其他与企业财务和会计活动有关的报表资料，其中最基本的是成本会计报表。（ ）

四、简答题

1.简述财务活动与财务报表的关系。

2.简述企业财务分析的体系与内容。

3.简述财务分析发展过程中面临的挑战。

4.简述财务分析的作用。

□ 案例分析题

2023年进入中国500强汽车行业企业财务分析

1.案例介绍

2023年中国汽车行业进入《财富》中国500强的企业主要包括整车制造商、零部件供应商及汽车服务企业，行业整体呈现新能源爆发、传统车企转型、盈利分化加剧的特点。2023年共有约20家汽车相关企业进入中国500强，较2022年增加2家（主要因新能源车企崛起）。头部企业排名上升：比亚迪、宁德时代等新能源相关企业排名大幅提升，部分传统车企（如北汽、广汽）排名下滑。从主要上榜企业分类看：传统车企，如上汽集团、一汽集团、东风汽车排名稳中有降；新能源车企，如比亚迪、蔚来、理想、小鹏排名大幅上升（比亚迪首进前50）；零部件巨头，如宁德时代、福耀玻璃、潍柴动力排名持续攀升（动力电池需求激增）；汽车服务企业，如国机汽车、中升控股（经销商集团）排名相对稳定。

以下是对2023年进入中国500强汽车行业企业的盈利能力、营运能力、偿债能力和发展能力的详细四维分析，结合财务指标和行业特点展开。

（1）盈利能力分析（见表1-1）

表1-1　　盈利能力指标表

指标	新能源车企（比亚迪/理想）	传统车企（上汽/广汽）	零部件企业（宁德时代/福耀玻璃）
净利润率	3%~5%（比亚迪3.8%）	1.5%~2.5%（上汽2.0%）	10%~12%（宁德10.5%）
ROE	15%~20%（比亚迪18%）	5%~8%（上汽6%）	20%~25%（宁德22%）
毛利率	18%~22%（理想21%）	10%~15%（广汽12%）	25%~30%（福耀28%）
营收增速	80%~100%（比亚迪96%）	-5%~3%（上汽-5%）	50%~90%（宁德90%）

（2）营运能力分析（见表1-2）

表1-2　　营运能力指标表

指标	新能源车企	传统车企	零部件企业
存货周转率	6~8次（比亚迪7）	5~6次（上汽5.2）	4~5次（宁德4.3）
应收账款周转率	10~12次（理想11）	8~10次（广汽9）	6~8次（福耀7）
总资产周转率	0.8~1.0次（比亚迪0.9）	0.6~0.8次（上汽0.7）	0.5~0.6次（宁德0.55）

（3）偿债能力分析（见表1-3）

表1-3　　偿债能力指标表

指标	新能源车企	传统车企	零部件企业
资产负债率	65%~75%（蔚来70%）	60%~65%（上汽62%）	50%~55%（宁德52%）
流动比率	1.2~1.5（比亚迪1.3）	1.0~1.2（广汽1.1）	1.5~2.0（福耀1.8）
速动比率	0.8~1.0（理想0.9）	0.7~0.9（上汽0.8）	1.2~1.5（宁德1.3）

（4）发展能力分析（见表1-4）

表1-4　　发展能力指标表

指标	新能源车企	传统车企	零部件企业
研发投入占比	4%~8%（比亚迪4.8%）	2%~3%（上汽2.5%）	5%~7%（宁德6%）
资本开支/营收	15%~20%（蔚来18%）	8%~10%（广汽9%）	12%~15%（福耀13%）
海外收入增速	100%~200%（比亚迪出口翻倍）	5%~10%（上汽出口8%）	50%~80%（宁德欧洲70%）

资料来源：各公司2023年年报、Wind、中国汽车工业协会（CAAM）、东方财富、Choice数据.

2.案例分析要求

（1）分别评价四项能力情况。

（2）综合分析评价。

（3）提出相关建议。

东风汽车集团2024年实现扭亏为盈

1.案例介绍

2025年3月26日，东风汽车集团股份有限公司正式发布2024年度业绩报告，见表1-5。

表1-5　　东风汽车集团综合损益表　　单位：人民币百万元

项目	2024年	2023年（经重述）
收入	106 197	99 383
销售成本	−92 612	−89 550
毛利	13 585	9 833
其他收入	7 016	4 161
销售及分销成本	−9 419	−8 301
管理费用	−6 152	−5 395
金融资产减值损失净额	−631	−1 144
其他费用	−5 832	−5 601
财务费用	−837	−1 112
应占溢利及亏损	1 107	1 321
合营企业	436	514
联营企业	671	807
税前亏损	−1 163	−6 238
所得税开支	−59	−465
年内亏损	−1 222	−6 703
溢利应拨归：		
母公司权益持有人	58	−3 887
非控股权益	−1 280	−2 816
每股盈利/（亏损）：		
基本&摊薄（人民币分）	0.70	−45.66

财报显示，东风汽车集团全年整体业绩：2024年营收达1 061.97亿元，同比增长6.9%。毛利135.85亿元，同比增长38.2%；毛利率从2023年的9.9%提升至2024年的12.8%。归属于上市公司股东净利润为0.58亿元，去年同期为亏损38.87亿元，实现扭亏为盈。

销量情况：2024年累计销量189.59万辆，同比下滑9.2%。其中合资业务销量110.52万辆，同比下滑9.2%，如东风日产（含东风英菲尼迪、启辰）全年累计销量63.12万辆，同比下滑12.7%；东风本田全年累计销量42.82万辆，同比下滑29.2%。不过自主乘用车表现出色，销量43.89万辆，同比增长26.4%，成为营收增长重要引擎。

新能源业务：2024年新能源车销量达39.46万辆，同比增长13.4%，占总销量比重约为20.8%，较上一年度提升4.1个百分点。以岚图为代表的高端新能源品牌增长迅速，岚图全年累计销量为8.01万辆，同比增长59.3%，毛利率同比增长7.1个百分点。

资产与现金流：2024年资产负债率维持在52.4%，保持行业健康水平。营业现金比率同比提升7.1个百分点达16.4%，经营现金流同比增长88.0%，期末现金储备约1 000亿元，为后续战略转型提供了充足的资金。

研发投入：2024年研发投入同比增长17%。该集团在新能源领域的研发投入占比已超过60%，在乘用车领域的研发投入更是达到80%以上。在新能源动力系统方面，打造了新一代马赫动力体系，涵盖多种能源形式，还启动建设了固态电池中试线，布局了燃料电池系列产品；在智能化方面，打造了中央集中式SOA电子电气架构，推出了国产自主可控的车规级MCU芯片，正在研发基于大模型的端到端智能驾驶系统等。

东风汽车集团通过自主品牌乘用车的增长、新能源业务的发展、内部改革降本增效以及加大研发投入等举措，在2024年实现了财务状况的明显改善和经营业绩的扭亏为盈。

2.案例分析要求

（1）上述案例资料从哪几个方面介绍了东风汽车集团2024年的财务活动及取得的成效？

（2）结合东风汽车集团年度业绩报告，分析该集团2024年扭亏为盈的主要原因，以及仍存在的问题。

第二章　财务分析信息

□ 本章重点与难点

一、财务分析信息的作用、种类与要求

（一）财务分析信息的作用

财务分析信息是财务分析的基础和不可分割的组成部分。它对保证财务分析工作的顺利进行、提高财务分析的质量与效果都具有重要的作用。

第一，财务分析信息是财务分析的根本依据。

第二，收集和整理财务分析信息是财务分析的重要步骤和方法之一。

第三，财务分析信息的数量和质量决定着财务分析的质量与效果。

（二）财务分析信息的种类

从不同角度看，财务分析信息的种类是不同的。

第一，财务信息与非财务信息。根据是否直接反映企业的经营成果、财务状况和现金流量可分为财务信息和非财务信息。通常而言，财务信息是指以数字货币度量方式反映企业的经营成果、财务状况和现金流量的信息；非财务信息是以非数字货币度量方式反映的各类信息，包括宏观经济信息、行业信息、生产技术信息，企业组织结构、内部治理、战略目标和未来发展计划等方面情况的信息。

第二，内部信息与外部信息。按信息来源的不同，财务分析信息可分为内部信息和外部信息。内部信息，是指从企业内部取得的财务信息，而外部信息则是指从企业外部取得的财务信息。

第三，定期信息与不定期信息。根据取得的时间的确定性程度，财务分析信息可分为定期信息和不定期信息。定期信息是指企业经常性需要、可定期取得的信息，不定期信息则是根据临时需要搜集的信息。

第四，实际信息与标准信息。根据实际发生与否，财务分析信息可分为实际信息和标准信息。实际信息是指反映各项经济指标实际完成情况的信息，标准信息是指用于作为评价标准而搜集与整理的信息。

（三）财务分析信息的要求

为了保证财务分析的质量与效果，财务分析信息必须满足以下要求：

1.财务分析信息的完整性。

2.财务分析信息的系统性。

3.财务分析信息的准确性。

4.财务分析信息的及时性。

5.财务分析信息的相关性。

二、财务分析评价标准信息

确立财务分析评价标准是财务分析的一项重要内容。不同的财务分析评价标准，会对同一分析对象得出不同的分析结论。财务分析评价标准有经验标准、历史标准、行业标准、预算标准等。

（一）经验标准

经验标准是在财务比率分析中经常采用的一种标准。经验标准，是指这个标准的形成依据大量的实践经验的检验。

（二）历史标准

历史标准是指以企业过去某一时间的实际业绩为标准。应用历史标准的优点，一是比较可靠，二是具有较高的可比性。历史标准也有不足，一是比较保守，二是适用范围较窄。

（三）行业标准

行业标准是财务分析中被广泛采用的标准。它是按行业制定的，反映行业财务状况和经营状况的基本水平。

运用行业标准有三个限制条件：第一，同行业内的两个公司并不一定是可比的；第二，一些大的公司往往跨行业经营，公司的不同经营业务可能具有不同的盈利水平和风险程度，这时用行业统一标准进行评价显然是不合适的；第三，应用行业标准还受企业采用的会计方法的限制。

（四）预算标准

预算标准是指企业根据自身经营条件或经营状况，结合企业目标等因素制定的目标标准。预算标准通常在一些新的行业、新建企业以及垄断性企业应用较多。

各种财务分析评价标准都有其优点与不足。在财务分析中，不应孤立地选用某一种标准，而应综合应用各种标准。

三、政策与法规信息

（一）政策与法规信息的重要性

在进行企业财务分析的过程中，无论是投资者、经营者还是债权人，只靠企业内部信息是远远不够的。在我国实行社会主义市场经济的今天，财务分析更离不开政策与法规信息。

（二）政策信息

政策信息主要指国家为加强宏观管理所制定的各项与企业有关的政策和制度。

1.经济体制方面的政策。

2.宏观经济政策。

3.产业政策与技术政策。

（三）法规信息

1.会计法规信息。

2.上市公司监管法规体系。

四、年度报告的内涵和作用

年度报告是公司以年度为时间单位，定期、按时对外提供的财务报告和其他经营成果、财务状况和现金流量信息的报告。

根据中国证券监督管理委员会制定的信息披露法规，上市公司年度报告至少应当包括如下内容：公司基本情况，会计数据和业务数据摘要，股本变动及股东情况，董事、监事、高级管理人员和普通员工情况，公司治理结构，股东大会情况简介，董事会报告，监事会报告，重要事项，财务报告。

年度报告在财务分析中的作用主要表现在以下三个方面：

1.介绍公司行业情况和内部治理机制等背景资料。

2.披露公司的经营成果和财务状况。

3.提供公司未来的经营计划。

五、财务报告的内涵与种类

财务报告，是反映企业财务状况与经营成果的书面文件。财务报告主要包括对外报出的会计报表、会计报表附表及财务情况说明书。

财务报表具体由会计报表本身及其附注两部分构成，而会计报表仅指报表本身，不包括附注。以财务报表为核心的财务报告体系可以从不同的方面提供企业财务状况、经营业绩和现金流量等较为完整的信息。

企业会计报表按照不同的划分标准或从不同的角度划分，可分为以下几类：

第一，按会计报表反映的经济内容可分为资产负债表、利润表、所有者权益变动表和现金流量表。

第二，按会计报表编制的范围可分为企业会计报表和合并会计报表。

第三，按会计报表的使用对象可分为对外会计报表和对内会计报表。对外会计报表是指根据国家有关法规，企业定期向其利益关系人（如投资者、债权人、政府部门等）报送的会计报表，如资产负债表、利润表、所有者权益变动表、现金流量表及相关附注等；对内会计报表，亦称管理报表，是根据企业内部经营管理的需要，自行设计与填制的会计报表，如成本费用报表、责任会计报表等。

第四，按会计报表编制时期可分为年度报表、季度报表和月度报表。

六、资产负债表

（一）资产项目的构成及作用

资产是企业拥有或者控制的能以货币计量的经济资源，包括企业的各种财产、债权和其他权利。资产按其流动性，一般可分为流动资产和非流动资产，其中非流动资产主要包括长期股权投资、固定资产、无形资产、递延所得税资产和其他资产等。资产负债表中，资产项目的作用包括以下几点：

第一，提供了企业变现能力的信息。

第二，提供了企业资产结构的信息。

第三，提供了反映企业资产管理水平的信息。

第四，提供了反映企业价值的信息。

（二）负债项目的构成及作用

负债是企业所承担的能以货币计量、将以资产或劳务偿付的债务。资产负债表中的负债分为流动负债和非流动负债。负债为财务分析提供了以下有用信息：

第一，反映企业总体债务水平的信息。

第二，反映企业债务结构的信息。

（三）所有者权益项目的构成及作用

所有者权益是指企业投资者对企业净资产的所有权，是企业资金来源的主要部分。资产负债表对所有者权益项目的划分，为财务分析提供了如下信息：

第一，反映企业所有者权益内部结构的信息。

第二，反映企业收益分配情况的信息。

除上述资产、负债、所有者权益项目各自提供的分析信息外，将三者结合起来，还可综合提供以下信息：

第一，分析企业偿债能力的信息。

第二，分析企业权益结构的信息。

七、利润表

（一）利润表的基本结构与内容

利润表是反映企业一定期间（如年度、月度或季度）内生产经营成果（或亏损）的会计报表。利润表有两种形式：一是单步式利润表，二是多步式利润表。

第一，单步式利润表。单步式利润表的基本特点是将本期发生的所有收入和所有成本费用汇集在一起，然后用总收入减去总成本费用得出本期利润。

第二，多步式利润表。多步式利润表与单步式利润表不同，它的特点是按利润形成的几个环节，分步骤地将有关收入与成本费用相减，从而得出各步骤的利润额。

（二）利润表的信息作用

利润表的格式内容及基本钩稽关系为财务分析提供了有用的信息。从财务分析的不同角度看，利润表可提供的信息主要包括以下几点：

第一，反映企业财务成果的信息。

第二，反映企业盈利能力的信息。

第三，反映企业营业收入、成本费用状况的信息。

第四，反映企业经营业绩结构的信息。

八、所有者权益变动表

（一）所有者权益变动表基本结构与内容

所有者权益变动表是反映企业一定期间（如年度、季度或月度）内所有者权益的各组成部分当期增减变动情况的报表。在所有者权益变动表中，当期损益、直接计入所有者权益的利得和损失以及由所有者的资本交易导致的所有者权益的变动分别列示。

（二）所有者权益变动表的信息作用

所有者权益变动表的格式和内容，为财务分析提供了丰富的信息。从不同角度看，所有者权益变动表提供的信息及其作用主要体现在以下几个方面：

第一，提供所有者权益变动原因的信息。

第二，提供所有者权益内部结构变动的信息。

第三，提供利润表和资产负债表的辅助信息。

第四，提供企业全面收益的信息。

九、现金流量表

现金流量表实际上是资金表的一种形式。资金表或资金来源与运用表，是根据企业一定时期内各种资产和权益项目的增减变化来分析资金的取得来源和流出用途、说明财务动态的会计报表。以现金为基础编制的资金表实际上就是现金流量表。

现金流量表提供了反映企业财务状况变动情况的详细信息，为分析、研究企业的资金来源与资金运用情况提供了依据。它提供的信息主要包括以下几个方面：

第一，提供了企业资金（特别是现金，下同）来源与运用的信息。

第二，提供了企业现金增减变动原因的信息。

第三，提供了分析资产负债表和利润表所需要的信息。

十、会计报表附注

（一）会计报表附注的基本内容

会计报表附注主要包括企业一般情况、会计基本假设、会计政策、变更事项、报表项目注释、分部信息以及重要事项揭示等内容。

1.企业的基本情况。

2.财务报表的编制基础。

3.遵循企业会计准则的声明。

4.重要会计政策和会计估计。

5.会计政策和会计估计变更以及差错更正的说明。

6.税率。

7.重要报表项目的说明。

8.重要事项的揭示。重要事项的揭示主要包括承诺事项、或有事项、期后事项。

（二）各主要会计报表附注

1.资产负债表附注。

资产负债表附注主要有两种：

（1）存货分类明细表。存货分类明细表是资产负债表附表之一，是反映企业存货项目增减变动情况的报表。

（2）固定资产明细表。固定资产明细表是资产负债表附表之一，是反映企业固定资产详细情况的报表。

2.利润表附注。

利润表附注主要有以下几种：

（1）销售费用明细表。销售费用明细表是利润表附表之一，用于补充说明企业销售费用各项目的详细情况。

（2）管理费用明细表。管理费用明细表是利润表附表之一，是反映企业管理费用内部各项目详细内容的报表。

3.现金流量表附注。

十一、财务会计报表的局限性

一般来说，财务会计报表的局限性主要体现在以下几个方面：

（一）财务会计报表计量的局限性

财务会计报表计量的局限性，是指财务会计报表都是以货币为计量单位计量的，不能反映企业经营中的非货币性事项。

（二）财务会计报表内容的局限性

财务会计报表内容的局限性主要体现在：第一，财务会计报表由于制度原因、保密原因或规范原因等，不能提供详尽的因素分析数据；第二，财务会计报表不能反映企业未来要发生的事项，只能反映历史情况；第三，财务会计报表不能表明企业采用的具体会计原则和会计方法。

（三）财务会计报表时间的局限性

财务会计报表的编报通常是按月进行的，有些报表是按年进行的，且报表形成或报出时间与报表内容反映的时间存在一段距离，因此，财务会计报表信息并不能反映分析时企业的真实情况。

十二、审计报告

注册会计师审计报告是进行财务分析的重要信息。有人将审阅注册会计师审计报告作为财务分析的首要步骤，足以说明审计报告的重要性。注册会计师在审计报告中对所审计的财务报表可提出以下五种意见中的一种：

1.标准无保留意见。

2.带强调事项段的无保留意见。

3.保留意见。

4.否定意见。

5.无法表示意见。

在上述五种意见中，第一种属于有利意见或肯定意见，后四种属于不利意见。注册会计师在审计报告中如果提出后四种意见，必须做出必要的说明。

关键审计事项是指注册会计师依据职业判断认为对当期财务报表审计最为重要的事项。披露关键审计事项和注册会计师的应对措施，有助于审计报告使用者更好地了解财务报告的重点，也有助于财务分析过程中对相关事项予以适当关注。

十三、内部控制信息

（一）内部控制内容

根据《企业内部控制基本规范》的要求，企业建立与实施有效的内部控制，应当包括五个要素：内部环境、风险评估、控制活动、信息与沟通和内部监督。

（二）内部控制评价及信息披露

1.内部控制自评报告

内部控制评价需要对内部控制缺陷加以认定，并按其影响程度分为重大缺陷、重要缺陷和一般缺陷。重大缺陷，是指一个或多个控制缺陷的组合，可能导致企业严重偏离控制目标。重要缺陷，是指一个或多个控制缺陷的组合，其严重程度和经济后果低于重大缺陷，但仍有可能导致企业偏离控制目标。一般缺陷，是指除重大缺陷、重要缺陷之外的其他缺陷。

2.内部控制信息披露

上市公司在完成内部控制评价后，应当编制内部控制自我评价报告，并应在披露年度报告的同时，披露年度内部控制自我评价报告，同时披露会计师事务所对内部控制自我评价报告的核实和评价意见。

□ 关键概念

1.财务分析信息　　2.经验标准
3.历史标准　　4.行业标准
5.预算标准　　6.财务报告
7.会计报表　　8.报表附注
9.资产负债表　　10.利润表
11.现金流量表　　12.审计意见

□ 相关准则制度及阅读书目

［1］张新民，钱爱民．财务报表分析［M］．5版．北京：中国人民大学出版社，2019.

［2］郭永清．财务报表分析与股票估值［M］．2版．北京：机械工业出版社，2021.

［3］王化成，支晓强，王建英．财务报表分析［M］．3版．北京：中国人民大学出版社，2022.

［4］全国人民代表大会常务委员会．中华人民共和国会计法（2024年）［S/OL］．［2024-08-12］．https：//kjs. mof. gov. cn/zt/kjfxcgc/kjfqw/202408/t20240814_3941788.htm.

［5］会计准则委员会．企业会计准则［S/OL］．［2019-05-25］．https://www.casc.org.cn/qykjzz/.

［6］会计准则委员会．企业会计准则解读［S/OL］．［2024-12-23］．https：//kjs.mof.gov.cn/zt/kjzzss/qykjzzjs/.

［7］中国证券监督管理委员会．上市公司信息披露管理办法［S/OL］．［2025-03-26］．https：//baijiahao.baidu.com/s？id=1828749892991763017&wfr=spider&for=pc.

［8］中国证券监督管理委员会．非上市公众公司信息披露管理办法［S/OL］．［2025-03-27］．http：//www.cjtax.cn/a/202504/jrkr1793k6ma.shtml.

□ 复习思考题

1.符合哪些特征的信息可以被用于财务分析？

2.如何在财务分析中利用审计报告的信息？

3.在利用会计报表进行财务分析时，应该注意哪些局限性？

4.在何种情况下，财务分析应当选择预算信息作为标准？

5.在利用会计报表进行财务分析时，有必要关注附注信息吗？为什么？

6.为什么会计报表在财务分析中不可或缺？

□ 练习题

一、单项选择题

1.在各项财务分析标准中，最缺少科学依据的是（　　）。

A.经验标准　　B.历史标准

C.行业标准　　D.预算标准

2.为了评价企业自身经营状况和财务状况是否改善，在分析时通常采用的标准是（　　）。

A.经验标准　　B.历史标准

C.行业标准　　D.预算标准

3.在各项财务分析标准中，考虑因素最全面的标准是（　　）。

A.经验标准　　B.历史标准

C.行业标准　　　　　　　　D.预算标准

4.我国的利润表属于（　　）。

A.单步式　　　　　　　　B.多步式

C.复合式　　　　　　　　D.变动式

5.反映企业在某一时期内所有者权益变动原因状况的会计报表是（　　）。

A.现金流量表　　　　　　B.所有者权益变动表

C.利润表　　　　　　　　D.资产负债表

6.资产负债表中所有者权益项目的排列是（　　）。

A.依据权益的流动性

B.永久性程度高的在前，低的在后

C.依据投资顺序

D.永久性程度高的在后，低的在前

7.支付利息将使现金流量表中（　　）。

A.经营活动现金净流量增加　B.经营活动现金流出量增加

C.筹资活动现金净流量增加　D.筹资活动现金流出量增加

8.在现金流量表中，分得股利所收到的现金属于（　　）。

A.经营活动现金流入量　　B.投资活动现金流入量

C.筹资活动现金流入量　　D.分配活动现金流入量

9.注册会计师可能对所审计的财务报告提出的意见中，属于有利意见的是（　　）。

A.无保留意见　　　　　　B.保留意见

C.否定意见　　　　　　　D.无法表示意见

10.在审计报告中，注册会计师根据职业判断认为对当期财务报表审计最为重要的事项，属于（　　）。

A.审计意见　　　　　　　B.关键审计事项

C.审计意见说明段　　　　D.审计过程

二、多项选择题

1.为保证财务分析质量，财务分析信息应满足的要求有（　　）。

A.财务信息的相关性　　　B.财务信息的系统性

C.财务信息的准确性　　　D.财务信息的完整性

E.财务信息的及时性

2.（　　）属于非财务信息。

A.资产负债表信息　　B.新技术财政补贴政策

C.税费改革信息　　D.利润表信息

E.房地产产业政策

3.在财务分析中，资产负债表的资产方能够提供的信息包括（　　）。

A.企业变现能力的信息　　B.企业资本结构的信息

C.企业经营效率的信息　　D.企业价值的信息

E.企业股权结构的信息

4.在财务分析中，资产负债表的负债方能够提供的信息包括（　　）。

A.债务水平　　B.债务结构

C.利润分配　　D.经营效率

E.资产利用程度

5.在财务分析中，利润表能够提供的信息包括（　　）。

A.企业财务成果的信息

B.企业盈利能力的信息

C.企业营业收入、成本费用状况的信息

D.企业经营业绩结构的信息

E.企业增长能力的信息

6.所有者权益变动表的内容可能来自的报表有（　　）。

A.利润表　　B.资产负债表

C.管理费用明细表　　D.存货明细表

E.固定资产明细表

7.反映企业某一时点财务状况的报表有（　　）。

A.固定资产明细表　　B.管理费用明细表

C.销售费用明细表　　D.存货明细表

E.资产负债表

8.在财务分析中，所有者权益变动表的主要作用有（　　）。

A.提供所有者权益变动原因的信息

B.解释所有者权益内部结构的变动

C.提供企业经营业绩结构的信息

D.提供企业全面收益的信息

E.为利润表和资产负债表提供辅助信息

9.下列属于会计政策的有（　　）。

A.存货计价方法　　B.企业执行的会计期间

C.记账原则和计价基础　　D.外币折算方法

E.固定资产的折旧年限

10.下列属于利润表附注的有（　　）。

A.应交税费明细表　　B.资产减值明细表

C.存货明细表　　D.分部报表

E.财务费用明细表

三、判断题

1.行业标准来自相同行业的信息和数据，因此，任何时候行业标准都不会出现问题。（　　）

2.追求股东权益或股东价值增加是企业财务的根本目标，它与追求企业价值或其他利益方利益并不矛盾。（　　）

3.财务活动及其结果都可以直接或间接地通过财务报表来反映、体现。（　　）

4.利润表是反映企业经营情况的报表，所以只要采用利润表数据就可以完成企业盈利能力分析。（　　）

5.企业报表附注可以提供当期和各个列报前期财务报表中受影响的项目名称和调整金额。（　　）

6.资产负债表是反映企业某一时点财务状况的会计报表，因此，资产负债表的附表中也只包含某一时点的信息。（　　）

7.不能提供非财务信息是公司年度报告的主要局限性。（　　）

8.财务分析主要采用量化方法，因此，只要收集公司财务报表的数据信息，就可以完成财务分析。（　　）

9.资产负债表日后事项是指资产负债表日之后至审计报告日之前发生的重大事项。（　　）

10.比较分析法是财务报表分析最常用的方法。 (　　)

四、简答题

1.简述财务分析中，财务信息和非财务信息的关系。

2.财务分析中运用行业标准有哪些限制条件？

3.会计报表的主要局限性有哪些？

4.简述现金流量表的信息作用。

5.简述资产负债表中资产方项目的构成及其作用。

6.内部控制缺陷包括哪几种类型？具体的界定标准是什么？

□ 案例分析题

被质疑的“鲁大师”

1.案例介绍

2024年3月28日，360鲁大师控股有限公司（以下简称“鲁大师”）发布了2023年业绩公告。公告中的数据显示，鲁大师在2023年营业收入大涨120.1%，创历史新高。鲁大师在公告中对此进行了说明，公司业绩出现如此巨大的变化是由于其并购了天津旗鱼网络科技有限公司（以下简称“天津旗鱼”）80%的股权，新增的独家许可在线游戏业务收入纳入合并报表。然而，由于鲁大师的主要持股人之一、在股市中“花招频出”的周鸿祎，该公告一经发布即遭到了不少投资人的质疑。质疑的焦点主要在于，鲁大师并购天津旗鱼的交易对价仅为229.2万元，而天津旗鱼却在并购后的8个月内给鲁大师带来了将近5亿元的营业收入。此次营收大增究竟是鲁大师在游戏行业的长足进步还是另有隐情？从财务报表的数据看，鲁大师似乎靠这次并购打了一场漂亮的翻身仗。一场只付出200多万元对价的并购就解除了公司的业绩危机，天底下真的有如此唾手可得的利益吗？并购天津旗鱼究竟给鲁大师带来了什么？天津旗鱼对鲁大师财务报表的影响主要体现在两个方面：一是营业收入变化；二是关联方收入占比变化。

天津旗鱼成立于2019年，注册资本200万元，是一家科技型小型公司，何晓全为当时的法定代表人兼控股股东，2023年法定代表人变更为何世伟。2019年，鲁大师持有天津旗鱼20%的股份，取得股份时的交易对价为57.4万元，作为联营公司在年报中进行披露。在2021年和2022年，天津旗鱼成为鲁大师的新晋交易对象。2022年全年，鲁大师从天津旗鱼处取得了高达1.05亿元的收入。在2023年的前四个月里，鲁大师从天津旗鱼取得了4 272万元的收入，其关联交易数额已经超越其他关联方2023年全年的交易额。

在未并购天津旗鱼的2022年，鲁大师的营业收入为3.59亿元，其中运营独家许可在线游戏业务的收入仅为383.4万元，占比约1%，广告服务的营收占比超过50%。在鲁大师并购天津旗鱼后，其收入总额达到了惊人的7.91亿元。鲁大师的在线广告收入从2018年的1.75亿元上升到2024年的1.82亿元，虽然鲁大师之前运营的在线游戏平台收入较2022年有所下降，但2023年运营独家许可在线游戏业务创造的收入高达4.98亿元，占总营业收入的比重达到63%，第一次超过了鲁大师的广告业务，成为公司最主要的收入来源，而这也使得鲁大师摆脱了投资者对其长期营收结构单一的问责。对此，鲁大师在业绩公告中称：营收大幅度增加的原因是公司于2023年年初并购了天津旗鱼80%的股权，持有股权由原来的20%增加至100%（见表2-1、表2-2）。天津旗鱼旗下有三款表现良好的独家许可在线游戏，导致其收入、应收账款等财务数据较2022年有较大幅度的变动。

表2-1　**鲁大师2018—2024年各项财务指标变化**　金额单位：万元

项目	2018年	2019年	2020年	2021年	2022年	2023年	2024年
营业收入	32 026.6	40 449.5	34 790.1	33 792.5	35 910.2	79 051.2	131 507.6
营业成本	16 076.2	21 014.1	16 074.7	17 125.8	18 096.5	62 555.0	115 700.5
毛利率	49.8%	48.0%	53.8%	49.3%	49.6%	20.9%	12.0%
收入增长率	—	26.3%	-14.0%	-2.9%	6.3%	120.1%	66.4%
流动资产周转率	120.1%	85.8%	73.9%	60.2%	58.4%	187.0%	—
总资产周转率	115.5%	82.4%	65.8%	57.0%	54.3%	104.0%	168.0%

表2-2　**2023年鲁大师并购与未并购天津旗鱼主要财务数据对比**　单位：万元

项目	并购	未并购
营业收入	79 051.2	38 209.6
独家许可在线游戏收入	49 769.0	383.4
营业成本	62 555.0	18 095.0
在线流量变现成本	62 544.7	18 084.7
天津旗鱼关联方收入	4 272.0	12 816.0
关联方收入总额	6 030.2	14 574.2

资料来源：夏天．鲁大师分红风波背后，一场没有硝烟的商战［EB/OL］．［2023-09-24］．https：//baijiahao.baidu.com/s？id=1778604716158763407&wfr=spider&for=pc.

2.案例分析要求

（1）结合内外部因素，分析并购前鲁大师的经营业绩出现了哪些问题，主要受到哪些财务活动影响？

（2）评价鲁大师并购天津旗鱼造成的业绩变化时，应选择何种标准信息较为恰当？

（3）鲁大师并购天津旗鱼前后业绩发生了哪些变化？从并购前后财务指标的变化来看，你认为投资者对鲁大师的质疑是否合理？

宝龙地产"沉浮录"

1.案例介绍

近年来，随着国家宏观调控政策的出台，房地产行业下行，许多房地产企业面临危机。加上外部环境的冲击，整个行业每况愈下，宝龙地产的债务问题也逐渐浮出水面。早在2020年，宝龙地产就被质疑存在"粉饰"报表的行为。宝龙地产的经营业绩持续下滑，最后爆发债务危机，这一切似乎能从其财务数据中发现端倪。宝龙地产的资金以及债务危机似乎是在2021年显现出来的。从2019—2024年的数据可以看出（见表2-3），宝龙地产的流动比率、速动比率以及现金短债比呈下降趋势。2021年，现金短债比为0.88，低于阈值1。2022年该指标更是远远小于1，处于"不及格"的状态。因此，自2020年以后，宝龙地产的短期偿债能力就面临着不小的风险。从其资产结构来看，宝龙地产也面临着不小的可持续经营压力。截至2024年年底，宝龙地产总负债为1 426.18亿元，同比增长27.43%；资产负债率为74.27%，同比增长0.02个百分点；净资产收益率为-5.65%，同比增长1.02个百分点。与此同时，其借款规模达729.58亿元，同比增长约9.6%。借款包括银行借款及其他借款约439.59亿元、公司债券约89.94亿元、短期融资券约3亿元、商业按揭支持证券约23.29亿元、资产支持证券约12.76亿元、优先票据约161亿元。其中一年内到期的借款为261.80亿元，而宝龙地产现金及现金等价物及受限制现金为75.35亿元，其中受限制存款及现金约有14.32亿元，相当于同期现金及现金等价物约为61.03亿元，同比减少21.08%，难以完全覆盖同期一年内到期的261.80亿元短债，资金缺口达200.77亿元。

表2-3　**宝龙地产2019—2024年偿债能力指标**

项目	2019年	2020年	2021年	2022年	2023年	2024年
流动比率	1.30	1.36	1.23	1.14	0.97	0.94
速动比率	0.68	0.65	0.50	0.40	0.33	0.37
现金短债比	1.33	1.23	0.88	0.49	0.46	0.43
资产负债率	76.06	73.45	74.53	73.22	74.25	74.27%

从2020年开始，宝龙地产的盈利能力便开始走下坡路。从盈利水平来看（见表2-4），宝龙地产在2020年的销售毛利率约为36.11%，到了2021年，销售毛利率只有31.37%，下降幅度接近13%。值得注意的是，宝龙地产2021年的净利润增速超过了营收增速，归母净利润上升幅度更大。从其净利润构成来看，宝龙地产有部分收益来自不可持续收益。另外，2021年净利润中来自其他收入及收益的部分，是2020年同期的三倍还多，达7.3亿元；资本化利息总额为19亿元，较2020年同期的11.4亿元增长7.6亿元，加上汇兑收益，共计21.7亿元，占了净利润的42.7%。销售额、营收、利润都在增长，但宝龙地产2021年的现金却少了，其在期末的现金及现金等价物为225.15亿元，同比减少11.14%。现金减少的同时，另一数据应收账款却大幅增长，贸易应收款中来自第三方的应收账款同比增加88.6%达到42.63亿元，其他应收款同比增加15%达到184.43亿元。

表2-4　　宝龙地产2019—2024年盈利能力指标

项目	2019年	2020年	2021年	2022年	2023年	2024年
销售毛利率（%）	36.41	36.11	31.37	31.48	10.71	8.75
销售净利率（%）	23.11	24.84	18.39	5.14	-11.25	-10.98
净资产收益率（%）	13.14	17.56	15.37	1.00	-6.67	-5.65
总资产净利率（%）	2.74	3.41	2.72	0.17	-1.18	-1.06

资料来源：杨娟娟. 超1 500万美元利息无法支付 违约阴影下的宝龙地产何去何从？［EB/OL］.［2023-12-24］. https：//m.bjnews.com.cn/detail/1701700324168395.html.

2.案例分析要求

（1）宝龙地产的债务危机如何在财务报表中加以反映？

（2）本次债务危机还涉及哪些财务分析信息来源？这些财务分析信息有哪些主要特点？

（3）债务危机是否早有端倪，结合财务报表分析宝龙地产的偿债能力，并对其财务状况做出评价。

第三章　财务分析方法

□ 本章重点与难点

一、财务分析的基本程序与步骤

财务分析的基本程序与步骤可以归纳为四个阶段十个步骤：

（一）财务分析信息搜集与整理阶段

财务分析信息搜集与整理阶段主要由以下三个步骤组成：

1.明确财务分析目的。

2.制订财务分析方案。

3.搜集与整理财务分析信息。

（二）战略分析与会计分析阶段

战略分析与会计分析是财务指标及因素分析的基础。该阶段主要由以下两个步骤组成：

1.战略分析。企业战略分析是会计分析和财务分析的基础和导向。通过企业战略分析，分析人员能深入了解企业的经济状况和经济环境，从而能进行客观、正确的会计分析与财务分析。

2.会计分析。

（三）财务指标与因素分析阶段

财务指标与因素分析是在战略分析与会计分析的基础上进行的。该阶段是为实现财务分析目的进行财务指标计算与分析的阶段，主要包括以下两个步骤：

1.财务指标分析。

2.基本因素分析。

（四）财务综合分析与评估阶段

财务综合分析与评估阶段是财务指标与因素分析阶段的继续，它根据不同的财务分析目标，形成财务分析最终结论。该阶段具体又可分为以下三个步骤：

1.财务综合分析与评价。

2.财务预测与价值评估。

3.财务分析报告。

二、战略分析

（一）战略分析的内涵与作用

企业战略分析，其实质在于通过对企业所在行业或企业拟进入行业的分析，明确企业自身地位及应采取的竞争战略，以权衡收益与风险，了解与掌握企业的发展潜力，特别是在企业价值创造或盈利方面的潜力，如图3-1所示。

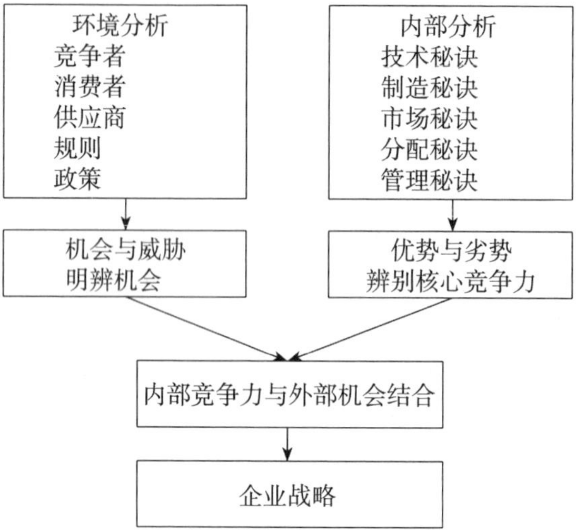

图3-1 企业战略制定程序

企业战略制定过程，既是企业战略目标的确定过程，也是明确企业战略目标影响因素的过程。企业战略的制定，为财务分析指明了方向，也是财务分析在战略制定过程中的应用。

企业战略分析通常包括行业分析和企业竞争策略分析。

（二）行业分析

行业分析的目的在于分析行业的盈利能力与发展潜力，因为不同行业的盈利能力高低和潜力大小可能是不同的。行业分析为企业财务分析指明方向，即通过对企业所在行业的分析，明确企业所处行业的竞争程度与地位，有利于分析者进行正确的决策。影响行业盈利能力的因素有很多，归纳起来主要分为两类：一是行业的竞争程度；二是市场议价能力。

1.行业竞争程度分析

一个行业中的竞争程度和盈利能力主要受三个因素影响：第一是现有企业间的竞争；第二是新加入企业的竞争威胁；第三是替代产品或服务的威胁。

（1）现有企业间竞争程度分析。

（2）新加入企业竞争威胁分析。

（3）替代产品或服务威胁分析。

2.市场议价能力分析

虽然行业竞争能力是行业盈利能力的决定因素，但行业实际盈利水平的高低还取决于本行业企业与供应商和消费者（客户）的议价能力。

（1）企业与供应商的议价能力分析。

（2）企业与客户的议价能力分析。

（三）企业竞争策略分析

企业进行竞争的策略有许多，最重要的竞争策略有两种，即低成本竞争策略和产品差异策略。

1.低成本竞争策略分析

低成本竞争策略是指企业以较低的成本提供与竞争对手相同的产品或服务。

2.产品差异策略分析

产品差异策略是指企业通过其产品或服务的独特性与其他企业竞争，以争取在相同价格或较高价格的基础上占领更大的市场份额，取得竞争优势与超额利润。

企业采取不同的竞争策略，其财务状况和财务成果的反映是不同的，对财务状况和财务成果的评价标准也是不同的。因此，企业竞争策略分析与财务报表分析和财务效率分析是紧密相关的。

三、会计分析

会计分析的作用，一方面是通过对会计政策、会计方法、会计披露的评价，揭示会计信息的质量；另一方面是通过对会计政策、会计估计变更的调整，修正会计数据，为财务分析奠定基础，并保证财务分析结论的可靠性。进行会计分析，一般可按以下步骤进行：

（一）阅读会计报告

在全面阅读会计报告的基础上，应注意以下几点：

（1）注册会计师审计意见与结论；

（2）企业采用的会计原则、会计政策、会计估计及其变更情况；

（3）会计信息披露的完整性、真实性；

（4）会计报告附注中涉及的重大事项、表外资产情况、会计报表事后事项等；

（5）财务情况说明书及管理层讨论。

（二）比较会计报表

在阅读会计报告的基础上，重点对会计报表进行比较。比较的方法包括水平分析法、垂直分析法和趋势分析法。

1.水平分析法

水平分析法，是将反映企业报告期财务状况的信息（特别指会计报表信息资料）与反映企业前期或历史某一时期财务状况的信息进行对比，研究企业各项经营业绩或财务状况发展变动情况的一种财务分析方法。水平分析法所进行的对比，一般而言，不是指单指标对比，而是对反映某方面情况的报表的全面、综合对比，尤其在会计报表分析中应用较多。因此，水平分析法通常也称为会计报表分析法。水平分析法的基本要点是，将报表资料中不同时期的同项数据进行对比。对比的方式有以下几种：一是绝对值增减变动；二是增减变动率；三是变动比率值。

应当指出，水平分析法通过将企业报告期的财务会计资料与前期对比，揭示各方面存在的问题，为全面深入分析企业财务状况奠定了基础。因此，可以说，水平分析法是会计分析的基本方法。但是，水平分析法在不同企业的应用中，一定要注意其可比性问题。另外，在水平分析法中，应综合运用两种对比方式，仅用变动量或仅用变动率都可能得出片面的甚至错误的结论。

2.垂直分析法

垂直分析法与水平分析法不同，它的基本点不是将企业报告期的分析数据直接与基期进行对比求出增减变动量和增减变动率，而是通过计算报表中各项目占总体的比重或结构，反映报表中各项目与总体关系情况及其变动情况。垂直分析法的一般步骤是：

第一，确定报表中各项目占总额的比重或百分比。

第二，通过各项目的比重，分析各项目在企业经营中的重要性。

第三，将分析期各项目的比重与前期同项目的比重进行对比，研究各项目的比重变动情况。

3.趋势分析法

趋势分析法是根据企业连续几年或几个时期的分析资料，通过对指数或完成率的计算，确定分析期各有关项目的变动情况和趋势的一种财务分析方法。趋势分析法的一般步骤是：

第一，计算趋势比率或指数。

第二，根据指数计算结果，评价与判断企业各项指标的变动趋势及其合理性。

第三，预测未来的发展趋势。

（三）解释会计报表

解释会计报表是指在比较会计报表的基础上，考虑企业采取的会计原则、会计政策、会计核算方法等，说明会计报表差异产生的原因。

解释会计报表是会计分析的重要环节，通过对会计报表差异或变化的解释，着重分清财务报表数据变化的主观原因影响与客观原因影响、可持续影响与临时性影响、实质性影响与盈余管理影响、真实盈余管理影响与应计盈余管理影响等。

（四）修正会计报表信息

在解释会计报表的基础上，依据会计相关性与可靠性的原则，对与财务分析目的不相关、不可靠的会计信息进行调整或剔除，保证会计报表中信息的质量，为财务指标分析，如比率分析、因素分析等奠定相关、可靠的基础。

四、比率分析法

（一）比率分析法的含义

比率分析法是财务分析最基本、最重要的方法。比率分析法的形式有：第一，百分率，如流动比率为200%；第二，比率，如速动比率为

1∶1；第三，分数，如负债为总资产的1/2。

比率分析法以其简单明了、可比性强等优点在财务分析实践中被广泛采用。

（二）比率分析指标体系

由于财务分析的目的不同、分析的角度不同等，比率分析法中的比率有许多分类形式：

第一，按分析主体或目的划分的比率。

第二，按分析内容划分的比率。

第三，按财务报表划分的比率。

比率指标通常是反映企业经济效率的指标，经济效率是企业经营管理所追求的核心目标。从企业目标和财务目标的角度，比率分析指标通常包括盈利能力指标、营运能力指标、偿债能力指标和增长能力指标，它们构成了企业财务比率分析指标体系。

（三）标准比率

在比率分析法中，分析师往往对比率进行各种各样的比较，如时间序列比较、横向比较和依据一些绝对标准的比较。不同的比较具有不同的评价目的和作用。标准比率是比率分析法比较中最常用的比较标准。

标准比率的计算方法有三种：

1.算术平均法。

2.综合报表法。

3.中位数法。

（四）比率分析法的局限性

虽然比率分析法被认为是财务分析最基本、最重要的方法，但应用比率分析法时必须了解它的不足：第一，比率的变动可能仅仅被解释为两个相关因素之间的变动；第二，很难综合反映比率与计算它的会计报表之间的联系；第三，比率给人们不保险的最终印象；第四，比率不能给人们会计报表关系的综合观点。

五、因素分析法

因素分析法是依据分析指标与其影响因素之间的关系，按照一定的程序和方法，确定各因素对分析指标差异影响程度的一种技术方法。因素分析法根据其分析特点可分为连环替代法和差额计算法两种。

（一）连环替代法

1.连环替代法的程序

连环替代法由以下几个步骤组成：

（1）确定分析指标与其影响因素之间的关系。

（2）根据分析指标的报告期数值与基期数值列出两个关系式或指标体系，确定分析对象。

（3）连环顺序替代，计算替代结果。

（4）比较各因素的替代结果，确定各因素对分析指标的影响程度。

（5）检验分析结果。

2.应用连环替代法时应注意的问题

（1）因素分解的相关性问题。

（2）分析前提的假定性。

（3）因素替代的顺序性。

（4）顺序替代的连环性。

（二）差额计算法

差额计算法是连环替代法的一种简化形式，当然也是因素分析法的一种形式，其因素分析的原理与连环替代法是相同的。区别只在于分析程序，差额计算法比连环替代法简单，即它可直接利用各影响因素的实际数与基期数的差额，在其他因素不变的假定条件下，计算各因素对分析指标的影响程度。或者说，差额计算法将连环替代法的第三步和第四步合并为一个步骤。这个步骤的基本点就是：确定各因素实际数与基期数之间的差额，并在此基础上乘以排列在该因素前面各因素的实际数和排列在该因素后面各因素的基期数，所得出的结果就是该因素变动对分析指标的影响数。

六、综合分析与价值评估

（一）财务综合分析方法

财务综合分析方法有很多，概括起来可分为两类：一是财务报表综合分析，如资产与权益综合分析、利润与现金流量综合分析等；二是财务指标体系综合分析，如杜邦财务分析体系、杜邦财务指标体系改进分析等。

（二）财务综合评价方法

财务综合评价方法有综合指数评价法、综合评分法等。

七、财务预测分析与企业价值评估

企业价值评估实际上也是企业评价的方法。进行企业价值评估应在财务分析的基础上，通过财务预测分析，确定企业未来现金流量或利润；然后针对现金流量或利润按一定折现率进行折现，从而确定企业价值或股东价值。企业价值评估的具体步骤与方法详见第十三章。

八、财务分析报告

（一）财务分析报告的含义与作用

财务分析报告是指财务分析主体对企业一定时期筹资活动、投资活动、经营活动中的盈利状况、营运状况、偿债状况等进行分析与评价所形成的书面文字报告。

财务分析报告是对企业财务分析结果的概括与总结，它对企业的经营者、投资者、债权人及其他有关单位或个人了解企业生产经营与财务状况，进行投资、经营、交易决策等都具有重要意义。

第一，财务分析报告为企业外部潜在投资者、债权人、政府有关部门评价企业经营状况与财务状况提供参考。

第二，财务分析报告为企业改善与加强生产经营管理提供重要依据。

第三，财务分析报告是企业经营者向董事会和股东会或职工代表大会汇报的书面材料。

（二）财务分析报告的格式与内容

全面财务分析报告的格式比较正规，内容比较完整。一般来说，财务分析报告的格式与内容如下：

1.基本财务情况反映。

2.主要成绩和重大事项说明。

3.存在问题的分析。

4.提出改进措施、意见。

应当指出，财务分析报告的结构和内容不是固定不变的，根据不同的分析目的或针对不同的财务分析报告服务对象，分析报告的内容侧重点可不同。有的财务分析报告可能侧重于第一部分的企业财务状况反映，有的则可能侧重于存在问题的分析及提出改进措施、意见。

（三）财务分析报告的编写要求

明确了财务分析报告的格式与内容，并不意味着能编写出合格的财务分析报告。财务分析报告编写人员不仅需要具备财务分析知识，而且要具有一定的写作水平。在此基础上，编写财务分析报告还要满足以下基本要求：

1.突出重点、兼顾一般。

2.观点明确、抓住关键。

3.注重时效、及时编报。

4.客观公正、真实可靠。

5.报告清楚、文字简练。

九、智能财务分析法

智能财务分析法是一种将人工智能、机器学习等先进技术与传统财务分析方法相结合，通过对财务数据及相关非财务数据进行自动采集、处理、分析和挖掘，以发现数据中的潜在模式、规律和关联关系，从而为企业提供准确、及时的财务决策支持，实现财务风险管理、绩效评估、预算预测等财务管理目标的分析方法。

从智能财务分析程序及相关方法看，数字化和智能化的发展确实在很大程度上影响了财务分析方法，使传统的财务分析方法变得更加高效、准确和自动化。但是，传统的财务分析基本方法，如水平分析、垂直分析、趋势分析和比率分析等，从原理上没有本质改变。这些方法仍然是财务分析的基础，用于评估企业的财务状况和绩效。虽然基本财务分析方法的原理没有本质改变，但数字化和智能化技术已经改进了这些方法的实施方式和效率。

在智能财务分析中，可视化分析法是重要的分析环节和方法。可视化分析法是一种将数据以图形、图表、仪表板和可交互方式呈现的数据分析方法。可视化分析法在智能财务分析中具有更强的数据处理能力，实时性、交互性和可视化效果更好，能够提供更深入、全面的财务洞察。然而，传统的图解分析法在某些情况下仍然具有其价值，可以根据具体需求选择合适的分析方法，以满足不同情境和受众的需求。

□ 关键概念

1.财务分析程序
2.企业战略分析
3.会计分析
4.水平分析法
5.垂直分析法
6.趋势分析法
7.比率分析法
8.因素分析法
9.连环替代法
10.财务分析报告
11.智能财务分析法

□ 相关准则制度及阅读书目

[1] 张先治，王玉红. 财务分析——理论、方法与案例 [M]. 2版. 北京：人民邮电出版社，2022.

[2] 王化成，支晓强，王建英. 财务报表分析 [M]. 3版. 北京：中国人民大学出版社，2022.

[3] 陆正飞. 财务报表与分析 [M]. 2版. 北京：北京大学出版社，2014.

[4] 张新民，钱爱民. 财务报表分析 [M]. 5版. 北京：中国人民大学出版社，2021.

□ 复习思考题

1.如何理解战略分析在财务分析中的地位与作用?

2.如何理解会计分析在财务分析中的地位与作用?

3.会计分析各步骤中有哪些重点问题?

4.运用因素分析法应注意哪些问题?

□ 练习题

一、单项选择题

1.财务报告会计分析的关键在于（　　）。

A.揭示会计报告信息的质量　B.评价企业会计工作

C.找出会计核算错误　D.分析会计人员素质

2.在财务分析方法中，比率分析步骤属于（　　）。

A.财务分析信息搜集与整理阶段

B.战略分析与会计分析阶段

C.财务指标与因素分析阶段

D.财务综合分析与评估阶段

3.应用水平分析法进行分析评价时关键应注意分析资料的（　　）。

A.全面性　　B.系统性

C.可靠性　　D.可比性

4.以下反映企业长期偿债能力的指标为（　　）。

A.应收账款周转率　　B.速动比率

C.资产负债率　　D.经营利润率

5.可以预测企业未来财务状况的分析方法是（　　）。

A.水平分析法　　B.垂直分析法

C.趋势分析法　　D.比率分析法

6.净资产收益率指标是（　　）最关心的指标。

A.所有者　　B.经营者

C.政府管理者　　D.债权人

7.以图形的方式表示在总体中各部分所占比重的方法为（　　）。

A.可视化对比分析法　　B.可视化趋势分析法

C.可视化结构分析法　　D.可视化因素分析法

8.下列指标属于利润表比率的是（　　）。

A.资本收益率　　B.利息保障倍数

C.净资产收益率　　D.存货周转率

9.对于连环替代法中各因素的替代顺序，传统的排列方法是（　　）。

A.主要因素在前，次要因素在后

B.影响大的因素在前，影响小的因素在后

C.不能明确责任的在前，可以明确责任的在后

D.数量指标在前，质量指标在后

10.杜邦分析法是（　　）。

A.基本因素分析的方法　　B.财务综合分析的方法

C.财务综合评价的方法　　D.财务预测分析的方法

二、多项选择题

1.下列属于财务分析信息搜集与整理阶段的内容有（　　）。

A.确立财务分析标准　　B.明确财务分析目的

C.制订财务分析方案　　D.整理财务报告信息

E.进行价值评估

2.宏观经济环境分析应包括（　　）。

A.经济周期分析　　B.货币政策分析

C.财政政策分析　　D.汇率分析

E.行业竞争程度分析

3.财务分析报告一般应包含（　　）。

A.基本财务状况　　B.主要经营业绩

C.重大经营事项说明　　D.经营存在的问题与分析

E.提出的改进措施及意见

4.选择低成本策略应做的工作有（　　）。

A.提供差异产品或服务　　B.提高资源利用率

C.优化企业规模　　D.明确消费与需求

E.提高与供应商的议价能力

5.比率分析法的基本形式有（　　）。

A.百分率　　B.比率

C.周转天数　　D.增长率

E.分数

6.战略分析中行业分析的内容包括（　　）。

A.差异程度与替代成本分析　　B.低成本竞争策略分析

C.产品差异策略分析　　D.新加入企业竞争威胁分析

E.替代产品或服务威胁分析

7.属于资产负债表比率的指标有（　　）。

A.流动比率　　B.存货周转率

C.营运资产周转率　　D.资产负债率

E.存货对营运资本比率

8.属于会计分析方法的有（　　）。

A.比率分析法　　B.因素分析法

C.水平分析法　　　　　　　　D.垂直分析法

E.趋势分析法

9.传统图解分析法的种类包括（　　）。

A.因素分析图解法　　　　　　B.趋势分析图解法

C.结构分析图解法　　　　　　D.对比分析图解法

E.量本利分析图解法

10.编写财务分析报告的基本要求包括（　　）。

A.突出重点

B.注重存在的问题分析

C.注重时效

D.提出改进建议

E.报告清楚简练

三、判断题

1.财务分析的第一个步骤是搜集与整理分析信息。（　　）

2.会计分析是战略分析和财务分析的基础和导向。（　　）

3.比较分析法中最常用的比较标准为标准比率。（　　）

4.标准比率的计算方法有算术平均法、综合报表法、中位数法三种。（　　）

5.水平分析法在不同企业的应用中，一定要注意其可比性问题，即使在同一企业中应用，对于差异的评价也应考虑其对比基础。（　　）

6.因素分析法根据其分析特点可分为连环替代法和差额计算法两种。（　　）

7.比率分析法能综合反映比率与计算它的会计报表之间的联系。（　　）

8.差额计算法只是连环替代法的一种简化形式，二者实质上是相同的。（　　）

9.运用差额计算法进行因素分析不需要考虑因素的替代顺序问题。（　　）

10.可视化分析法与传统图解分析法的功能作用是完全相同的。（　　）

四、简答题

1.简述比率分析法应用中要注意的局限性问题。

2.在企业战略分析中，如何进行企业行业竞争程度分析？

3.简述水平分析法与垂直分析法的区别。

4.简述财务分析报告的基本内容。

5.简述可视化分析法的内涵与作用。

五、计算题

1.水平分析

分析资料：表3-1是某企业2023年度、2024年度的利润表。

表3-1 **利润表** 金额单位：百万元

项目	2023年度	2024年度
一、营业收入	12 620	13 654
减：营业成本	10 592	11 120
税金及附加	35	42
销售费用	1 240	1 560
管理费用	189	206
财务费用	35	52
资产减值损失	35	46
加：投资收益	6	11
二、营业利润	500	639
加：营业外收入	53	65
减：营业外支出	32	15
三、利润总额	521	689
减：所得税费用	53	74
四、净利润	468	615
五、每股收益（元/股）	0.952	1.250

要求：根据该企业利润表资料，对企业2024年度利润完成情况进行水平分析，并对其变动情况进行分析评价。

2.因素分析

分析资料：某企业生产丙产品，其单位成本表（简表）见表3-2。

表3-2 丙产品单位成本表（简表）

2024年度

金额单位：元

成本项目	上年度实际		本年度实际	
直接材料	118		120.5	
直接人工	60		63	
制造费用	52		51.5	
产品单位成本	230		235	
补充明细项目	单位用量	金额	单位用量	金额
直接材料（千克）：A	13	52	12	60
B	11	66	11	60.5
直接人工工时（小时）	20		18	
产品销量（件）	350		420	

要求：（1）用连环替代法分析单耗和单价变动对单位材料成本的影响。

（2）用差额计算法分析单位工时和小时工资率变动对单位直接人工成本的影响。

3.水平分析与垂直分析

分析资料：HHJJ公司2024年12月31日资产负债表（简表）见表3-3。

表3-3 **资产负债表（简表）**

编制单位：HHJJ公司　　2024年12月31日　　单位：万元

资产	年末余额	年初余额	负债及所有者权益	年末余额	年初余额
流动资产：	9 920	8 884	流动负债：	7 690	6 289
其中：应收账款	5 170	4 630	其中：应付账款	6 255	4 670
存货	3 015	2 870	非流动负债：	11 500	8 091
固定资产：			其中：长期借款	7 899	4 570
固定资产原值①	18 518	16 920	负债合计	19 190	14 380
固定资产净值	9 870	9 376	所有者权益：	7 960	7 570
无形及递延资产	7 360	3 690	其中：实收资本	6 500	5 700
资产总计	27 150	21 950	负债及所有者权益总计	27 150	21 950

要求：（1）对资产负债表进行水平分析与评价。

（2）对资产负债表进行垂直分析与评价。

□ 案例分析题

比亚迪公司的转型发展

1.案例介绍

（1）比亚迪公司主要指标对比（见表3-4）

表3-4 **比亚迪公司主要财务指标表** 金额单位：亿元

指标	2023年	2022年	同比变动	行业对比
营业收入	6 023	4 241	+42.0%	远超行业平均水平（约10%）
归母净利润	300.4	166.2	+80.7%	净利率5.0%（2022年3.9%）
毛利率	20.2%	17.0%	+3.2%	特斯拉18.2%，理想21.5%
研发费用	395	202	+95.5%	营收占比5.3%（行业4%~6%）
经营性现金流	1 697	1 408	+20.5%	现金流充裕，无须外部输血
资产负债率	68.4%	69.3%	−0.9%	偏高（理想55%），但可控

① 一般情况下，资产负债表中“固定资产”项目应根据“固定资产”科目的期末余额，减去“累计折旧”和“固定资产减值准备”科目期末余额后的金额填列。

（2）财务效能分析

①盈利能力：规模效应释放

• 毛利率提升：20.2%，主因：

销量基数扩大（302万辆，全球新能源车销量第一），摊薄固定成本；

高端车型占比提升（仰望U8单价超100万元，方程豹豹5月销量破5 000辆）。

• 净利率改善：5.0%，但低于特斯拉（15.4%），因：

销售费用增长（海外渠道建设+高端品牌营销）。

②运营效率：供应链优势凸显

• 存货周转天数：58天（2022年为65天），优于蔚来（85天），反映：

“以销定产”模式+垂直整合减少中间环节库存；

爆款车型（海鸥、宋PLUS）需求旺盛，无滞销风险。

• 应收账款周转天数：32天（2022年为38天），因直销占比提升（王朝/海洋网络直营化）。

③偿债能力：杠杆率可控

• 资产负债率68.4%：高于理想（55%），但：

有息负债率仅28%，主要为应付账款（占负债45%），对上游议价能力强；

经营性现金流覆盖短期债务（流动比率1.3，利息保障倍数8.5倍）。

④现金流：自我造血能力强劲

• 自由现金流1 022亿元（经营性现金流1 697亿元−资本开支675亿元）：

资本开支用于产能扩张（常州、合肥基地）和海外建厂，未来产能达500万辆/年；

现金储备超1 200亿元，可支撑技术研发与并购。

⑤成长性：技术+全球化双驱动

• 营收增速42.0%：显著高于行业平均水平（中国乘用车市场+5.3%）；

• 海外市场：东南亚、拉美市场占有率快速提升，欧洲依托ATTO 3（元PLUS）打开市场；

· 技术储备：固态电池、城市NOA自动驾驶2025年量产，或形成新增长点。

（3）风险与挑战

① 价格战挤压利润：2023年比亚迪多次降价（秦PLUS降至9.98万元），若持续可能影响毛利率。

② 海外政策风险：欧盟碳关税、美国IRA法案或增加出口成本。

③ 高端化能否持续：仰望品牌需验证长期需求（对标奔驰G、路虎）。

资料来源：比亚迪2023年年报及相关行业资料.

2.案例分析要求

（1）上述分析运用了哪些财务分析方法？

（2）基于上述财务指标和比亚迪公司的资料，从公司战略和管理模式的角度对公司进行综合评价。

ABC股份有限公司2023年财务报告分析

1.案例介绍

ABC股份有限公司（以下简称“ABC公司”）是全球领先的物流装备和能源装备供应商，主要从事集装箱、道路运输车辆、能源储运装备的制造，兼营融资租赁等金融服务，并在深圳证券交易所和香港联合交易所挂牌上市。目前，业务覆盖物流装备、能源化工装备、空港装备等多个领域，拥有较强的抗风险能力，经营状况稳健。ABC公司2023年财务分析报告的部分内容如下：

（1）盈利能力比较分析

ABC公司2021年的销售利润率为3.2%，2022年为3.5%，2023年为3.8%。营业利润率2021年为4.1%，2022年为4.3%，2023年为4.7%。从数据可以看出，虽然利润率水平绝对值不高，但呈现稳步提升态势。这主要得益于公司产品结构优化，高毛利的能源装备业务占比提升，以及成本费用管控取得成效。

需要关注的是，公司销售利润率仍低于行业领先水平，主要受原材料价格波动影响。未来随着新能源装备等高附加值业务比重的进一步提升，公司盈利能力有望继续改善。

（2）营运能力比较分析

总资产周转率反映了企业资产创造销售收入的能力。ABC公司2021年的总资产周转率为0.68次，2022年为0.70次，2023年为0.71次。从数据可以看出，总资产周转率呈现缓慢回升趋势。这说明公司在资产规模扩大的同时，经营效率有所提升，这主要得益于数字化供应链管理和全球化产能布局的优化。

ABC公司2021年的流动资产周转率为1.15次，2022年为1.18次，2023年为1.25次。流动资产周转率持续提升，表明公司以相同流动资产获得的销售收入增加，流动资产使用效率不断改善。ABC公司2021年的存货周转率为6.2次，2022年为6.5次，2023年为6.8次。应收账款周转率2021年为8.1次，2022年为8.7次，2023年为9.3次。这两项指标的持续向好，说明公司在库存管理和应收账款回收方面成效显著。

（3）偿债能力比较分析

ABC公司资产规模呈现稳步上升趋势，2022年比上一年度增长了8.7%，2023年比上一年度增长了11.2%；公司固定资产投资在2023年有显著增长，达到150亿元，说明2023年度公司加大了在新能源装备、智能制造等领域的投入。总体来看，该公司的资产保持稳定增长，说明公司未来发展前景良好。

ABC公司负债2022年比上一年度增长了5.7%，2023年比上一年度增长了4.1%；从以上数据对比可以看到，公司负债增速持续放缓，负债率从2021年的60.8%降至2023年的58.6%，呈现稳步下降趋势。这说明公司采取了更为稳健的财务政策，注重控制财务风险。2023年公司所有者权益同比增长13.8%，主要得益于净利润增长和永续债发行。

（4）重大事项

2023年，ABC公司战略转型方面取得重要进展：成立氢能事业部，重点发展氢能储运装备，与多家国际车企达成合作；剥离部分低效船舶制造资产，优化资产结构；发行绿色债券，支持新能源业务发展；入选《财富》中国ESG影响力榜，制定2030年碳减排目标。

总体来看，ABC公司2023年财务状况稳健，资产质量良好，营运效率提升，盈利能力持续改善。公司积极推进战略转型，在新能源装备领域布局成效初显，未来发展前景值得期待。

2.案例分析要求

根据案例中ABC公司财务报告分析信息，指出该公司在2023年取得的成效、存在的问题，并提出未来进一步完善的建议。

第二篇

财务报告分析

第四章　资产负债表分析

□ 本章重点与难点

一、资产负债表分析的目的与内容

资产负债表分析的目的，就在于了解会计报表对企业财务状况的反映程度，以及所提供会计信息的质量，据此对企业资产和权益的变动情况以及企业财务状况做出恰当的评价，具体来说就是：

1.通过资产负债表分析，理解企业的行业特征和竞争策略

2.通过资产负债表分析，揭示资产负债表及相关项目的内涵

3.通过资产负债表分析，了解企业财务状况的变动情况

4.通过资产负债表分析，评价企业会计对企业经营状况的反映程度

5.通过资产负债表分析，评价企业的会计政策

6.通过资产负债表分析，修正资产负债表的数据

资产负债表分析主要包括以下内容：

1.资产负债表水平分析

2.资产负债表垂直分析

3.资产负债表趋势分析

4.资产负债表项目分析

二、资产负债表水平分析表的编制

资产负债表水平分析的目的是从总体上概括资产、权益的变动情况，以便对资产负债表的变动原因做出解释。资产负债表水平分析表的编制采用水平分析法，将资产负债表各个项目报告期数与选定的标准进行比较，计算以下两个指标：

1.某项目变动额=该项目报告期数-该项目基期数

2.某项目变动率$=\dfrac{\text{该项目变动额}}{\text{该项目期初余额}}\times 100\%$

在此基础上，还可以计算各项目变动对总资产或负债和所有者权益总额的影响，其计算公式是：

$$\text{某项目变动对总资产（权益总额）的影响（\%）}=\frac{\text{某项目的变动额}}{\text{基期总资产(权益总额)}}\times100\%$$

三、资产负债表变动情况分析评价

对资产负债表变动情况的分析评价应当从“投资或资产”和“筹资或权益”两方面进行。

从逻辑上来看，只有先确定能够实现资本保值增值的投资机会，才可能获得资金提供方的资金。

1.从投资或资产的角度进行分析评价

（1）分析总资产规模的变动状况以及各类、各项资产的变动状况，揭示资产变动的主要方面，从总体上了解企业经过一定时期经营后资产的变动情况。

（2）发现变动幅度较大或对总资产变动影响较大的重点类别和重点项目。

（3）注意分析资产变动的合理性与效率性。

（4）对于资产变动的分析，不要拘泥于资产负债表项目的限制。

（5）注意分析会计政策变动的影响。

2.从筹资或权益的角度进行分析评价

筹资或权益角度的分析评价主要从以下几方面进行：

（1）分析权益总额的变动状况以及各类、各项筹资的变动状况，揭示权益总额变动的主要方面，从总体上了解企业经过一定时期经营后权益总额的变动情况。

（2）发现变动幅度较大或对权益总额变动影响较大的重点类别和重点项目，为进一步分析指出方向。

（3）分析评价权益资金变动对企业未来经营的影响。

（4）注意分析评价表外业务的影响。

四、权益资金变动对企业未来经营影响的分析评价

1.举债

（1）负债比重提高，债务负担加重。

（2）资金制约。

（3）财务杠杆作用加大。

（4）负债能够约束经理人员的自利行为，产生治理效果。

2.追加投资

（1）资金制约。

（2）运用不当会失去投资人的支持。

（3）有助于企业财务实力的提升。

3.留存收益

（1）为企业可持续发展提供源源不断的资金来源。

（2）促进企业经营步入良性循环。

五、资产负债表垂直分析表的编制

资产负债表垂直分析是指通过计算资产负债表中各项目占总资产或权益总额的比重，分析评价企业资产结构和权益结构变动的合理程度。资产负债表垂直分析可以从静态角度和动态角度两方面进行。从静态角度分析就是以本期资产负债表为分析对象，分析评价其实际构成情况；从动态角度分析就是将资产负债表的本期实际构成与选定的标准进行对比，对比的标准可以是上期实际数、预算数和同行业的平均数或可比企业的实际数。对比标准的选择视分析目的而定。

资产负债表垂直分析表的编制按以下步骤进行：

1.计算资产负债表各项目的比重

$$\text{某项目的比重}=\frac{\text{该项目金额}}{\text{资产总额(或负债及股东权益总额)}}\times 100\%$$

2.计算各项目比重的差异

某项目比重的差异=该项目报告期比重-该项目基期比重

六、资产负债表结构变动情况的分析评价

对资产负债表结构变动情况的分析评价可从以下三方面进行：

（一）资产结构的分析评价

1.从静态角度观察企业资产的配置情况，要特别关注流动资产和非流动资产的比重以及其中重要项目的比重。

2.从动态角度分析企业资产结构的变动情况，对其稳定性做出评价，进而对企业资产结构的调整情况做出评价。

（二）资本结构的分析评价

1.从静态角度观察资本的构成，衡量企业的财务实力，评价企业的财务风险。同时，结合企业的盈利能力和经营风险，评价其资本结构的合理性。

2.从动态角度分析企业资本结构的变动情况，对其调整情况及对股东收益可能产生的影响做出评价。

（三）资产负债表整体结构的分析评价

1.分析资产结构与资本结构的依存关系。

2.分析评价不同结构可能产生的财务结果。

（1）稳健结构。

稳健结构的主要标志是企业流动资产的一部分资金需要由流动负债来满足，另一部分资金则需要由非流动负债来满足。稳健型的资产负债表整体结构的财务结果：①足以使企业保持相当良好的财务信誉，通过流动资产的变现足以满足偿还短期债务的需要，企业风险较小。②企业可以通过调整流动负债与非流动负债的比例，使负债成本达到企业目标标准。③无论是资产结构还是资本结构，都具有一定的弹性，特别是当临时性资产需要降低或消失时，可通过偿还短期债务或进行短期证券投资来调整。一旦临时性资产需要产生时，又可以重新举借短期债务或出售短期证券来满足其所需。

（2）风险结构。

风险结构的主要标志是流动负债不仅用于满足流动资产的资金需要，而且用于满足部分长期资产的资金需要。风险型的资产负债表整体结构的财务结果是：①财务风险较大，较大的资产风险与较高的筹资风险不能匹配。流动负债和长期资产在流动性上并不对称，如果通过长期资产的变现来偿还短期内到期的债务，必然给企业带来沉重的偿债压力，从而需要企业大大提高资产的流动性。②相对于稳健结构形式，其负债成本较低。③企业存在“黑字破产”的潜在风险。由于企业时刻面临偿债的压力，一旦市场发生变动，或意外事件发生，就可能引发企业资产经营风险，使企业因资金周转不灵而陷入财务困境，造成企业因不能偿还到期债务而“黑字破产”。

七、资产结构的具体分析评价

企业资产结构的具体分析评价应特别关注以下几方面：

1.经营资产与非经营资产的比例关系。

2.固定资产与流动资产的比例关系。

3.流动资产的内部结构。

八、典型负债结构分析评价

（一）按负债期限分析

首先将各负债项目按其偿还期限分为短期负债和长期负债两类，然后分别计算其比重，再进行比较分析。

（二）按负债方式分析

首先将各负债项目按其取得方式加以分类，然后分别计算其比重，再进行比较分析。

九、股东权益结构分析应考虑的因素

1.股东权益总量。

2.企业利润分配政策。

3.企业控制权。

4.权益资本成本。

5.经济环境。

十、货币资金变动的主要原因

1.时期性因素：销售规模的变动或者信用政策的变动。

2.时点性因素：为大笔现金支出做准备或者资金调度。

十一、应收账款分析的要点

1.关注企业应收账款的规模及变动情况。

应收账款变动的主要原因有：

（1）企业销售规模变动导致应收账款变动。

（2）企业信用政策改变。

（3）企业收账政策不当或收账工作执行不力。

（4）应收账款质量不高。

2.分析会计估计变更的影响。

3.分析企业是否利用应收账款进行利润调节。

分析时要特别关注不正常的应收账款增长和应收账款中关联方应收

账款的金额与比例。

4.要特别关注企业是否有应收账款巨额冲销行为。

十二、其他应收款分析的要点

1.其他应收款的规模及变动情况。

2.其他应收款包括的内容。

3.关联方其他应收款余额及账龄。

4.是否存在违规拆借资金。

5.分析会计政策变更对其他应收款的影响。

十三、存货计价分析的要点

1.分析企业对存货计价方法的选择与变更是否合理

不同的存货计价方法对资产负债表和利润表的影响是不同的（见表4-1）。

表4-1　　**不同的存货计价方法对资产负债表和利润表的影响**

计价方法	对资产负债表的影响	对利润表的影响
先进先出法	基本反映存货当前价值	利润被高估
个别计价法	基本反映存货真实价值	反映真实利润水平
加权平均法	略微低估存货当前价值	利润被低估

2.分析存货的盘存制度对确认存货数量和价值的影响

3.分析期末存货价值的计价原则对存货项目的影响

十四、固定资产分析的要点

1.固定资产规模与变动情况分析

（1）固定资产原值变动情况分析。

（2）固定资产净值变动情况分析。

2.固定资产结构与变动情况分析

固定资产结构分析应特别注意从以下三方面进行：一是特别注意分析生产用固定资产与非生产用固定资产之间的比例变化情况；二是特别注意考察未使用和不需用固定资产比率的变化情况，查明企业在处置闲置固定资产方面的工作是否得力；三是考察生产用固定资产的内部结构是否合理。

□ 关键概念

1.财务状况　　2.会计信息
3.会计政策选择　　4.会计政策变更
5.会计估计及变更　　6.资本结构
7.负债结构　　8.资产结构

□ 相关准则制度及阅读书目

[1] 张新民，钱爱民. 财务报表分析 [M]. 5版. 北京：中国人民大学出版社，2019.

[2] 郭永清. 财务报表分析与股票估值 [M]. 2版. 北京：机械工业出版社，2021.

[3] 企业会计准则编审编委会. 企业会计准则实务应用精解：会计科目使用+经济业务处理+会计报表编制 [M]. 北京：人民邮电出版社，2019.

[4] 王化成，支晓强，王建英. 财务报表分析 [M]. 3版. 北京：中国人民大学出版社，2022.

[5] 全国人民代表大会常务委员会. 中华人民共和国会计法（2024年）[S/OL]. [2024-08-12]. https://kjs.mof.gov.cn/zt/kjfxcgc/kjfqw/202408/t20240814_3941788.htm.

[6] 会计准则委员会. 企业会计准则 [S/OL]. [2019-05-25]. https://www.casc.org.cn/qykjzz/.

[7] 会计准则委员会. 企业会计准则解读 [S/OL]. [2024-12-23]. https://kjs.mof.gov.cn/zt/kjzzss/qykjzzjs/.

□ 复习思考题

1.若想了解企业财务状况变动情况，应当如何进行分析？

2.若想评价企业的资产结构是否合理，应该如何进行分析？

3.如何对企业资产负债的整体结构进行评价？

4.存货会计政策会受到哪些因素的影响？如何才能评价存货会计政策的合理性？

5.对负债和权益的变动水平进行分析应该注意哪些方面?

6.企业大规模举债，可能对企业产生哪些影响?

7.应当如何评价企业股东权益结构是否合理?

□ 练习题

一、单项选择题

1.考察企业资产变动合理性，需要借助哪项财务指标（　　）。

A.营运能力　　B.盈利能力

C.偿债能力　　D.综合能力

2.短期借款的特点是（　　）。

A.风险较大　　B.无须担保

C.弹性较差　　D.满足长期资金需求

3.如果将企业资产项目按照“经营性资产”和“非经营性资产”分类，以下项目属于经营性资产项目的是（　　）。

A.货币资金　　B.长期待摊费用

C.递延所得税资产　　D.其他应收款

4.存货发生减值是因为（　　）。

A.采用先进先出法　　B.采用移动加权平均法

C.可变现净值低于账面成本　　D.可变现净值高于账面成本

5.正常情况下，在资产负债表上，期末值不应过高的是（　　）。

A.应收账款　　B.其他应收款

C.存货　　D.货币资金

6.在分析资产结构时，通常不会分析的比例关系是（　　）。

A.经营资产和非经营资产　　B.无形资产和流动资产

C.流动资产各项目　　D.固定资产和流动资产

7.资产负债表中固定资产项目反映的是（　　）。

A.固定资产市值　　B.固定资产减值

C.固定资产净值　　D.固定资产原值

8.从投资或资产的角度对资产负债表进行分析评价时，分析的内容不包括（　　）。

A.分析总资产规模的变动状况以及各类、各项资产的变动状况，

揭示资产变动的主要方面

B.发现变动幅度较大或对总资产变动影响较大的重点类别和重点项目

C.要注意分析资产变动的合理性与效率性

D.注意分析资金来源渠道是否影响负债比例

9.减少企业流动资产变现能力的因素是（　　）。

A.长期投资到期收回　　　　B.有可动用的银行贷款指标

C.未决诉讼形成的或有负债　　D.取得银行承兑汇票

10.当企业存在“黑字破产”的可能时，属于（　　）的资产负债表整体结构的财务结果。

A.风险型　　　　B.稳健型

C.中庸型　　　　D.保守型

二、多项选择题

1.资产负债表分析的目的有（　　）。

A.了解企业财务状况的变动情况

B.评价企业经营状况

C.修正资产负债表的数据

D.评价企业的会计政策

E.说明资产负债表的编制方法

2.企业利用举借债务的方式募集资金，会对企业产生哪些影响（　　）。

A.负债比重提高　　　　B.债务负担加大

C.财务杠杆作用加大　　D.经营杠杆放大

E.约束经理人员的自利行为

3.采取保守的固流结构政策可能出现的财务结果有（　　）。

A.资产流动性提高　　　　B.资产风险降低

C.资产流动性降低　　　　D.资产风险提高

E.盈利水平下降

4.运用权益方式（包括追加投资和留存收益）募集资金，会产生哪些影响（　　）。

A.运用不当会失去投资人的支持

B.有助于企业财务实力提升

C.促进企业步入良性循环

D.为可持续发展提供源源不断的资金来源

E.对企业固流结构产生不利影响

5.分析企业股东权益结构应考虑的因素有（　　）。

A.股东权益总量　　B.企业利润分配政策

C.企业控制权　　D.权益资本成本

E.经济环境

6.进行负债结构分析时必须考虑的因素有（　　）。

A.负债规模　　B.负债成本

C.债务偿还期限　　D.财务风险

E.经济环境

7.短期借款变动的原因有（　　）。

A.流动资产资金需要　　B.节约利息支出

C.调整负债结构和财务风险　　D.增加企业资金弹性

E.保持企业权益结构的稳定性

8.下列属于风险型资产负债表整体结构的财务结果的有（　　）。

A.企业信誉良好　　B.资金成本较高

C.筹资结构弹性大　　D.企业风险极大

E.存在“黑字破产”的可能

9.影响企业应收账款变动的因素主要有（　　）。

A.销售规模　　B.信用政策

C.收账政策　　D.盈利水平

E.负债水平

10.存货期末数值会受到下列哪些因素的影响（　　）。

A.存货计价方法　　B.存货的盘存制度

C.存货价值的计价原则　　D.存货与应收账款的比例

E.存货与总资产的关系

11.资本公积有其特定的来源，主要包括（　　）。

A.盈余公积转入　　B.资本溢价

C.接受捐赠　　D.汇率变动差额

E.从税后利润中提取

三、判断题

1. 资产负债表中某项目的变动幅度越小，对资产或权益的影响就越小。（　　）

2. 资产变动不能简单以规模变动方向作为判断标准，资产规模增加不一定是有效率的。（　　）

3. 如果本期总资产比上期有较大幅度增加，表明企业本期经营卓有成效。（　　）

4. 只要本期盈余公积增加，就可以断定企业本期经营是有成效的。（　　）

5. 资产负债表结构分析通常采用垂直分析法。（　　）

6. 固定资产比重越低，企业资产的流动性越小。（　　）

7. 当流动资产小于流动负债时，说明部分长期资产是以流动负债作为资金来源的。（　　）

8. 从资产负债表垂直分析来看，负债比率提高对企业经营而言存在负面作用。（　　）

9. 如果本期未分配利润少于上期，说明企业本期经营亏损。（　　）

10. 企业的应收账款增长率超过销售收入增长率表明企业收账不力或信用政策变动。（　　）

11. 在各项资产中，现金流动性最强，因此企业现金占总资产比重越高越好。（　　）

12. 商业信用带来的负债不会产生实际的成本，因而可以尽量推迟支付，以便多占用对方资金。（　　）

13. 稳健结构的主要标志是流动资产的资金需要全部由短期资金来满足。（　　）

14. 风险结构的主要标志是流动资产的一部分资金来源需要由长期资金来解决。（　　）

15. 提取坏账准备表明企业预计的应收款项可能减少。（　　）

16. 在对负债和权益进行结构分析时，只需要比较债务和权益所占的比重即可。（　　）

17. 正常情况下，在资产负债表上，期末值不应过高的是存货。（　　）

18.存货发生减值的主要原因为可收回金额低于账面成本。（　　）

19.稳健的资产负债表整体结构的财务结果是存在“黑字破产”的可能。（　　）

20.存货期末数值会受到存货计价方法的影响。（　　）

21.资产负债表垂直分析是指通过计算资产负债表中各项目占总资产或权益总额的比重，分析评价企业资产结构和权益结构变动的合理程度。（　　）

四、计算题

1.负债变动情况和负债结构分析

某公司负债变动情况资料见表4-2。

表4-2　**某公司负债变动情况资料**　单位：万元

项目	期初余额	期末余额
流动负债：		
短期借款	50 000	37 600
应付票据	7 500	7 000
应付账款	7 500	6 600
预收账款	2 400	4 100
应付职工薪酬	270	0
应交税费	4 500	1 600
其他应付款	180	387
其他流动负债	2 000	1 100
流动负债合计	74 350	58 387
非流动负债：		
长期借款	20 000	18 400
应付债券	25 000	20 000
长期应付款	181 000	181 000
非流动负债合计	226 000	219 400
负债总计	300 350	277 787

要求：（1）对负债的变动情况进行分析。

（2）对负债结构进行分析。

2.固定资产分析

某企业固定资产分析资料见表4-3、表4-4。

表4-3　**某企业固定资产分析资料（一）**　单位：万元

固定资产类别	期初余额	期末余额
1.生产用固定资产	5 260 000	5 783 000
2.非生产用固定资产	900 000	903 000
3.租出固定资产	250 000	250 000
4.未使用固定资产	40 000	40 000
5.不需用固定资产	150 000	0
合计	6 600 000	6 976 000

表4-4　**某企业固定资产分析资料（二）**　单位：万元

本期增加固定资产	金额	本期减少固定资产	金额
购入		出售	
生产用固定资产	105 750	不需用固定资产	23 500
建造完成		报废	
生产用固定资产	796 000	生产用固定资产	47 000
非生产用固定资产	50 000	盘亏	
盘盈		非生产用固定资产	25 850
生产用固定资产	11 750	非常损失	
		非生产用固定资产	21 150
		投资转出	
		生产用固定资产	343 500
		不需用固定资产	126 500
合计	963 500	合计	587 500

要求：对固定资产原值变动情况进行分析。

3.资产负债表垂直分析

某企业资产负债表资料见表4-5。

表4-5 资产负债表（简表）

20×4年12月31日 单位：千元

资产	年末数	年初数	负债及所有者权益	年末数	年初数
流动资产	11 027	8 728	流动负债	1 601	776
其中：应收账款	281	172	其中：应付账款	617	423
存货	1 448	739	非流动负债	333	240
固定资产	809	694	其中：长期借款	105	137
无形资产	255	293	负债合计	1 934	1 016
其他长期资产	3 327	1 995	所有者权益	13 484	10 694
			其中：实收资本	667	471
资产总计	15 418	11 710	负债及所有者权益总计	15 418	11 710

要求：对资产负债表进行垂直分析。

4.资产负债表全面分析

某企业资产负债表（简表）见表4-6。

表4-6 某企业资产负债表（简表）

20×4年12月31日 单位：千元

资产		负债及所有者权益	
现金（年初785）	325	应付账款	525
应收账款（年初1 225）	1 420	应付票据	350
存货（年初740）	995	其他流动负债	472
流动资产合计	2 740	流动负债合计	1 347
固定资产净额（年初1 210）	1 220	非流动负债	1 050
		实收资本	1 563
资产总额（年初3 960）	3 960	负债及所有者权益总计	3 960

要求：（1）对资产负债表的资产部分进行水平分析与评价。

（2）对资产负债表的负债及所有者权益部分进行垂直分析与评价。

（3）判断该公司年初与年末筹资结构与投资结构的适应类型，并说明原因。

□ 案例分析题

酱茅的“优”与“忧”

1.案例介绍

1955年，佛山25家实力卓著、美味悠远、享誉港澳的古酱园谋略合并重组。重组后以其产品的高质量、特色显著深受顾客青睐，因此一致同意将新组建的厂命名为“海天酱油厂”，也就是现在海天味业的前身。自此，海天味业也开启了它的狂奔之路。在2020年2月，每股股价达到55.99元，公司市值突破了3 000亿元大关，先后超越万科、保利等房地产企业的市值。同年8月，海天味业每股股价又创出了126.70元的新高，市值突破5 300亿元，被投资者誉为“酱茅”。

根据海天味业近几年的年报，其资产规模有所增长，值得关注的是货币资金占比极高。虽然货币资金的流动性强，货币资金多的企业财务风险小，短期债务偿还能力强。但是高比例的货币资金意味着企业资金难以变成资本，不能实现增值。海天味业2024年的货币资金占比高达59.4%，2023年占比57.4%，2022年占比54.3%，近三年货币资金逐年增长。结合合并报表的资产结构来看，海天味业资产的配置并未聚焦在经营活动上，而其资产规模的增长主要是货币资金的增长。

近五年海天味业的费用支出快速增长，导致2024年经营活动盈利较2023年同期有所下滑。2018年销售费用与管理费用分别比同期上涨14.28%与19.75%，但是在2019年海天味业开始压缩销售费用，旨在控制费用的进一步上涨。2020年，海天味业的销售费用比同期下降36.86%，但是值得注意的是，其管理费用上涨24.66%，财务费用上涨33.99%，更为夸张的是2021年其财务费用比2020年上涨了48.94%，在持续上涨的财务费用和管理费用以及扩大线上销售份额面前，压缩销售费用已经显得力不从心。通过对海天味业2019年至2021年财报的分析计算，得出销售费用率变动表，可以发现尽管海天味业极力压缩销售费用，其他费用的不断上涨带来的仍是利润下降的结果。

再从应收账款角度看，通过对海天味业与同行业企业2018—2024年财务报表的计算分析发现，海天味业的应收账款占比远低于同行业企业。即使其体量很大，但比较海天味业与其他企业的应收账款金额仍会发现，海天味业的应收账款金额远小于其他企业。相对应的，产生坏账的可能性降低，保证有效销量的形成。究其原因，海天味业主要采取以经销商为主的销售模式，并采用“先款后货”的结算方式，所以海天味业的应收账款较同行业一直处于较低的水平，而这也显示出海天味业对其客户的话语权优势。

2018—2024年海天味业与同行业企业应收账款比较见表4-7。

表4-7 **2018—2024年海天味业与同行业企业应收账款比较** 单位：万元

项目	2018年	2019年	2020年	2021年	2022年	2023年	2024年
海天味业	246.7	244.5	246.3	4 149	5 605	18 839	22 314
千禾味业	6 732	8 437	16 410	12 410	14 540	20 017	13 685
中炬高新	6 700	4 743	2 565	3 257	2 974	4 969	7 527
加加食品	9 727	6 651	6 802	4 784	3 518	7 569	32

2018—2024年海天味业应收账款变动情况见表4-8。

表4-8 **2018—2024年海天味业应收账款变动情况表** 金额单位：万元

项目	2018年	2019年	2020年	2021年	2022年	2023年	2024年
应收账款	246.7	244.5	246.3	4 149	5 605	18 839	22 314
应收账款占收入比例	0.017%	0.014%	0.012%	0.182%	0.224%	0.734%	0.908%
应收账款周转大数（天）	0.06	0.05	0.04	0.35	0.7	1.72	3.02

海天味业与千禾味业货币资金占总资产的比值如图4-1所示。

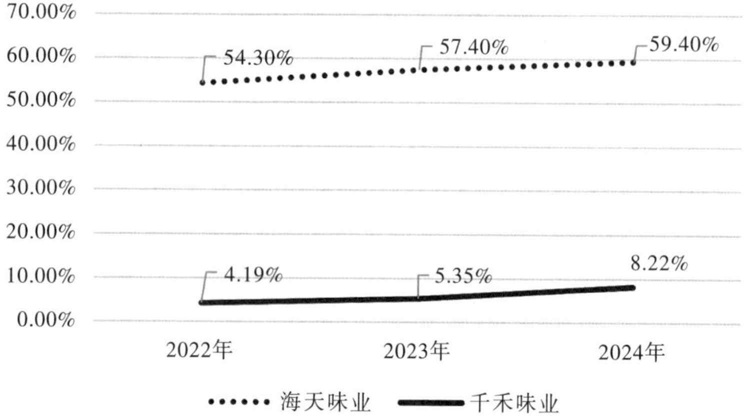

图4-1　海天味业与千禾味业货币资金占总资产的比值

2.案例分析要求

（1）对海天味业应收账款的质量进行分析。

（2）如何加强对应收账款的管理？

（3）依据比较分析法，说明海天味业2022—2024年的“忧”及其原因。

苏宁难“安宁”

1.案例介绍

苏宁易购（以下简称“苏宁”）在A股一直是一家争议非常大的公司，一方面苏宁拥有极高的品牌价值，连续三年入围《财富》杂志公布的世界500强排行榜，另一方面苏宁的主营业务是不赚钱的，财报全靠出售资产的非经常性损益支撑场面。财技“王者”但业务“青铜”，在A股引起了巨大的争议。

苏宁存在的问题可以追溯到2012年的“互联网”转型战略，与通过互联网创业的阿里巴巴和京东相比，线上平台往往是通过商家投放广告的业务获得收入。苏宁不仅承担着线下门店的重资金资产要求，而且面临着发展线上业务的高额引流成本。这给苏宁带来了前所未有的财务压力。此外，对互联网公司的价值评估要考虑用户数，用户增长的数量也是融资时需要考虑的重要因素，而不是单纯地只看销售利润，这对当时已经上市的苏宁来讲，相当于与广告商进行竞争，并不占优势。另外，苏宁开展了大量的并购业务，布局范围广，投入资金多，占据了苏宁的大量时间和精力，并逐渐远离其主要赛道“零售”，再加上苏宁并未强化自身经营能力，增强各业务的整合能力，进而导致公司盈利困难，出现了亏损。在布局智慧零售之前，几乎没有借款和债券，现金流并不多。在2018年以后的几年时间里，苏宁为其智慧零售布局大规模铺设渠道之后，可以很明显看出经营活动现金流量负向增长加剧，投资活动现金也呈现负向增长态势，而筹资活动现金流入大幅增加。面对企业现金流“血”流不止的情况，苏宁通过不断变卖资产、向银行借款和发行债券等为企业实现回“血”，企图挽救黯淡的现金流状况。苏宁的资金和债务危机似乎是在2020年下半年“突然”发生的。2020年，苏宁的流动比率、速动比率分别为0.68、0.36，都远远小于1，短期偿债风险巨大，苏宁遭遇前所未有的流动性压力，已经没有足够的现金流来偿还债务，只能依靠借新债来还旧债，债务越积越高，从而造成资金链断裂，深陷债务危机。而且这两年，苏宁多次被曝拖欠供应商货款，苏宁的负债总额节节升高，截至2024年年末，苏宁的短期借款为262.72亿元，一年内到期的非流动负债为119.84亿元，净资产收益率为-8.61%，资产负债率为90.63%，但账面货币资金仅有112.89亿元，资金危机已经成为苏宁发展的拦路虎。为缓解资金压力，苏宁采取了以新债填旧债的措施，并不惜变卖所持有的阿里巴巴股份，这种“拆东墙补西墙”的债务偿还方式不利于企业长期健康发展。

苏宁2018—2024年现金流及利润相关财务指标分别见表4-9和表4-10。

表4-9　**苏宁2018—2024年度现金流量相关财务数据**　单位：亿元

项目	2018年	2019年	2020年	2021年	2022年	2023年	2024年
经营活动现金流量净额	-138.74	-178.65	-16.22	-64.30	-6.31	29.10	45.86
投资活动现金流量净额	-30.10	-208.71	45.77	52.96	25.94	10.33	10.03
筹资活动现金流量净额	225.34	262.01	-92.41	-61.00	-24.26	-40.23	-62.33

表4-10　　**苏宁2018—2024年度利润表（节选）**　　单位：亿元

项目	2018年	2019年	2020年	2021年	2022年	2023年	2024年
营业收入	2 449.57	2 692.29	2 522.96	1 389.04	713.74	626.27	567.91
营业成本	2 082.17	2 301.17	2 245.77	1 297.38	659.69	507.70	442.86
税金及附加	8.94	10.61	9.73	6.59	4.28	4.68	6.45
管理费用	52.01	49.45	46.60	41.52	27.98	28.45	21.35
财务费用	12.35	22.37	19.65	36.22	45.02	35.53	33.74
研发费用	22.62	32.68	22.64	19.12	9.65	4.41	2.02
营业利润	136.59	146.72	−68.64	−516.75	−193.68	−39.25	8.37
利润总额	139.45	145.95	−69.01	−520.73	−195.52	−42.08	2.24
净利润	126.43	93.20	−53.58	−441.79	−168.02	−42.77	6.11

2.案例分析要求

（1）苏宁频繁并购且持续进行投资，请结合现金流量分析其资金来源。

（2）苏宁的净利润能否反映企业真实的经营状况？请对苏宁的财务状况做出评价。

（3）针对苏宁的财务分析对企业经营有何启示？

第五章　所有者权益变动表分析

□ 本章重点与难点

一、所有者权益变动表及其分析内容

所有者权益是指公司资产扣除负债后由股东享有的“剩余权益”，也称为净资产，是股东投资资本与经营过程中形成的留存收益的集合，是股东投资和公司发展实力的资本体现。所有者权益在公司经营期内可供企业长期、持续地使用，是公司生存和发展的基础，按其来源分为投入资本（包括实收资本和资本公积）和留存收益（包括盈余公积和未分配利润），前者主要来自股东投入，后者源于企业经营积累。

所有者权益变动表是一张总结性的报表，它总结了影响所有者权益的所有交易，反映了公司本期（年度或中期）内截至期末所有者权益变动情况。所有者权益变动表分析，是通过所有者权益的来源及其变动情况，了解会计期间影响所有者权益增减变动的具体原因，判断构成所有者权益各个项目变动的合法性与合理性，为报表使用者提供较为真实的所有者权益总额及其变动信息。

所有者权益变动表分析包括：所有者权益变动表的水平分析、垂直分析和趋势分析，以及所有者权益变动影响因素分析。

二、所有者权益变动表需要单独列示的项目

所有者权益变动表一般应单独列报以下项目：

1.综合收益总额，在合并所有者权益变动表中还应单独列示归属于母公司的综合收益总额和归属于少数股东的综合收益总额。

2.会计政策变更和前期差错更正的累积影响金额。

3.所有者投入资本和向所有者分配利润。

4.按照规定提取的盈余公积。

5.所有者权益各组成部分的期初和期末余额及其调整情况。

三、净利润与当期所有者权益变动额之间的关系

$$\text{本期所有者权益变动额}=\text{净利润}+\text{其他综合收益税后净额}+\text{会计政策变更和前期差错更正的累积影响数}+\text{所有者或股东投入资本}-\text{向所有者或股东分配的利润}$$

因此，净利润是本期所有者权益变动的重要影响要素。

四、其他综合收益的内容

其他综合收益是指企业根据其他会计准则规定未在当期损益中确认的各项利得和损失。它分为以下两类：

（一）以后会计期间不能重分类进损益的其他综合收益项目

1.重新计量设定受益计划变动额。

2.权益法下不能转损益的其他综合收益。

3.其他权益工具投资公允价值变动。

4.企业自身信用风险公允价值变动。

（二）以后会计期间在满足规定条件时将重分类进损益的其他综合收益

1.按照权益法核算的在被投资单位可重分类进损益的其他综合收益变动中所享有的份额。

2.其他债权投资公允价值变动。

3.金融资产重分类计入其他综合收益的金额。

4.其他债权投资信用减值准备。

5.现金流量套期储备。

6.外币财务报表折算差额。

7.根据相关会计准则规定的其他项目。

五、所有者权益变动表分析的目的

1.清晰体现会计期间构成所有者权益各个项目的变动规模与结构，了解其变动趋势，反映公司净资产的实力，提供资本保值增值的重要信息。

2.从全面收益的角度凸显更全面、更有用的财务业绩信息，以满足报表外部和内部使用者进行投资、信贷、监管及其他经济决策的需要。

3.反映会计政策变更的合理性以及会计差错更正的幅度，具体报告会计政策变更和会计差错更正对所有者权益的影响数额。

4.反映股利分配政策、股票回购等公司筹资行为对所有者权益的影响。

六、会计政策变更及其在所有者权益变动表中的列示与分析

会计政策变更是指在特定的情况下，企业可以对相同的交易或事项由原来采用的会计政策改用另一会计政策。会计政策变更的累积影响数，是指按照变更后的会计政策，对以前各期追溯计算的列报前期最早期初留存收益应有金额与现有金额之间的差额。会计政策变更的累积影响数需在所有者权益变动表中单独列示。

对会计政策变更的分析的目的主要有两点：（1）区分属于会计政策变更和不属于会计政策变更的业务或事项；（2）识别影响会计方法选择的深层次原因。不属于会计政策变更的业务或事项包括：（1）当期发生的交易或事项与以前相比具有本质差别而采用新的会计政策；（2）对初次发生的或不重要的交易或事项而采用新的会计政策。影响会计方法选择的深层次原因一般有：（1）出于税收支出的考虑；（2）数据收集成本的影响；（3）经营成本的影响；（4）出于融资成本的考虑；（5）出于对利益人之间财富再分配的考虑。

七、前期差错更正及其在所有者权益变动表中的列示与披露

前期差错更正是指本期发现与以前期间相关的重大会计差错时，如果影响损益，应按其对损益的影响数调整发现当期的期初留存收益，会计报表其他相关项目的期初数也应一并调整。如不影响损益，应调整会计报表相关项目的期初数。

会计差错只要发生就会使报表信息失真，按其影响程度的不同，会计差错可分为重大会计差错和非重大会计差错。重大会计差错是指影响会计报表可靠性的会计差错，其特点是差错的金额比较大，足以影响会计报表的使用者对企业的财务状况和经营成果做出正确判断。按照重要性原则，如果某项差错占有关交易或事项金额的10%以上，则可以被认为是重大会计差错。非重大会计差错是指不足以影响会计报表使用者对企业财务状况和经营成果做出正确判断的会计差错。无论是否为重大会计差错，都应在发现前期差错的当期进行前期差错更正，在所有者权益变动表中适时披露。

八、所有者权益变动表趋势分析的内涵

所有者权益变动表趋势分析是通过所有者权益变动表各个项目的变动情况，观察和分析股本、资本公积、盈余公积、未分配利润等项目的变动趋势，深入理解和掌握所有者权益项目增减变动的原因与规律，为财务预测、财务决策、编制财务预算和估算企业价值提供依据。

九、外币财务报表折算差额对所有者权益变动表项目的影响

根据《企业会计准则第19号——外币折算》的规定，企业对境外经营的财务报表进行折算时，应当将外币财务报表折算差额在资产负债表中所有者权益项目下单独列示（通过其他综合收益项目）。具体账务处理为：借或贷记“其他综合收益——外币报表折算差额”，贷或借记“财务费用——汇兑差额”；企业在处置境外经营时，应当将资产负债表中所有者权益项目下列示的、与该境外经营相关的外币报表折算差额，自所有者权益项目转入处置当期损益，部分处置境外经营的，应当按处置的比例计算处置部分的外币财务报表折算差额，转入处置当期损益。

十、可转债、债务重组债转股以及股份支付对所有者权益的影响

可转换公司债券发行时，应将其包含的负债成分和权益成分进行拆分，将负债成分确认为应付债券，权益成分确认为其他权益工具，故而可转换公司债券的发行会使得公司所有者权益中的其他权益工具增加。可转换公司债券持有人行使转换权利时，其持有的债券就会转化为股票，从而使得股本增加，其他权益工具减少。涉及债务转为资本的债务重组会使得公司所有者权益中的股本或者实收资本增加，同时可能发生资本公积的变化。

以权益结算的股份支付会在等待期内的每个资产负债表日，以对可行权权益工具数量的最佳估计为基础，按照权益工具在授予日的公允价值，将当期取得的服务计入相关资产成本或当期费用，同时计入资本公积中的其他资本公积。在行权日，企业根据具体情况，确认股本和股本溢价，同时结转等待期内确认的资本公积。因而，以权益结算的股份支付在等待期内会引起资本公积的增加，在行权日可能会引起股本和资本公积的变化。

□ 关键概念

1.所有者权益　　2.所有者权益变动表
3.留存收益　　4.综合收益
5.其他综合收益　　6.会计政策变更
7.前期差错更正　　8.资本公积
9.专项储备　　10.库存股
11.可转换公司债券　　12.以权益结算的股份支付
13.利得　　14.损失

□ 相关准则制度及阅读书目

[1] 财政部会计司. 企业会计准则第30号——财务报表列报(2014) [S/OL]. [2018-08-15]. https://www.casc.org.cn/2018/0815/202777.shtml.

[2] 财政部会计司. 企业会计准则第28号——会计政策、会计估计变更和差错更正 [S/OL]. [2018-08-15]. https://www.casc.org.cn/2018/0815/202779.shtml.

[3] 财政部会计司. 企业会计准则第22号——金融工具确认和计量(财会〔2017〕7号) [S/OL]. [2017-09-08]. http://kjs.mof.gov.cn/zt/kjzzss/kuaijizhunzeshishi/201709/t20170908_2694655.htm.

[4] 佩因曼. 财务报表分析与证券定价 [M]. 刘力，陆正飞，译. 北京：中国财政经济出版社，2002.

[5] 舍尼贝克 K P，等. 财务报表分析与解读——一种基于项目的方法 [M]. 韩沚清，等译. 6版. 北京：电子工业出版社，2014.

[6] 杰拉德 I W.财务报表分析与运用 [M]. 北京：中信出版社，2008.

[7] 张先治，秦志敏. 财务报告分析 [M]. 上海：立信会计出版社，2014.

[8] 黄世忠. 从报表看舞弊：财务报表分析与风险识别 [M]. 北京：机械工业出版社，2018.

[9] 张新民. 从报表看企业：数字背后的秘密 [M]. 北京：中国

人民大学出版社，2021.

□ 复习思考题

1.试说明所有者权益变动表与资产负债表的钩稽关系。

2.试说明所有者权益变动表的框架及其分析的目的和内容。

3.简述其他综合收益的分类及主要项目。

4.简述所有者权益变动表趋势分析的基本思路。

5.简述股票分割对每股收益和每股市价的影响。

6.简述股权流通对价的含义及其对公司所有者权益的影响。

7.简述可转换公司债券对公司所有者权益的影响。

8.简述股份支付的特点以及对所有者权益的影响。

□ 练习题

一、单项选择题

1.所有者权益是指企业资产扣除负债后由股东享有的“剩余权益”，也称（　　）。

A.净负债　　B.净资产

C.净收益　　D.净流量

2.当期所有者权益净变动额等于（　　）。

A.总权益变动额　　B.总资产变动额

C.总股本变动额　　D.净资产变动额

3.下列项目中，不影响当期所有者权益变动额的项目是（　　）。

A.综合收益总额　　B.所有者投入和减少资本

C.所有者权益内部结转　　D.利润分配

4.产生库存股的条件是（　　）。

A.股票回购　　B.股票分割

C.股票股利　　D.流通股权对价

5.其他权益工具投资公允价值增加时，同时增加的是（　　）。

A.未分配利润　　B.资本公积

C.盈余公积　　D.其他综合收益

6.某公司本年净利润为2 000万元，股利分配时的股票市价为20元/

股，发行在外的流通股股数为1 000万股，股利分配政策为10送2，则稀释每股收益为（　　）元。

A.1.67　　B.2

C.16.67　　D.20

7.A上市公司股东代其偿还一笔应付账款2 000万元，经济实质表明属于对企业的资本性投入，则下列会计处理中正确的是（　　）。

A.公司减少应付账款的同时增加其他权益工具

B.公司减少应付账款的同时增加资本公积——其他资本公积

C.公司减少应付账款的同时增加营业外收入

D.公司减少应付账款的同时增加资本公积——股本溢价

8.下列各项中，会引起留存收益总额发生增减变动的是（　　）。

A.盈余公积转增资本

B.盈余公积补亏

C.资本公积转增资本

D.提取任意盈余公积

9.下列各项中，会引起其他综合收益变动的是（　　）。

A.盈余公积转增资本

B.资本公积转增资本

C.投资房地产时的佣金

D.境外经营外币报表折算差额的增减

10.下列项目中，不会导致当期所有者权益变动的是（　　）。

A.净利润　　B.所有者投入和减少资本

C.所有者权益内部结转　　D.分配现金股利

二、多项选择题

1.将会稀释每股收益的决策方案有（　　）。

A.派现　　B.送股

C.股票分割　　D.股票回购

E.债转股

2.所有者权益内部结转包括（　　）。

A.资本公积转增资本　　B.盈余公积转增资本

C.盈余公积弥补亏损　　D.股票分割

E.股票回购

3.以下行为中，会引起所有者权益总额变化的有（　　）。

A.发行新股　　B.可转换债券行权

C.债务重组中的债务转为资本　　D.盈余公积弥补亏损

E.派发股票股利

4.下列项目中，影响当期所有者权益变动额的有（　　）。

A.净利润　　B.所有者投入和减少资本

C.所有者权益内部结转　　D.分配现金股利

E.库存股增加

5.库存股没有具体股东，因此其权利将受到一定的限制，具体受到限制的权利包括（　　）。

A.股利分派权　　B.剩余财产分派权

C.表决权　　D.决策权

E.优先认购权

6.前期差错通常包括（　　）。

A.应用会计政策错误　　B.计算错误

C.疏忽产生的影响　　D.曲解事实产生的影响

E.舞弊产生的影响

7.一般而言，公司派现决策的动机包括（　　）。

A.消除不确定性　　B.传递优势信息

C.减少代理成本　　D.公司处于初创期

E.稳定投资者的心态

8.所有者权益变动表所包含的财务状况质量信息有“输血型”变动和“盈利型”变动，下列为“输血型”变动的有（　　）。

A.增资扩股　　B.发放股票股利

C.接受捐赠　　D.当期扭亏为盈

E.债转股

9.下列各项中，影响其他综合收益的有（　　）。

A.发行可转换公司债券包含的权益成分的价值

B.应享有联营企业其他综合收益的份额

C.其他债权投资公允价值变动收益

D.自用房地产转换为公允价值模式下的投资性房地产转换日公允价值大于账面价值的差额

E.终止经营净利润

10.所有者权益变动表中的所有者权益内部结转包括（　　）。

A.股份支付计入所有者权益的金额

B.其他权益工具持有者投入资本

C.股东投资

D.其他综合收益转为留存收益

E.对股东的分配

三、判断题

1.所有者权益变动表可以反映债权人所拥有的权益，据以判断资本保值、增值的情况以及对负债的保障程度。（　　）

2.所有者权益变动表中，所有者权益净变动额等于资产负债表中的期末所有者权益。（　　）

3.其他综合收益项目均可以在以后会计期间满足规定条件时重分类进损益。（　　）

4.在不考虑其他项目时，将净利润调整为本期所有者权益变动额，应该在净利润的基础上，减去向股东分配的利润。（　　）

5.库存股是指公司收回已发行的且尚未注销的不可以再次出售的股票。（　　）

6.对初次发生的或不重要的交易或事项采用新的会计政策不属于会计政策变更。（　　）

7.转增股本是指公司将盈余公积转化为股本，它并没有改变股东的权益规模。（　　）

8.股票分割会影响所有者权益的内部结构，而股票股利则不会改变公司的所有者权益结构。（　　）

9.送股不会导致企业资产的流出或负债的增加，不影响企业的资产、负债及所有者权益总额的变化。（　　）

10.无论是否为重大会计差错，都应在发现前期差错的当期进行前期差错更正，在所有者权益变动表中适时披露。（　　）

11.股份支付主要分为以权益结算的股份支付和以现金结算的股份

支付两大类，这两种形式的股份支付均会对所有者权益产生影响。
（　　）

12. 企业收到投资者出资额超出其在注册资本或股本中所占份额的部分，记入“资本公积——其他资本公积”账户。（　　）

四、简答题

1. 简述所有者权益变动表与其他会计报表的关系。

2. 如何理解《企业会计准则——基本准则》中的所有者权益要素？

3. 如何进行所有者权益变动表的水平分析？

4. 简述所有者权益变动的原因。

5. 所有者权益变动表的基本项目构架是什么？

6. 简述库存股如何对所有者权益产生的影响。

7. 债务重组债务转为资本对债务人所有者权益有何影响？

8. 企业实现的净利润以什么顺序进行分配？

五、计算与分析题

1. 某公司2024年实现净利润3 000万元，分配股利806万元，增发新股2 000万元，长期投资于A单位，股权占40%，A单位2024年盈利250万元，试确定所有者权益变动额。

2. 假定AA公司本年净利润为5 000万元，股利分配时的股票市价为10元/股，发行在外的流通股股数为10 000万股，股利分配政策为10送5，试计算此政策对每股收益和每股市价的影响。

3. 某公司有流通在外的股票200万股，每股市价3元，公司的市场价值总额是600万元。简化的当年年末资产负债表见表5-1。

表5-1　　**资产负债表（现金股利支付前）**　　单位：千元

资产		负债及所有者权益	
货币资金	2 500	负债	0
其他资产	3 500	所有者权益	6 000
合计	6 000	合计	6 000

假设该公司本年年末决定每股有1元的派现，试计算支付股利后的公司市场价值、所有者权益和每股市价。

4.BAC公司2024年、2023年所有者权益变动表见表5-2，试对该公司所有者权益变动情况进行水平分析。

表5-2　　BAC公司所有者权益变动表（简表）　　单位：千元

项目	2024年	2023年
一、上年年末余额		
（一）实收资本（或股本）	300 000	300 000
资本公积	28 000	28 000
其他综合收益	0	4 000
盈余公积	265 400	285 400
未分配利润	68 000	110 000
库存股（减项）		5 400
（二）年初所有者权益合计	661 400	722 000
1.会计政策变更	0	0
2.前期差错更正	0	0
二、本年年初余额	661 400	722 000
三、本年增减变动金额（减少以"–"号填列）		
（一）综合收益总额		
1.本年净利润		
未分配利润增加（+）/减少（–）	200 000	482 000
2.其他综合收益	4 000	0
（二）所有者投入和减少资本	0	0
（三）利润分配		
1.对所有者（或股东）的分配		
未分配利润减少	138 000	158 000
2.提取盈余公积		
盈余公积增加、未分配利润减少	20 000	48 200
四、本年年末余额		
实收资本（或股本）	300 000	300 000

续表

项目	2024年	2023年
资本公积	28 000	28 000
其他综合收益	4 000	4 000
盈余公积	285 400	333 600
未分配利润	110 000	385 800
减：库存股	5 400	5 400
年末所有者权益合计	722 000	1 046 000

5.A股份有限公司的股本为10 000万股，每股面值为1元。2024年年初未分配利润为贷方8 000万元，2024年实现净利润为5 000万元。假定公司按照2024年实现净利润的10%提取法定盈余公积，按5%提取任意盈余公积，同时向股东按照每股0.2元派发现金股利，按照每10股送3股的比例派发股票股利。2024年12月，公司以银行存款支付了全部的现金股利，新增股本也已经办理完股权登记和相关增资手续。试确定A公司2024年年底“利润分配——未分配利润”账户的余额。

□ 案例分析题

A股上市公司股票回购热情不减

1.案例介绍

近年来，A股市场股份回购制度持续优化，监管导向日益明确。2024年4月，国务院发布《关于加强监管防范风险推动资本市场高质量发展的若干意见》（新“国九条”），明确提出“引导上市公司回购股份后依法注销”，将注销式回购纳入政策鼓励范畴。

在此背景下，2024年A股注销式回购规模显著突破历史峰值。首先，回购预案规模创新高，按预案披露日统计，全年注销式回购计划金额超200亿元，药明康德（两轮合计20亿元）、比亚迪（4亿元）、东方财富（10亿元）等龙头企业领衔；其次，回购实施规模翻倍增长，按回购完成日统计，实际注销金额突破300亿元，涉及近200家公司，较2023年143亿元增长逾110%；最后，回购后注销的时效性也大幅提升，

2024年完成回购的公司中，1年内注销比例达历史高位，例如，东方财富于2024年4月完成10亿元回购股份注销，从回购结束至注销仅两周。

2.案例分析要求

（1）公司进行股份回购的目的是什么？

（2）注销式回购如何影响所有者权益呢？

净资产出现巨额赤字时投资者如何出资？

1.案例介绍

注册会计师张某审计华兴公司2024年度会计报表时发现，由于华兴公司连续几年亏损，企业净资产出现巨额赤字，2024年4月份董事会决议，对于出资人今明公司投入的资金超过其注册资本所占份额的部分确认为“其他应付款”并转作“资本公积——资本溢价”。同时，对于出资人BB公司要求转让出资的事项，董事会要求出资方按照各自原出资比例对于资不抵债部分予以弥补，弥补后BB公司才能转让出资。

2.案例分析要求

（1）如果企业将投资者投入的资金超过其注册资本所占份额的部分确认为“其他应付款”，为降低资产负债率，经股东会同意，能否将“其他应付款”转作“资本公积——资本溢价”？

（2）企业净资产为负数或资不抵债时，是否需要出资人先弥补亏损后增资？

（3）企业净资产出现巨额赤字时，出资人能否转让股权？

股利政策带来的报表联动

——以茅台集团2022—2024年的股利政策为例

1.案例介绍

贵州茅台酒厂有限责任公司是由贵州茅台酒股份有限公司、贵州茅台酒厂技术开发公司等八家公司共同发起，并经贵州省人民政府批准设立的，注册资本为18 500万元。

根据往年的财报，自2001年上市以来，贵州茅台酒厂有限责任公司每年都会派发红利。这种从上市伊始就逐年派发红利以回报股东和投资人的行为，在我国的资本市场上算是比较少见的了。有的股民当时就喊出了“茅台不仅是黄金，还超越了黄金”的口号，关于2022—2024年茅台集团的股利政策及相关财务数据见表5-3、表5-4和表5-5。

表5-3 **茅台集团2022—2024年的普通股股利分配方案**

分红所属年度或日期	2022-11-29	2022年年报	2023-11-21	2023年年报	2024年三季报	2024年年报
每10股送红股数（股）						
每10股派息（含税，元）	219.1	259.11	191.06	308.76	238.82	276.24
每10股转增数（股）						
现金分红的数额（含税，亿元）	275.23	325.49	240.01	387.86	300.01	346.71
分红年度合并报表中归属于上市公司普通股股东的净利润（亿元）		627.16		747.34	608.29	862.28
占合并报表中归属于上市公司普通股股东净利润的比率（%）		51.89		51.9	49.32	40.24
实施公告日	2022-12-21	2023-06-26	2023-12-14	2024-06-12	2024-12-14	—

表5-4 **2024年附注未分配利润** 单位：元

项 目	本期	上期
调整前上期末未分配利润	172 983 178 300.09	161 301 978 184.73
调整期初未分配利润合计数（调增：+；调减：-）		-23 975 377.63
调整后期初未分配利润	172 983 178 300.09	161 278 002 807.10
加：本期归属于母公司所有者的净利润	86 228 146 421.62	74 734 071 550.75
减：提取法定盈余公积	7 637 030 384.26	6 478 639 695.16
提取任意盈余公积		
提取一般风险准备		
应付普通股股利	68 786 879 132.40	56 550 256 362.60
转作股本的普通股股利		
期末未分配利润	182 787 415 205.05	172 983 178 300.09

表5-5 **2024年筹资活动现金流量表** 单位：元

项 目	本期	上期
吸收投资收到的现金		
其中：子公司吸收少数股东投资收到的现金		
取得借款收到的现金		
收到其他与筹资活动有关的现金		
筹资活动现金流入小计		
偿还债务支付的现金		
分配股利、利润或偿付利息支付的现金	70 951 027 702.94	58 754 786 730.01
其中：子公司支付给少数股东的股利、利润	2 164 148 570.54	2 204 530 367.41
支付其他与筹资活动有关的现金	116 478 781.87	134 315 261.93
筹资活动现金流出小计	71 067 506 484.81	58 889 101 991.94
筹资活动产生的现金流量净额	-71 067 506 484.81	-58 889 101 991.94

2.案例分析要求

（1）结合表5-3，请说明上述股利分配制度如何在2024年合并所有者权益变动表中体现？

（2）说明上述股利分配制度对2024年合并资产负债表哪些项目产生影响？

（3）结合表5-4、表5-5，请说明上述股利分配制度如何在2024年合并现金流量表中体现？

（4）分析上述股利分配政策可能对哪些常见的财务指标产生影响。

可转换公司债券的发行与转换对所有者权益的影响

1.案例介绍

长城汽车（股票代码：601633）于2021年6月9日公开发行35亿元可转换公司债券，债券期限为6年，将于2027年6月9日到期，票面利率为：第一年0.2%、第二年0.4%、第三年0.6%、第四年0.8%、第五年1.5%、第六年2.0%。长城汽车此次募集资金主要应用于新车型研发和汽车数字化研发。

长城汽车成立于1984年，总部位于河北保定，是中国领先的汽车制造商，旗下拥有哈弗（SUV）、WEY（高端品牌）、欧拉（新能源）、坦克（越野）及长城皮卡等品牌，长期占据国内SUV和皮卡市场销量榜首。近年来，长城汽车加速向电动化、智能化转型，布局混动、纯电及氢能技术，并拓展全球化市场，产品覆盖全球超170个国家和地区。

根据长城汽车的2021年第一季度财报，长城汽车一季度营业总收入311.17亿元，同比增长150.62%，净利润16.39亿元。1月至3月，长城汽车累计销售338 798辆，同比增涨125 %。与此同时，长城汽车积极开拓海外市场，海外累计销售28 810辆，同比增长115%，实现市场销量和营收的双增长。截至2021年3月31日，长城汽车持有现金及现金等价物119.93亿元。

2.案例分析要求

（1）企业发行可转换公司债券的动机是什么？

（2）长城汽车发行可转债中，如何确认所有者权益和负债的金额？

（3）阐述可转换公司债券在转换时的会计处理，分别影响负债类和所有者权益类下的什么科目？

第六章　利润表分析

□ 本章重点与难点

一、利润分析的作用

利润通常是指企业在一定会计期间的经营成果，包括收入减去费用后的净额以及直接计入当期损益的利得和损失。利润是现代企业经营与发展的直接目标，是企业和社会积累与扩大再生产的重要源泉，是反映企业经营业绩和经营成果最综合的数据，是企业进行投资与经营决策的重要依据。

因此，利润表分析的目的主要表现在以下三个方面：

1.通过利润表分析可正确评价企业的经营业绩。

2.通过利润表分析可及时准确地发现企业经营管理中所存在的问题。

3.利润表分析可为投资者、债权者进行投资与信贷决策提供可靠信息。

二、利润表分析的内容

（一）利润表综合分析

利润表分析的内容主要包括利润表综合分析、利润表分部分析和利润表分项分析：

1.利润额增减变动分析。利用水平分析法，结合利润形成过程中相关的影响因素，分析利润表各项目的变动情况和原因，评价企业在利润形成过程中的管理业绩并挖掘存在的问题。

2.利润结构及变动分析。利用垂直分析法，将利润表中各项目分别与营业收入进行对比，反映利润表各项目所占的比重。同时，将不同时期的结构进行对比，揭示经营成果的结构及其变动的合理性。

（二）利润表分部分析

利润表分部分析主要由对分部报告分析和产品销售利润分析两部分构成。

1.分部报告分析。通过对分部报告的分析，评价企业各经营分部的经营状况和成果，有助于改善企业内部组织结构，满足管理要求，优化产业结构，加强内部报告制度，也为企业分部战略调整指明方向。

2.产品销售利润分析。利用因素分析方法，在明确影响产品销售利润因素的基础上，通过实际案例分析，掌握产品销售利润因素分析的方法和分析过程，进一步揭示各因素变动对产品销售利润的影响，从而辨析企业生产经营中的优势与短板。

（三）利润表分项分析

利润表分项分析主要是在利润表综合分析的基础上，挖掘利润表中的重要项目，并结合利润表附注所提供的详细信息，根据各重要项目的特点进行深入分析，充分揭示利润形成的主观及客观原因。根据本教材案例特点，利润表分项分析主要包括以下内容：

（1）企业收入分析。收入是影响利润的重要因素。企业收入分析的具体内容包括：企业收入的构成分析、营业收入趋势分析和上市公司操纵收入案例等。

（2）成本费用分析。成本费用分析主要包括营业成本分析和期间费用分析两部分。营业成本分析包括营业成本趋势分析、营业成本构成分析、全部营业成本完成情况分析和主要产品单位生产成本分析；期间费用分析包括期间费用水平分析、期间费用垂直分析和管理费用分析。

（3）资产减值损失分析。资产减值损失分析包括资产减值损失趋势分析和资产减值损失规模变动分析。

（4）其他收益分析。其他收益分析包括其他收益的规模变动分析和结构变动分析。

此外，还可以根据不同企业利润表的资料，以及案例分析对象的具体情况和特点，对一些重要项目进行灵活选择和深入分析，如信用减值损失、研发费用、投资收益、公允价值变动损益、资产处置收益和营业外收入等。

三、利润额增减变动分析

利润额增减变动分析，是指对利润表中各项目的增减变动情况、变动差异进行分析。采用水平分析法，将利润表中各项目的报告期数与基期数进行比较，编制利润表水平分析表，其分析目的在于揭示净利润增减变动的原因。

利润额增减变动情况的分析评价思路，是从净利润的变动入手，然后针对利润总额，再到营业利润以及影响营业利润的各项目，逐步分析其变动的主要方面和原因，从总体上评价企业报告期各步骤利润。

1.净利润分析。净利润是指企业所有者最终取得的可供所有者分配或使用的财务成果。通过利润表的水平分析，追根溯源挖掘企业净利润增长或下降的原因。

2.利润总额分析。利润总额能够反映企业全部的财务成果，它不仅反映企业营业利润的影响，而且可以反映企业营业外收支的影响。通过利润表水平分析，可以进一步挖掘企业利润总额增减变动的原因。

3.营业利润分析。营业利润是企业计算利润的第一步，通常也是一定时期内企业盈利最主要、最稳定的来源。它既包括企业在销售商品、提供劳务等日常活动中所产生的营业毛利，又包括企业公允价值变动净收益、对外投资的净收益、其他收益和资产处置净收益等，营业利润大致反映了企业自身生产经营业务的财务成果。通过利润表水平分析，可以挖掘引起营业利润增减变动的主要原因。

4.毛利分析。毛利是指企业营业收入与营业成本之间的差额。通过水平分析可发现影响毛利的关键因素，进而分析导致毛利增减变动的主要原因。

除上述利润表关键项目分析以外，“其他综合收益的税后净额”项目反映根据企业会计准则规定未在损益中确认的各项利得和损失扣除所得税影响后的净额。

仅此一年的利润额增减变动分析具有偶然性，因此还可以针对利润表主要项目，如净利润、利润总额、营业利润和营业毛利等进一步做趋势分析。

四、利润构成变动分析

利润结构变动对比分析，是指对利润表中各项目占营业收入的比重及其变动情况进行分析。采用垂直分析法，将利润表中各项目的报告期数与基期数进行比较，分析利润表各项目的构成情况，及其结构变动的合理性。

对利润结构变动分析，还可以针对综合收益总额进行垂直分析，分别考察净利润和其他综合收益的构成及变动，归属于母公司所有者的综合收益和归属于少数股东的综合收益的构成及变动，进一步分析综合收益总额的构成、变动及原因。

五、分部报告分析

企业应当以内部组织结构、管理要求、内部报告制度为依据确定经营分部，以经营分部为基础确定报告分部。企业提供报告分部信息，能够帮助会计信息使用者更好地理解企业报告分部的产品和劳务的类型，以及增减变动情况及原因。因此，分部报告分析是利润表分析的主要内容之一。分部报告分析包括报告分部水平分析和报告分部结构分析，针对重要分部还可以进一步深入分析，以及分部间对比分析。

（一）报告分部水平分析

可以将企业的重要报告分部作为分析对象，编制年度报告分部水平分析表，针对各报告分部项目进行分析，如各报告分部营业利润、资产、负债规模的增减变动及其变动的原因。

（二）报告分部结构分析

报告分部结构分析，采用垂直分析法。首先对重要分部分别进行分析，然后再对各大分部进行比较分析。

六、产品销售利润分析

（一）影响产品销售利润的因素

产品销售利润，亦称主营业务利润，能够综合反映企业主营业务最终的财务成果。产品销售利润的高低，直接反映了企业生产经营状况和经济效益状况，企业盈利能力的强弱最终也取决于主营业务利润的高低。因此，产品销售利润分析十分必要。

产品销售利润分析有如下步骤：

首先，确定影响产品销售利润的因素；

其次，确定各因素变动对产品销售利润的影响程度；

最后，对产品销售利润完成情况进行分析评价。

$$产品销售利润=\sum[产品销售量\times(产品单价-单位销售成本)]$$

影响产品销售利润最基本的因素是销售量、单价和单位销售成本。在生产多种产品的企业，它还受产品销售品种构成的影响；在生产等级品的企业，由于优质优价，它又受产品等级的影响。

（二）产品销售利润因素分析方法

1.销售量变动对利润的影响分析

销售量是影响利润的一个重要因素。在产品单位利润一定的情况下，销售量的增减变化，直接决定着利润的增减变化。销售量变动对利润的影响，其计算公式是：

$$销售量变动对利润的影响=产品销售利润基期数\times（产品销售量完成率-1）$$

其中，产品销售量完成率的计算公式是：

$$产品销售量完成率=\frac{\sum[产品本期销售量\times基期单价(或单位成本)]}{\sum[产品基期销售量\times基期单价(或单位成本)]}\times 100\%$$

2.销售品种构成变动对利润的影响分析

第一种方法：

$$\begin{matrix}品种构成变动\\对利润的影响\end{matrix}=\sum\left(\begin{matrix}产品本期\\销售量\end{matrix}\times\begin{matrix}产品基期\\单位利润\end{matrix}\right)-\begin{matrix}基期产品\\销售利润\end{matrix}\times\begin{matrix}产品销售量\\完成率\end{matrix}$$

第二种方法：

$$\begin{matrix}品种构成变动\\对利润的影响\end{matrix}=\sum\left[\sum\left(\begin{matrix}产品\\本期\\销售量\end{matrix}\times\begin{matrix}产品\\基期\\单价\end{matrix}\right)\times\left(\begin{matrix}本期\\品种\\构成\end{matrix}-\begin{matrix}基期\\品种\\构成\end{matrix}\right)\times\begin{matrix}基期\\销售\\利润率\end{matrix}\right]$$

第三种方法：

$$\begin{matrix}品种构成变动\\对利润的影响\end{matrix}=\sum\left[\sum\left(\begin{matrix}产品\\本期\\销售量\end{matrix}\times\begin{matrix}产品\\基期\\单价\end{matrix}\right)\times\left(\begin{matrix}本期\\品种\\构成\end{matrix}-\begin{matrix}基期\\品种\\构成\end{matrix}\right)\times\left(\begin{matrix}基期\\销售\\利润率\end{matrix}-\begin{matrix}基期综合\\销售\\利润率\end{matrix}\right)\right]$$

第四种方法：

$$\begin{matrix}品种构成变动\\对利润的影响\end{matrix}=\begin{matrix}本期产品\\销售利润\end{matrix}-\begin{matrix}基期产品\\销售利润\end{matrix}-\begin{matrix}其他各因素变动对\\销售利润的影响\end{matrix}$$

3.销售价格变动对利润的影响分析

价格与销售利润成正比，即在其他条件不变的情况下，价格越高，利润越高。价格变动对利润的影响，其计算公式是：

$$\text{价格变动对利润的影响} = \sum[\text{产品本期销售量} \times (\text{本期销售单价} - \text{基期销售单价})]$$

如果属于等级品的价格变动，其计算公式是：

$$\text{等级品的价格变动对产品销售利润的影响} = \sum[\text{等级产品本期销售量} \times (\text{本期等级本期平均单价} - \text{本期等级基期平均单价})]$$

其中：

$$\text{本期等级本期平均单价} = \frac{\sum(\text{各等级本期销售量} \times \text{该等级本期单价})}{\text{各等级本期销售量之和}}$$

$$\text{本期等级基期平均单价} = \frac{\sum(\text{各等级本期销售量} \times \text{该等级基期单价})}{\text{各等级本期销售量之和}}$$

4.等级构成变动对利润的影响分析

产品等级构成是指在等级产品总产销量中，各等级品产销量所占的比重，它是反映等级品质量的重要指标。由于不同等级的产品其价格不同，因此，等级构成变动必然引起等级品平均价格的变动，从而引起产品销售利润的变动。其计算公式是：

$$\text{质量变动对产品销售利润的影响} = \sum[\text{等级产品本期销售量} \times (\text{本期等级基期平均单价} - \text{基期等级基期平均单价})]$$

其中：

$$\text{基期等级基期平均单价} = \frac{\sum(\text{各等级基期销售量} \times \text{该等级基期单价})}{\text{各等级基期销售量之和}}$$

上式只适用于等级品质量变动对利润的影响分析。

5.销售成本变动对利润的影响分析

销售成本变动对利润具有直接影响，在其他因素不变的情况下，销售成本降低多少，利润就会增加多少，即销售成本与利润成反比。销售成本变动对利润的影响，其计算公式是：

$$\text{销售成本变动对利润的影响} = \sum[\text{产品本期销售量} \times (\text{单位产品基期成本} - \text{单位产品本期成本})]$$

需要说明的是，在现行税收体制下，企业缴纳的税金主要有增值税、消费税等。由于产品销售价格中不含产品销项税额，产品成本中也不含进项税额，因此，增值税对产品销售利润没有直接影响。

消费税税率变动对产品销售利润影响的计算公式是：

$$\text{消费税税率变动对利润的影响}=\sum[\text{产品本期销售收入}\times(\text{基期消费税税率}-\text{本期消费税税率})]$$

这一公式主要适用于企业实行从价定率法计算消费税额的情况。如果企业实行从量定额法计算消费税额，则单位消费税额变动对利润的影响的计算公式为：

$$\text{消费税额变动对利润的影响}=\sum[\text{产品本期销售量}\times(\text{单位产品基期消费税额}-\text{单位产品本期消费税额})]$$

在实行从价定率计税时，前述价格和质量变动对利润影响的计算公式后都应乘以（1-基期消费税税率）。

（三）产品销售利润分析评价

产品销售利润分析评价，应在确定各因素对利润影响程度的基础上，从以下几方面进行：

第一，分清影响产品销售利润的有利因素与不利因素。

第二，分清影响产品销售利润的主观因素与客观因素。

第三，分清生产经营中的成绩与问题。

七、企业收入分析

（一）企业收入构成分析

企业收入分析不仅要研究规模总量及变动，而且要分析结构及变动情况，以了解企业的经营方向和收入的主要来源。收入构成分析可主要从主营业务收入与其他业务收入、现销收入与赊销收入的结构进行。

1.主营业务收入与其他业务收入分析

企业收入通常包括主营业务收入和其他业务收入。通过对主营业务收入与其他业务收入的构成分析，可以了解企业的经营方针、方向及效果，进而可以分析、预测企业的持续发展能力。如果一家企业的主营业务收入占比较低或不断下降，其发展潜力和前景值得怀疑。

2.现销收入与赊销收入分析

企业收入中的现销收入与赊销收入的构成，受企业产品适销程度、竞争战略、会计政策选择等多因素影响。通过对二者结构及变动情况分析，可以掌握企业产品销售情况及其战略选择，进而分析判断其合理性。当然，在市场经济条件下，赊销收入情况作为商业秘密并不是必须披露的信息。因此，这种分析方法更适用于企业内部分析。

（1）销售收现能力分析

用销售商品、提供劳务收到的现金占营业收入比重，衡量企业的销售收现能力。

（2）应收账款与营业收入关系分析

由于企业销售产品赊销部分除了体现在应收账款上，还可能体现在应收票据上，且2019年新修订的金融工具准则要求企业对部分或者全部应收票据进行重分类，还可能体现在应收款项融资上。因此，如果企业应收票据和应收款项融资金额较大，应分析应收账款、应收票据和应收款项融资三个项目与营业收入之间的关系。

（二）企业收入趋势分析

可以根据案例对象的特点，针对同行业可比企业某一段时期的营业收入变动率进行趋势对比分析。

（三）上市公司操纵收入案例

稳定增长的营业收入是上市公司经营良好的象征，也是上市公司股价攀升的有力依托。在已经曝光的造假案中，几乎都存在收入操纵。收入操纵主要包括虚构收入、夸大收入、提前确认收入、隐瞒收入、缩小收入、推迟确认收入及混淆收入等方式。

（1）寅吃卯粮，提前确认收入：是指把本应该属于以后年度确认的收入通过各种手段提前予以确认。它操纵的只是收入确认的时间，而没有改变收入的总量。这一操纵收入的手法固然可以在短期内提升企业营业收入，但实质是透支未来会计期间的收入，很容易产生两个负效应：一是以牺牲毛利为代价，二是不顾企业的持续发展。

（2）以丰补歉，储备当期收入：属于推迟确认收入，这一操纵手法与寅吃卯粮的手法完全相反。这种手法往往以稳健主义为幌子，通过递延收入或指使被收购企业在收购日之前推迟确认收入等手法，将本应在当期确认的收入推迟至以后期间确认，并将当期储备的收入在经营陷入困境的年份予以释放，达到以丰补歉、平滑收入和利润的目的。

（3）鱼目混珠，伪装收入性质：属于虚构收入，投资收益、其他收益、资产处置收益和营业外收入等收益项目虽然也与主营业务收入一样能够增加上市公司的利润，但由于这些项目属于非经营性收益，且难以预测，在评价上市公司的经营业绩时，一般将它们剔除。尽管这种收入操纵手法并不会改变利润总额与净利润金额，但是歪曲了利润结构，夸大了企业创造营业收入的能力，特别容易误导信息使用者对上市公司利润表信息质量的判断。

八、成本费用分析

成本费用是营业成本和期间费用的统称。成本费用在利润表中举足轻重，对企业经营成果具有十分重要的影响，降低成本费用是增加企业经营成果的关键或重要途径。因此，分析成本费用，挖掘影响成本费用升降的原因，为降低成本费用提升经营成果指明方向。成本费用分析主要包括营业成本分析和期间费用分析。

（一）营业成本分析

营业成本分析包括营业成本趋势分析、营业成本构成分析、全部营业成本完成情况分析和单位生产成本分析。

1.营业成本趋势分析

可以针对同行业可比企业某一段时期的营业成本变动率进行趋势对比分析，从营业成本变化幅度角度看行业特征的规律。至于营业成本增减变动的具体原因，还应分析营业成本的结构。

2.营业成本构成分析

与收入分析相对应，企业营业成本分析不仅要研究规模总量及变动，而且要分析结构及变动情况，以了解企业的经营方向和会计政策选择。营业成本构成分析可主要从主营业务成本与其他业务成本的结构分析入手。了解与判断企业的经营方针、方向及效果，进而分析、预测企业已销售产品的成本构成、变动情况和变动原因。

3.全部营业成本完成情况分析

全部营业成本分析，是根据产品生产、销售成本表的资料，对企业全部已销售产品营业成本的本年实际完成情况与上年度实际情况进行对比分析，从产品类别的角度计算各类产品或各主要产品营业成本升降的幅度，以及对全部营业成本的影响程度。全部营业成本分析的一般步骤是：

（1）将本年度全部产品营业总成本与按本年实际销售量计算的上年实际营业总成本进行对比，求出营业成本的变动额和变动率。其计算公式是：

$$\frac{\text{全部营业}}{\text{成本降低额}}=\frac{\text{本年实际}}{\text{营业总成本}}-\frac{\text{按本年实际销售量计算的}}{\text{上年实际营业总成本}}$$

$$\text{全部营业成本降低率}=\frac{\text{全部营业成本降低额}}{\text{按本年实销量计算的上年营业总成本}}\times 100\%$$

（2）计算主要产品和非主要产品的营业成本变动额和变动率，以及对全部营业成本变动率的影响。主要产品和非主要产品营业成本变动额和变动率的计算可依据上式进行，只是产品的范围不同。主要产品和非主要产品对全部营业成本变动率的影响，其计算公式是：

$$\frac{\text{主要产品营业成本变动对}}{\text{全部营业成本变动率的影响}}=\frac{\text{主要产品营业成本变动额}}{\text{按本年实销量计算的上年营业总成本}}\times 100\%$$

$$\frac{\text{非主要产品营业成本变动对}}{\text{全部营业成本变动率的影响}}=\frac{\text{非主要产品营业成本变动额}}{\text{按本年实销量计算的上年营业总成本}}\times 100\%$$

（3）计算各主要产品营业成本变动额和变动率，以及它们对全部产品营业总成本变动率的影响。计算方法可采用上述全部营业成本变动额和变动率的计算公式，以及主要产品营业成本变动对全部营业成本变动率影响的公式，只是产品的口径和范围不同。

通过以上三个步骤，不仅分析了全部营业成本的完成情况，而且从产品类别上找出了营业总成本增减变动的原因，为加强成本管理指明了方向。

4. 主要产品单位生产成本分析

从上述全部营业成本完成情况分析中可以看出，单位生产成本是全部营业成本分析的重要影响因素，因此深入分析单位生产成本十分必要。产品单位生产成本和产品营业总成本，其计算公式分别是：

$$\text{某产品单位生产成本}=\text{该产品本期生产总成本}\div\text{该产品当期生产量}$$

$$\text{某产品营业总成本}=\sum\text{某产品单位生产成本}\times\text{该产品销售量}$$

（二）期间费用分析

期间费用包括销售费用、管理费用和财务费用，按照企业会计准则的规定，研发费用于2018年开始从管理费用中剥离，在利润表中单独列报，故也可以将研发费用纳入期间费用一并分析。对期间费用进行分析可采用水平分析法和垂直分析法，并可针对重点项目深入分析。

1.期间费用水平分析

运用水平分析法可将期间费用各项目的实际数与上期数或预算数进行对比，以揭示期间费用的变动情况及原因。

2.期间费用垂直分析

运用垂直分析法则可揭示期间费用的构成及变动，以揭示期间费用构成变动的特点。

3.研发费用分析

根据案例分析对象的特点，可以针对在三项期间费用中占比最高的分析项目，进一步深入分析。

总之，期间费用中的其他项目，如销售费用、财务费用、管理费用均可以采用相同的分析思路和方法进行分析，同时还可以增加同行业对比分析。

九、资产减值损失分析

利润表中资产减值损失项目金额，通常在财务报表附注中披露。目前，除金融资产改为信用减值损失以外，几乎所有的其他资产都涉及资产减值损失，具体包括：存货跌价损失及合同履约成本减值损失、长期股权投资减值损失、投资性房地产减值损失、固定资产减值损失、工程物资减值损失、在建工程减值损失、无形资产减值损失、开发支出减值损失、商誉减值损失等。资产减值损失分析包括资产减值损失趋势分析和资产减值损失规模变动分析。

十、其他收益分析

利润表中的其他收益，是指与企业日常活动相关，但又不宜确认收入或冲减成本费用的政府补助，以及安排残疾人就业的奖励、直接减免的增值税等其他与日常活动相关且计入其他收益的项目。是企业营业利润的组成部分。其他收益分析包括其他收益规模变动分析和其他收益结构变动分析。

1.其他收益规模变动分析

其他收益规模变动分析，是指对利润表附注中其他收益各明细项目增减变动情况的分析。采用水平分析法，其分析目的在于认清其他收益增减变动的原因。

2.其他收益结构变动分析

根据利润表中附表的资料，通过垂直分析法，计算各项目在其他收益中所占的比重，分析其他收益的结构及其变动的合理程度。

□ 关键概念

1.净利润 2.利润总额
3.营业利润 4.营业收入
5.营业成本 6.毛利
7.期间费用 8.其他收益
9.分部报告 10.资产减值损失
11.产品销售利润 12.产品品种构成

□ 相关准则制度及阅读书目

［1］财政部会计司．关于修订印发2019年度一般企业财务报表格式的通知（财会〔2019〕6号）［S/OL］.［2019-04-30］. http：//kjs.mof.gov.cn/zhengwuxinxi/zhengcefabu/201905/t20190510_3254992.html.

［2］张先治，陈友邦．财务分析［M］．11版．大连：东北财经大学出版社，2025.

［3］张先治，王玉红．财务分析——理论、方法与案例［M］．2版.北京：人民邮电出版社，2023.

［4］企业会计准则编审委员会．企业会计准则详解与实务［M］．北京：人民邮电出版社，2025.

［5］王玉红．财务报表分析［M］．2版.北京：中国人民大学出版社，2025.

□ 复习思考题

1.如何对利润额水平分析进行评价？利润结构变动分析的要点是什么？

2.报告分部水平分析的基本思路是什么？

3.为什么对利润表进行分析评价时要进行会计调整？

4.产品销售利润的影响因素有哪些？对产品销售利润完成情况如何

进行评价？

5.简述企业收入分析的内容。

6.除了利润表本身的基本项目以外，还有哪些报表的项目会对利润表产生影响？

□ 练习题

一、单项选择题

1.下列各项中，属于反映企业全部经营成果的是（　　）。

A.主营业务利润　　B.营业利润

C.利润总额　　D.净利润

2.下列各项中，属于对企业商品经营盈利状况最终起决定性作用的因素是（　　）。

A.主营业务利润　　B.营业利润

C.利润总额　　D.投资收益

3.企业提取法定盈余公积是在（　　）。

A.提取法定公益金之后

B.弥补企业以前年度亏损之后

C.支付各项税收的滞纳金和罚款之后

D.支付普通股股利之后

4.企业用盈余公积分配股利后，法定盈余公积不得低于注册资本的（　　）。

A.10%　　B.20%

C.25%　　D.50%

5.下列各项中，属于营业利润影响因素的是（　　）。

A.营业外收入　　B.所得税费用

C.营业外支出　　D.其他收益

6.下列各项中，属于计算销售量变动对利润影响的公式是（　　）。

A.销售量变动对利润的影响=产品销售利润实际数×（产品销售量完成率-1）

B.销售量变动对利润的影响=产品销售利润实际数×（1-产品销售量完成率）

C.销售量变动对利润的影响=产品销售利润基期数×（产品销售量完成率-1）

D.销售量变动对利润的影响=产品销售利润基期数×（1-产品销售量完成率）

7.下列各项中，属于销售品种构成变动引起产品销售利润变动原因的是（　　）。

A.各种产品的价格不同　　B.各种产品的单位成本不同

C.各种产品的单位利润不同　　D.各种产品的利润率高低不同

8.下列各项中，属于产品等级构成变动引起产品销售利润变动原因的是（　　）。

A.等级构成变动必然引起等级品平均成本的变动

B.等级构成变动必然引起等级品平均价格的变动

C.等级构成变动必然引起等级品平均销售量的变动

D.等级构成变动必然引起等级品平均利润的变动

9.下列各项中，属于产品质量变动引起产品销售利润变动原因的是（　　）。

A.各等级品的价格不同　　B.各等级品的单位成本不同

C.各等级品的单位利润不同　　D.各等级品的利润率高低不同

10.如果企业本年营业收入增长快于营业成本的增长，那么企业本年营业利润（　　）。

A.一定大于零　　B.一定大于上年营业利润

C.一定大于上年利润总额　　D.不一定大于上年营业利润

11.下列各项中，属于企业收入的是（　　）。

A.公允价值变动净收益　　B.营业收入

C.投资收入　　D.营业外收入

12.下列各项中，不属于利润表分项变动情况分析内容的是（　　）。

A.投资收益　　B.成本费用

C.资产减值损失　　D.营业利润

13.下列各项中，不属于与当期损益直接相关的费用是（　　）。

A.销售费用　　B.管理费用

C.财务费用　　D.制造费用

14.下列各项中，属于影响产品价格高低最主要的因素是（　　）。

A.营业利润　　B.税金及附加

C.产品成本　　D.财务费用

15.在各种产品利润率不变的情况下，提高利润率低的产品在全部产品中所占的比重，则全部产品的平均利润率将（　　）。

A.提高　　B.降低

C.不变　　D.无法确定

16.下列各项中，属于反映企业所有者最终取得的经营成果是（　　）。

A.营业收入　　B.营业利润

C.利润总额　　D.净利润

二、多项选择题

1.下列各项中，属于影响产品销售利润的基本因素有（　　）。

A.销售量　　B.单价

C.单位销售成本　　D.销售品种构成

E.产品等级

2.下列各项中，属于产品销售利润因素分析的主要步骤有（　　）。

A.找出影响产品销售利润的因素

B.将影响产品销售利润的因素分为有利因素和不利因素

C.确定各因素变动对产品销售利润的影响程度

D.按各因素变动对产品销售利润的影响程度进行排序

E.对产品销售利润完成情况进行分析评价

3.下列各项中，不属于影响企业营业利润因素的有（　　）。

A.投资收益　　B.营业外收入

C.其他收益　　D.营业外支出

E.资产处置收益

4.下列各项中，属于企业营业收入分析内容的有（　　）。

A.收入构成分析　　B.收入趋势分析

C.收入比率分析　　D.收入因素分析

E.上市公司操纵收入案例

5.下列各项中，属于期间费用的有（　　）。

A.税金及附加　　B.制造费用
C.财务费用　　D.销售费用
E.管理费用
6.下列各项中，属于利润表综合分析内容的有（　　）。
A.收入分析　　B.成本费用分析
C.利润额增减变动分析　　D.营业利润分析
E.利润结构变动分析
7.下列各项中，属于符合确定分部报告条件的有（　　）。
A.销售量　　B.管理要求
C.内部组织结构　　D.内部报告制度
E.收入比例
8.下列各项中，属于研发费用分析主要内容的有（　　）。
A.研发费用变动率　　B.研发费用变动额
C.研发费用构成率　　D.同行业研发费用对比分析
E.百元营业收入研发费用增长率
9.下列各项中，属于利润表分析内容的有（　　）。
A.现金流入分析　　B.综合分析
C.现金流出分析　　D.分项分析
E.分部分析
10.下列各项中，属于营业成本分析内容的有（　　）。
A.营业成本构成分析　　B.全部营业成本完成情况分析
C.资产减值损失分析　　D.主要产品单位生产成本分析
E.营业成本趋势分析
11.在下列各项中，属于其他收益分析基本内容的有（　　）。
A.分部分析　　B.结构分析
C.差异分析　　D.分项分析
E.水平分析

三、判断题

1.营业利润是企业营业收入与营业成本费用及税金之间的差额，它既包括产品销售利润，又包括其他业务利润，并在二者之和的基础上减

去管理费用与财务费用。（　）

2.净利润是指税后利润，即等于利润总额与所得税费用之差。

（　）

3.根据某一年的利润额增减变动分析就可以判断企业未来净利润的趋势。（　）

4.企业的利润取决于收入和费用金额的计量。（　）

5.营业成本变动对利润具有直接影响，营业成本降低多少，利润就会增加多少。（　）

6.税率的变动对产品销售利润没有影响。（　）

7.借助结构变动分析，再结合利润形成过程中相关的影响因素，反映利润额的变动情况，评价企业在利润形成过程中的各方面管理业绩并揭露存在的问题。（　）

8.价格变动的原因是多种多样的，但是概括地说，价格变动无非有质量差价和供求差价两种。（　）

9.价格因素是影响产品销售利润的主观因素。（　）

10.按我国现行会计制度规定，企业当期实现的净利润即为企业当期可供分配的利润。（　）

11.企业成本总额的增加不一定意味着利润的下降和企业管理水平的下降。（　）

12.其他收益，是指与企业日常活动相关，但又不宜确认收入或冲减成本费用的政府补助等。（　）

13.直接材料成本不只受材料的单位耗用量和单价两个因素的影响。

（　）

14.全部营业成本分析是从产品类别的角度找出各类产品或主要产品营业成本的构成内容及结构比重。（　）

15.除了资产减值损失以外，信用减值损失也对利润有影响。

（　）

四、计算题

1.利润表综合分析

宇通客车2024年利润表资料，见表6-1。

表6-1 **2024年宇通客车利润表** 金额单位：万元

项目	2024年	2023年
一、营业总收入	3 721 759	2 704 199
其中：营业收入	3 721 759	2 704 199
二、营业总成本	3 292 556	2 458 973
其中：营业成本	2 867 934	2 083 331
税金及附加	44 966	32 764
销售费用	134 905	122 763
管理费用	75 764	71 932
研发费用	178 827	156 764
财务费用	-9 839	-8 580
其中：利息费用	178	187
利息收入	10 064	14 652
加：其他收益	50 458	32 978
投资收益	4 612	9 904
其中：对联营企业和合营企业的投资收益	3 942	9 897
以摊余成本计量的金融资产终止确认收益	-6 205	-5 417
公允价值变动收益	32 784	-124
信用减值损失	-20 404	-33 356
资产减值损失	-31 385	-55 710
资产处置收益	1 889	4 672
三、营业利润	467 156	203 589
加：营业外收入	9 705	6 570
减：营业外支出	4 641	2 357

续表

项目	2024年	2023年
四、利润总额	472 221	207 801
减：所得税费用	56 828	23 851
五、净利润	415 393	183 950
（一）按经营持续性分类		
持续经营净利润（净亏损以“-”号填列）	415 393	183 950
（二）按所有权归属分类		
1.归属于母公司股东的净利润	411 619	181 708
2.少数股东损益	3 773	2 242
六、其他综合收益的税后净额	−17 578	−16 735
归属母公司所有者的其他综合收益的税后净额	−17 578	−16 735
1.不能重分类进损益的其他综合收益	−12 876	−16 887
其他权益工具投资公允价值变动	−12 876	−16 887
2.将重分类进损益的其他综合收益	−4 701	152
外币财务报表折算差额	−4 701	152
七、综合收益总额	397 815	167 215
（一）归属母公司所有者的综合收益的税后净额	394 042	164 973
（二）归属于少数股东的综合收益的税后净额	3 773	2 242
八、每股收益（元/股）		
（一）基本每股收益	1.86	0.82
（二）稀释每股收益	1.86	0.82

要求：（1）编制2024年宇通客车利润表水平分析表并进行分析评价。

（2）编制2024年宇通客车利润表垂直分析表并进行分析评价。

（3）针对宇通客车营业利润进行分析评价。

（4）针对宇通客车毛利进行分析评价。

2.利润表趋势分析

根据2018—2024年宇通客车利润表信息，整理利润表主要项目数据，如图6-1所示。

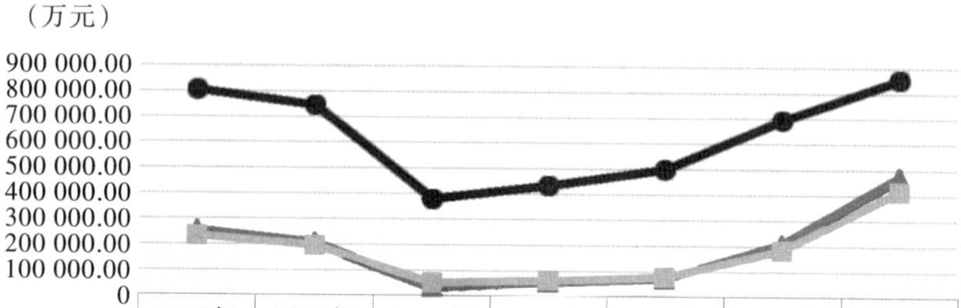

	2018年	2019年	2020年	2021年	2022年	2023年	2024年
毛利	803 975.3	745 000.3	379 306.5	433 244.8	497 583.8	693 599.8	853 824.7
营业利润	246 799.6	202 151.6	30 399.60	53 498.64	70 580.64	203 588.7	467 156.3
利润总额	254 653.4	208 710.5	34 771.30	54 345.71	70 775.96	207 801.3	472 220.5
净利润	232 838.0	196 459.7	51 807.53	62 551.08	76 780.47	183 950.3	415 392.5

图6-1　2018—2024年宇通客车主要利润项目趋势图

要求：利用图6-1的数据，对宇通客车利润变化趋势进行分析评价。

3.成本水平分析

某企业生产A产品的有关单位成本资料见表6-2。

表6-2　A产品单位成本表　单位：元

成本项目	2024年实际成本	2023年实际成本
直接材料	655	602
直接人工	159	123
制造费用	322	356
产品单位成本	1 136	1 081

要求：根据表6-2的资料，运用水平分析法对A产品单位成本完成情况进行分析。

4.营业成本完成情况分析

DLY企业2023和2024年度的主要产品营业成本资料见表6-3。

表6-3 **DLY企业主要产品营业成本资料表** 金额单位：元

产品名称	实际销售量（辆）	实际单位生产成本		实际营业总成本	
		2023年	2024年	2023年	2024年
主要产品				19 100	18 000
其中：A	120	80	75	9 600	9 000
B	100	95	90	9 500	9 000
非主要产品				2 300	2 380
其中：C	20	70	75	1 400	1 500
D	10	90	88	900	880
全部产品				21 400	20 380

要求：根据表6-3的资料，对该企业的全部营业成本完成情况进行分析。

5.等级品利润分析

C产品是等级产品，其有关资料见表6-4。

表6-4 **C产品有关等级及销售资料表** 金额单位：元

等级	销售量（辆）		价格	
	2023年	2024年	2023年	2024年
一等品	12 000	12 500	150	158
二等品	9 400	8 800	135	136
合计	21 400	21 300		

要求：根据表6-4的资料，确定等级品构成变动和价格变动对利润的影响。

五、业务题

1.产品销售利润分析

弘远公司2023年和2024年的主要产品销售利润明细，见表6-5。

表6-5　　**弘远公司2023年和2024年的主要产品销售利润明细表**　　金额单位：千元

产品名称	销售数量（个）		销售单价		单位销售成本		单位销售利润		销售利润总额	
	2023年	2024年	2023年	2024年	2023年	2024年	2023年	2024年	2023年	2024年
A	400	390	600	600	529.27	526	70.73	74		
B	295	305	1 500	1 450	1 436.48	1 371	63.52	79		
C	48	48	500	500	477.6	487.875	22.4	12.125		
合计	—	—	—	—	—	—	—	—		

要求：（1）根据所给资料填表。

（2）确定销售量、价格、单位成本和品种结构等各因素变动对产品销售利润的影响。

2.销售费用分析

佳乐公司销售费用的明细资料见表6-6。

表6-6　　**佳乐公司销售费用明细表**　　单位：元

序号	项目	2024年	2023年
1	工资	2 930 445	1 010 377
2	差旅费	3 876 044	1 805 062
3	运输费	4 540 432	6 139 288
4	包装费	1 530 240	168 243
5	销售佣金	2 900 000	—
6	仓储费	732 000	810 410
7	广告费	2 410 386	446 876
8	展览费	467 504	1 140 878
9	会议费	1 087 414	63 688
10	其他	959 120	370 420
11	销售费用合计	21 433 585	11 955 242
12	营业收入合计	1 345 687 440	997 868 434

要求：（1）计算销售费用构成率。

（2）计算百元营业收入销售费用，评价企业销售费用情况。

□ 案例分析题

华为的逆境焕新之道

1.案例介绍

（1）关于华为

①华为简介及发展历程

华为技术有限公司（简称“华为”），是一家全球领先的 ICT（信息和通信技术）基础设施和智能终端提供商。华为致力于将数字世界带入每个人、每个家庭、每个组织，构建万物互联的智能世界。华为在通信网络、IT、智能终端和云服务等领域为客户提供有竞争力、安全可信赖的产品、解决方案与服务。2008 年，华为被《商业周刊》评为全球十大最有影响力的公司。根据 Informa 的咨询报告，华为在移动设备市场领域排名全球第三。2009 年，无线接入市场份额跻身全球第二。2015 年，根据世界知识产权组织公布数据，在企业专利申请排名方面，华为以 3 898 件连续第二年位居榜首。2018 年，全年全球销售收入首超千亿美元。年度华为手机（含荣耀）全球发货量突破 2 亿台，稳居全球前三，发布新一代人工智能手机芯片——麒麟 980。2019 年，华为（含荣耀）智能手机市场份额稳居全球前二；5G 手机市场份额全球第一；发布下一代分布式多端智慧化操作系统鸿蒙。2020 年，华为全球终端连接数超过 10 亿台，手机存量用户突破 7.30 亿。2021 年，华为与运营商、合作伙伴一起，累计签署超过 3 000 个 5G 行业应用商用合同。全球 700 多个城市、267 家世界 500 强企业选择华为作为数字化转型的合作伙伴；5GtoB 走向规模复制，助力 8 大行业 3 000 多个项目数字化转型；搭载 HarmonyOS 的华为设备超过 2.20 亿台，华为终端全球月活用户超过 7.3 亿。2022 年，5G 行业应用迈入黄金发展时期，落地创新应用案例累计超过 2 万个。华为提出 GUIDE 商业蓝图，发布了“全面迈向 5.5G 时代”的理念；打造 100 多个场景化解决方案；发布 HarmonyOS 3，对超级终端进行全面扩容。

②逆境冲击

2019年5月，美国商务部宣布将华为加入“实体名单”。这意味着美国公司不能再与华为展开业务合作。这一举动引发了全球半导体供应链的震动，因为当时华为是全球最大的智能手机制造商之一，其供应链遍布全球。许多公司不得不停止向华为供货，其中包括美国的高通、英特尔和美光等公司，荷兰的光刻机巨头阿斯麦（ASML），日本的半导体厂商和韩国的三星、海力士等。由于无法获得关键的零部件和技术，华为的智能手机业务和5G基础设施业务受到了严重的影响。

③焕新之道

华为在科学研究和技术创新方面投入大量资源，近十年累计投入的研发费用超过9 773亿元。截至2022年底，华为共有研发人员约11.40万名，占员工总数的55.40%，华为在全球共持有有效授权专利超过12万件。

华为持续每年提取大于销售收入15%的资金用于研发，把最优秀的人才派往市场与服务前线，通过技术领先获得机会窗口的利润，又将利润用于研发，带动更多的突破。2022年，华为研发费用支出约为1 615亿元（占全年收入的25.10%），相比上一年增加了188亿元，同比增长13.20%。更加难得的是，即便2021年公司销售收入大幅下降，研发投入也依然上涨，呈现典型的研发支出黏性特征。持续高强度和大规模的研发投入，让华为在3年多的时间里，完成了13 000多个零件的国产化替代、4 000多块电路板的反复换板开发；在芯片设计方面，基本实现了14nm以上EDA工具的国产化，并在2023年完成对其全面验证。华为在基础研究、无线、AI、软件生态等方面的研发任务仍然艰巨。不过，正如孟晚舟所云：“雪后疏梅正压枝，春来朝日已晖晖。”

（2）华为的财务状况及外部忧患

2022年度报告显示，华为拥有20.70万名员工，业务遍及全球170多个国家和地区。华为不仅手机业务广为人知，而且它还能提供其他多种智能设备和商业服务解决方案。

①华为的财务情况

2022年，华为的销售收入为6 423亿元，同比增长0.9%；净利润为356亿元，同比下降68.7%；经营活动现金流为178亿元，同比下降70.2%。2018—2022年，华为的总资产稳步增长，所有者权益总额增长约1.45倍，资产负债率基本保持稳定。华为2018—2022年的财务概要见表6–7。

表6–7 **2018—2022年华为财务概要** 单位：百万元

项目	2022年	2021年	2020年	2019年	2018年
销售收入	642 338	636 807	892 368	858 833	721 202
营业利润	42 216	121 412	72 501	77 835	73 287
净利润	35 562	113 718	64 649	62 656	59 345

数据来源：华为2022年年度报告，下同。

从产业视角来看（见表6–8），华为的主要收入来源为ICT基础设施业务和终端业务。

表6–8 **2022年华为产业视角业务收入来源表** 单位：百万元

项目	金额
ICT基础设施业务	353 978
终端业务	214 463
云计算业务	45 342
数字能源业务	50 806
其他业务	3 978
抵消	–28 306
合计	642 338

从区域视角来看（见表6–9），华为的业务收入份额超过60%发生在中国区域，其次是欧洲、中东、非洲区域。

表6-9　　**2022年华为区域视角业务收入来源表**　　金额单位：百万元

区域	2022年	2021年	变动率（%）
中国	403 999	413 299	-2.30
欧洲、中东、非洲	149 206	131 467	13.50
亚太	48 048	53 675	-10.50
美洲	31 898	29 225	9.10
其他	9 187	9 141	0.50
合计	642 338	636 807	0.90

②华为的外部忧患——供应危机与市场压力

A.惨遭封锁，供应受限

多年来，终端业务一直是华为的核心业务。众所周知，芯片作为终端产品的核心组件，其性能直接决定了华为终端产品的性能和竞争力。近年来，由于国际贸易摩擦和政治因素，华为的芯片供应受到了一定的限制，这也就是华为终端业务失去增长动力的主要原因。

由图6-2和图6-3可知，2021年以前，华为销售收入中终端业务占比约50%。然而，从2021年开始华为终端业务收入骤减，占比不足40%。终端业务收入仅为2 434亿元，同比下滑近49.59%；2022年，终端业务收入继续下滑，占比也进一步下降。

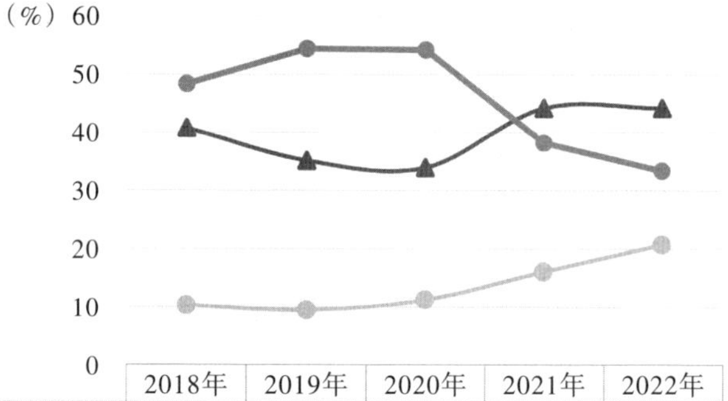

	2018年	2019年	2020年	2021年	2022年
运营商业务占比	40.77	35.16	33.95	44.20	44.21
企业业务占比	10.32	9.50	11.26	16.09	20.73
终端业务占比	48.37	54.41	54.18	38.23	33.39

图6-2　2018—2022年华为分客户销售收入占比对比图

（2023年年报未披露此类数据）

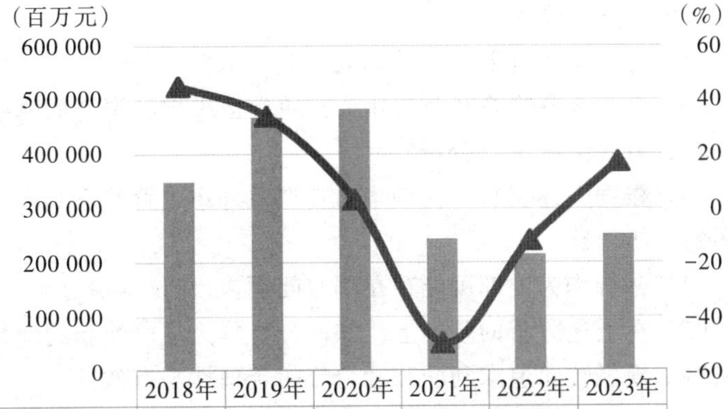

	2018年	2019年	2020年	2021年	2022年	2023年
终端业务收入	348 850	467 304	482 916	243 431	214 463	251 496
变动率	45.13	33.95	3.34	-49.59	-11.90	17.27

图6-3　2018—2023年华为终端业务收入及变动趋势图

B.市场压力，营收下滑

华为作为全球知名的科技公司，其产品和服务覆盖了全球多个国家和地区。然而，近年来，华为在国内外的市场份额都有所下滑，如图6-4所示。2018—2023年，华为海内外销售额均呈现下降趋势，且相对而言，海外市场下滑更为严重。值得注意的是，这一时间节点恰恰与美国将华为列入实体清单、限制其购买美国技术和组件的时间相一致。

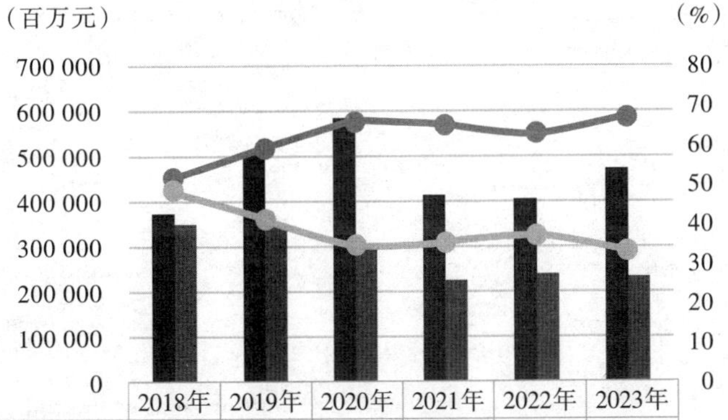

	2018年	2019年	2020年	2021年	2022年	2023年
中国市场销售收入	372 162	506 733	584 910	413 299	403 999	471 303
海外市场销售收入	349 040	352 100	306 458	223 508	238 339	232 871
中国市场占比	51.60	59.00	65.62	64.90	62.90	66.93
海外市场占比	48.40	41.00	34.38	35.10	37.10	33.07

图6-4　2018—2023年华为国内外市场销售收入对比

2.案例分析要求

（1）分析华为外部忧患的切入点是什么？

（2）图6–3中的关键点是什么？通常会影响利润表的哪些项目？应采用什么方法继续进行分析？

（3）根据上述资料，梳理华为在严峻外患的背景下其内部可能存在问题的分析思路。

（4）分析华为内部可能存在哪些问题。（建议至少分析6个方面）

（5）在上述分析的基础上，如何分析华为逆境焕新的新气象，如华为从追求规模转向追求利润和现金流的合理性与有效性。

第七章　现金流量表分析

□ 本章重点与难点

一、现金流量表分析的目的

1.了解企业现金变动情况和变动原因。

2.判断企业获取现金的能力。

3.评价企业盈利的质量。

二、现金流量表分析的内容

1.现金流量表综合分析。

2.现金流量表主要项目分析。

3.现金流量与利润关系分析。

三、现金流量表水平分析

采用水平分析法对现金流量表进行分析可以揭示本期现金流量与前期或预计现金流量的差异。

四、现金流量表结构分析

现金流量表结构分析，目的在于揭示现金流入量和现金流出量的结构情况，从而抓住企业现金流量管理的重点。现金流量表结构分析通常使用直接法编制的现金流量表，分析方法为垂直分析法。现金流入结构分为总流入结构和内部流入结构。现金流出结构分为总流出结构和内部流出结构。

五、现金流量趋势分析

现金流量趋势分析就是根据企业连续几期的现金流量数据的对比，发现现金流量发展变化的特征，以及由此所体现出来的企业经营、投资和筹资活动的特点。

六、现金流量组合分析

将经营活动、投资活动和筹资活动的现金流量净额的正负组合进行分析，可以发现企业的当前的经营状况特征。

七、自由现金流量

企业自由现金流量是指企业在满足了目前的经营活动和扩大再生产经营活动的现金需求量之后，剩余的可支配现金量。这部分现金流量是在不影响公司持续发展的前提下，可供分配给企业资本提供者的最大现金量。在企业自由现金流量的基础上，减去支付偿还债务本息所支出的现金，加上债务筹资带来的现金流入量，可得到股权自由现金流量，即企业可以以股利的形式分配给股东的现金流量，或者选择留在企业以备未来进一步发展和获取更多的现金流量的需要。

八、经营活动现金流量项目分析

1.销售商品、提供劳务收到的现金。该项目反映企业本期销售商品、提供劳务收到的现金，以及前期销售商品、提供劳务本期收到的现金（包括销售收入和应向购买者收取的增值税销项税额）和本期预收的款项，减去本期销售本期退回的商品和前期销售本期退回的商品支付的现金。“营业收入”与“销售商品、提供劳务收到的现金”的差额，将会导致“应收账款”、“应收票据”和“预收款项”等项目的变化。

2.收到其他与经营活动有关的现金。该项目反映企业收到的捐赠收入、罚款收入、经营租赁的租金、流动资产损失中由个人赔偿的现金收入等其他与经营活动有关的现金流入金额，金额较大的应当单独列示。该项目可结合利润表的“营业外收入”“其他业务收入”“财务费用”等项目分析。

3.购买商品、接受劳务支付的现金。该项目反映企业本期购买商品、接受劳务实际支付的现金（包括增值税进项税额），以及本期支付前期购买商品、接受劳务的未付款项和本期预付款项。本期发生的购货退回收到的现金应从本项目内扣除。

4.支付给职工以及为职工支付的现金。该项目反映企业本期实际支付给职工的工资、奖金、各种津贴和补贴等职工薪酬，但是应由在建工程、无形资产负担的职工薪酬以及支付给离退休人员的职工薪酬除外。

5.经营活动现金流量净额。如果经营活动现金流入量小于现金流出量，即经营活动现金流量净额小于零，说明经营活动的现金流量自我适应能力较差，经营现金流入量不仅不能支持投资或偿债的资金需要，而且经营活动还在“蚕食”企业的现金。如果这种状况持续下去，企业将需借助于收回投资或举借新债取得现金才能维持正常的经营。形成这种情况的主要原因可能是销货款的回笼不及时，或存货大量积压无法变现。当然，也可能是企业处于初创期或季节性销售等原因导致。如果经营活动的现金流入量大于现金流出量，即经营活动的现金流量净额大于零，反映通过经营活动收取的现金，不仅能够弥补经营的付现成本，还可弥补一部分非付现成本。如果经营活动现金流量净额大于非付现成本，反映企业经营活动的现金流量自我适应能力较强，通过经营活动收取的现金，不仅能够弥补经营的付现成本和非付现成本，经营现金流量净额大于零的部分还可以用于再投资或偿债。

九、投资活动现金流量项目分析

1.收回投资收到的现金。反映企业出售、转让或到期收回除现金等价物以外的交易性金融资产、长期股权投资而收到的现金，以及收回长期债权投资本金而收到的现金，但长期债权投资收回的利息除外。

2.取得投资收益收到的现金。该项目反映企业因股权性投资而分得的现金股利，从子公司、联营企业或合营企业分回利润而收到的现金，以及因债权性投资而取得的现金利息收入，但股票股利除外。

3.处置固定资产、无形资产和其他长期资产收回的现金净额。该项目反映企业出售、报废固定资产、无形资产和其他长期资产所取得的现金（包括因资产毁损而收到的保险赔偿收入），减去为处置这些资产而支付的有关费用后的净额，但现金净额为负数的除外。

4.购建固定资产、无形资产和其他长期资产支付的现金。该项目反映企业购买及建造固定资产、取得无形资产和其他长期资产所支付的现金及增值税税款、支付的应由在建工程和无形资产负担的职工薪酬现金支出，但为购建固定资产而发生的借款利息资本化部分、融资租入固定资产所支付的租赁费除外。

5.投资支付的现金。该项目反映企业取得的除现金等价物以外的权益性投资和债权性投资所支付的现金，以及支付的佣金、手续费等附加费用。

十、筹资活动现金流量项目分析

1.吸收投资收到的现金。该项目反映企业以发行股票、债券等方式筹集资金实际收到的款项，减去直接支付给金融企业的佣金、手续费、宣传费、咨询费、印刷费等发行费用后的净额。此项目表明企业通过资本市场筹资能力的强弱。

2.取得借款收到的现金。该项目反映企业举借各种短期、长期借款而收到的现金。

3.偿还债务支付的现金。该项目反映企业以现金偿还债务的本金。

4.分配股利、利润或偿付利息支付的现金。该项目反映企业实际支付的现金股利、支付给其他投资单位的利润或用现金支付的借款利息、债券利息。

十一、经营活动净现金流量与净利润关系

经营活动净现金流量与净利润的关系可通过现金流量表编制的间接法来体现。具体可用公式表示如下：

$$\text{经营活动现金流量净额}=\text{净利润}-\text{非付现经营性收入}+\text{非付现经营性费用}-\text{非经营性收入}+\text{非经营性费用}-\text{非现金流动资产净变化额}+\text{非现金流动负债净变化额}$$

上式反映了经营活动净现金流量与净利润的关系。通过对这一关系的分析，我们可揭示出从净利润到经营活动净现金流量的变化过程。

□ 关键概念

1.现金
2.现金等价物
3.现金流量
4.现金流量表
5.经营活动现金流量
6.投资活动现金流量
7.筹资活动现金流量
8.权责发生制
9.收付实现制
10.自由现金流量

□ 相关准则制度及阅读书目

［1］中华人民共和国财政部．企业会计准则［M］．北京：经济科学出版社，2019.

［2］张先治，陈友邦．财务分析［M］．11版．大连：东北财经大学出版社，2025.

[3] 戴欣苗. 财务报表分析：技巧·策略 [M]. 3版. 北京：清华大学出版社，2017.

[4] 黄世忠. 八问康美药业 [EB/OL]. [2019-08-17]. https://mp.weixin.qq.com/s/UpblR29ALORLutARx4M-mQ.

[5] 郭永清. 财务报表分析与股票估值 [M]. 2版. 北京：机械工业出版社，2021.

□ 复习思考题

1.对比资产负债表、利润表和现金流量表的信息作用。

2.现金流量的分类及其所包含的主要项目有哪些？

3.经营活动现金净流量与净利润产生差异的原因有哪些？

4.现金流量表信息对资产负债表和利润表信息的补充体现在哪些方面？

5.分析现金流量表的“销售商品、提供劳务收到的现金”项目和利润表的“营业收入”项目之间的关系。

6.分析现金流量表的“购买商品、接受劳务支付的现金”项目和利润表的“营业成本”项目之间的关系。

7.现金流量表中的现金及等价物与资产负债表的货币资金项目是何关系？

8.阐述运用现金流量表附注进行财务分析的意义。

□ 练习题

一、单项选择题

1.现金流量表中的现金是一个广义的概念，具体是指（　　）。

A.银行存款　　B.现金及现金等价物

C.企业库存现金　　D.有价证券投资

2.下列选项中，会使经营活动净现金流量小于净利润的是（　　）。

A.无形资产摊销　　B.计提坏账准备

C.存货增加　　D.收回应收账款

3.企业处于高速成长阶段时，投资活动现金流量往往是（　　）。

A.流入量大于流出量　　B.流出量大于流入量

C.流入量等于流出量　　　　D.不一定

4.根据《企业会计准则第31号——现金流量表》的规定，支付的现金股利归属于（　　）现金流量。

A.经营活动　　　　B.筹资活动

C.投资活动　　　　D.销售活动

5.企业采用间接法确定经营活动现金流量时，应该在净利润的基础上（　　）。

A.加上投资收益　　　　B.减去预提费用的增加

C.减去固定资产折旧　　　　D.加上投资损失

6.下列财务活动中不属于企业筹资活动的是（　　）。

A.发行债券　　　　B.分配股利

C.吸收权益性投资　　　　D.购建固定资产

7.下列选项中，不属于现金及现金等价物的是（　　）。

A.三个月内到期的债券　　　　B.库存现金

C.银行活期存款　　　　D.银行账户的存入保证金

8.现金流量表的编制基础是（　　）。

A.权责发生制　　　　B.应计制

C.永续盘存制　　　　D.收付实现制

9.假设所得税税率为20%的企业，在其他条件与上期相同时，本期无形资产摊销增加40万元，则经营活动净现金流量增加为（　　）万元。

A.8　　　　B.10

C.32　　　　D.0

10.从经营活动现金流量调整为净利润，应调减的项目是（　　）。

A.固定资产折旧　　　　B.经营性流动负债的减少

C.流动负债减少　　　　D.非现金流动资产的增加

二、多项选择题

1.现金流量表结构分析包括（　　）。

A.现金流入结构分析

B.现金流出结构分析

C.经营活动现金流量结构分析

D.投资活动现金流量结构分析

E.筹资活动现金流量结构分析

2.属于筹资活动现金流量的项目有（　　）。

A.短期借款增加　　B.收到的税费返还

C.增加长期投资　　D.偿还长期债券

E.取得债券利息收到的现金

3.从净利润调整为经营活动现金流量，应调增的项目有（　　）。

A.流动负债减少　　B.财务费用

C.不减少现金的经营性费用　　D.非流动资产增加

E.投资损失

4.下列活动中，属于经营活动产生的现金流量的有（　　）。

A.销售商品收到的现金　　B.分配股利支出的现金

C.提供劳务收到的现金　　D.出售设备收到的现金

E.缴纳税款支出的银行存款

5.“支付其他与经营活动有关的现金”项目可结合利润表的（　　）项目附注信息予以分析。

A.营业成本　　B.资产减值损失

C.管理费用　　D.销售费用

E.投资收益

6.属于筹资活动现金流量的项目有（　　）。

A.短期借款的增加　　B.支付给职工的现金

C.或有收益　　D.分配股利支付的现金

E.取得债券利息收入

7.计算企业自由现金流量的时候，需要在经营活动净现金流量里扣除（　　）。

A.营运资本追加额　　B.新增债务筹资额

C.偿还债务本金额　　D.偿还债务利息额

E.资本性支出

8.下列选项可能导致资产负债表“货币资金”项目期末余额，不等于现金流量表“现金及现金等价物”期末余额的有（　　）。

A.以交易为目的的股票投资

B.银行定期存款

C.三个月内到期的短期债券投资

D.申请开立银行承兑汇票时支付的保证金

E.银行活期存款

9.下列选项中，可能导致净利润和经营活动净现金流量不一致的有（　　）。

A.不减少现金的经营性费用　　B.付现经营性费用

C.非现金流动资产的减少　　D.从银行提取备用金

E.投资收益

10.下列选项中，可能导致“营业收入”和“销售商品、提供劳务收到的现金”两个项目不一致的有（　　）。

A.应付账款增加　　B.应收账款增加

C.应付票据增加　　D.应收票据增加

E.预收账款增加

三、判断题

1.固定资产折旧的变动不影响当期现金流量的变动。（　　）

2.经营活动产生的现金流量大于零，则说明企业盈利。（　　）

3.企业分配股利必然引起现金流出量的增加。（　　）

4.利息支出将对筹资活动现金流量和投资活动现金流量产生影响。（　　）

5.企业支付所得税将引起筹资活动现金流量的增加。（　　）

6.企业计提坏账准备将引起经营活动现金净流量的增加。（　　）

7.票据贴现所获取的现金应记入“销售商品、提供劳务收到的现金”项目。（　　）

8.企业经营活动现金流量净额大于零，说明其当期销售商品所获得的收入全部收回现金。（　　）

四、业务题

1.指标计算

连海公司本年的相关资料见表7-1。

表7-1　　**连海公司本年部分财务信息**　　金额单位：万元

项目	本年
销售商品、提供劳务收到的现金	305 425.64
经营活动产生的现金流量净额	28 957.53
营业收入	286 902.67
净利润	32 780.73
总资产平均余额	54 942.67
股份数（万股）	43 536.94

要求：根据上述资料，分别计算下列财务指标：

（1）盈利现金比率。

（2）全部资产现金回收率。

（3）销售获现比率。

（4）每股经营活动现金流量。

2.现金流量计算与分析

A公司简易现金流量表见表7-2。

表7-2　　**A公司本年度简易现金流量表**　　单位：万元

项目	金额
一、经营活动产生的现金流量净额	66 307
二、投资活动产生的现金流量净额	−108 115
三、筹资活动产生的现金流量净额	−101 690
四、现金及现金等价物净变动	
补充资料：	
1.将净利润调节为经营活动的现金流量	
净利润	B

续表

项目	金额
加：计提的资产减值准备	1 001
固定资产折旧	15 639
无形资产摊销	4
长期待摊费用的摊销	25
处置固定资产、无形资产和其他资产的损失	0
固定资产报废损失	0
财务费用	1 911
投资损失（减：收益）	−4 700
存货的减少（减：增加）	17 085
经营性应收项目的减少（减：增加）	−2 437
经营性应付项目的增加（减：减少）	−34 419
其他	0
经营活动产生的现金流量净额	A
2.现金净增加情况	
现金的期末余额	27 558
减：现金的期初余额	D
现金净增加额	C

要求：(1) 填写表中A、B、C、D四项。

(2) 分析A公司当期经营活动现金净流量与净利润出现差异的原因。

3.现金流量表比较分析

AF公司本年和上年度现金流量资料，见表7-3。

表7-3 **AF公司现金流量资料** 单位：万元

项目	本年	上年
一、经营活动产生的现金流量		
销售商品、提供劳务收到的现金	1 240	1 039
收到的租金	0	0
收到的增值税销项税额和返回的增值税税款	20	12
收到的除增值税以外的其他税费返还	13	8
收到其他与经营活动有关的现金	59	70
经营活动现金流入小计	1 332	1 129
购买商品、接受劳务支付的现金	985	854
经营租赁支付的现金	0	0
支付给职工以及为职工支付的现金	60	63
支付的增值税税款	76	127
支付的所得税税款	53	22
支付的除增值税、所得税以外的其他税费	14	10
支付其他与经营活动有关的现金	109	202
经营活动现金流出小计	1 297	1 278
经营活动产生的现金流量净额	35	-149
二、投资活动产生的现金流量		
收回投资收到的现金	205	260
分得股利或利润收到的现金	25	20
取得债券利息收到的现金	12	10
处置固定资产、无形资产和其他长期资产而收到的现金净额	0	0
投资活动现金流入小计	242	290

续表

项目	本年	上年
购建固定资产、无形资产和其他长期资产支付的现金	155	175
权益性投资支付的现金	104	200
债券性投资支付的现金	0	0
支付其他与投资活动有关的现金	0	0
投资活动现金流出小计	259	375
投资活动产生的现金流量净额	−17	−85
三、筹资活动产生的现金流量		
吸收权益投资收到的现金	150	177
发行债券收到的现金	0	0
借款收到的现金	165	263
收到其他与筹资活动有关的现金	0	0
筹资活动现金流入小计	315	440
偿还债务支付的现金	175	325
发生筹资费用支付的现金	12	10
分配股利或利润支付的现金	5	0
偿付利息支付的现金	10	15
融资租赁支付的现金	0	0
减少注册资本支付的现金	0	0
支付的其他与筹资活动有关的现金	0	0
筹资活动现金流出小计	202	350
筹资活动产生的现金流量净额	113	90
四、汇率变动对现金及现金等价物的影响额	0	0
五、现金及现金等价物净增加额	131	−144

要求：(1) 对现金流量表进行水平分析。

(2) 对现金流量表进行垂直分析。

(3) 从现金流量的角度对企业财务活动进行综合分析。

□ 案例分析题

现金去哪儿了？

1.案例介绍

辰安科技是一家源于清华大学的高科技企业，成立于2005年，2016年在深交所上市，现由中国电信集团控股。公司目前属于成长期，专注于公共安全与应急管理领域，依托清华大学公共安全研究院的技术优势，致力于将科研成果产业化，业务涵盖城市安全、应急管理、消防装备、海外公共安全等多个板块，提供从风险评估到智能决策的一站式解决方案。公司主要客户为政府及事业单位，项目周期长且验收多集中在第四季度。

2023年，辰安科技实现营业收入22.57亿元，同比降低5.92%；净利润1.10亿元，同比增加17.49%；但经营活动产生的现金流量净额为-6.09亿元，出现严重恶化，现金流状况明显背离净利润的正向表现。投资者对此不免疑虑：辰安科技的现金去了哪里？让我们打开财务报表寻找答案。辰安科技2020—2024年主要报表数据摘要见表7-4。

表7-4 辰安科技2020—2024年主要报表数据摘要 单位：万元

年份	2020	2021	2022	2023	2024
净利润	12 051.18	-13 171.34	9 383.25	11 024.70	-33 654.96
经营活动产生的现金流量净额	7 747.73	-23 504.57	74 069.91	-60 931.52	-17 971.94
营业收入	164 998.04	153 932.91	239 887.51	225 682.47	140 105.94
销售商品、提供劳务收到的现金	145 715.71	129 400.64	281 798.20	152 412.54	150 231.53
经营性应收项目	169 676.99	215 463.67	258 906.19	322 477.47	330 382.38
经营性应付项目	99 293.45	126 834.25	220 034.20	170 011.59	186 608.78

根据表7-4的数据可以看出，辰安科技几年来的净利润波动十分剧烈，经营现金流频繁为负。这个问题尤其在净利润大幅增长的2023年更加凸显。但与之相伴随的是经营性应收项目的金额一直居高不下，并节节高升；经营性应付项目的金额在2022年之前亦出现持续增长态势，而2023年则出现大幅下降。2024年，辰安科技的净利润由正转负，经营活动现金净流量连续两年为负。辰安科技2024年在年报中披露的现金流量表补充资料见表7-5。

表7-5　**现金流量表补充资料**　单位：万元

项目	金额
净利润	-33 654.96
加：资产减值准备	11 725.89
固定资产折旧、油气资产折耗、生产性生物资产折旧	2 102.94
无形资产摊销	2 910.77
长期待摊费用摊销	288.43
处置固定资产、无形资产和其他长期资产的损失	80.31
固定资产报废损失	19.64
公允价值变动损失	
财务费用	2 909.88
投资损失	1 343.81
递延所得税资产减少	-1 479.88
递延所得税负债增加	-354.58
存货的减少	-12 556.46
经营性应收项目的减少	-7 904.91
经营性应付项目的增加	16 597.19

2.案例分析要求

（1）请分析辰安科技2020—2024年的销售获现状况。

（2）请分析辰安科技经营性应收项目与经营性应付项目配合使用的状况。

（3）辰安科技经营活动产生现金流量是否充足？在对经营活动现金流量进行充分性分析时应考虑哪些因素？

（4）请分析哪些因素可能导致净利润和经营活动净现金流量的不平衡。结合表7-5，说明具体哪些因素导致辰安科技2024年净利润和经营活动净现金流量产生差异。

（5）请综合分析现金流量表与利润表以及资产负债表之间的关系。

特变电工转型过程中的现金流表现

1.案例介绍

作为老牌电力设备龙头，特变电工早在1997年即登陆上交所，经过多年发展，已成长为中国重要的变压器、电线电缆、高压电子铝箔新材料、太阳能系统工程实施及太阳能核心控制部件的研发、制造和出口企业。在新能源领域，公司逐渐构建了多能互补的多晶硅循环经济产业链，并建有年产能8万吨高纯晶体硅制造基地。截至2024年年底，特变电工的多晶硅总产能已达30万吨/年，稳居行业第一梯队。

2019—2022年，受益于光伏行业高景气度，行业上游供应商新特能源乘风而起，营收从95亿元增至375亿元，增长近3倍。其核心产品多晶硅的收入在这四年间更是增长了将近10倍。

作为并表子公司，业绩暴涨期的新特能源成为了特变电工利润的重要支撑。2022年，新特能源净利润高达133.95亿元，按持股比例算，其当年为母公司贡献了超80亿元的利润。

不过，2023—2024年光伏行业处于下行周期，上游的硅料价格持续走低，新特能源业绩的高增长难以为继。根据公司2024年年报数据，全年公司营业收入为977.8亿元，同比下降0.3%；2023年归母净利润为107.03亿元，2024年归母净利润为41.3亿元，同比下降61.4%。针对2024年利润大幅下降，特变电工曾在2024年度业绩预减公告中解释，受光伏产业链供需关系失衡的影响，自2024年4月起多晶硅市场价格已跌破多晶硅生产企业的成本且持续低位运行，2024年度公司多晶硅业务出现较大亏损；受疆内煤炭供需关系的影响，2024年度公司煤炭销售价格下跌，公司煤炭业务盈利下降。

特变电工2017—2024年度的主要现金流量表项目见表7-6。

表7-6 特变电工主要现金流量表项目 金额单位：亿元

项目 \ 年份	2024	2023	2022	2021	2020	2019	2018	2017
*现金及现金等价物净增加额	1.89	91.42	−51.76	−9.32	0.19	−4.35	34.50	6.26
*经营活动产生的现金流量净额	129.49	258.12	217.99	113.58	52.58	40.41	25.80	17.88
*投资活动产生的现金流量净额	−154.03	−177.20	−228.13	−111.96	−35.85	−99.92	−38.84	−36.74
*筹资活动产生的现金流量净额	26.92	10.49	−42.56	−10.64	−15.22	55.61	48.04	27.73
一、经营活动产生的现金流量								
经营活动现金流入小计	1 114.48	1 136.78	1 056.22	730.78	489.72	451.07	462.83	445.00
经营活动现金流出小计	984.99	878.66	838.23	617.20	437.14	410.66	437.03	427.12
二、投资活动产生的现金流量								
投资活动现金流入小计	73.86	32.90	79.16	48.74	109.74	33.46	30.19	4.10
购建固定资产、无形资产和其他长期资产支付的现金	169.57	189.04	194.97	111.89	73.64	81.44	42.05	38.45
投资活动现金流出小计	227.89	210.10	307.29	160.70	145.59	133.38	69.03	40.84

续表

项目 \ 年份	2024	2023	2022	2021	2020	2019	2018	2017
三、筹资活动产生的现金流量								
吸收投资收到的现金	31.60	15.53	6.43	48.79	14.63	23.19	34.19	43.87
其中：子公司吸收少数股东投资收到的现金	6.59	0.10	0.14	23.54	0.69	15.51	11.89	0.00
取得借款收到的现金	233.44	288.36	157.22	152.45	168.73	202.97	207.67	162.75
发行债券收到的现金	9.97	13.91					1.00	
收到其他与筹资活动有关的现金	22.24	15.57	15.72	5.91	0.00	17.11	0.20	0.11
筹资活动现金流入小计	297.26	333.37	179.37	207.15	183.36	243.27	243.06	206.72
偿还债务支付的现金	183.03	215.99	144.48	153.45	151.25	163.80	160.74	160.22
分配股利、利润或偿付利息支付的现金	30.16	66.03	48.60	28.97	24.60	22.19	20.89	15.94
其中：子公司支付给少数股东的股利、利润	6.08	7.24	9.17	3.06	2.11	0.75	0.82	0.53
支付其他与筹资活动有关的现金	57.15	40.86	28.85	35.37	22.73	1.67	13.39	2.83
筹资活动现金流出小计	270.34	322.88	221.93	217.79	198.58	187.66	195.02	178.99

2.案例分析要求

（1）请根据所提供资料，分析特变电工2017—2024年间总体的现金流表现。

（2）请分析特变电工筹资活动现金流入与流出的内部结构，并总结其最近年份的主要融资模式及可能存在的风险。

第三篇

财务效率分析

第八章 企业盈利能力分析

□ 本章重点与难点

一、盈利能力分析的目的

盈利能力通常是指企业在一定时期内赚取利润的能力。盈利能力的大小是一个相对的概念，即利润与一定的资源投入或一定的收入相比较的结果。盈利能力的大小可以用利润率来衡量，利润率越高，盈利能力越强；利润率越低，盈利能力越差。企业经营业绩的好坏最终可以通过盈利能力反映。无论是企业的投资者、债权人，还是管理者，都非常关心企业的盈利能力，并重视对利润率及其变动趋势的分析与预测。

1.对于投资者而言。在市场经济条件下，投资者往往认为企业的盈利能力比财务状况、营运能力更重要。投资者的直接目的就是获得更多的利润，因为对于信用相同或相近的几个企业，投资者更倾向于将资金投向盈利能力较强的企业。投资者关心企业赚取利润的多少并重视对利润率的分析，是因为他们获取股息多少与企业的盈利能力紧密相关。此外，企业盈利能力增强还会使股票价格上升，从而使股东获得资本收益。

2.对于债权人而言。利润是企业偿债的重要资金来源，特别是长期债务的偿还。盈利能力的强弱直接影响企业的偿债能力。企业举债时，债权人势必审查企业的偿债能力，而偿债能力的强弱最终取决于企业的盈利能力。因此，盈利能力是企业偿债能力的保障，债权人非常重视分析企业的盈利能力。

3.对于经营者而言。企业从事各种经营活动，直接目的是最大限度地赚取利润并维持企业持续稳定地经营和发展。企业持续稳定地经营和发展是获取利润的基础；而最大限度地获取利润又是企业持续稳定发展的目标和保证。只有在不断地获取利润的基础上，企业才可能发展；同样，盈利能力较强的企业比盈利能力较弱的企业具有更大的活力和更好的发展前景。因此，盈利能力是企业经营者最重要的业绩衡量标准，也是发现问题、改进企业管理的突破口。

二、盈利能力分析基础

经营方式是盈利能力分析的基础。按照经营方式划分，可以将经营分为资本经营、资产经营、商品经营和产品经营四种类型。

（一）经营方式与盈利能力

1.资本经营及其盈利能力

资本经营是与资本经营型的企业经营方式紧密联系的。资本经营型的企业特点是围绕资本保值增值进行经营管理，把资本收益作为管理的核心，资产经营、商品经营和产品经营都服从于资本经营目标。资本经营型企业的管理目标是资本保值与增值或追求资本盈利能力最大化。因此，资本经营的内涵是企业以资本为基础，通过优化配置来提高资本经营效益的经营活动，其活动领域包括资本流动、收购、重组、参股和控股等能实现资本增值的领域，其活动目的是使企业以一定的资本投入，取得尽可能多的资本收益。

2.资产经营及其盈利能力

资产经营是与资产经营型的企业经营方式紧密相连的。所谓资产经营型，其基本特点是把资产作为企业资源投入，并围绕资产的配置、重组、使用等进行管理。在资产经营的情况下，产品经营或商品经营要以资产经营为基础，即围绕资产经营进行商品经营和产品经营。资产经营型企业的管理目标是追求资产的增值和资产盈利能力的最大化。因此，资产经营的基本内涵是合理配置与使用资产，以一定的资产投入，取得尽可能多的收益，为资本经营盈利能力奠定基础。

3.商品经营及其盈利能力

商品经营是与生产经营型的企业经营方式紧密相连的。所谓生产经营型，其基本特点是围绕产品生产进行经营管理，包括供应、生产和销售各环节的管理及相应的筹资与投资管理。生产经营型企业管理的目标是追求供产销的衔接及商品的盈利性。因此，商品经营的基本内涵是企业以市场为导向，组织供产销等经营活动，以一定的人力、物力消耗，生产与销售尽可能多的社会需要的商品，为资产经营盈利能力奠定基础。

4.产品经营及其盈利能力

商品经营中涉及的供产销环节的核心是产品经营。产品经营的基本特点是只管生产，不管供应与销售，更不管筹资、投资等。因此，产品经营的基本内涵就是在企业生产计划指导下，组织产品生产，以一定的人力、物力消耗按时、保质、保量生产出更多的产品，为商品经营盈利能力奠定基础。

（二）四种经营方式之间的联系

1.资本经营与资产经营

会计学中的资本实质上揭示了企业经济资源的来源及特征。从这个角度看，资本经营与资产经营是不同的。研究资产经营与资本经营的关系，正应从这个角度并且在这个前提下进行。

它们之间的区别主要表现在以下两个方面：第一，经营内容不同，资产经营主要强调资产的配置、重组及有效使用；资本经营主要强调资本流动、收购、重组、参股和控股等。第二，经营出发点不同，资产经营从整个企业出发，强调全部资源的运营，而不考虑资源的产权问题；资本经营则在产权清晰的基础上从企业所有者出发，强调资本（主要指自有资本或所有者权益）的运营，把资产经营看作资本经营的环节或组成部分。

它们之间的联系主要表现在以下两个方面：第一，资本与资产的关系决定了二者之间相互依存、相互作用，资本经营要以资产经营为依托，资本经营不能离开资产经营而孤立存在。第二，资本经营是企业经营的最高层次，资本经营是资产经营的进步。

2.资产经营与商品经营

资产经营与商品经营既相互联系，又相互区别，主要体现在以下几个方面：第一，资产经营不能离开商品经营而独立存在，没有有效的商品经营就不能取得好的资产经营效果。第二，资产经营是商品经营的进一步发展，它不仅考虑了商品本身的消耗与收益，还考虑到了资产的投入与产出及周转速度，并以此作为经营的核心。第三，资产经营目标比商品经营目标更综合。实现商品经营目标是实现资产经营目标的基础，但不是全部。要实现资产经营目标，应在商品经营的基础上，进一步搞好资产的重组与有效使用，加快资产周转速度。

3.商品经营与产品经营

商品经营和产品经营既相互联系，又有所区别。二者的联系和区别主要体现在以下几个方面：第一，产品经营是商品经营的一个环节，且是一个最基本的环节；商品经营是产品经营的扩展。第二，产品经营主要侧重于产品实物经营，而不强调投入品与产出品的价格；商品经营不仅重视产品实物经营，而且强调价值经营，即考虑投入品与产出品的价格。第三，商品经营目标比产品经营目标更综合。因此，要实现商品经营盈利能力，既要提高产品经营盈利能力，又要重视供产销的衔接及价值管理。

三、盈利能力分析的内容

盈利能力分析是企业财务分析的重点。对企业盈利能力的分析将按照前文所划分的资本经营、资产经营与商品经营的角度，分别从这几方面进行分析。同时，上市公司因为股权流通、股票价格公开等因素，有一些特殊的指标，因此，还应对上市公司特有的盈利能力指标进行分析。

（一）资本经营盈利能力分析

资本经营盈利能力分析主要对净资产收益率指标进行分析与评价。进一步探讨对净资产收益率产生影响的指标，主要有总资产报酬率、负债利息率、企业资本结构和所得税税率等。

（二）资产经营盈利能力分析

资产经营盈利能力分析主要对总资产报酬率指标进行分析和评价。进一步探讨对总资产报酬率产生影响的指标，主要有总资产周转率和销售息税前利润率。

（三）商品经营盈利能力分析

商品经营盈利能力分析，即利用利润表资料进行利润率分析，包括收入利润率分析和成本利润率分析两方面内容。

（四）上市公司盈利能力分析

上市公司盈利能力分析主要是对每股收益指标、普通股权益报酬率指标、股利发放率指标、价格与收益比率指标，以及每股经营现金流量等进行分析。

四、资本经营盈利能力分析

（一）资本经营盈利能力的内涵与指标

资本经营盈利能力是指企业所有者投入的资本通过经营所取得利润的能力。反映资本经营盈利能力的基本指标是净资产收益率，即企业本期净利润占净资产平均余额的比率。

$$净资产收益率=\frac{净利润}{净资产平均余额}\times100\%$$

净资产收益率是反映盈利能力的核心指标。因为企业的根本目标是所有者权益或股东价值最大化，而净资产收益率既可直接反映资本的增值能力，又影响着企业股东价值的大小。该指标越高，反映企业盈利能力越好。评价标准通常包括社会平均利润率、行业平均利润率或资本成本等。

（二）影响资本经营盈利能力的因素

影响净资产收益率的因素主要有总资产报酬率、负债利息率、企业资本结构（净资产负债率）和所得税税率等。在明确净资产收益率与其影响因素之间关系的基础上，运用连环替代法或差额计算法，可分析各因素变动对净资产收益率的影响。

净资产收益率与各影响因素之间的关系为：

$$\begin{matrix}净资产\\收益率\end{matrix}=\left[\begin{matrix}总资产\\报酬率\end{matrix}+\left(\begin{matrix}总资产\\报酬率\end{matrix}-\begin{matrix}负债\\利息率\end{matrix}\right)\times\frac{负债平均余额}{净资产平均余额}\right]\times\left(1-\begin{matrix}所得税\\税率\end{matrix}\right)$$

1.总资产报酬率

净资产是企业全部资产的一部分，因此，净资产收益率必然受企业总资产报酬率的影响。在负债利息率和资本构成等其他条件不变的情况下，总资产报酬率越高，净资产收益率就越高。

2.负债利息率

负债利息率之所以影响净资产收益率，是因为在资本结构一定的情况下，如果总资产报酬率高于负债利息率，负债利息率越低，投资人（股东）获得的杠杆利益越大；反之，杠杆利益越小。如果总资产报酬率低于负债利息率，负债利息率越高，投资人（股东）的杠杆损失越大；反之，杠杆损失越小。

3.资本结构或负债与所有者权益之比

当总资产报酬率高于负债利息率时，提高负债与所有者权益之比，净资产收益率也会随之提高；反之，降低负债与所有者权益之比，净资产收益率随之降低。

4.所得税税率

因为净资产收益率的分子是净利润，即税后利润，因此，所得税税率的变动必然引起净资产收益率的变动。通常情况下，所得税税率提高，净资产收益率下降；反之，净资产收益率上升。

（三）资本经营盈利能力案例分析

根据案例分析对象的特点，可以有针对性地进行资本经营盈利能力趋势分析、资本经营盈利能力行业对比分析和资本经营盈利能力因素分析。

五、资产经营盈利能力分析

（一）资产经营盈利能力的内涵与指标

资产经营盈利能力，是指企业运营资产而产生利润的能力。反映资产经营盈利能力的指标是总资产报酬率，即息税前利润与资产平均余额之间的比率。

$$总资产报酬率=\frac{利润总额+利息支出}{总资产平均余额}\times 100\%$$

总资产报酬率高，说明企业资产的运用效率好，也意味着企业的资产盈利能力强，所以，这个比率越高越好。但是，在评价总资产报酬率时，还需要与本企业前期的比率、同行业其他企业的这一比率等进行比较，进一步找出影响该指标的不利因素，以利于企业加强经营管理。

（二）影响资产经营盈利能力的因素

根据总资产报酬率指标的经济内容，可对其作如下分解：

$$总资产报酬率=\frac{营业收入}{总资产平均余额}\times\frac{利润总额+利息支出}{营业收入}\times 100\%$$

$$=总资产周转率\times 销售息税前利润率$$

可见，影响总资产报酬率的因素有两个：一个是总资产周转率，另一个是销售息税前利润率。总资产周转率表示企业的每一单位资产能够带来的营业收入，该指标作为反映企业资产运营能力的指标，能够反映企业资产的运用效率，是企业资产经营效果的直接体现。销售息税前利润率表示企业每1元的营业收入所能带来的利润额，该指标反映了企业商品生产经营的盈利能力，商品经营盈利能力越强，销售息税前利润率越高。可见，资产经营盈利能力受商品经营盈利能力和资产运营效率两方面的影响。

（三）资产经营盈利能力案例分析

根据案例分析对象的特点，可以有针对性地进行资产经营盈利能力趋势分析、资产经营盈利能力行业对比分析和资产经营盈利能力因素分析。

六、商品经营盈利能力分析

（一）商品经营盈利能力的内涵与指标

商品经营是相对资产经营和资本经营而言的。商品经营盈利能力不考虑企业的筹资或投资问题，只研究利润与收入或成本之间的比率关系。因此，反映商品经营盈利能力的指标可分为两类：一类是各种利润额与收入之间的比率，统称收入利润率；另一类是各种利润额与成本之间的比率，统称成本利润率。

（二）收入利润率分析

1.收入利润率分析指标

反映收入利润率的指标主要有营业收入利润率、毛利率、总收入利润率、销售净利润率、销售息税前利润率等。不同的收入利润率，其内涵不同，揭示的收入与利润关系不同，在分析评价中的作用也不同。

收入利润率指标是正指标，指标值越高越好。分析时应根据分析目的与要求，确定适当的标准值，可用的标准值有行业平均值、全国平均值、企业目标值等。

对收入利润率的分析，可以针对案例分析对象的特点，分析某一年度全部收入利润率指标及变动情况，还可以在此基础上，进一步研究各收入利润率之间的关系，从而找出对收入利润率影响大，对企业盈利能力起主导作用的指标进行深入分析。如以毛利率为代表的收入利润率指标案例分析，可以针对毛利率及变动率趋势分析、同行业企业毛利率及变动率对比分析、不同企业主要产品毛利率对比分析、毛利率影响因素分析及不同企业对比分析、分产品毛利率分析、主要产品销售量分析、单价及单位成本分析等进行深入而全面的分析。

2.成本利润率分析

反映成本利润率的指标有很多，主要有：营业成本利润率、营业费用利润率、全部成本费用利润率等。成本利润率指标也是正指标，指标值越高越好。分析评价时，可将各指标实际值与标准值进行对比。标准值可根据分析的目的与管理要求确定。

对成本利润率的分析，同样可以针对案例分析对象的特点，分析某一年度全部成本利润率指标及变动情况。还可以在此基础上，对成本利润率指标进行行业对比分析。

七、上市公司盈利能力分析

由上市公司自身特点所决定，其盈利能力除了可以通过一般企业盈利能力的指标分析外，还应进行一些特殊指标的分析，特别是一些与企业股票价格或市场价值相关的指标分析，如每股收益、普通股权益报酬率、股利发放率、价格与收益比率，以及每股经营现金流量等指标的分析。

（一）每股收益分析

1.每股收益的内涵与计算

每股收益是指净利润扣除优先股股利后的余额占发行在外的普通股的平均股数的比率。每股收益又分为基本每股收益与稀释每股收益。

基本每股收益是指归属于普通股股东的当期净利润与发行在外的普通股加权平均数的比率。

$$基本每股收益=\frac{净利润-优先股股利}{发行在外的普通股加权平均数(流通股股数)}$$

稀释每股收益是指当企业存在稀释性潜在普通股时，应当分别调整归属于普通股股东的当期净利润和发行在外普通股的加权平均数，并据此计算每股收益。稀释性潜在普通股，是指假设当期转换为普通股会减少每股收益的潜在普通股，例如，可转换公司债券和股份期权等。

稀释每股收益与基本每股收益的计算公式，在形式上基本相同，只是在计算稀释每股收益时，应当对归属于普通股股东的当期净利润和当期发行在外的普通股加权平均数进行调整。

每股收益越高，说明企业的盈利能力越强。在判断企业盈利能力强弱时，还可以将同行业企业或者同一企业不同时期的每股收益进行比较，才能得出全面客观的结论。

2.每股收益因素分析

为了分析企业每股收益变动的原因，应确定影响每股收益的主要因素，并对各因素进行分析，测算各因素的变动对每股收益的影响程度。为简化起见，以基本每股收益为例进行因素分析。

根据基本每股收益的影响因素，对其作如下分解：

$$\text{基本每股收益}=\frac{\text{净利润}-\text{优先股股利}}{\text{流通股股数}}$$

$$=\frac{\text{普通股权益平均余额}}{\text{流通股股数}}\times\frac{\text{净利润}-\text{优先股股利}}{\text{普通股权益平均余额}}$$

$$=\text{每股账面价值}\times\text{普通股权益报酬率}$$

可见，每股收益主要取决于每股账面价值和普通股权益报酬率两个因素的影响。每股账面价值，亦称每股净资产，是指股东权益总额减去优先股权益总额后的余额占发行在外的普通股加权平均数的比率，反映发行在外的每股普通股所代表的企业股东权益的价值。股票市价高于每股账面价值越多，表明投资者对企业认可度越高，该指标越高，每股收益就越高，反之亦然。

普通股权益报酬率是影响基本每股收益的另一个重要因素，其变动会使基本每股收益发生相同方向的变化。

3.每股收益案例分析

根据案例分析对象的特点，可以有针对性地对每股收益进行水平分析、基本每股收益及变动率趋势分析、基本每股收益行业对比分析和每股收益因素分析。

（二）普通股权益报酬率分析

普通股权益报酬率是指净利润扣除应发放的优先股股利后的余额占普通股权益平均余额的比率。

$$\text{普通股权益报酬率}=\frac{\text{净利润}-\text{优先股股利}}{\text{普通股权益平均余额}}\times 100\%$$

普通股权益报酬率从普通股股东的角度反映企业的盈利能力，该指标值越高，说明盈利能力越强，普通股股东可得收益越多。

普通股权益报酬率主要受净利润、优先股股利和普通股权益平均余额三个因素的影响。一般情况下，优先股股利比较固定，因此，应着重分析其他两个因素。

（三）股利支付率分析

1.股利支付率的内涵与计算

股利支付率是普通股每股股利占每股收益的比率。反映普通股股东从每股收益中分得多少股利，能够体现企业的股利分配政策和股利支付能力。

$$股利支付率=\frac{每股股利}{每股收益}\times100\%$$

公式中，每股股利是指企业实际发放给普通股股东的股利总额占流通在外的普通股股数的比率。每股股利是反映企业每一普通股获得股利多少的指标，该指标越高表明企业获利能力越强。影响每股股利的因素主要是企业股利政策与利润分配政策。如果企业为扩大再生产、增强企业后劲而多留利润，每股股利就少，反之则多。

为了进一步分析股利支付率变动的原因，可按下式进行分解：

$$\begin{aligned}股利支付率&=\frac{每股股利}{每股收益}\times100\%\\&=\frac{每股市价}{每股收益}\times\frac{每股股利}{每股市价}\times100\%\\&=价格与收益比率\times股利报酬率\end{aligned}$$

可见，股利支付率主要取决于价格与收益比率和股利报酬率。一般来说，长期投资者比较注重价格与收益比率，而短期投资者则比较注重股利报酬率。

股利报酬率，亦称股利与市价比率，是企业每股股利占每股市价的比率。在价格与收益比率一定的情况下，股利报酬率越高，则股利发放率也越高，反之亦然。

2.股利支付率案例分析

根据案例分析对象的特点，可以有针对性地进行股利支付率趋势分析、股利支付率行业对比分析和股利支付率因素分析。

（四）价格与收益比率分析

1.价格与收益比率的内涵和计算

价格与收益比率，亦称市盈率，反映普通股的市场价格占每股收益的比率，可用来判断企业股票与其他企业股票相比具有的潜在价值。

$$\text{价格与收益比率}=\frac{\text{每股市价}}{\text{每股收益}}\times 100\%$$

价格与收益比率能够表明企业盈利能力的稳定性，可在一定程度上反映企业管理部门的经营能力和企业盈利能力及潜在的成长能力。同时，该指标还可以反映此股票市价是否具有吸引力。在一般情况下，发展前景较好的企业通常该指标较高，发展前景不佳的企业，该指标较低。但是必须注意，当企业盈利很少或发生亏损时，每股收益可能为零或负数，此时，该指标可能很高或者为负数。在这种特殊情况下，该指标就失去了原有的意义，如果仅仅利用该指标来分析企业的盈利能力，常常无法或错误地估计企业的发展前景，所以，还必须结合其他指标，予以综合考虑。此外，还可以针对该指标进行多个企业的比较分析，并结合企业所属行业的经营前景，作为选择投资目标的参考。

2.价格与收益比率案例分析

根据案例分析对象的特点，可以有针对性地进行价格与收益比率趋势分析、价格与收益比率行业对比分析和价格与收益比率影响因素分析。

（五）每股经营现金流量指标分析

每股经营现金流量是指经营活动现金流量净额占发行在外的普通股加权平均数的比率。该指标反映每股发行在外的普通股平均占有的经营活动现金流量净额。这个指标越高，说明企业进行资本支出和支付股利的能力越强。

$$\text{每股经营现金流量}=\frac{\text{经营活动现金流量净额}}{\text{发行在外的普通股加权平均数(流通股股数)}}$$

此外，针对上市公司盈利能力分析的特殊指标，还有市净率、每股净资产等，可以根据案例分析对象的实际情况加以选择分析。

□ 关键概念

1.盈利能力	2.资本经营
3.资产经营	4.商品经营
5.净资产收益率	6.总资产报酬率
7.收入利润率	8.成本费用利润率
9.毛利率	10.销售息税前利润率
11.每股收益	12.普通股权益报酬率
13.价格与收益比率	14.股利支付率
15.每股经营现金流量	16.股利报酬率

□ 相关准则制度及阅读书目

[1] 企业会计准则编审委员会. 企业会计准则详解与实务[M]. 北京：人民邮电出版社，2025.

[2] 张先治，王玉红. 财务分析——理论、方法与案例[M]. 2版. 北京：人民邮电出版社，2023.

[3] 王化成，支晓强，王建英. 财务报表分析[M]. 3版. 北京：中国人民大学出版社，2022.

[4] 张先治，陈友邦. 财务分析[M]. 11版. 大连：东北财经大学出版社，2025.

[5] 王玉红. 财务报表分析[M]. 2版. 北京：中国人民大学出版社，2025.

□ 复习思考题

1.阐述资本经营与资产经营、资产经营盈利能力与资本经营盈利能力的关系。

2.为什么说净资产收益率是反映盈利能力的核心指标？影响资本经营盈利能力的因素有哪些？

3.分别阐述商品经营与产品经营、资产经营之间的关系。

4.为什么总资产报酬率的分子为息税前利润？是否可用其他指标做分子？

5.商品经营盈利能力计算时应注意哪些问题？

6.阐述上市公司盈利能力指标与一般企业的盈利能力指标的关系。

7.站在企业经营者的角度阐述企业盈利能力分析的目的。

□ 练习题

一、单项选择题

1.总资产报酬率是指（　　）与总资产平均余额之间的比率。

A.利润总额　　B.息税前利润

C.净利润　　D.息前利润

2.下列项目中，（　　）是反映盈利能力的核心指标。

A.总资产报酬率　　B.股利发放率

C.总资产周转率　　D.净资产收益率

3.（　　）指标越高，说明企业资产盈利能力越强。

A.总资产周转率　　B.存货周转率

C.总资产报酬率　　D.应收账款周转率

4.总资产报酬率主要受（　　）和销售息税前利润率这两个因素的影响。

A.总资产周转率　　B.固定资产周转率

C.流动资产周转率　　D.应收账款周转率

5.在企业各种收入利润率中，（　　）通常是其他收入利润率指标的基础。

A.毛利率　　B.销售息税前利润率

C.总收入利润率　　D.销售净利润率

6.上市公司盈利能力分析与一般企业盈利能力分析的主要区别在于是否分析（　　）。

A.利润水平　　B.股东权益

C.商品经营　　D.每股收益

7.商品经营盈利能力分析是利用（　　）资料进行分析的。

A.资产负债表　　B.现金流量表

C.利润表　　D.所有者权益变动表

8.反映商品经营盈利能力的指标可分为两类：一类统称收入利润

率，另一类统称（　　）。

A.成本利润率　　B.营业成本利润率

C.营业成本费用利润率　　D.全部成本费用利润率

9.（　　）是指普通股权益平均余额占发行在外的普通股加权平均数（流通股股数）的比率。

A.每股收益　　B.每股股利

C.每股现金流量　　D.每股账面价值

10.每股收益主要取决于每股账面价值和（　　）两个因素。

A.净利润　　B.普通股权益报酬率

C.优先股股息　　D.普通股股数

11.（　　）是每股股利与每股收益的比值，反映普通股股东从每股收益中分得多少股利。

A.每股收益　　B.普通股权益报酬率

C.市盈率　　D.股利支付率

12.下列各项中，属于通用的盈利能力指标的是（　　）。

A.营业收入利润率　　B.每股收益

C.价格与收益比率　　D.市净率

13.下列各项中，属于上市公司特殊盈利能力指标的是（　　）。

A.总资产报酬率　　B.净资产收益率

C.每股净资产　　D.毛利率

14.从经营内容的角度来看，（　　）主要强调资产的配置、重组及有效使用。

A.资本经营　　B.资产经营

C.商品经营　　D.产品经营

二、多项选择题

1.下列各项中，属于影响净资产收益率的因素主要有（　　）。

A.总资产报酬率　　B.负债利息率

C.企业资本结构　　D.流动资产周转率

E.所得税税率

2.下列各项中，反映企业盈利能力的指标有（　　）。

A.总资产周转率　　B.总资产收益率

C.净资产收益率　D.成本利润率
E.资产负债率
3.下列各项中，属于直接影响总资产报酬率的因素有（　　）。
A.存货周转率　B.销售利润率
C.毛利率　D.销售息税前利润率
E.总资产周转率
4.下列各项中，反映商品经营能力的指标有（　　）。
A.营业收入利润率　B.总资产报酬率
C.销售息税前利润率　D.净资产收益率
E.营业成本利润率
5.下列各项中，反映上市公司盈利能力的指标有（　　）。
A.每股收益　B.普通股权益报酬率
C.股利支付率　D.总资产报酬率
E.价格与收益比率
6.下列各项中，属于影响资产经营盈利能力的因素有（　　）。
A.资本经营盈利能力　B.商品经营盈利能力
C.资产营运效率　D.产品营运效率
E.资本营运效率
7.下列各项中，反映收入利润率的指标主要有（　　）。
A.营业成本利润率　B.营业收入利润率
C.总收入利润率　D.销售净利润率
E.销售息税前利润率
8.下列各项中，反映成本利润率的指标主要有（　　）。
A.营业成本利润率　B.营业成本费用利润率
C.全部成本费用总利润率　D.全部成本费用净利润率
E.营业费用利润率
9.下列各项中，属于营业成本费用总额的有（　　）。
A.信用减值损失　B.税金及附加
C.期间费用　D.资产减值损失
E.营业外支出
10.下列各项中，属于影响全部成本费用总利润率的因素有（　　）。

A.研发费用　　　　　　　　B.销售费用
C.资产减值损失　　　　　　D.所得税税率
E.营业外支出

11.下列各项中，属于影响普通股权益报酬率的因素有（　　）。

A.普通股股利　　　　　　　B.净利润
C.优先股股利　　　　　　　D.普通股权益平均余额
E.普通股股数

12.下列各项中，属于通用盈利能力指标的有（　　）。

A.市盈率　　　　　　　　　B.营业收入利润率
C.价格与收益比率　　　　　D.营业成本利润率
E.营业费用利润率

13.下列各项中，属于盈利能力分析内容的有（　　）。

A.资本经营盈利能力分析　　B.产品经营盈利能力分析
C.资产经营盈利能力分析　　D.商品经营盈利能力分析
E.上市公司盈利能力分析

14.下列各项中，属于只利用利润表就可以计算的盈利能力指标有（　　）。

A.每股经营现金流量　　　　B.销售净利润率
C.总收入利润率　　　　　　D.营业费用利润率
E.净资产收益率

三、判断题

1.资本经营盈利能力分析主要对全部资产报酬率指标进行分析和评价。（　　）

2.对企业盈利能力的分析主要指对利润率的分析。（　　）

3.从会计学的角度看，资本的内涵与我们通常所说的资产的内涵是基本相同的，它侧重于揭示企业所拥有的经济资源，而不考虑这些资源的来源特征。（　　）

4.总资产报酬率越高，净资产收益率就越高。（　　）

5.当总资产报酬率低于负债利息率时，提高负债与所有者权益之比，将使净资产收益率提高。（　　）

6.资产经营、商品经营和产品经营都服从于资本经营目标。（　　）

7.资本经营的基本内涵是合理配置与使用资产，以一定的资产投入，取得尽可能多的收益。（　　）

8.总资产报酬率是反映盈利能力的核心指标。（　　）

9.企业盈利能力的高低与利润的高低成正比。（　　）

10.影响营业成本利润率的因素与影响营业收入利润率的因素是相同的。（　　）

11.所得税税率变动对营业收入利润率没有影响。（　　）

12.股票价格的变动对每股收益不产生影响。（　　）

13.普通股权益报酬率与净资产收益率是相同的。（　　）

14.价格与收益比率越高，说明企业盈利能力越强。（　　）

15.企业总收入包括营业收入、其他收益、投资净收益、公允价值变动净收益、资产处置净收益和营业外收支净额。（　　）

16.公司发行优先股时，应当对稀释性每股收益指标的分母进行调整。（　　）

四、计算题

1.商品经营盈利能力分析

S公司2020—2024年有关利润表资料，见表8-1。

表8-1　**S公司2020—2024年利润表项目资料表**　单位：万元

项目	2020年	2021年	2022年	2023年	2024年
总收入	1 502 362.49	1 467 221.47	1 605 244.41	1 718 310.96	1 991 794.23
营业收入	1 502 362.49	1 467 221.47	1 605 244.41	1 718 310.96	1 991 794.23
营业成本	594 571.57	577 741.29	611 506.91	620 297.88	668 114.86
毛利	907 790.92	889 480.18	993 737.50	1 098 013.08	1 323 679.37
营业利润	670 558.60	600 951.15	714 008.67	772 146.10	883 647.30
营业费用	836 943.61	871 572.77	949 029.60	1 000 303.50	1 174 156.91
营业外支出	3 832.75	2 413.79	1 103.04	564.53	834.05
利润总额	668 585.30	603 070.93	716 531.90	776 096.56	884 795.46
净利润	500 215.33	450 804.42	536 519.93	580 492.91	661 878.61

要求：（1）根据表8-1，计算2020—2024年各年毛利率、营业收入利润率、总收入利润率、营业净利润率等收入利润率指标，并绘制各收入利润率指标变动趋势图，再进行分析评价。

（2）根据表8-1，计算2020—2024年各年营业成本利润率、营业费用利润率、全部成本费用总利润率、全部成本费用净利润率等成本利润率指标，并绘制各成本利润率指标变动趋势图，再进行分析评价。

（3）如果毛利率（或其他指标）变动较突出，请专门对毛利率（或其他指标）进行深入分析，并阐述分析思路。

2.资本经营盈利能力分析

根据甲公司2023年和2024年两个年度的资产负债表和利润表信息，以及会计报表附注，整理分析数据见表8-2。

表8-2 **甲公司2024年资本经营盈利能力因素分析表** 金额单位：元

项目	2024年	2023年	差异
总资产平均余额	11 877 139 369.09	9 402 141 872.71	—
净资产平均余额	7 585 642 241.71	6 870 969 425.64	—
负债平均余额	4 291 497 127.39	2 531 172 447.07	—
净资产负债率（%）	57	37	20
利息支出	41 116 079.19	42 802 689.55	—
负债利息率（%）	0.96	1.69	-0.73
利润总额	577 052 766.55	560 859 687.55	—
息税前利润	618 168 845.74	603 662 377.10	—
净利润	479 179 742.67	496 778 331.51	—
所得税税率（%）	16.96	11.43	5.53

要求：用连环替代法计算各因素变动对资本经营盈利能力的影响，并对甲公司资本经营盈利能力进行分析评价。

3.资产经营盈利能力分析

乙公司当年营业收入为4 000万元，赚取的息税前利润为160万元，资产平均余额为11 200万元。该公司正在考虑投资一个新的产品线，并预计该产品会增加营业收入1 000万元，同时，带来5%的销售息税前利润率，总资产周转率将为0.333。

要求：请对乙公司新增加的生产线所带来的资产经营盈利能力变动进行分析。（提示：从总资产周转率和销售息税前利润率变动两个角度对总资产报酬率的变动进行因素分析）

五、业务题

1.丙公司2023年度、2024年度有关资料，见表8-3。

表8-3 **丙公司2024年盈利能力分析数据表** 金额单位：万元

项目	2023年	2024年
净利润	1 255 118.2	1 511 854.9
优先股股利	345 985	345 985
普通股股利	150 000	200 000
普通股股利实发数	142 938	198 140
普通股权益平均额	5 839 667.4	7 036 076.9
发行在外的普通股平均数（万股）	1 099 530.7	1 101 291.6
每股市价（元）	10.12	8.03

要求：（1）根据所给资料计算丙公司2024年度每股收益、普通股权益报酬率、股利发放率和价格与收益比率等指标。

（2）用差额分析法对普通股权益报酬率进行分析。

2.丁公司2024年净利润为10 000 000元，发行在外普通股为2 000 000股，可转换债券名义金额为100 000 000元，利率为5%。每1 000元债券可转换成20股普通股。不考虑债券溢折价的摊销额，所得税税率为25%。

要求：计算该公司的稀释每股收益。

3.毛利率综合分析。

2012—2024年宇通客车、金龙汽车、中通客车和安凯客车四家客车企业毛利率对比，如图8-1所示。

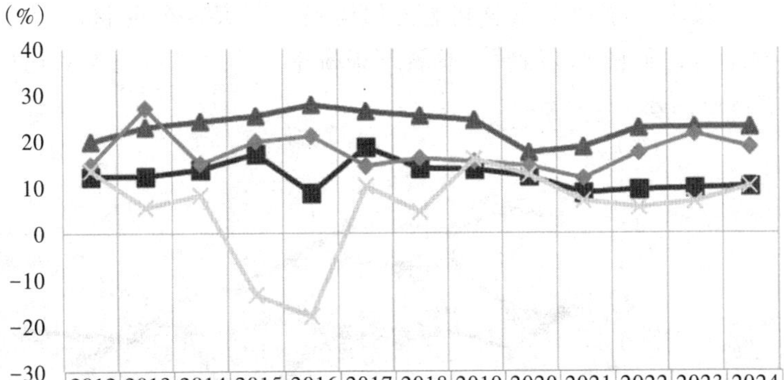

	2012年	2013年	2014年	2015年	2016年	2017年	2018年	2019年	2020年	2021年	2022年	2023年	2024年
宇通客车（%）	19.97	23.07	24.28	25.33	27.82	26.32	25.33	24.43	17.48	18.65	22.83	22.96	22.94
金龙汽车（%）	12.37	12.48	13.91	17.15	8.90	18.74	14.02	13.83	12.37	8.80	9.56	9.71	10.21
中通客车（%）	14.83	27.09	15.15	19.81	21.01	14.50	16.33	15.59	14.60	11.89	17.46	21.57	18.61
安凯客车（%）	13.58	5.76	8.28	-13.45	-18.04	10.12	4.72	16.07	12.57	7.03	5.66	6.75	10.25

图8-1　客车行业四家可比企业2012—2024年毛利率对比图

要求：（1）从毛利率的角度分析金龙汽车的盈利能力，以及客车行业四家企业毛利率的变化。

（2）可以从哪些角度分析毛利率的变动原因？

（3）依据上述分析结论，判断金龙汽车经营策略是否合理，提出改进建议。

□ 案例分析题

从盈利能力看宇通客车行业龙头地位

1.案例介绍

郑州宇通客车股份有限公司（简称“宇通客车”）是中国客车行业首家上市公司，是集客车产品研发、制造与销售为一体的大型制造企业，其产品主要服务于公交、客运、旅游、团体、校车及专用出行等细分市场，可满足5米至18米不同米段的市场需求，无论在国内还是国外都拥有较强的品牌认可度。2024年，公司荣登《中国500最具价值品牌》及《财富》中国500强榜单，再次入选制造业单项冠军企业，并被评为2024年卡思（CAACS）调查客车品牌第一名，入选“2024中国出海品牌100强指数”，是客车领域唯一获此殊荣的企业。

那么，宇通客车盈利能力如何呢？四家客车企业2012—2024年毛利率对比如图8-1所示，总资产报酬率、净资产收益率对比如图8-2和图8-3所示。

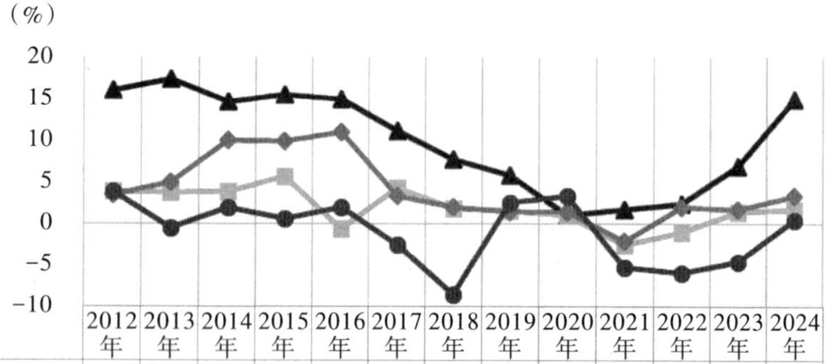

	2012年	2013年	2014年	2015年	2016年	2017年	2018年	2019年	2020年	2021年	2022年	2023年	2024年
宇通客车(%)	16.07	17.32	14.70	15.53	14.92	11.13	7.61	5.80	0.99	1.67	2.28	6.84	14.99
金龙汽车(%)	3.84	3.70	3.88	5.58	-0.65	4.23	1.73	1.57	0.96	-2.61	-1.14	1.37	1.68
中通客车(%)	3.42	4.92	10.04	9.85	10.89	3.28	1.93	1.36	1.34	-2.16	1.98	1.59	3.31
安凯客车(%)	3.84	-0.52	1.94	0.60	1.98	-2.89	-8.57	2.54	3.33	-5.33	-6.05	-4.68	0.42

图8-2　客车行业四家企业2012—2024年总资产报酬率对比图

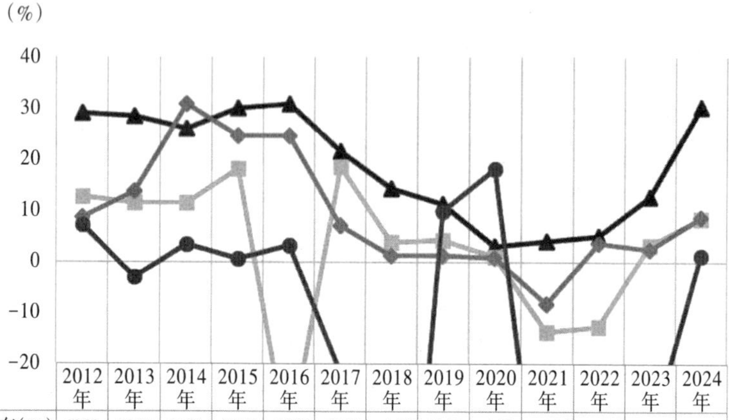

	2012年	2013年	2014年	2015年	2016年	2017年	2018年	2019年	2020年	2021年	2022年	2023年	2024年
宇通客车(%)	29.08	28.50	26.04	30.15	30.82	21.63	14.39	11.40	3.13	4.06	5.13	12.84	30.38
金龙汽车(%)	12.80	11.63	11.57	18.19	-36.36	18.58	4.01	4.42	1.02	-13.63	-12.63	3.36	8.56
中通客车(%)	8.72	13.81	30.87	24.71	24.77	7.12	1.33	1.21	0.82	-8.24	3.77	2.58	8.80
安凯客车(%)	7.30	-2.97	3.49	0.76	3.22	-21.18	-109.8	9.96	18.05	-60.32	-163.8	-35.24	1.27

图8-3　客车行业四家公司2012—2024年净资产收益率对比图

资料来源：根据宇通等客车行业四家企业2012—2024年年报资料分析加工整理而成.

2.案例分析要求

（1）企业盈利能力指标分析可以从哪些角度入手？毛利率、总资产报酬率、净资产收益率分析是否能够代表客车行业的盈利能力水平？

（2）毛利率、总资产报酬率和净资产收益率之间是什么关系？通过图8-1、图8-2和图8-3对宇通客车的盈利能力进行分析和评价。

（3）本案例采用了哪些财务分析方法？盈利能力分析还可以采用哪些分析方法？

（4）2012—2024年宇通客车在同行业企业中，为何大部分年份毛利率明显高于同行业其他企业，但总资产报酬率和净资产收益率在2019—2022年优势不那么明显呢？

第九章　营运能力分析

□ 本章重点与难点

一、营运能力分析的目的

营运能力是指企业在经营过程当中使用资产获取回报的效率。企业营运能力分析的目的包括：

1.评价企业资产的营运效率。

2.评价企业资产的营运效益。

3.寻找资产营运能力提升的路径。

二、企业营运能力分析的内容

1.总资产营运能力分析。

2.流动资产营运能力分析。

3.固定资产营运能力分析。

三、反映总资产营运能力的指标、要点及分解

1.总资产产值率

$$\text{总资产产值率}=\frac{\text{总产值}}{\text{平均总资产}}\times 100\%$$

总产值是指工业企业在一定时期内生产的工业最终产品或提供工业性劳务活动的总价值量。该指标数值越高，说明企业资产的投入产出率越高，企业总资产运营状况越好。

2.百元产值占用资金

$$\text{百元产值占用资金}=\frac{\text{平均总资产}}{\text{总产值}}\times 100\%=\left(\frac{\text{流动资产}}{\text{总产值}}+\frac{\text{固定资产}}{\text{总产值}}+\frac{\text{其他资产}}{\text{总产值}}\right)\times 100\%$$

该指标越低，单位产出所占用的资产越少，表明企业资产营运能力越强。

3. 总资产周转率

$$总资产周转率=\frac{总周转额(营业收入)}{总资产平均余额}$$

$$总资产周转率=\frac{总产值}{平均总资产}\times\frac{营业收入}{总产值}\times 100\%=总资产产值率\times产品销售率$$

总资产周转率能否提高取决于两大方面：一是要提高资产的生产效率，这是提高企业资产营运能力的基础，没有产品就谈不上销售，更谈不上效益；二是要提高产品销售率，把生产出来的产品尽快、尽可能多地销售出去。

4. 总资产周转天数

$$总资产周转天数=\frac{总资产平均余额\times计算期天数}{营业收入}$$

四、资产配置结构对总资产营运能力的影响

影响总资产营运能力的因素可以分为两个方面，一方面是企业的资产配置结构，另一方面是各类资产利用率。企业各类资产的利用效率在教材中有详细讨论。这里我们将重点讨论企业资产配置结构对总资产营运能力的影响。

（一）流动资产比重

总资产周转率=流动资产周转率×流动资产占总资产的比重

上面的公式表明，总资产周转速度的快慢取决于两大因素：一是流动资产周转率。流动资产是总资产的重要组成部分，加速流动资产周转，会使总资产周转速度加快。二是流动资产占总资产的比重。企业流动资产所占比例越大，总资产周转速度越快。

（二）不良资产比重

企业的不良资产通常是指企业的资产中无法参与正常经营运转的部分，如不能正常出售的残次冷背存货，账龄较长无法正常收回的应收账款，闲置不需用的固定资产等。企业的不良资产比例越高，资产的营运能力越弱。

（三）投资性资产比重

企业的资产根据使用方式的不同，可以分为自营资产和对外投资两大类。自营资产是指企业开展生产经营业务所使用和占用的资产，如存

货、固定资产等。对外投资是指企业通过直接或间接的方式将资产投入企业外部的其他主体，如以公允价值计量且其变动计入当期损益的金融资产、长期股权投资等，这两类资产的回收及获利方式是不同的。自营资产的投入主要通过销售商品或提供服务取得营业收入予以回收并获利。对外投资主要是通过取得投资收益和买卖交易进行回收并获利。因此，投资性资产并不会直接增加企业的营业收入，多数情况下也不对营业收入的取得产生直接作用。所以，当企业存在较大规模的对外投资时，将会影响对资产周转率的计算分析效果。

（四）轻资产化

以轻资产模式运营的企业，通常都不进行重大的固定资产投资，或只投入少量的专有性固定资产，通过外包或租赁形式，运用杠杆利用其他企业的资源进行生产，自己则专注于研发、营销和终端渠道销售等这些高附加值环节。也就是说，轻资产模式的公司在资产负债表上表现为静态的“轻化”资产结构特征。在资产营运能力方面表现出较高的资产周转率。

五、总资产营运能力与盈利能力关系分析

提高资产营运能力最终要为盈利能力这个目标服务，通过综合对比分析总资产营运能力与盈利能力之间的关系，可以解释总资产盈利能力变动的原因，为提高总资产盈利能力指明方向。二者之间的关系可以表示为：

$$总资产报酬率=总资产周转率\times 销售息税前利润率$$

六、流动资产周转速度指标计算与分析

企业经营成果的取得，主要依靠流动资产的形态转换。流动资产完成从货币到商品再到货币这一循环过程，表明流动资产周转了1次，以产品实现销售为标志。

$$流动资产周转率=\frac{营业收入}{流动资产平均余额}\times 100\%$$

$$流动资产周转期=\frac{流动资产平均余额\times 计算期天数}{营业收入}$$

$$流动资产垫支周转率=\frac{营业成本}{流动资产平均余额}\times 100\%$$

$$流动资产垫支周转期=\frac{流动资产平均余额\times 计算期天数}{营业成本}$$

流动资产周转率=流动资产垫支周转率×成本收入率

或：

流动资产周转期=流动资产垫支周转期×收入成本率

影响流动资产周转率的因素如下：一是流动资产垫支周转率；二是成本收入率。流动资产垫支周转率反映了流动资产的真正周转速度，成本收入率说明了所费与所得之间的关系，反映出流动资产的利用效果。

$$流动资产垫支周转率=\frac{营业成本}{流动资产平均余额}=\frac{营业成本}{平均存货}\times\frac{平均存货}{流动资产平均余额}$$

$$=存货周转率\times 存货构成率$$

七、流动资产周转加速效果分析

（一）对流动资产的影响

$$\begin{matrix}流动资产\\节约额\end{matrix}=\begin{matrix}报告期\\营业收入\end{matrix}\times\left(\frac{1}{报告期流动资产周转次数}-\frac{1}{基期流动资产周转次数}\right)$$

流动资产节约额可以分为：

（1）绝对节约额，主要标志是流动资产周转加快而营业收入不变。

（2）相对节约额，主要标志是流动资产周转加快而流动资产实际存量大于或等于基期流动资产存量。

（3）既包括绝对节约额又包括相对节约额，主要标志是流动资产周转加快而营业收入增加，同时，流动资产占用量减少。

（二）对收入的影响

$$\begin{matrix}营业收入\\增加额\end{matrix}=\begin{matrix}基期流动\\资产平均余额\end{matrix}\times\left(\begin{matrix}报告期流动\\资产周转率\end{matrix}-\begin{matrix}基期流动\\资产周转率\end{matrix}\right)$$

八、存货周转速度指标的计算及分析

$$存货周转率=\frac{营业成本}{存货平均余额}\times 100\%$$

$$存货周转期=\frac{存货平均余额\times 计算期天数}{营业成本}$$

存货周转速度偏低可能由以下原因引起：

（1）存货管理方法落后；

（2）产品滞销，存货积压；

（3）预测存货将升值，囤积居奇，等待时机获利；

（4）企业销售政策发生变化；

（5）会计核算范围或方法发生变化；

（6）存货账实不符，虚假挂账。

但是，存货周转速度偏高也不一定代表企业经营出色，可能是企业为了扩大销路而降价销售或大量赊销，此时，营业利润会受到影响或产生大量的应收账款。评价存货周转率是否适度，除参考企业的历史水平之外，还应参考同行业的平均水平。

$$\text{存货周转天数}=(\text{材料周转天数}\times\frac{\text{当期材料费用}}{\text{总产值生产费}}\times\frac{\text{总产值生产费}}{\text{当期生产成本}}+\text{在产品周转天数})\times\frac{\text{当期生产成本}}{\text{营业成本}}+\text{产成品周转天数}$$

其中：

$$\text{材料周转天数}=\frac{\text{库存材料平均余额}\times\text{计算期天数}}{\text{当期材料费用}}$$

$$\text{在产品周转天数}=\frac{\text{在产品平均余额}\times\text{计算期天数}}{\text{当期生产成本}}$$

$$\text{产成品周转天数}=\frac{\text{产成品平均余额}\times\text{计算期天数}}{\text{营业成本}}$$

当存货从一种形态转化为另一种形态的速度较快时，存货的周转速度就快；各类存货周转额占存货周转额的比重大小也会对存货周转率产生影响。

九、应收账款周转速度指标的计算及分析

$$\text{应收账款周转率}=\frac{\text{赊销收入净额}}{\text{应收账款平均余额}}$$

一般认为，周转率越高越好，表明：（1）收款迅速，可节约营运资金；（2）减少了坏账损失；（3）可减少收账费用；（4）资产流动性高。

$$\text{应收账款周转期}=\frac{\text{计算期天数}}{\text{应收账款周转率}}=\frac{\text{应收账款平均余额}\times\text{计算期天数}}{\text{赊销收入净额}}$$

应收账款周转率分析应注意的问题：（1）经营季节性特征的影响；（2）应收账款变化趋势问题；（3）增值税的影响。

十、营业周期计算与分析

营业周期是指企业从购入存货到生产、销售产品并最后收回现金所经历的时间。营业周期的计算公式为：

营业周期=存货周转期+应收账款周转期

用营业周期减去应付账款周转期，即可得到企业的现金周期。

现金周期=应收账款周转期+存货周转期-应付账款周转期

十一、固定资产周转速度指标计算与分解

（一）固定资产产值率的计算

1.固定资产产值率的一般计算

$$\text{固定资产产值率}=\frac{\text{总产值}}{\text{固定资产平均总值}}\times 100\%$$

2.固定资产产值率的分项计算

$$\text{生产设备产值率}=\frac{\text{总产值}}{\text{生产设备平均总值}}\times 100\%$$

$$\text{生产用固定资产产值率}=\frac{\text{总产值}}{\text{生产用固定资产平均总值}}\times 100\%$$

$$\text{全部固定资产产值率}=\frac{\text{总产值}}{\text{全部固定资产平均总值}}\times 100\%$$

（二）固定资产产值率的分解

$$\text{生产用固定资产产值率}=\text{生产设备产值率}\times\text{生产设备占生产用固定资产的比重}$$

$$\text{全部固定资产产值率}=\text{生产设备产值率}\times\text{生产设备占生产用固定资产的比重}\times\text{生产用固定资产占全部固定资产的比重}$$

（三）固定资产周转率计算与分析

$$\text{固定资产收入率}=\frac{\text{营业收入}}{\text{固定资产平均总值}}\times 100\%$$

固定资产收入率=固定资产产值率×产品销售率

□ 关键概念

1.营运资产　　2.营运能力

3.周转速度　　4.产值率

5.经营周期　　6.现金周期

7.周转率　　8.周转期

9. 总资产周转率
10. 总资产周转天数
11. 流动资产周转率
12. 流动资产周转期
13. 流动资产垫支周转率
14. 流动资产垫支周转期
15. 成本收入率
16. 应收账款周转率
17. 存货周转率
18. 流动资产节约额
19. 固定资产产值率
20. 固定资产周转率

□ 相关准则制度及阅读书目

[1] 王玉红. 财务报表分析 [M]. 2版. 北京：中国人民大学出版社，2025.

[2] 张新民. 从报表看企业：数字背后的秘密 [M]. 5版. 北京：中国人民大学出版社，2024.

[3] 郭永清. 财务报表分析与股票估值 [M]. 2版. 北京：机械工业出版社，2021.

[4] 中华人民共和国财政部. 企业会计准则 [M]. 北京：经济科学出版社，2019.

[5] 李敏. 洞察报表与透视经营——算管整合的财务分析逻辑 [M]. 上海：上海财经大学出版社，2020.

[6] 谢士杰. 读懂财务报表看透企业经营 [M]. 2版. 北京：人民邮电出版社，2021.

□ 复习思考题

1. 总资产营运能力受到哪些因素的影响？
2. 如何判断一家公司存货周转状况的优劣？
3. 试阐述资产周转率各指标之间的关系。
4. 如何做好一家上市公司的营运能力分析？
5. 企业投资性资产会对营运能力分析产生什么影响？

□ 练习题

一、单项选择题

1. 企业营运能力主要指企业营运资产的（　　）。

A.结构与分布　　B.效率与效益

C.产出与耗费　　D.积累与分配

2.计算资产周转率指标时，分子是（　　）。

A.期初资产余额　　B.期末资产余额

C.资产平均余额　　D.周转额

3.企业总体资产营运能力的高低，不仅取决于各类资产营运能力的高低，还受到（　　）的影响。

A.存货周转率　　B.营业收入

C.固定资产周转率　　D.资产配置结构

4.下列选项中，（　　）不会直接增加企业的营业收入，多数情况下也不对营业收入的取得产生显著作用。

A.存货　　B.交易性金融资产

C.固定资产　　D.应收账款

5.流动资产周转率可以分解为流动资产垫支周转率和（　　）两个因素的乘积。

A.产出率　　B.销售率

C.成本收入率　　D.收入成本率

6.当流动资产占用量不变时，流动资产周转加快会形成流动资金的（　　）。

A.绝对浪费额　　B.相对浪费额

C.绝对节约额　　D.相对节约额

7.公司应收账款周转率的下降可能是其（　　）引起的。

A.放宽了信用政策

B.加快了收账速度

C.赊销收入增长的速度快于应收账款的增长速度

D.回收了以前期间大量的应收账款

8.提高固定资产产值率的关键在于（　　）。

A.提高销售率　　B.增加生产设备

C.增加生产用固定资产　　D.提高生产设备产值率

二、多项选择题

1.反映企业营运能力的指标有（　　）。

A.总资产报酬率

B.固定资产周转率

C.流动资产周转率

D.存货周转率

E.应收账款周转率

2.反映流动资产周转速度的指标有（　　）。

A.应收账款周转期

B.生产设备产值率

C.总资产产值率

D.存货周转率

E.流动资产垫支周转率

3.营业周期包括（　　）。

A.存货周转期

B.应收账款周转期

C.固定资产周转期

D.无形资产周转期

E.在建工程周转期

4.加速应收账款周转对企业的有利影响包括（　　）。

A.提高资产流动性

B.增加营业收入

C.减少收账费用

D.降低坏账风险

E.降低营业成本

5.存货周转率偏低的原因可能有（　　）。

A.应收账款增加

B.降价销售

C.产品滞销

D.销售政策发生变化

E.大量赊销

6.以下属于流动资金相对节约额的情况有（　　）。

A.流动资产存量不变，营业收入增加

B.流动资产存量不变，流动资产周转加速

C.营业收入增长速度超过流动资产增长速度

D.营业收入不变，流动资产存量减少

E.流动资产减少速度大于营业收入减少速度

7.企业上一年的存货周转率为5次，本年变为7次，说明企业可能（　　）。

A.产品适销对路，销售规模扩大，减少了库存积压

B.产品发生滞销，确认的销售收入和结转成本均下降，平均存货增加

C.加快了材料周转率，提高了生产效率，同时减少了在产品周转天数

D.处于高速发展期，收入逐年增加，但存货增长率低于成本增长率

E.处于成熟期，收入缓慢增加，存货增长率高于成本增长率

8.下列等式正确的有（　　）。

A.应收账款周转期$=\dfrac{\text{应收账款平均余额}\times\text{计算期天数}}{\text{赊销收入净额}}$

B.流动资产周转率$=\dfrac{\text{营业成本}}{\text{平均存货}}\times\dfrac{\text{平均存货}}{\text{流动资产平均余额}}$

C.总资产报酬率$=\dfrac{\text{营业收入}}{\text{流动资产平均余额}}\times\dfrac{\text{流动资产平均余额}}{\text{总资产平均余额}}\times100\%$

D.总资产周转率$=\dfrac{\text{营业收入}}{\text{流动资产平均余额}}\times\dfrac{\text{流动资产平均余额}}{\text{总资产平均余额}}$

E.总资产收入率=总资产产值率×产品销售率

9.影响企业现金周期的因素包括（　　）。

A.流动资产周转期　　B.存货周转期

C.应收账款周转期　　D.应付账款周转期

E.固定资产周转期

三、判断题

1.资产的周转期越长，说明资产的使用效率越高。（　　）

2.企业提高总资产周转速度的唯一途径是提高各项资产使用效率。（　　）

3.企业只要提高营运能力，盈利能力就一定能够提升。（　　）

4.在其他条件不变时，流动资产比重越大，总资产周转速度越快。（　　）

5.A公司的总资产周转率高于B公司，说明A公司的资产管理效率高于B公司。（　　）

6.使用营业收入作为周转额是用来说明垫支的流动资产周转速度的。（　　）

7.企业总资产营运能力的高低主要取决于流动资产营运能力的高低。（　　）

8.营业收入增加时，流动资产存量减少所形成的节约额是绝对节约额。（　　）

9.影响固定资产产值率的因素有两个，即生产设备的利用效率和固定资产结构状况。（　　）

10.降低不良资产比重可以提高企业的资产利用效率。（　　）

11.计算期不相等的情况下，流动资产周转率不能直接比较。（　　）

四、计算题

1.现金周期指标的计算

某公司相关资料见表9-1。

表9-1　　相关资料　　单位：百万元

项目	上年	本年
营业收入	72 837	68 051
营业成本	46 968	48 998
应收账款	3 853	4 433
存货	8 940	8 587
应付账款	4 662	8 024

要求：（1）计算本年应收账款周转期。

（2）计算本年存货周转期。

（3）计算本年应付账款周转期。

（4）计算本年经营周期。

（5）计算本年现金周期。

2.流动资产周转速度指标的计算

某公司相关资料见表9-2。

表9-2　　相关资料　　单位：万元

项目	上年	本年
营业收入		31 420
营业成本		21 994
流动资产合计	13 250	13 846
其中：存货	6 312	6 148
应收账款	3 548	3 216

要求：（1）计算流动资产周转速度指标。

（2）计算流动资产垫支周转速度指标。

（3）计算存货周转速度指标。

（4）计算应收账款周转速度指标。

3.流动资产周转加速效果的计算

（1）某企业基期流动资产平均余额为3 650万元，营业收入为14 600万元，报告期营业收入增加到16 425万元，流动资产平均余额不变。试计算报告期流动资产相对节约额。

（2）某企业基期流动资产平均余额为4 630万元，营业收入为13 890万元，报告期营业收入不变，流动资产周转率为3.4次。试计算报告期流动资产绝对节约额。

（3）某企业基期流动资产平均余额为2 438万元，营业收入为6 095万元，报告期流动资产平均余额为2 360万元，营业收入为7 316万元。试计算报告期流动资产节约额。

（4）根据（3）的资料，计算流动资产周转加速对营业收入的影响。

4.固定资产利用效果指标的计算

某公司相关资料见表9-3。

表9-3　**相关资料**　单位：万元

项目	上年	本年
工业总产值		268 954
营业收入		275 368
固定资产原值	86 450	94 370
其中：生产用固定资产原值	58 786	66 059
其中：生产设备原值	32 332	39 635
⋮	⋮	⋮

要求：（1）计算固定资产产值率指标。

（2）计算生产设备产值率指标。

（3）计算生产用固定资产产值率指标。

（4）计算固定资产收入率指标。

五、业务题

1.总资产营运能力分析

某公司相关资料见表9-4。

表9-4 **相关资料** 单位：万元

项目	上年	本年
工业总产值	76 840	82 987
营业收入	80 862	90 456
平均总资产	95 132	102 791
平均流动资产	42 810	43 172

要求：（1）分析总资产收入率变动的原因。

（2）分析总资产周转率变动的原因。

2.流动资产周转速度分析

某公司相关资料见表9-5。

表9-5 **相关资料** 单位：万元

项目	上年	本年
营业收入	80 862	90 456
营业成本	52 560	54 274
平均流动资产	42 810	43 172
平均存货	19 265	20 723

要求：（1）分析流动资产周转率变动的原因。

（2）分析流动资产垫支周转率变动的原因。

3.存货周转速度分析

某公司相关资料见表9-6。

表9-6　　**相关资料**　　单位：万元

项目	上年	本年
营业成本	98 880	116 800
产品生产成本	93 936	117 968
总产值生产费	95 815	115 610
当期材料费用	62 280	71 682
存货平均余额	16 480	17 520
其中：材料存货平均余额	5 768	5 606
在产品存货平均余额	6 922	8 410
产成品存货平均余额	3 790	3 504

要求：根据表9-6的资料对存货周转期进行分析。

4.固定资产利用效果分析

某公司相关资料见表9-7。

表9-7　　**相关资料**　　单位：万元

项目	上年	本年
工业总产值	34 750	38 225
商品产值	33 013	37 460
营业收入	33 673	35 962
固定资产平均总值	13 681	14 365
生产设备平均总值	5 541	6 102
生产用固定资产平均总值	10 261	10 343

要求：（1）分析固定资产产值率变动的原因。

（2）分析固定资产收入率变动的原因。

□ 案例分析题

海尔智家营运资金管理优化之路

1.案例介绍

在全球家电行业竞争日益激烈的背景下，营运资金管理（Working Capital Management）已成为企业提升现金流效率、增强市场竞争力的关键。作为中国领先的家电制造与智慧家庭解决方案提供商，海尔智家（600690.SH/06690.HK）通过数字化转型、供应链协同优化及精细化渠道管理，构建了一套高效的营运资金管理体系，使其在存货周转、应收账款回收及应付账款管理等方面显著优于行业平均水平。

随着内容电商等新销售渠道兴起，经销商希望把更多资源聚焦于销售环节，对物流环节的诉求是提升响应速度、增强定制能力，并提高与销售环节的匹配效率。海尔智家推进数字库存变革，通过建立涵盖订单管理、产品运营、仓储配送、服务安装的全流程数字平台能力，实现货盘全网共享与客户轻资产运营，以及SKU优化。为加速变革，2024年12月，公司完成日日顺供应链科技股份有限公司及其控股子公司并表，在物流服务体系上形成同一个公司、同一个团队、同一个目标，全面打通业务体系与物流体系之间用于链接的人员、系统和数据接口，加速公司业务模式变革落地（见表9-8）。

表9-8 海尔智家2021—2024年主要财务数据表 单位：亿元

项目	2024年	2023年	2022年	2021年
应收账款	264.95	226.83	158.87	146.25
存货	431.90	395.24	415.88	399.14
应付账款	546.65	499.18	418.85	423.63
营业收入	2 859.81	2 742.05	2 435.79	2 271.06
营业成本	2 064.87	1 988.38	1 672.63	1 559.50

2.案例分析要求

（1）计算海尔智家近三年应收账款周转期、存货周转期、应付账款周转期和现金周期指标。

（2）根据上述指标计算结果评价海尔智家营运资金管理效果。

第十章　企业偿债能力分析

□ 本章重点与难点

一、偿债能力分析的目的

偿债能力是指企业偿还各种债务的能力。企业的负债按偿还期的长短，可以分为流动负债和非流动负债两大类。其中，反映企业偿付流动负债能力的是短期偿债能力，反映企业偿付非流动负债能力的是长期偿债能力。

偿债能力是反映企业财务状况的重要内容，是企业经营者、投资人、债权人等利益相关者都十分关心的问题，具有非常重要的意义与作用，站在不同的角度，偿债能力分析的目的也有区别。

（1）企业偿债能力分析有利于投资者进行正确的投资决策。投资人非常重视企业的盈利能力，认为良好的财务环境和较强的偿债能力更有助于提高企业的盈利能力。对于投资人来说，投资目的在于资本的保值和增值，如果企业的偿债能力发生问题，就会使企业的经营者花费大量精力去筹措资金以应付还债，这不仅会增加筹资难度，加大临时性紧急筹资的成本，还会使企业管理者难以全神贯注地进行企业经营管理，使企业盈利受到影响，最终影响到投资人的预期利益甚至投资成本。

（2）企业偿债能力分析有利于债权人进行正确的借贷决策。债权人对企业偿债能力非常重视，因为及时收回本金并取得利息是债权人借贷需要考虑的最基本因素。债权人会从切身利益出发来研究企业的偿债能力，他们不愿意将资金借给偿债能力很差的企业，只有企业有较强的偿债能力，债权人的债权才能及时收回，利息才能按期取得。供应商最关心的是资金安全性和回收时效性。因此，供应商必须合理判断企业的支付能力，这与债权人类似。

（3）企业偿债能力分析有利于经营者进行正确的经营决策。

第一，了解企业的财务状况。企业的财务状况可以从三个方面来定义，即偿债能力、企业发展的稳定性和企业近期业务增长状况。可见，企业偿债能力的强弱是反映企业财务状况的重要标志。

第二，揭示企业所承担的财务风险程度。企业所承担的财务风险与负债筹资直接相关，负债必须按期归还，而且要支付利息。当企业举债时，就会出现债务到期不能按时偿付的可能，这就是财务风险的实质所在。而且，企业的负债程度越高，不能按时偿付的可能性就越大，企业所承担的财务风险也越大。

第三，预测企业筹资前景。企业生产经营所需的资金通常需要从不同渠道以各种方式取得，当企业偿债能力强时，说明企业财务状况较好、信誉较高，债权人就愿意将资金借给企业。因此，当企业偿债能力较弱时，企业筹资前景不容乐观，除非企业愿意付出较高的代价，才有可能举借到生产经营所需的资金，这样会使企业所承担的财务风险更高。

第四，为企业进行各种理财活动提供重要参考。企业的理财活动集中表现在筹资、用资和资金分配三个方面，企业在什么时候取得资金、数额多少，取决于生产经营活动的需要，这里也包括偿还债务的需要。如果企业偿债能力不强，特别是近期内有需要偿付的债务时，企业就必须及早地筹措资金，以便在债务到期时能够偿付，使企业信誉得以维护。

可见，企业偿债能力如何，不仅是企业本身所关心的问题，也是各利益相关者都非常重视的问题。

二、偿债能力分析的内容

偿债能力分析主要包括以下两个方面的内容：

（1）短期偿债能力分析。短期偿债能力是指企业通过流动资产的变现偿还到期短期债务的能力。短期偿债能力分析首先应明确影响短期偿债能力的因素，在此基础上，通过对反映短期偿债能力的主要指标和辅助指标的分析，了解企业短期偿债能力的高低和短期偿债能力的变化情况，揭示企业的财务状况和风险程度。

（2）长期偿债能力分析。长期偿债能力是指企业偿还非流动负债的能力。应结合非流动负债的特点，在明确影响长期偿债能力因素的基础上，通过对反映企业长期偿债能力指标的分析，了解企业长期偿债能力的高低及变动情况，揭示企业整体财务状况、债务负担及长期偿债能力的保障程度。

三、影响短期偿债能力的因素

短期偿债能力的高低对企业的生产经营活动和财务状况有重要影响。了解影响短期偿债能力的因素，是分析企业短期偿债能力的变动情况、变动原因，以及促进企业短期偿债能力提高的基础。影响短期偿债能力的因素，可以分为企业内部因素和外部因素。

（一）企业内部因素

（1）流动资产的规模与结构。在企业的资产结构中，如果流动资产所占比重较高，则企业短期偿债能力相对较强，但如果其内部结构不合理，其实际偿债能力也会受到影响。流动资产中应收账款、存货资产的周转速度也是反映企业短期偿债能力强弱的辅助性指标。

（2）流动负债的规模与结构。企业的流动负债有些必须以现金偿付，需要用现金偿付的流动负债对资产的流动性要求更高，企业只有拥有足够的现金才能保证其偿债能力。如果企业存在流动负债中即期偿还，且保障程度较高的负债占比较高，偿还期限集中、强制性程度高等情况，势必增加企业短期偿还债务的压力。

（3）企业的融资能力。单凭各种短期偿债能力指标还不足以判断企业的实际偿债能力。有些企业各种偿债能力指标都较好，但却不能按期偿付到期的债务；而另一些企业因为有较强的融资能力，如与银行等金融机构保持良好的信用关系，随时能够筹集到大量的资金，即使这样的企业各种偿债能力指标不高，却总能按期偿付其债务和支付利息。可见，企业的融资能力也是影响短期偿债能力的一个重要因素。

（4）企业的经营现金流量水平。企业的短期债务通常用现金偿还。因此，现金流量是决定企业短期偿债能力的重要因素。企业的现金流量状况如何，主要受企业经营状况和融资能力两方面的影响，且企业的经营状况是主要影响因素。

（二）企业外部因素

（1）宏观经济形势。这是影响企业短期偿债能力的重要外部因素。当一个国家经济持续稳定增长时，社会的有效需求也会随之稳定增长，产品畅销。由于市场条件良好，企业的产品和存货可以较容易地通过销售转化为货币资金，从而提高企业的短期偿债能力。

（2）证券市场的发育与完善程度。在企业的流动资产中，常常会包括一定比例的交易性金融资产。如果证券市场发达，企业随时可以将手中持有的交易性金融资产转换为现金；反之，企业转让交易性金融资产就很困难，或者不得不以较低的价格出售。这都会对企业的短期偿债能力产生影响，特别是当企业把投资交易性金融资产作为资金调度手段时，证券市场的发育和完善程度对其短期偿债能力的影响就更大了。

（3）银行的信贷政策。国家为保证整个国民经济的健康发展，必然要通过宏观调控，利用金融、税收等宏观经济政策的制定，调整国家的产业结构和经济发展速度。企业生产的产品如果是国民经济急需且发展方向是国家政策鼓励的，就会较容易地取得银行借款，其短期偿债能力也会提高。此外，当国家采取较宽松的信贷政策时，所有的企业都会在需要资金时较容易地取得银行信贷资金，其实际短期偿债能力就会提高。

除以上主要因素以外，还有许多因素会影响到企业的短期偿债能力，如企业的财务管理水平，母公司与子公司之间的资金调拨等。有些因素对企业短期偿债能力的影响往往难以通过指标的高低来表达，分析时必须结合各有关因素做出综合判断。

四、短期偿债能力的具体分析指标、评价方法和评价标准

企业短期偿债能力可以从两个方面进行分析评价：一是根据资产负债表进行静态分析评价；二是根据现金流量表和其他有关资料进行动态分析评价。

（一）短期偿债能力的静态分析

1.流动比率的计算与分析

流动比率是指流动资产与流动负债之间的比率，表示每1元的流动负债，有多少流动资产作为偿还支付保证。

$$流动比率=\frac{流动资产}{流动负债}$$

一般来说，从债权人立场上看，流动比率越高越好，因为流动比率越高，债权越有保障，借出的资金越安全。但从经营者和所有者角度看，流动比率并不一定越高越好，在偿债能力允许的范围内，根据经营需要，进行负债经营也是现代企业经营的策略之一。

流动比率既有优点，也存在缺点，但在没有更好的指标取代它时，仍是目前最重要的判断企业短期偿债能力的指标。同时，运用流动比率分析评价企业的短期偿债能力，还应注意一些问题。

针对流动比率的案例分析，一方面，可以计算并分析某一时点的流动比率，同时，可将其与同行业企业的流动比率进行比较；另一方面，可以将不同时点、不同企业的流动比率进行对比，研究其变动的特点及合理性。还可以进一步深入分析影响流动比率的因素，以及流动资产和流动负债的结构等。

2.速动比率的计算与分析

速动比率是指企业速动资产与流动负债之间的比率，用来衡量企业流动资产中几乎可以立即变现偿付流动负债的能力。该指标从流动比率演化而来，所以，常常和流动比率一起判断和评价企业的短期偿债能力。

$$速动比率=\frac{速动资产}{流动负债}$$

其中：

速动资产，是指几乎可以立即变现用来偿付流动负债的资产，一般包括货币资金、交易性金融资产、应收票据、应收账款、应收款项融资、合同资产、应收利息、应收股利、其他应收款和其他流动资产。计算速动资产之所以要排除存货和预付账款等预付费用，是因为存货是流动资产中变现速度最慢的资产，而且存货在销售时受到市场价格的影响，使其变现价值带有很大的不确定性，在市场萧条或产品不对路时，又可能成为滞销货而无法转换为现金。至于预付账款，本质上属于预付费用，只能减少企业未来时期的现金支出，实际上其流动性很低。速动资产的一种简单表达方式是流动资产减存货。

运用速动比率分析评价企业的短期偿债能力，也应注意一些问题。

3.现金比率的计算与分析

现金比率是指现金类资产与流动负债之间的比率，该指标有两种表示方式：

第一种表示方式：

$$现金比率=\frac{货币资金}{流动负债}\times100\%$$

第二种表示方式：

$$现金比率=\frac{现金+现金等价物}{流动负债}\times100\%$$

现金比率越高，表示企业可立即用于支付债务的现金类资产越多。由于企业现金类资产的盈利水平较低，企业不可能也没有必要保留过多的现金类资产。如果该比率过高，表明企业通过负债方式所筹集的流动资金没有得到充分的利用，所以，并不鼓励企业保留更多的现金类资产。

（二）评价方法

评价时可利用水平分析、垂直分析、趋势分析等方法，并结合一定的标准进行合理的评价。

（三）评价标准

财务分析的评价标准有经验标准、历史标准、行业标准、预算标准等。分析时，应结合企业具体特点正确评价，切不可用机械的标准得出不符合现实的结论。

五、流动比率、速动比率、现金比率之间的相互关系分析

流动比率、速动比率和现金比率是以流动资产和流动负债的相互关系，反映企业短期偿债能力的主要指标，三者分母相同，但分子的口径与范围不同。三者之间的关系如下：

（1）以全部流动资产作为偿付流动负债的基础，所计算的指标是流动比率。流动资产中包括变现能力较差的存货和基本不能变现的预付款项。如果存货中有超储积压物资，会造成企业短期偿债能力较强的假象。

（2）速动比率以扣除变现能力较差的存货和预付款项作为偿付流动负债的基础，弥补了流动比率的不足。

（3）现金比率以现金类资产作为偿付流动负债的基础，但现金持有量过大会对企业资产利用效果产生副作用，因此，该比率不宜过大。

在分析企业短期偿债能力时，流动负债是关键因素，是计算以上三个指标的基础，流动负债的结构、规模对流动资产需要程度的影响不同。如当企业合同负债占比较高时，对流动比率的要求就相对高些；短期借款和应付票据占比较大时，对速动比率和现金比率的要求就相对高些。从以上三个指标的计算中可以看出，流动负债结构对短期偿债能力的影响并没有反映出来，因此，分析评价企业短期偿债能力时，结合流动负债的规模和结构分析是关键。

六、短期偿债能力的动态指标分析

企业偿债能力从本质上讲，是衡量企业能否按期归还到期债务的能力，但在计算短期偿债能力的静态指标中所使用的流动负债，是企业某一时点上的债务，它只表明企业在这一时点上仍然承担的流动负债规模，并不表示这些债务已经到期，并且需要在这一时点上偿还，这些债务往往要在这一时点之后的未来某一时点偿还。因此，流动比率和速动比率，实质上是反映企业现存负债的资产保证程度指标。企业偿还债务是一个动态过程，其偿债能力也应该是在未来某一时点上的能力。当某一具体债务到期时，企业既可以通过现存资产的变现去偿还，也可以用债务到期前所获得的现金偿还。因此，对企业短期偿债能力的分析还应该从动态方面进行。

（一）现金流动负债比率的计算与分析

现金流动负债比率是指经营活动现金流量净额与流动负债平均余额之间的比率，用来衡量企业的流动负债以经营活动所产生的现金支付的程度。

$$\text{现金流动负债比率}=\frac{\text{经营活动现金流量净额}}{\text{流动负债平均余额}}\times 100\%$$

经营活动现金流量净额的大小，能够反映企业某一会计期间经营活动产生现金的能力，是偿还企业到期债务的基本资金来源。当该指标等于或大于1时，表示企业有足够的能力以经营活动产生的现金偿还其短期债务；如果该指标小于1，表示企业经营活动产生的现金不足以偿还到期债务，必须采取对外筹资或出售资产等其他方式才能偿还债务。

（二）企业支付能力系数的计算与分析

企业支付能力系数是反映企业短期偿债能力的重要指标。根据企业支付能力反映的具体时间的差异，支付能力系数可分为期末支付能力系数和近期支付能力系数两种。

期末支付能力系数是指期末货币资金余额与逾期未付款项数额之比。

$$期末支付能力系数=\frac{期末货币资金余额}{逾期未付款项数额}\times 100\%$$

近期支付能力系数是指企业在近期可用于支付的资金与近期需要支付的各种款项之比。反映企业有无足够的支付能力偿还近期到期的债务。

$$近期支付能力系数=\frac{近期能够用来支付的资金}{近期需要支付的各种款项}\times 100\%$$

企业近期支付能力系数应等于或大于100%，且越高说明企业近期支付能力越强。如果小于100%，则说明企业近期支付能力不足，应采取积极有效的措施，从各种渠道筹集资金，以便按期清偿到期债务，保证企业生产经营活动的正常进行。

（三）现金到期债务比率的计算与分析

现金到期债务比率是指经营活动现金流量净额与本期到期债务之间的比率，用来衡量企业本期到期债务用经营活动所产生的现金流量净额支付的程度。

$$现金到期债务比率=\frac{经营活动现金流量净额}{本期到期债务}$$

当该指标等于或大于1时，表示企业有足够的能力以生产经营活动产生的现金来偿还当期的短期债务；如果该指标小于1，表示企业生产经营活动产生的现金不足以偿还当期到期的债务，必须采取其他措施才能满足企业当期偿还到期债务的需要。

七、反映企业短期偿债能力的辅助指标分析

（一）应收账款周转率和应付账款周转率的比较分析

$$应收账款周转率=\frac{赊销收入净额}{平均应收账款}$$

$$应付账款周转率=\frac{赊销存货}{平均应付账款}$$

流动比率实际上是企业流动资产和流动负债周转速度的函数。流动资产周转速度越快，企业流动资产规模越小，流动比率越低。流动负债

的周转速度越慢，企业的流动负债规模越大，流动比率就越低。在流动资产中，应收账款占有相当大的比例；在流动负债中应付账款也占有相当大的比例，所以，将二者联系起来比较分析很有意义。

企业购入材料等物资的目的，在于通过企业加工制成产品，然后销售收回现金，并实现价值的增值。因此，由赊购商品所产生的应付账款应用赊销商品回收的现金偿付，在资金周转上，二者与资金周转期有关系，而且必须相互配合。应收账款与应付账款的相互关系对企业的短期偿债能力产生以下影响：

（1）应收账款与应付账款的周转期相同。在这种情况下，通过赊销商品所回收的现金恰好能满足偿付因赊购业务而产生的债务，不需动用其他流动资产来偿还，企业的短期偿债能力指标不会因应收账款和应付账款的存在而改变。

（2）应收账款的周转速度快于应付账款的周转速度。在这种情况下，企业的流动比率就会降低，以流动比率反映的企业静态短期偿债能力就相对差一些。但是，由于流动资产中的应收账款周转速度快，而流动负债中的应付账款周转速度慢，从动态上看，企业的实际偿债能力较强，因为在企业的应收账款回收两次的情况下，才支付一次现金偿付应付账款。

（3）应收账款的周转速度低于应付账款的周转速度。在这种情况下，企业的流动比率较高，以流动比率反映的企业静态短期偿债能力就比较强。如果从动态上看，企业的实际短期偿债能力低于以流动比率表示的企业短期偿债能力水平。这是因为，每当企业将其赊销商品所产生的应收账款转化为现金一次，就要支付两次现金去偿付因赊购业务产生的应付账款。这样，只有在动用其他流动资产的情况下，才能按期偿付其因赊购而形成的债务。

（二）存货周转率分析

本教材第九章已经对存货周转率进行了分析，这里仅就存货周转率对短期偿债能力的影响进行阐述。

存货周转速度对存货规模有较大影响，当其他条件不变时，存货周转速度越快，存货规模越小；反之，存货规模越大。流动比率是按流动资产在某一时点上的规模计算的，当存货规模较大时，其流动比率也相对较高，从静态方面反映的短期偿债能力也较强，实际上，这很可能是因为存货周转速度偏低引起的假象。结合存货周转速度对企业短期偿债能力进行评价，就需要对按流动比率做出的评价加以修正。在流动比率一定的情况下，如果企业预期存货周转速度加快，则企业的短期偿债能力将会因此而提高；相反，如果预期存货周转速度减慢，则企业的短期偿债能力将会下降。

八、短期偿债能力具体分析时应注意的问题

进行企业短期偿债能力分析时，不能孤立地根据某一指标分析就下结论，而应根据分析的目的和要求并结合企业的实际情况，将各项指标结合起来综合考虑，这样才有利于得出正确的结论。

上述指标在具体应用时应注意：（1）指标为时点数，要和时期数结合起来，评价才得当；（2）指标数据来源于报表，报表的真实性直接影响指标的评价质量；（3）应结合企业不同时期的生产经营性质与特点以及流动资产的结构状况进行分析；（4）注意人为调整因素。其中，（1）适用于短期偿债能力静态分析，其他三点静态、动态分析都适用。

九、影响长期偿债能力的因素

长期偿债能力是指企业偿还非流动负债的能力，或者说，企业偿还非流动负债的保障程度。影响企业长期偿债能力的主要因素有：

（1）企业的盈利能力。企业的长期偿债能力与盈利能力密切相关。就一般情况而言，企业的盈利能力越强，长期偿债能力越强；反之，则长期偿债能力越弱。如果企业长期亏损，则必须通过变卖资产才能清偿债务，企业的正常生产经营活动就不能进行，最终要影响投资人和债权人的利益。因此，企业的盈利能力是影响长期偿债能力最重要的因素。

（2）企业的投资效果。企业所举借的长期债务，主要用于固定资产等方面的长期投资，投资的效果决定了企业是否有能力偿还长期债务。特别是当某项具体投资的资金全部依靠非流动负债来筹措时，情况更是如此。如果企业每一项投资都不能达到预期目标，即使有相当大比例的权益资金做保证，其偿债能力也会受到一定程度的影响。

（3）企业权益资金的增长和稳定程度。尽管企业的盈利能力是影响长期偿债能力最重要的因素，但如果企业将绝大部分利润都分配给投资者，权益资金增长很少，就会降低偿还债务的保障性和可靠性。但减少利润分配却会增加偿还债务的可靠性，从而提高企业的长期偿债能力。同时，权益资金的实际价值是影响企业最终偿债能力最重要的因素。当企业结束经营时，最终的偿债能力取决于企业权益资金的实际价值。如果资产不能按其账面价值处理，就有可能损害债权人的利益，使债务不能全部清偿。

（4）企业的经营活动现金流量。企业的债务还是要用货币资金进行清偿，虽然企业的盈利能力是偿还债务的根本保证，但是企业盈利毕竟不等同于现金流量充足。企业只有具备较强的变现能力，拥有充裕的现金，才能保证具有真正的偿债能力。因此，企业的现金流量状况是决定偿债能力保证程度的关键所在，而经营活动现金流量状况体现企业的造血功能强弱，是决定现金流量状况的核心。

十、资产规模对长期偿债能力影响的分析

企业的偿债能力体现在资产与负债的对比关系上。由这种对比关系反映的企业长期偿债能力的指标主要有资产负债率、有形资产负债率、股东权益比率、权益乘数、产权比率、固定长期适合率、固定资产与非流动负债比率、资产非流动负债率和非流动负债营运资金比率。

（一）资产负债率和有形资产负债率的计算与分析

1.资产负债率的内涵与计算

资产负债率是企业负债总额占资产总额的比率，是综合反映企业偿债能力的重要指标。该指标能够反映在企业的全部资产中由债权人提供的资产所占比重的大小，能够反映债权人向企业提供信贷资金的风险程度和企业举债经营的能力。

$$资产负债率=\frac{负债总额}{资产总额}\times 100\%$$

该指标越高，说明企业的债务负担越重；反之，说明企业的债务负担越轻。对债权人来说，该指标越低越好，因为企业的债务负担越轻，其总体偿债能力越强，债权人权益的保证程度越高。特别是在企业清算时，资产变现价值很可能低于账面价值，而所有者一般只承担有限责任，因此，该指标越高，债权人蒙受损失的可能性就越大。对于企业来说，该指标在适度情况下越高越好，虽然这样会使企业债务负担加重，但企业也可以通过扩大举债规模获得较多的财务杠杆利益，但是该指标

不应过高，否则会影响企业的筹资能力。

2.有形资产负债率的内涵与计算

有形资产负债率是指企业负债总额占有形资产总额的比率。该指标是资产负债率的延伸，能够更加客观地评价企业长期偿债能力。企业的无形资产如商标权、专利权、非专利技术等，不一定能用来偿还债务，可以将其视为不能偿债的资产，从资产总额中扣除。该指标的作用及分析方法与资产负债率基本相同。

$$有形资产负债率=\frac{负债总额}{资产总额-无形资产}\times100\%$$

此外，商誉较多的企业还可以考虑将其在有形资产负债率分析时予以剔除。

（二）股东权益比率和权益乘数的计算与分析

1.股东权益比率的内涵和计算

股东权益比率是指股东权益总额占资产总额的比率，是反映长期偿债能力保证程度的重要指标，反映企业全部资产中所有者投入所占的比重。

$$股东权益比率=\frac{股东权益总额}{资产总额}\times100\%=1-资产负债率$$

股东权益比率越高，说明企业资产中由所有者投资所形成的资产越多，偿还债务的保证程度越大。从“股东权益比率=1-资产负债率”来看，该指标越高，资产负债率越低。债权人对该比率非常感兴趣。当债权人将其资金借给股东权益比率较高的企业时，由于有较多的企业自有资产做偿债保证，债权人全额收回债权就基本不会有问题，即使企业清算时资产不能按账面价值收回，债权人也不会有太大损失。

2.权益乘数的内涵和计算

权益乘数是指资产总额相当于股东权益总额的倍数。表示企业的股东权益支撑着多大规模的投资，用来衡量企业的负债程度和财务风险，是股东权益比率倒数的形式。

$$权益乘数=\frac{资产总额}{股东权益总额}$$

$$=\frac{1}{股东权益比率}$$

$=1\div(1-\text{资产负债率})$

权益乘数越大，说明股东投入的资本在资产中所占比重越小，企业对负债经营利用得越充分，企业负债程度越高，财务风险也就越大。

（三）产权比率的计算与分析

产权比率也称净资产负债率，是指负债总额占股东权益总额的比率。表明由债权人和投资者提供的资金来源的相对关系，反映企业基本财务结构是否稳定。

$$\text{产权比率}=\frac{\text{负债总额}}{\text{股东权益总额}}\times 100\%$$

同为衡量企业长期偿债能力的指标，如果说资产负债率是反映企业债务负担的指标，股东权益比率是反映偿债保证程度的指标，产权比率则是反映债务负担与偿债保证程度相对关系的指标。产权比率和资产负债率、股东权益比率具有相同的经济意义，但该指标更直观地表示负债受到股东权益的保护程度。

（四）固定长期适合率和固定资产与非流动负债比率的计算与分析

1.固定长期适合率的内涵和计算

固定长期适合率是指固定资产净值占股东权益总额与非流动负债总额之和的比率。

$$\text{固定长期适合率}=\frac{\text{固定资产净值}}{\text{股东权益总额}+\text{非流动负债总额}}\times 100\%$$

就大多数企业来说，在固定资产方面的投资都希望用权益资金来解决，这样就不会因为固定资产投资回收期长而影响企业的短期偿债能力。当企业固定资产规模较大，而权益资金规模较小，难以满足固定资产投资的需要时，可以通过举借长期债务来解决。一般认为，该指标必须小于100%。

2.固定资产与非流动负债比率的内涵和计算

固定资产与非流动负债比率是指固定资产净值占非流动负债总额的比率。该指标对于反映企业清算状态的偿债能力意义较大。

$$\text{固定资产与非流动负债比率}=\frac{\text{固定资产净值}}{\text{非流动负债总额}}\times 100\%$$

一般认为，该指标应超过100%。其依据是，当企业进入清算状态时，其资产不一定能按账面价值变现，流动负债必须依赖流动资产变现来偿还，非流动负债需依赖固定资产变现来清偿。如果固定资产净值不大于非流动负债，债权人的利益就没有足够的保证。

（五）资产非流动负债率的计算与分析

资产非流动负债率是指企业非流动负债总额占资产总额的比率，反映企业全部资产中有多少是由非流动负债形成的。这是从清算角度计算与分析企业最终清偿能力的保守指标。

$$资产非流动负债率=\frac{非流动负债总额}{资产总额}\times 100\%$$

该指标越高，说明每1元资产中非流动负债所占比重越大，企业主要依赖长期债务进行融资，长期偿债风险较大。该指标应结合行业进行分析。通常受经济环境变动影响而导致销售额波动较大的企业，倾向于避免高负债，因为偿还固定利息会给偿还长期债务带来压力。

（六）非流动负债营运资金比率的计算与分析

非流动负债营运资金比率是指营运资本占非流动负债的比率。

$$非流动负债营运资金比率=\frac{流动资产-流动负债}{非流动负债}\times 100\%$$

通常该指标应大于100%，说明企业营运资金可以用于偿还非流动负债。但该指标在一定程度上受企业筹资策略的影响，因为在资产负债率一定的情况下，流动负债与非流动负债的结构安排因筹资策略的改变而不同。

十一、盈利能力对长期偿债能力影响的分析

盈利能力对长期偿债能力的影响更为重要。从盈利能力角度分析，评价企业长期偿债能力的指标主要有销售利息比率和已获利息倍数。

（一）销售利息比率的计算与分析

销售利息比率是指一定时期的利息费用占营业收入的比率。反映企业销售状况对偿付债务的保证程度。

$$销售利息比率=\frac{利息费用}{营业收入}\times 100\%$$

在企业负债规模基本稳定的情况下，销售状况越好，偿还到期债务可能给企业造成的冲击越小。销售利息比率越小越好，该指标越小，说明通过销售所得现金用于偿付利息的比例越小，企业的偿债压力越小。

（二）已获利息倍数的计算与分析

已获利息倍数是指企业息税前利润相对于利息支出的倍数，反映企业盈利与利息支出之间的特定关系。

$$已获利息倍数=\frac{利润总额+利息支出}{利息支出}$$

通常，已获利息倍数越高，说明企业的长期偿债能力越强；该指标越低，说明企业的偿债能力越弱。一般认为，该指标至少要大于1，否则说明企业偿债能力很差，无力举债经营；已获利息倍数提高，说明长期偿债能力增强，否则，说明企业长期偿债能力减弱。总之，该指标分析应根据历史经验，并结合行业特点进行判定，也可以结合同行业标准来评价。

十二、现金流量对长期偿债能力影响的分析

运用现金流量表数据计算长期偿债能力指标，可以比较客观真实地反映企业的实际偿债能力。将现金流量与负债相比较，用来评价企业的长期偿债能力，主要指标有到期债务本息偿付比率、强制性现金支付比率、现金债务总额比率和利息现金流量保证倍数。

（一）到期债务本息偿付比率的计算与分析

到期债务本息偿付比率是指经营活动现金流量净额占本期到期债务本息的比率。用来衡量企业到期债务本金及利息可由经营活动创造的现金支付的程度。

$$到期债务本息偿付比率=\frac{经营活动现金流量净额}{本期到期债务本息}\times 100\%$$

经营活动现金流量净额是企业最稳定、经常性的现金来源，是清偿债务的基本保证。如果该指标小于100%，说明企业经营活动产生的现金不足以偿付到期债务和利息支出，企业必须通过其他渠道筹资或通过出售资产才能清偿债务。该指标越高，表明企业长期偿债能力越强。

（二）强制性现金支付比率的计算与分析

强制性现金支付比率是指现金流入总额占经营活动现金流出金额和偿还到期本息付现和的比率，是反映企业是否有足够的现金履行其偿还债务、支付经营费用等责任的指标。

$$强制性现金支付比率=\frac{现金流入总额}{经营活动现金流出金额+偿还到期本息付现金额}\times 100\%$$

该指标至少应等于100%，即现金流入总量能够满足强制性项目的支付需要。该指标越高，表明企业偿债能力越强，其超过100%的部分，可用来满足企业其他方面的现金需求。

（三）现金债务总额比率的计算与分析

现金债务总额比率是指经营活动现金流量净额占负债平均余额的比率。用来衡量企业负债总额用经营活动所产生的现金的支付程度及承担债务的能力。

$$现金债务总额比率=\frac{经营活动现金流量净额}{负债平均余额}\times 100\%$$

企业真正能用于偿还债务的是现金流量，通过经营活动现金流量净额和负债平均余额的比较，可以更好地反映企业的偿债能力。该指标能够反映企业经营活动产生的现金流量净额偿还债务的能力。该指标越高，表明企业偿还债务的能力越强，财务灵活性越高。

（四）利息现金流量保证倍数的计算与分析

利息现金流量保证倍数是指企业经营活动现金流量净额相对于利息费用的倍数，反映企业经营活动现金流量与利息费用之间的特定关系。

$$利息现金流量保证倍数=\frac{经营活动现金流量净额}{利息费用}$$

该指标比已获利息倍数更能反映企业的偿债能力。当企业息税前利润和经营活动现金流量净额变动基本一致时，这两个指标结果相似。但如果企业正处于高速成长期，息税前利润和经营活动现金流量净额相差很大时，使用利息现金流量保证倍数指标更稳健、更保守。

□ 关键概念

1.偿债能力　　2.流动比率

3.速动比率　　4.速动资产

5.现金比率　　6.企业支付能力系数

7.权益乘数　　8.资产负债率

9.产权比率　　10.固定长期适合率

11.利息现金流量保证倍数　　12.已获利息倍数

□ 相关准则制度及阅读书目

［1］企业会计准则编审委员会．企业会计准则详解与实务［M］．北京：人民邮电出版社，2025.

［2］张先治，陈友邦．财务分析［M］．11版．大连：东北财经大学出版社，2025.

［3］张先治，王玉红．财务分析——理论、方法与案例［M］．2版．北京：人民邮电出版社，2023.

［4］王玉红．财务报表分析［M］．2版．北京：中国人民大学出版社，2025.

□ 复习思考题

1.简述影响短期偿债能力的因素与影响长期偿债能力的因素有何不同。

2.简述流动比率与速动比率的优缺点。

3.速动资产是如何界定的？其深层内涵是什么？

4.如何将短期偿债能力的静态指标与动态指标相结合进行分析与评价？

5.流动比率、速动比率、现金比率之间存在什么关系？

6.资产规模如何影响长期偿债能力？

7.应收账款与应付账款存在什么关系？这种关系对企业短期偿债能力有何影响？

□ 练习题

一、单项选择题

1.某企业现在的流动比率为2，下列经济业务中会引起该比率降低的是（　　）。

A.用银行存款偿还应付账款　　B.发行股票收到银行存款

C.收回应收账款　　D.分配管理人员薪酬

2.如果流动比率大于1，则下列结论成立的是（　　）。

A.速动比率大于1　　　　　　B.现金比率大于1

C.营运资本大于0　　　　　　D.短期偿债能力绝对有保障

3.在企业速动比率是0.8的情况下，会引起该比率提高的经济业务是（　　）。

A.从银行提取现金　　　　　　B.赊购商品

C.收回应收账款　　　　　　D.发行股票收到银行存款

4.某企业年初流动比率为2.2，速动比率为1；年末流动比率为2.4，速动比率为0.9。造成这种结果的可能原因是（　　）。

A.存货增加　　　　　　B.应收账款增加

C.应付账款增加　　　　　　D.合同负债增加

5.如果流动资产大于流动负债，则月末用现金偿还一笔应付账款会使（　　）。

A.营运资金减少　　　　　　B.营运资金增加

C.流动比率提高　　　　　　D.流动比率降低

6.下列各项中，不属于影响企业短期偿债能力因素的是（　　）。

A.企业的投资效果　　　　　　B.企业的融资能力

C.企业的权益结构　　　　　　D.企业的资产结构

7.下列各项中，属于运用资产负债表可计算的比率是（　　）。

A.应收账款周转率　　　　　　B.总资产报酬率

C.已获利息倍数　　　　　　D.现金比率

8.下列各项中，不属于速动资产的项目是（　　）。

A.应收账款

B.预付账款

C.其他货币资金

D.以公允价值计量且其变动计入当期损益的金融资产

9.下列各项中，与资产负债率指标之和等于1的指标是（　　）。

A.权益乘数　　　　　　B.股东权益比率

C.产权比率　　　　　　D.资产长期负债率

10.下列各项中，属于从动态方面反映企业短期偿债能力的指标是（　　）。

A.流动比率　　　　　　B.现金比率

C.速动比率　　D.现金流量比率

二、多项选择题

1.下列各项中，属于速动资产的有（　　）。

A.现金　　B.应收账款

C.其他应收款　　D.固定资产

E.存货

2.下列各项中，反映短期偿债能力的指标有（　　）。

A.流动比率　　B.速动比率

C.资产负债率　　D.净资产负债率

E.已获利息倍数

3.企业采取备抵法核算坏账损失，如果实际发生一笔坏账，冲销应收账款，则会引起（　　）。

A.流动比率提高　　B.流动比率降低

C.流动比率不变　　D.速动比率不变

E.营运资金不变

4.计算速动资产时，把存货从流动资产中扣除的原因有（　　）。

A.变现速度较慢　　B.周转速度慢

C.流动性较差　　D.变现价值不确定

E.销售额受市场价格影响

5.某企业流动比率为2，以下业务会使该比率下降的有（　　）。

A.收回应收账款　　B.赊购商品与材料

C.偿还应付账款　　D.从银行取得短期借款已入账

E.偿还长期借款

6.下列各项中，反映短期偿债能力的动态指标有（　　）。

A.近期支付能力系数　　B.流动比率

C.现金比率　　D.现金到期债务比率

E.现金流量比率

7.下列各项中，不属于速动资产的有（　　）。

A.应收股利　　B.存货

C.预付账款　　D.应收利息

E.其他非流动资产

8.下列各项中，可用于衡量企业长期偿债能力的有（　　）。

A.已获利息倍数　　B.产权比率

C.应付账款周转率　　D.现金流量比率

E.到期债务本息偿付比率

9.下列各项中，属于影响权益乘数的因素有（　　）。

A.资产总额　　B.其他收益

C.投资收益　　D.股东权益

E.负债总额

10.下列各项中，用于分析短期偿债能力的辅助指标有（　　）。

A.流动资产周转率　　B.应收账款周转率

C.存货周转率　　D.应付账款周转率

E.总资产周转率

三、判断题

1.对债权人而言，企业的资产负债率越高越好。（　　）

2.对企业而言，速动比率应该大于1才是正常的。（　　）

3.在销售政策既定的情况下，企业采取较宽松的信用政策和收账政策，应收账款周转速度会较快。（　　）

4.流动比率越高，表明企业资产运用效果越好。（　　）

5.获利能力强的企业，其长期偿债能力弱。（　　）

6.已获利息倍数、债务本息保证倍数越高，则长期偿债能力就越强。（　　）

7.企业的负债最终要以企业的资产去偿还。（　　）

8.资产负债率越高，财务杠杆效应就越大。（　　）

9.期末支付能力系数和近期支付能力系数是反映短期偿债能力的指标。（　　）

10.从稳健的角度出发，用现金比率衡量企业偿债能力最为保险。（　　）

11.会计政策的变更会增加企业偿债能力指标的不可靠性。（　　）

12.企业的盈利能力是影响企业最终偿债能力的最重要因素。（　　）

13.已获利息倍数是分析现金流量对长期偿债能力影响的指标。（　　）

14. 对于应收账款和存货变现存在问题的企业，分析速动比率尤为重要。 (　　)

15. 企业偿债能力的高低不仅看其偿付利息的能力，更重要的是看其偿还本金的能力。 (　　)

四、计算题

1. 存货周转率计算

某企业年末流动负债为60万元，速动比率为2.5，流动比率为3.0，营业成本为81万元。已知年初和年末的存货相同。

要求：计算该企业的存货周转率。

2. 流动比率、速动比率计算

某企业流动负债为200万元，流动资产为400万元，其中，应收票据为50万元，存货为90万元，预付账款为10万元，应收账款为200万元。

要求：计算该企业的流动比率和速动比率。

3. 填充资产负债表

H企业年末资产负债表简略形式，见表10-1。

表10-1　**H企业资产负债表（简表）**　单位：元

资产	期末余额	负债和所有者权益	期末余额
货币资金	25 000	应付账款	
应收账款		应交税费	25 000
存货		非流动负债	
固定资产	294 000	实收资本	300 000
		未分配利润	
资产总计	432 000	负债和所有者权益总计	432 000

已知：(1) 期末流动比率=1.5。

(2) 期末资产负债率=50%。

(3) 本期存货周转次数=4.5次。

(4) 本期营业成本=315 000元。

(5) 期末存货等于期初存货。

要求：根据上述资料，计算并填列资产负债表空项。

4.指标计算

分析资料：

X公司2024年财务报表有关数据如下。

（1）利润表和现金流量表有关数据

利润表和现金流量表有关数据：营业收入净额90 000万元；现销收入10 000万元；利息支出4 500万元；营业成本41 130万元；利润总额18 800万元；净利润6 204万元；经营活动现金流量净额7 550万元。

（2）资产负债表相关数据

资产负债表相关数据，见表10-2。

表10-2 **X公司2024年资产负债表（简表）** 单位：万元

资产	年末余额	年初余额	负债和所有者权益	年末余额	年初余额
流动资产：			流动负债：		
货币资金	3 750	12 500	短期借款	15 725	9 162.50
应收账款	18 750	21 250	应付账款	10 525	5 000
存货	18 750	1 612.50	流动负债合计	26 250	14 162.50
流动资产合计	41 250	35 362.50	非流动负债合计	18 750	15 000
非流动资产：			负债合计	45 000	29 162.50
固定资产	41 250	31 000	所有者权益：		
非流动资产合计	41 250	31 000	实收资本	11 250	11 250
			资本公积	13 625	13 500
			盈余公积	6 475	6 450
			未分配利润	6 150	6 000
			所有者权益合计	37 500	37 200
资产总计	82 500	66 362.50	负债和所有者权益总计	82 500	66 362.50

要求：根据上述资料，计算X公司2024年下列动态和静态指标。

（1）流动比率；
（2）速动比率；
（3）现金比率；
（4）应收账款周转次数；
（5）存货周转天数；
（6）资产负债率；
（7）净资产负债率；
（8）有形净资产负债率；
（9）股东权益比率；
（10）已获利息倍数；
（11）资产非流动负债率；
（12）非流动负债营运资金比率；
（13）现金债务总额比率；
（14）利息现金流量保证倍数。

5.计算分析

分析资料：G公司2024年12月31日资产负债表部分数据见表10-3。

表10-3　**G公司2024年资产负债表部分数据**　单位：万元

流动资产	金额	流动负债	金额
货币资金	50 948	短期借款	200 100
应收账款	1 004	应付账款	1 238
预付款项	24 608	应付职工薪酬	149
其他应收款	183 483	应付利息	3 072
存货	703 758	其他应付款	110 290
流动资产合计	963 801	流动负债合计	314 849

要求：根据表10-3中的资料计算流动比率，并评价G公司的短期偿债能力。

五、综合分析题

D公司2024年度财务决算报告中财务分析部分的内容（摘自D公司2024年度财务决算报告原文）中关于偿债能力的表述如下：

1.短期偿债能力

（1）流动比率

2024年流动比率为3.31，比年初的3.27提高了0.04，增幅为1.22%。具体原因如下：

第一，2024年年末，流动资产为10 532.37万元，比年初的14 390.99万元减少3 858.62万元，降幅为26.81%，其中：货币资金年末余额为5 827.94万元，比年初的9 702.55万元减少3 874.61万元，降幅为39.93%；应收票据年末余额为595.27万元，比年初的159.87万元增加435.40万元，增幅272.35%；预付账款年末余额为441.81万元，比年初的1 051.41万元减少了609.60万元，降幅为57.98%；其他应收款年末余额为288.22万元，比年初的145.78万元增加142.44万元，增幅为97.71%。

第二，2024年年末，流动负债为3 183.43万元，比年初的4 405.50万元减少1 222.07万元，降幅为27.74%，其中主要包括：应付票据年末余额为1 003.60万元，比年初增加1 003.60万元；其他应付款年末余额为26.82万元，比年初的1 968.78万元减少1 941.96万元，降幅为98.64%。

（2）速动比率

2024年速动比率为2.52，比年初的2.72下降0.20，降幅为7.35%，主要原因是随着公司规模的扩大，存货相应增加。

（3）现金比率

2024年现金比率为1.83，比年初的2.20下降0.37，降幅为16.82%，主要原因是2024年年末货币资金比2023年年末减少3 874.61万元，降幅为39.93%，而流动负债减少1 222.07万元，降幅为27.74%。

2.长期偿债能力

（1）资产负债率

2024年资产负债率为24.71%，比年初的30.63%降低5.92个百分点，主要原因是公司为了扩大产能，新购设备和新建车间使资产总额增加4 024.04万元，而负债减少1 222.07万元。

（2）产权比率

2024年产权比率为32.82%，比年初的44.16%降低11.34个百分点，而所有者权益增加5 246.11万元，增幅为20.21%。

由以上内容可知，D公司2024年度的短期偿债能力和长期偿债能力有大幅提高。

分析要求：

1.通过阅读以上内容，你对这家公司的偿债能力有怎样的了解？

2.上述对于偿债能力的分析内容和结论有无不当之处？如有，请加以完善。

□ 案例分析题

金龙汽车短期偿债能力分析

1.案例介绍

厦门金龙汽车集团股份有限公司（以下简称“金龙汽车”）创立于1988年，是中国客车行业首家上市公司（SH.600686）。公司主营各型商用车的研发设计、制造与销售等，是全球领先的客车制造集团。公司在厦门、苏州、漳州、绍兴、重庆、上海等地布局有：厦门金龙联合汽车工业有限公司、厦门金龙旅行车有限公司、金龙联合汽车工业（苏州）有限公司等整车制造企业，打造了金龙客车、金旅客车、海格客车三大知名品牌，以及汽车车身、新能源三电系统、自动化生产线设计制造、空调、座椅、车架、车联网等汽车零部件生产企业，形成集整车与零部件制造为一体的产业集群。拥有国家认定技术中心、博士后科研工作站、实验中心、客车安全节能环保重点实验室等一流研发机构。智能网联客车、新能源客车等领域居于行业领先地位，引领着中国客车业的多次创新。金龙汽车集团产品销往全球五大洲近170个国家和地区，客车出口量稳居行业第一，全心服务并成就全球客户，在业内享有盛誉。金龙客车、金旅客车和海格客车三大品牌均进入“中国500最具价值品牌”排行榜。创新进取、成就客户，金龙汽车集团围绕“成为全球客车行业领先企业”的愿景，致力为全球创造更智慧、更美好的出行生活。

金龙汽车2012—2024年流动资产、流动负债数据见表10-4，存货及货币资金期末余额数据见表10-5。

表10-4　**2012—2024年金龙汽车流动资产、流动负债数据表**　单位：万元

年份	流动资产	流动负债
2012年	1 222 826	1 065 136
2013年	1 346 976	1 135 586

续表

年份	流动资产	流动负债
2014年	1 537 520	1 355 101
2015年	2 247 845	1 734 932
2016年	2 217 948	1 813 517
2017年	2 199 265	1 675 321
2018年	2 219 431	1 746 860
2019年	2 120 099	1 654 710
2020年	1 774 086	1 398 968
2021年	2 034 246	1 535 986
2022年	1 982 294	1 838 243
2023年	1 737 433	1 739 500
2024年	1 914 758	1 735 682

表10-5　**2012—2024年金龙汽车存货、货币资金期末余额数据表**　单位：万元

年份	存货	货币资金
2012年	203 042	444 557
2013年	174 238	440 266
2014年	171 258	409 474
2015年	314 545	619 958
2016年	143 554	520 242
2017年	125 219	536 273
2018年	153 520	639 147
2019年	176 880	579 994
2020年	191 385	468 918

续表

年份	存货	货币资金
2021年	253 715	657 633
2022年	269 612	561 393
2023年	222 100	628 710
2024年	206 329	623 388

已知行业中宇通客车、中通客车和安凯客车2012—2024年流动比率、速动比率、现金比率数据分别见表10-6、表10-7、表10-8。

表10-6　**2012—2024年客车行业三家对比公司流动比率数据表**

年份	宇通客车	中通客车	安凯客车
2012年	1.56	1.09	1.34
2013年	1.68	1.07	1.11
2014年	1.39	0.98	1.09
2015年	1.41	1.27	1.04
2016年	1.35	1.32	1.06
2017年	1.47	1.30	1.03
2018年	1.57	1.38	0.94
2019年	1.67	1.27	0.88
2020年	1.53	1.37	0.93
2021年	1.49	1.16	0.77
2022年	1.51	1.19	0.69
2023年	1.43	1.24	0.92
2024年	1.45	1.35	0.96

表10-7　**2012—2024年客车行业三家对比公司速动比率数据表**

年份	宇通客车	中通客车	安凯客车
2012年	1.37	0.90	1.22
2013年	1.48	0.87	0.95
2014年	1.30	0.81	0.97
2015年	1.31	1.19	0.96
2016年	1.25	1.27	1.03
2017年	1.31	1.25	1.01
2018年	1.36	1.31	0.91
2019年	1.40	1.20	0.84
2020年	1.19	1.27	0.90
2021年	1.05	1.10	0.73
2022年	1.12	1.11	0.63
2023年	1.10	1.12	0.82
2024年	1.21	1.18	0.88

表10-8　**2012—2024年客车行业三家对比公司现金比率数据表**　　单位：%

年份	宇通客车	中通客车	安凯客车
2012年	47.70	39.88	74.10
2013年	60.01	39.33	42.08
2014年	48.68	40.66	42.74
2015年	41.06	30.38	30.50
2016年	28.19	27.29	20.66
2017年	13.34	19.84	20.31
2018年	16.38	24.85	18.01

续表

年份	宇通客车	中通客车	安凯客车
2019年	28.85	24.67	23.75
2020年	40.97	23.42	36.77
2021年	40.42	24.79	12.85
2022年	55.92	33.12	19.05
2023年	47.02	36.81	37.42
2024年	59.82	58.99	40.72

2.案例分析要求

请根据以上数据资料对金龙汽车短期偿债能力进行全面分析评价。

（1）分别计算金龙汽车2012—2024年各年的流动比率、速动比率和现金比率并绘制其趋势图；分别从流动比率、速动比率和现金比率的角度分析评价金龙汽车的偿债能力。

（2）分别从流动比率、速动比率和现金比率的角度分析金龙汽车在行业中的偿债能力。

（3）通过案例分析请思考：进行单一流动比率分析、速动比率分析、现金比率分析能否全面反映金龙汽车的偿债能力？

（4）根据以上案例分析内容提炼短期偿债能力分析思路。

第十一章　发展能力分析

□ 本章重点与难点

一、企业发展能力分析的目的

企业所追求的目标通常可以概括为生存、发展与获利，从中可以窥见发展对于企业的重要性，它是企业实现盈利的根本途径。发展能力通常是指企业未来生产经营活动的发展趋势和发展潜能，也可以称为企业增长能力。企业应该追求健康的、可持续的增长，这需要管理者制定适合企业的发展战略，利用股东和债权人的资本进行有效投资，稳健运营，增加收入，合理控制成本费用，从而创造利润。企业在补偿了债务资本成本之后，如能实现股东财富增加，就能进一步提高企业价值。具有以上能力的企业是具有增长潜力的企业，这种增长的潜力就是企业的发展能力。通过对这种能力进行分析，便能对企业的未来成长性进行预测，从而评估企业价值。可见，企业发展能力分析具有重要意义。通过企业发展能力分析，可以实现以下目的：

1.评价企业发展战略的执行效果。

2.补充和完善传统财务分析。

3.为预测分析与价值评估做铺垫。

4.满足利益相关者的决策需求。

二、企业发展能力分析的内容

企业发展能力分析的内容可分为以下两部分：

1.企业单项发展能力分析。

企业价值要获得增长，就必须依赖于所有者权益、利润、收入、资产等方面的不断增长。企业单项发展能力分析就是通过计算和分析所有者权益增长率、利润增长率、收入增长率和资产增长率等指标，分别衡量企业在所有者权益、利润、收入、资产等方面所具有的发展能力，并对其在所有者权益、利润、收入、资产等方面所具有的发展趋势进行评估。

2.企业整体发展能力分析。

企业要获得可持续增长，就必须在所有者权益、利润、收入和资产等各方面谋求协调发展。良性、可持续发展的企业会在其所有者权益、利润、收入和资产等方面保持增速的相对一致性和稳健性。企业整体发展能力分析就是在明确企业发展战略的基础上，对所有者权益增长率、利润增长率、收入增长率、资产增长率等指标进行相互比较与全面分析，识别企业的发展潜力、综合判断企业发展的协调性，从而评估整体发展能力，预测企业未来的发展前景。

三、所有者权益增长率计算与分析

（一）所有者权益增长率的内涵和计算

所有者权益的增加反映了股东财富的增加。在实践中，也可以采用比率表示所有者权益的增加。所有者权益的增加就是从期初余额到期末余额的变化，利用所有者权益增长率能够解释这种变化。所有者权益增长率是本期所有者权益增加额与所有者权益期初余额之比，也称资本积累率，其计算公式如下：

$$\text{所有者权益增长率}=\frac{\text{本期所有者权益增加额}}{\text{所有者权益期初余额}}\times 100\%$$

当所有者权益增长率为正值时，所有者权益增长率越高，表明企业本期所有者权益增长幅度越大，企业发展能力越强；反之，所有者权益增长率越低，表明企业本期所有者权益增长幅度越小，持续下降的增长率表明企业增速放缓。所有者权益增长率为负值时，表明企业本期所有者权益下降。

（二）所有者权益增长率分析

1.所有者权益增长率趋势分析

单一会计期间的所有者权益增长率反映当期的所有者权益增长幅度的大小。借助多期所有者权益增长率的趋势分析，能够对所有者权益增速、变化趋势有全面了解，同时有助于预测所有者权益未来的发展状况。

2.结合发展战略分析所有者权益增长率变化的原因

企业的发展战略决定了企业所有者权益增长的来源和特征。企业发展的各个阶段持有不同的发展战略，例如，在初创期和成长期，以“不断加大资本投资力度，不惜代价提升企业品牌知名度，快速占领市场和迅速扩张”为核心战略的企业，其市场拓展战略意味着要以高投入、低利润率迅速提高销量和收入，获得规模效应。这个阶段的企业规模较小，信用评级较低，利润的规模和增长情况具有极大的不确定性。因此，企业资产的增长较少获得债权人支持，而主要依靠股东出资，所以所有者权益增速较快，但因利润尚不稳定，这个阶段的增长也具有一定的不确定性。

3.结合所有者权益构成分析所有者权益增长率变化的原因

所有者权益变动表反映了所有者权益在会计期间发生增减变化的原因，因此，可以结合所有者权益变动表对所有者权益增长率进行分析，分析内容和方法详见教材第五章。应重点从所有者权益的构成特征，分析影响企业所有者权益变动的原因。

从根本上看，一个健康经营、具备长期持续发展潜力的企业，其净利润应对所有者权益的增长具有持续稳定的推动作用，其原因有二：其一，企业的经营目标之一就是确保所有者投入资本的保值和增值，如果企业的“造血”功能弱，则融资规模有限，成本也较高，很难满足长期发展需求；其二，尽管企业可以通过吸收投资扩大实收资本的规模来积累权益资金，满足投资和经营需求，但长期不盈利的企业，将无法给予股东回报。当回报率持续低于股东投入资本的机会成本，股东的财富缩水，企业也难再融资，长期发展便无以为继。

四、利润增长率计算与分析

（一）利润增长率的内涵和计算

由于利润可表现为毛利润、营业利润、利润总额、净利润等多种指标，因此相应的利润增长率也具有不同的表现形式。

由于净利润是企业经营业绩的综合结果，净利润的增长是企业成长性的基本表现，因此在实际中，主要采用净利润增长率进行利润增长能力分析。净利润增长率是本期净利润增加额与上期净利润之比，其计算公式如下：

$$净利润增长率=\frac{本期净利润增加额}{上期净利润}\times 100\%$$

需要说明的是，如果上期净利润为负值，则计算公式的分母应取其绝对值。该公式反映的是企业净利润增长情况。净利润增长率为正数，则说明企业本期净利润增加；净利润增长率越大，说明企业收益增速越快；反之，净利润增长率为负数，则说明企业本期净利润减少，收益萎缩，绝对值越大，说明净利润下降幅度越大。

如果一个企业营业收入增长，但净利润并未增长，那么从长远看，企业并没有通过“造血”功能实现所有者权益的增加。同样，如果一个企业净利润增长，但营业收入并未增长，说明净利润的增长可能并不是源自生产经营，很可能是来自非经常性收益项目，如资产重组收益、债务重组收益、财政补贴等项目。这些业务的发生具有一定的偶然性，这样的增长对于企业而言往往不具有持续性。

除了分析净利润增长以外，为了观察其具体的构成，还可以进一步分析扣非净利润增长率指标，利用扣非净利润增长率可以更好地考察企业利润的增长情况。扣非净利润增长率是本期归属于上市公司股东的扣除非经常性损益的净利润增加额与上期归属于上市公司股东的扣除非经常性损益的净利润之比，其计算公式如下：

$$扣非净利润增长率=\frac{本期扣非净利润增加额}{上期扣非净利润}\times 100\%$$

扣非净利润增长率为正，则说明企业日常经营创造的利润增加，扣非净利润增长率越大，说明企业日常经营收益增长得越多，企业长期稳定发展具有较为可靠的基础；如果扣非净利润增长率小于零，而净利润增长率大于零，则说明企业当期依靠非经常性损益创造利润，利润构成的质量并不高。

（二）利润增长率分析

在进行利润增长率分析时，应首先关注利润增长的来源。从利润表来看，利润增长大致来源于三个方面：一是企业正常经营活动带来的利润增长，这种增长代表企业发展能力具有可持续性。二是不构成企业日常经营活动的投资活动产生的收益，在利润表中常体现在投资收益、公允价值变动收益等项目，应关注这部分收益带来的营业利润增长的合理性，依靠投资扩张战略发展的企业，可能采用对外投资的方式获取收益，这类企业往往表现为投资收益和公允价值变动收益对营业利润的影响较大，要结合企业的发展扩张战略分析投资收益等非经营性利润项目波动的合理性和稳定性，注意投资风险。三是非经常性损益项目，这是指公司发生的与生产经营无直接关系，以及虽与生产经营相关，但由于其性质、金额或发生频率，影响了真实、公允地评价公司当期经营成果和获利能力的各项收入、支出，如债务重组收益、债务重组损失、资产的处置或置换损益等，这些损益项目的变化虽然会影响净利润，但在可以预见的将来不能合理预计此类业务是否会发生，由此带来的增长也是无法持续保持的。

如果利润恶化，则要考虑是否是营业成本、期间费用等增速超过了营业收入的增速，说明企业盈利能力有所下降，发展潜力受限，需要及时调整；营业利润恶化的另一个可能的原因是企业发生了投资损失，要特别关注企业的投资风险。另外，应该对非经常性损益项目进行分析，判断企业利润增长的持续性和稳定性是否受到影响。

利润增长率分析的意义在于揭示企业未来获利能力的发展趋势，同时也为预测分析以及价值评估提供了有益的参考数据。我们可以以企业最近一年的利润增长率或最近若干年的利润增长率平均值为标准，综合考虑宏观环境、企业所处行业增长趋势、企业发展战略、实际经营情况等因素确定一个合理的利润增长率，利用该利润增长率就能大致预测企业下一年度乃至后续各个年度的利润，这样一方面可以进行财务预测中的利润预测，另一方面可以为收益法估值模型中的收益计算提供数据支撑。

五、收入增长率计算与分析

（一）收入增长率的内涵和计算

可以用营业收入增长率来反映企业在主营业务方面的发展能力。营业收入增长率就是本期营业收入增加额与上期营业收入之比。其计算公式如下：

$$营业收入增长率=\frac{本期营业收入增加额}{上期营业收入}\times100\%$$

营业收入增长率反映的是企业某期整体销售增长情况，可用于分析企业产品和服务的经营状况，其受产品和服务的价格、质量、技术、售后等多种内部因素变化的影响，同时也受外部宏观环境、行业发展趋势、市场竞争等外部因素影响。营业收入增长率为正数，则说明企业本期销售规模较上期扩大，营业收入增长率越大，则说明企业营业收入增长得越快，销售情况越好；营业收入增长率为负数，则说明企业销售规模缩小，销售情况较差。

（二）收入增长率分析

在利用营业收入增长率来分析企业在销售方面的发展能力时，应该注意以下几个方面：

1.要判断企业在销售方面是否具有良好的成长性，必须分析营业收入增长是否具有效益性。一般来说，资产规模的增长会带来营业收入的增长，如企业将新增资本金用于增设生产线，购置生产设备，补充营运资金，进行研发投资和拓展销售渠道等，这都将一定程度扩大企业的营业收入。但如果企业某会计期间的营业收入增长主要依赖于资产的相应增长，也就是营业收入增长率低于资产增长率，则说明这种营业收入增长不具有效益性，同时也反映企业在销售方面的可持续发展能力不强。一个良性发展的企业，其营业收入增长率应高于资产增长率，这才能说明企业在销售方面具有良好的成长性。

2.要全面、正确地分析和判断一个企业营业收入的增长趋势和增长水平，必须对一个企业不同时期的收入增长率加以比较和分析，同时要与同行业可比公司进行对比分析。营业收入增长率受市场环境、产业发展周期、行业竞争情况等外部因素影响，也受各个时期企业自身战略的影响。仅仅针对某个时期某家企业的营业收入进行分析，可能会遗漏影响企业营业收入增长的内外部因素，使分析不够全面，进而无法反映出企业实际的销售发展能力，也难以对未来做出准确预测，因此，还需要进行多年、行业内多家可比公司的趋势分析。

3.判断企业营业收入增长率是否合理，应将其与报表中其他相关项目的增长情况进行对比分析。首先，应将营业收入增长率与营业成本增长率、期间费用增长率进行对比分析。正常情况下企业的营业收入增长率应当大于其营业成本增长率或费用增长率，如果情况相反，其原因可能是企业在产品成本、销售费用、管理费用、财务费用等方面控制不力，企业需要采取有针对性的措施对成本费用加以管控，否则可能会导致利润下降甚至亏损。其次，应该将其与企业应收账款增长率和存货增长率进行对比分析。正常情况下企业收入增长率应当大于企业的应收账款增长率和存货增长率，如果情况相反，表明企业收账情况发生改变，要具体分析变化的原因。如果是账款回收管理存在问题，则需要警惕信用风险的发生，加强风险应对措施。同样，如果企业存货增长率超过了企业收入增长率，要进一步结合市场环境变化、企业战略调整、存货构成等因素，分析是否可能存在存货积压的情况。如果确实存在存货积压，则需要采取措施消化库存，避免严重影响企业资金使用效率，导致流动性风险。

4.可以利用某种产品收入增长率指标来观察企业产品结构情况的变化，进而也可以分析企业的成长性。其计算公式可这样表示：

$$\text{某种产品收入增长率}=\frac{\text{某种产品本期营业收入增加额}}{\text{上期营业收入}}\times 100\%$$

根据产品生命周期理论，每种产品的生命周期一般可以划分为四个阶段。每种产品在不同的阶段反映出的销售情况也不同：在投放期，产品收入增长率往往较低；在成长期，销量扩大，产品收入增长率较高；在成熟期，由于市场已经基本饱和，产品销量将不再有大幅度的增长，即产品收入增速放缓；在衰退期，由于该种产品的市场开始萎缩，产品收入增长率会大幅下降，甚至出现负数。根据这一原理，借助某种产品收入增长率指标，大致可以分析企业生产经营的产品所处的生命周期阶段，据此也可以判断企业发展前景。对一个具有良好发展前景的企业来说，较为理想的产品结构是“成熟一代，生产一代，储备一代，开发一代”，如图 11-1 所示。如果一个企业所有产品都处于成熟期或者衰退期，那么它的发展前景就不容乐观。因此，不断进行新的产品和服务的开发，持续的技术创新是企业生存发展的基础。

5.结合企业的发展战略，分析收入增长的来源。仅仅根据财务报表的数字并不能清晰地认识收入增长的源泉，如果不能明确企业未来收入增长的方向和可能的瓶颈，即便计算过去多年的增长率指标，也无法提

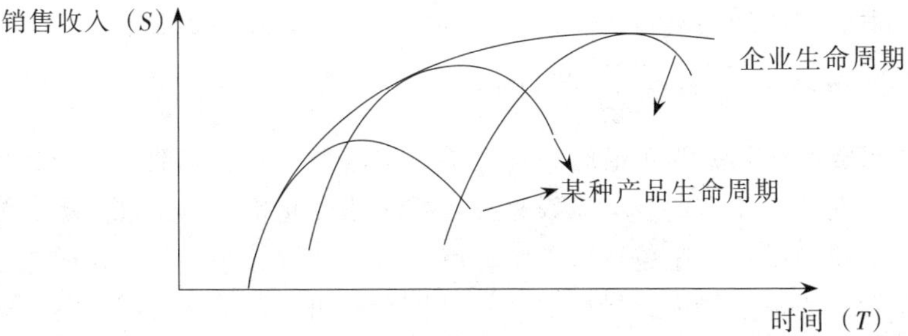

图11-1　产品生命周期与企业生命周期

高对未来收入预测的客观性和准确性。企业的集中化或多元化发展战略决定了企业的收入来源和构成；企业低成本或差异化的竞争战略决定了各类产品或服务的市场竞争力，进而影响企业的收入规模和增速；企业的财务战略影响营运资金对营销和研发的支持力度，最终也会将影响投射于企业营业收入的增减。

另外，收入来源的质量也值得关注。一些企业靠放宽信用政策、降低对客户资信状况的要求来扩大销售；一些企业关联交易的规模较大，在账款催收方面存在一定的困难。这些收入可能带来较大比例的坏账，如果企业无法解决收账问题，则此种类型的收入增长也不会给企业带来稳健和快速增长的动力。

收入增长率不仅是分析企业销售发展能力的重要比率，也是进行预测分析的关键参考数据。预测分析的起点是预计利润表，而该表大多数项目的预测都依赖于预计营业收入，因此可以说，营业收入预测的合理性对后续的一系列预测分析，以及基于预测分析展开的价值评估的有效性起着基础性和决定性的作用。将企业所处经济环境、行业竞争情况、企业发展战略等定性分析，融入对某种产品收入的分析，将有助于修正预测的营业收入，使之尽可能接近企业实际发展情况。用此类方法可以得出之后连续多年的财务预测数据，这也为价值评估奠定了基础。

六、资产增长率计算与分析

（一）资产增长率的内涵和计算

企业要增加收入，可以通过增加资产投入来实现。可以利用资产增长率指标反映企业在资本积累和资产投入方面的增长情况。资产增长率就是本期资产增加额与资产期初余额之比。其计算公式如下：

$$资产增长率=\frac{本期资产增加额}{资产期初余额}\times 100\%$$

当资产增长率为正值时，资产增长率越高，企业本期资产增长幅度越大，表明企业本期资本积累和投入扩张速度越快，需要进一步关注扩张的效率和质量，避免盲目扩张；反之，资产增长率越低，表明企业本期资产增长幅度越小，持续下降的增长率表明企业增速放缓。资产增长率为负值时，表明企业本期资产规模下降。

（二）资产增长率分析

在对资产增长率进行具体分析时，应该注意以下几点：

1.企业资产增长率高并不意味着企业发展状况良好，对于资产增长的评价不仅仅要关注数量，更重要的是分析增长的质量。一般来说，资产规模的增长会带来营业收入和利润的增长，如企业将新增资本金用于对外投资、增设生产线、购置生产设备，补充营运资金，进行研发投资和拓展销售渠道等，这都将一定程度扩大企业的营业收入，又因规模效应的存在，收入规模的扩大又将更大程度地提升企业的利润。因此，如果资产增长的同时能带来收益项目的同步甚至更大幅度的增长，那么这样的资产增长就是效益型增长。但同时，我们也应该注意到，企业进行研究开发、市场拓展、购建长期资产、兼并收购等方面的投资，其效益产生周期往往比较长，企业当期投资不产生效益的情况越来越多。这就需要进行多项目、多期增长趋势的对比分析，长期、动态地考虑资产增长的效益性问题，从而做出更加客观准确的预测。

2.应全面分析企业资产增长的来源，评估融资成本和风险是否与收益增长相适应。企业资产的增长可能来自自有资金的积累，即企业自身经营带来的留存收益，也可能来自股东出资或债务融资。如果一个企业的负债项目连续几年持续增长，而所有者权益项目在该期间没有发生变动或者变动不大，则说明企业资产增长主要依赖债务融资，表现为企业资本结构的调整，财务杠杆的提升增加了财务风险；同时，也说明企业盈利情况不佳，长期健康发展将缺乏绩效支撑。当然，盈利的增加能带来多大程度的资产增加还要视企业实行的股利政策而定。相反，如果企业资产增长主要来自留存收益，则反映出企业具有一定的发展潜力。

3.为全面认识企业资产规模的增长趋势和增长水平，应结合行业发展特征和企业的发展战略，对企业不同时期的资产增长率加以比较分析。如采用扩张战略的成长期企业，其资产规模应该是不断增长的，且往往增速较高，如果时增时减，则反映出企业的经营业务并不稳定，同时也说明企业并不具备良好的发展能力；采用防御战略的成熟期企业，其资产规模的增速放缓，较少采用大规模融资方式扩充资产，该阶段企业资产规模的增速分析应该侧重各类资产的增速，以及资产构成的稳定性。

分析资产增长率的意义在于资产增长率除了能够衡量企业发展能力以外，也是预测分析和价值评估的基础数据之一。在进行必要的定性分析的前提下，经过调整的资产增长率一方面可以直接预测企业未来资产规模的大小，另一方面可以作为通过其他预测方法得到结果的验证性数据。

七、企业整体发展能力分析框架

企业整体发展能力分析的具体的思路是：

步骤一：分别计算所有者权益增长率、利润增长率、收入增长率和资产增长率等指标的实际值。

步骤二：分别将上述增长率指标实际值与以前不同时期增长率数值、同行业可比公司增长率数值进行比较，结合行业发展特征和企业战略，分析企业在所有者权益、利润、营业收入和资产等方面的发展能力。

步骤三：分析所有者权益增长率、利润增长率、收入增长率和资产增长率等指标之间的关系，判断增长的效益性以及四类发展要素之间的协调性。

步骤四：根据以上分析结果，判断企业的整体发展能力和发展潜力。一般而言，只有一个企业的所有者权益增长率、利润增长率、收入增长率和资产增长率保持同步增长，且不低于行业内可比公司的平均水平，才可以判断这个企业具有良好的发展能力。

八、企业整体发展能力分析框架应用

应用企业整体发展能力分析框架分析企业整体发展能力时应该注意以下几个方面：

（一）对资产增长的分析

企业资产是取得营业收入的保障，在资产利用效率一定的条件下，要实现营业收入的增长，就需要扩大资产规模。而资产规模的扩大一方面可以依赖所有者权益的增长，即留存收益的积累和股东追加投资；另一方面可以通过负债融资实现。资产增长一般伴随着收入和利润的增长，因此，资产增长要与收入和利润增长相协调。

（二）对收入增长的分析

营业收入增长是企业利润增长的基础，也是企业价值增长的源泉。一个企业只有不断开拓市场，保持稳定的市场份额，才能不断扩大营业收入，从而进一步促进收益的提升。企业收入增长分析应重点关注收入的构成，结合外部宏观环境、产品的生命周期、企业的竞争战略等做出企业收入增长合理性、效益性和增长潜力的分析，从而有助于进一步预测未来营业收入的增长。收入增长要与利润增长相协调，即利润增速一般要高于收入增速，才体现出企业既能合理控制成本费用，又能充分利用规模效应提升自身盈利能力。

（三）对利润增长的分析

利润的增长受企业营业收入规模增长、成本费用控制情况、资产管理质量波动、非经常性损益变化等因素的影响。利润是企业自有资金积累的基础，分析企业利润增长，需要重点关注利润的构成。同时拥有快速增长的净利润和良好的利润构成质量才是企业持续发展的核心动力。稳定增长的利润一方面可以给予股东投资回报，另一方面可以补充企业自有资金，减少对外部高成本、高风险融资的依赖，促进企业价值的提升。

（四）对所有者权益增长的分析

所有者权益增长有两个主要来源，其一是企业经营过程中创造的综合收益，而其中主要是当期已实现的收益，即当期净利润，属于自有资金融资，是企业“造血”能力的体现；其二是股东的净投资，即扣减掉对股东的利润分配后的股东投入资本的增加额，属于外部融资，是股东

“输血”情况的体现。所有者权益的增长不仅受当期利润创造的影响，也受企业股利政策选择的影响。因此也需要结合公司的生命周期、发展战略、所有者权益变动表具体项目分析等评价企业的所有者权益增长情况，从而更加准确地预测未来所有者权益的保值和增值情况。所有者权益的增长可以提升企业的融资能力，在资本结构保持不变的前提下，企业能融入更多资金，促进资产总额的增长。

总之，在运用发展能力分析框架时，需要注意这四方面核心要素之间的相互关系，只有四方面协调发展，企业才能实现持续、健康经营。

□ 关键概念

1.发展能力　　2.单项发展能力
3.整体发展能力　　4.所有者权益增长率
5.净利润增长率　　6.扣非净利润增长率
7.收入增长率　　8.资产增长率

□ 相关准则制度及阅读书目

［1］中国证券监督管理委员会公告〔2008〕43号.

［2］国务院国有资产监督管理委员会第40号令——中央企业负责人经营业绩考核办法.

［3］中华人民共和国财政部. 企业会计准则（2025年版）［M］. 上海：立信会计出版社，2025.

［4］张先治，陈友邦. 财务分析［M］. 11版. 大连：东北财经大学出版社，2025.

［5］王化成，支晓强，王建英. 财务报表分析［M］. 3版. 北京：中国人民大学出版社，2022.

［6］王化成，佟岩. 财务管理［M］. 7版. 北京：中国人民大学出版社，2024.

［7］吴世农，吴育辉. CEO财务分析与决策［M］. 3版.北京：北京大学出版社，2024.

［8］王玉红. 财务报表分析［M］. 2版.北京：中国人民大学出版

社，2025.
［9］姜开舰．格雷厄姆之道：如何在中国实践价值投资［M］．北京：中国经济出版社，2017.
［10］费舍 F A.怎样选择成长股［M］．吕可嘉，译．北京：地震出版社，2017.

□ 复习思考题

1.为什么在市场经济当中仅仅从静态角度分析企业的财务状况是不充分的？

2.如何结合利润增长的来源，分析企业的利润增长率？

3.在利润增长分析中，为什么要分析扣非净利润增长率？

4.为什么在分析收入增长时要结合资产增长率？

5.如何判断企业收入增长率是否合理？

6.如何利用某种产品的收入增长率指标来分析企业的成长性？

7.如何正确分析企业资产增长的质量？

8.为什么在应用增长率指标分析企业发展能力时应注意指标之间的关系？

9.进行企业发展能力分析的步骤是什么？

10.在应用企业整体发展能力分析框架时应注意哪些问题？

□ 练习题

一、单项选择题

1.下列项目中，不属于增长能力分析的内容的是（　　）。

A.资产增长能力　　B.负债增长能力

C.所有者权益增长能力　　D.利润增长能力

2.下列项目中，不属于企业资产规模增加的原因的是（　　）。

A.企业发行可转债　　B.企业实现盈利

C.企业回购股票　　D.企业发行股票

3.如果企业只有一种产品，且处于衰退期，其收入增长率的特点是（　　）。

A.收入增长率较高

B.与上期相比，收入增长率变动不大

C.收入增长率大幅下降，甚至出现负数

D.收入增长率快速提升

4.下列各项中，不属于企业利润增长的原因的是（　　）。

A.企业将当期收益全部留存　B.企业对商誉计提了大量的减值

C.企业获得政府补贴　D.企业扩大了市场，销量提升

5.下列关于企业发展能力的说法中，正确的是（　　）。

A.企业只要实现利润增长就说明其具有较好的发展能力

B.企业只需关注所有者权益、利润、收入和资产的增长，一切有碍这四个要素增长的投资和经营活动都应该放弃

C.在所有者权益、利润、收入和资产这四个项目中，最重要的项目就是利润，因此，我们应该特别重视利润的增长

D.要综合考虑所有者权益、利润、收入和资产的协同增长，注意任意两个项目波动变化趋势相背离的情况

6.可以用来反映企业收益增长能力的财务指标是（　　）。

A.净利润增长率　B.股利支付率

C.总资产报酬率　D.总资产增长率

7.某年，企业的资产增长率为20%，收入增长率为0，下列表述中，不属于可能的原因的是（　　）。

A.企业融资后尚未投资，也未将资金垫支到营运资金中扩大生产

B.企业用新增融资购买了金融理财产品

C.企业将新增融资投入到生产中，扩大产能，同时销量也有大幅增长

D.企业新产品转型失败，新产品收入大幅下滑

8.从根本上看，一个健康、长期可持续发展的企业，其所有者权益增长应主要依赖于（　　）。

A.股东追加投资　B.企业留存收益的积累

C.发行债券　D.处置资产

9.下列关于收入增长率的分析的说法中，错误的是（　　）。

A.要判断企业在销售方面是否具有良好的成长性，最重要的是分析其销售增长是否快速

B.要全面、正确地分析和判断一个企业营业收入的增长趋势和增长水平，必须将企业不同时期的收入增长率加以比较和分析

C.判断企业收入增长率是否合理，应该将其与企业成本增长率和费用增长率进行对比分析

D.判断企业收入增长率是否合理，应该将其与企业应收账款增长率和存货增长率进行对比分析

10.下列计算所有者增长率的公式中，正确的是（　　）。

A. $\frac{\text{本期所有者权益期末余额}}{\text{所有者权益期初余额}}\times 100\%$

B. $\frac{\text{本期所有者权益增加额}}{\text{上期所有者权益期初余额}}\times 100\%$

C. $\frac{\text{本期所有者权益增加额}}{\text{本期所有者权益期初余额}}\times 100\%$

D.以上均不正确

11.下列各项中，不属于利润增长来源的是（　　）。

A.企业正常经营活动带来的利润增长

B.不构成企业日常经营活动的投资活动产生的收益

C.非经常性收益项目，如债务重组收益、非流动资产毁损报废利得

D.股东对企业当年的新增投资

二、多项选择题

1.下列有关企业发展能力分析的说法中，正确的有（　　）。

A.企业发展能力的大小是一个相对概念，即分析期的所有者权益、利润、收入和资产是相对于上一期的所有者权益、利润、收入和资产而言的

B.企业发展能力分析的目的之一是满足相关利益者的决策需求

C.企业整体发展能力分析就是通过对所有者权益增长率、利润增长率、收入增长率、资产增长率等指标进行相互比较与全面分析，综合判断企业的整体发展能力

D.企业不同方面的增长率相互作用、相互影响，只有将各方面的增长率交叉比较分析，才能全面分析企业的整体发展能力

E.仅利用增长额对比分析也能准确反映企业的发展能力

2.企业单项发展能力包括（　　）。

A.资产发展能力　　B.利润发展能力

C.营业收入发展能力　　D.负债发展能力

E.股东权益发展能力

3.下列各项中，不属于增长率指标的有（　　）。

A.产权比率　　B.扣非净利润增长率

C.总资产增长率　　D.净资产收益率

E.总资产周转率

4.影响企业所有者权益增长率增减变化的因素包括（　　）。

A.企业的股权融资　　B.企业回购股票

C.企业当期净利润增长情况　　D.企业当期现金股利分配情况

E.企业当期投资情况

5.企业净利润增长的影响因素包括（　　）。

A.外汇汇率的变动　　B.债务重组产生的收益

C.会计政策变更　　D.会计估计变更

E.负债的增加

6.一个发展能力强的企业，表现为（　　）。

A.资产规模不断增加　　B.营运效率不断提高

C.股东财富持续增长　　D.财务风险不断加大

E.盈利能力不断增强

7.下列说法中，正确的有（　　）。

A.如果非经常性损益构成了企业某年的主要利润，即便利润增长，该增长也无法稳定持久

B.收入增长一定会带来利润增长

C.企业为了增加当期净利润，可以采用削减酌量性费用的方法，但要评估该方法可能给企业带来的负面影响

D.企业总资产增长的原因是固定资产和存货的增长

E.企业为了实现可持续发展，采取的决策行为可能会带来当期利润的下降，因此，对企业利润增长不利的投资和费用支出都要大力限制

8.下列说法中，正确的有（　　）。

A.如果一个企业营业收入增长但利润并未增长，那么从长远看，它并没有增加所有者权益

B.判断企业收入增长率是否合理时，应该将其与企业成本增长率和费用增长率进行对比分析

C.如果企业的营业毛利润增长率高于营业收入增长率，说明企业当期非经常性损益增幅较大

D.如果企业的营业毛利润增长率低于营业收入增长率，说明企业盈利能力并不强，企业营业利润发展潜力受限，此时企业产品进入成熟期或衰退期

E.应将企业连续多期的净利润增长率和扣非净利润增长率指标进行对比分析，进而从利润构成的角度补充对净利润增长质量的判断

9.对于收入增长率，下列表述中，正确的有（　　）。

A.它是评价企业成长状况和发展能力的重要指标

B.收入增长率不会受到一些偶然的和非正常的因素的影响

C.企业应收账款增长率大于企业收入增长率，同时坏账增加，表明企业应收账款管理可能存在问题

D.收入增长率为正数，则说明企业本期销售规模增加；收入增长率为负数，则说明企业销售规模减小，销售出现负增长，则说明销售情况较差

E.资产重组、外汇汇率变动以及会计政策或会计估计变更也可能会带来营业收入的增加

10.下列说法中，正确的有（　　）。

A.企业资产增长率越高，则说明企业实力越强，发展前景越好

B.如果一个企业的资产增长率等于销售增长率和利润增长率，说明企业资产规模增长快，效益好

C.如果一个企业资产的增长完全依赖于负债的增长，说明企业不具备良好的发展潜力

D.分析企业资产规模的增长趋势和增长水平时，应将企业不同时期的资产增长率加以比较

E.一个处于成长期的企业，如果资产规模时增时减，则反映出企业的经营业务并不稳定，同时也说明企业并不具备良好的发展能力

三、判断题

1.发展能力分析有助于对企业未来绩效进行预测，也是进行公司估值时的必要分析程序。（　）

2.企业能否持续成长对投资者、经营者至关重要，但对债权人而言不重要，因为他们更关心企业的变现能力。（　）

3.如果一个企业净利润增长，但营业收入并未增长，说明净利润的增长可能并不是源自生产经营，很可能是来自非经常性收益项目，如资产重组收益、债务重组收益、财政补贴等项目。（　）

4.如果公司分配过多，留存过少，可能造成所有者权益增长率下降或者为负，出现增长乏力的现象。（　）

5.企业的净利润增长率为正数，就说明企业具有较强的发展潜力，与企业经营业务是否能带来现金流无关。（　）

6.尽管一个企业的价值在短期内可以通过筹集和投入尽可能多的资本来增加，但这种行为引起的增长不具有可持续性，而且它忽视了所有者权益资本应获得合理投资报酬的事实。（　）

7.企业存货增长率超过了企业收入增长率，则表明企业出现存货积压。（　）

8.正常情况下，一个企业的收入增长率和利润增长率应高于其资产增长率，只有这样才说明企业的资产增长具有良好的效益性。（　）

9.对一个具有良好发展前景的企业来说，较为理想的产品结构是“成熟一代，生产一代，储备一代，开发一代”。（　）

10.评价企业的发展能力，只需要对企业发展能力进行单项分析即可。（　）

11.对企业所有者权益、利润、营业收入和资产等增长率指标的分析是对企业未来的发展能力的评价，与企业过去无关，因此最重要的是分析增长率指标的当期实际值。（　）

12.分析企业的增长能力，要与企业发展战略相结合。（　）

13.分析所有者权益增长率、利润增长率、收入增长率和资产增长率的共同意义是进行预测分析和为基于预测分析的价值评估提供重要参考数据。（　）

14.所有者权益的增长仅受当期利润创造的影响，企业股利政策的

选择不影响所有者权益的增长。（　）

15.一家企业的所有者权益增长率、资产增长率、收入增长率、利润增长率保持同步增长，并且不低于行业平均水平，即可以说明这个企业具有良好的发展能力。（　）

四、计算题

1.产品生命周期分析

已知A公司所生产的甲产品从2021年开始连续4年的营业收入分别为540万元、675万元、928万元、1 380万元，请判断甲产品所处生命周期的阶段。

2.资产增长能力分析

假设B公司2021年、2022年、2023年、2024年的资产总额分别为200万元、296万元、452万元、708万元；4年的负债总额分别为78万元、120万元、179万元、270万元。请分析B公司的资产增长能力。

3.利润增长能力分析

尖山公司2021—2024年的营业利润和净利润情况见表11-1，请完成表格并根据计算出的数据分析该公司的利润增长能力，并简要说明对该公司进行利润增长能力分析的意义。

表11-1　**尖山公司利润增长率计算表**　金额单位：万元

项目	2021年	2022年	2023年	2024年
营业利润	38 724	43 407	58 506	105 915
营业利润增长额				
营业利润增长率				
净利润	51 031	40 860	48 202	88 987
净利润增长额				
净利润增长率				

五、业务题

1.星海公司2021—2024年有关会计资料见表11-2。

表11-2　　星海公司有关会计资料　　单位：万元

项目	2021年	2022年	2023年	2024年
资产总额	1 369	1 649	2 207	3 103
所有者权益	797	988	1 343	1 915
营业收入	4 576	6 194	8 671	12 413
营业利润	674	913	1 298	1 866
净利润	398	550	873	1 293

要求：（1）利用以上数据计算星海公司的收入增长率，并分析其销售增长能力。你认为在分析收入增长时应特别注意哪些事项，以及分析销售增长能力对该公司还有哪些帮助。

（2）分析星海公司的整体发展能力。

2.H公司是一家医疗行业上市公司，广泛涉足医药、矿业、房地产等行业。从2019年开始，H公司走上大举并购之路，2019—2020年先后完成了对十余家医院的并购与整合。2023年还大手笔掷向海外。截至2023年年末，H公司直接投资控股8家二级以上综合医院或专科医院，1家拥有收益权的肿瘤诊疗中心、1家体检医院、1家影像诊断机构以及多家在建医院。表11-3为2020—2024年H公司相关会计资料。

表11-3　　H公司相关会计资料　　单位：万元

项目	2020年	2021年	2022年	2023年	2024年
营业收入	68 566	118 173	217 522	339 932	383 839
营业利润	28 212	32 806	43 002	29 872	−129 690
净利润	25 715	32 211	39 617	22 271	−138 768
资产总计	189 138	478 035	598 471	1 025 324	875 898
所有者权益	105 533	380 291	417 262	434 759	285 765

要求：（1）利用以上数据计算H公司的净利润增长率，并分析其净利润增长能力。你认为在分析净利润增长时应特别注意哪些事项？

（2）分析H公司的整体发展能力。

□ 案例分析题

煤炭行业的“焦煤之王”——山西焦煤

1.案例介绍

山西焦煤集团有限责任公司（简称山西焦煤）是具有国际影响力的炼焦煤生产加工企业和市场供应商，炼焦煤产销量居于世界前列，位居2024年世界500强企业第471位。山西焦煤组建于2001年10月，总部位于山西省省会太原市，下有西山煤电、山西焦化等23个子/分公司。

山西焦煤以煤炭生产、加工及销售为主业，兼营焦化、现代物流贸易、民爆等产业。现有151座煤矿，规划能力2.48亿吨/年；50座选煤厂，入洗能力1.6亿吨/年；4座焦化厂，产能940万吨/年；6座燃煤电厂，19座瓦斯及余热电厂，总装机容量4 896MW；民爆产能12.2万吨/年。山西焦煤的主导产品有焦煤、肥煤、1/3焦煤、瘦煤、气肥煤、贫煤等全系列煤种，其中强粘焦煤和肥煤均为世界稀缺资源，具有低灰、低硫、低磷、黏结性强、结焦性好等特性，是大型钢厂大高炉不可或缺的骨架炉料。

山西焦煤坚持以习近平新时代中国特色社会主义思想为指导，认真落实省委、省政府工作部署，贯彻新发展理念，全方位推动高质量发展，坚定不移聚焦主业、深化改革、全面变革、创新发展，着力推进资源重整、组织重构、文化兴业、内涵发展，持续引深安全环保本质化、经营管理精益化、产业升级数字化、发展路径变革化、战略支撑人才化、党的建设统领化，全力打造具有全球竞争力的世界一流炼焦煤企业。既如此，有必要从财务的角度分析其发展的深度与速度是否匹配，从而考察山西焦煤的发展能力究竟如何。山西焦煤集团与同行业企业营业收入增长能力比较见表11-4，山西焦煤集团各增长能力指标见表11-5。

表11-4　山西焦煤集团与同行业企业营业收入增长能力比较（%）

年份	2016	2017	2018	2019	2020	2021	2022	2023	2024
山西焦煤	5.11	46.12	12.62	2.12	2.43	34.15	43.94	−14.82	−18.43
潞安环能	27.56	65.46	6.78	6.57	−3.06	73.83	20.27	−20.55	−16.89
冀中能源	8.76	49.47	5.28	1.31	−5.05	52.23	14.68	−32.49	−23.01

表11-5 山西焦煤集团各增长能力指标（%）

年份	2016	2017	2018	2019	2020	2021	2022	2023	2024
资产增长率	3.16	7.38	12.44	0.09	8.44	−0.16	35.80	−2.23	17.46
所有者权益增长率	2.09	9.35	10.47	−1.21	−6.01	19.55	65.78	11.97	−2.84
净利润增长率	114.10	307.51	16.95	−5.98	8.98	111.29	184.45	−36.29	−51.49
营业利润增长率	156.47	274.03	18.37	−5.30	1.69	130.31	149.95	−34.53	−51.61
所有者权益增加额占资产增加额的比率	24.02	45.58	30.83	−496.62	−25.30	−3 769.92	67.74	−241.58	−8.38

2.案例分析要求

请结合山西焦煤2016年至2024年的年报及相关资料，解答以下问题：

（1）根据表11-5，评价山西焦煤的利润增长情况，并结合营业利润增长率分析2023年出现负增长的原因。

（2）根据表11-4，评价山西焦煤的收入增长情况，并结合资产增长情况评价其效益性，结合同行业比较分析其在行业内的地位。

（3）根据表11-5，评价山西焦煤的资产增长情况，并分析其增长来源是否合理。

（4）应用企业整体发展能力分析框架，分析山西焦煤的整体增长能力。

家电行业中的“白马”——老板电器

1.案例介绍

杭州老板电器股份有限公司（证券代码：002508）（以下简称“老板电器”）是一家拥有40余年发展历史的专业高端厨房电器制造企业。集团总部坐落于杭州——这座兼具深厚人文底蕴与创新经济活力的现代化都市。依托这一得天独厚的发展环境，老板电器已成长为中国家电行业的领军企业，旗下“老板ROBAM”品牌更是成为中国家庭信赖的高端厨电首选。

作为厨电行业的标杆企业，老板电器始终专注于厨房电器领域的创新研发与智能制造，产品线涵盖吸油烟机、燃气灶、蒸烤一体机、洗碗机、集成灶等全系列厨电产品。公司以吸油烟机、燃气灶为核心业务，同时积极布局新兴厨电品类，致力于为全球家庭提供智能、健康、高品质的厨房生活解决方案。近年来，老板电器持续推动数字化转型，打造智能工厂，引领中国厨电行业向高端化、智能化、绿色化方向发展。其2016—2024年发展能力指标见表11-6。

表11-6　　老板电器2016—2024年发展能力指标（%）

年份	2016	2017	2018	2019	2020	2021	2022	2023	2024
总资产增长率	27.62	23.56	19.29	12.65	16.95	11.63	8.15	11.57	1.57
净利润增长率	45.76	21.08	1.55	8.79	4.53	−20.06	15.53	10.03	−9.28
营业收入增长率	27.56	21.10	5.81	4.52	4.74	24.84	1.22	9.06	0.10
所有者权益增长率	30.29	27.45	16.61	13.76	17.49	6.98	12.46	7.83	5.98
营业成本增长率	30.21	31.39	6.16	2.84	0.41	35.69	6.25	7.60	2.12
期间费用占收入比	34.41	30.76	33.34	32.38	33.88	31.47	33.55	34.53	35.73
应收账款增长率	3.50	11.93	20.37	62.42	38.95	58.46	5.75	7.13	8.49
存货增长率	26.74	21.70	21.05	−0.59	3.50	27.86	−9.15	−5.33	−20.35

厨电行业发展现状：

经历了40多年的高速发展，中国厨电行业形成了以老板、方太、美的等为主导的市场格局，其中老板和方太定位高端市场，成长迅速，销售额远超其他品牌。根据老板电器的年报可知，2016年老板电器的烟灶线下销售额市场占有率分别为24.65%和22.60%；2024年老板电器的烟灶线下销售额市场占有率均有所提升，分别上升到30%以上和25%以上，持续保持领先地位。

在国内宏观经济新常态的大背景下，政府持续推进新型城镇化建设以释放内需，伴随着城镇化率的提升，厨电产品的需求将会逐步释放，可以预见，厨电市场必然是下一个几千亿级的大市场。近年来，随着居民消费水平的逐步提升，厨房电器的消费升级趋势愈演愈烈、方兴未艾。一方面，烟灶等传统厨电产品，消费者除了对功能性与外观设计的需求外，其日益注重智能化水平。另一方面，消费者对饮食多样化、健康化等需求的日益提升，催生了新型厨电品类的兴起。

2021年度，面对国家地产宏观政策收紧、原材料以及人力成本上涨等不利因素，厨电行业整体竞争更为激烈，行业集中度持续提升。据奥维云网（AVC）推总数据显示，传统厨电品类的油烟机和燃气灶的零售额增长率分别为4%和2%；新兴厨电品类的洗碗机和嵌入式蒸烤一体机的零售额增长率为14.4%和26%。可以看出，厨房电器行业发展长期向好，中国厨房品类扩充及品类升级趋势显著。相较于过去二十年房地产行业带来的厨电增量市场渐渐放缓，以更新需求为主的存量市场正在逐步打开，新增市场及存量市场将共同支撑厨电行业未来的发展空间。老板电器的主营业务是吸油烟机和燃气灶，主要的同行竞争者为华帝股份、万和电气、浙江美大、万家乐、方太（未上市）等，潜在的竞争对手还包括美的电器等其他老牌家电品牌。表11-7、表11-8分别为华帝股份和万和电气2016—2024年的发展能力指标。

表11-7　**华帝股份2016—2024年发展能力指标（%）**

年份	2016	2017	2018	2019	2020	2021	2022	2023	2024
总资产增长率	29.45	17.18	25.73	12.88	−2.22	11.79	2.55	7.45	1.38
净利润增长率	57.04	54.19	31.74	9.64	−45.36	−48.25	−29.16	194.50	7.72
营业收入增长率	18.15	30.39	6.36	−5.69	−24.14	28.15	4.13	7.12	2.23
所有者权益增长率	14.25	26.03	18.26	16.51	3.76	3.19	2.02	8.38	3.63
营业成本增长率	10.51	23.73	2.72	−7.35	−16.60	33.43	6.34	2.40	4.83
期间费用占收入比	33.39	34.50	33.70	33.66	33.00	32.84	33.31	33.35	33.63
应收账款增长率	−26.18	48.94	93.19	5.92	−12.27	66.92	1.70	−37.43	−8.90
存货增长率	33.85	24.41	5.12	16.55	17.76	38.26	−15.98	3.88	−12.77

表11-8　**万和电气2016—2024年发展能力指标（%）**

年份	2016	2017	2018	2019	2020	2021	2022	2023	2024
总资产增长率	19.61	27.89	4.44	2.41	12.09	4.14	−15.22	21.85	4.62
净利润增长率	34.88	−2.32	17.72	23.02	0.52	−41.67	53.98	3.40	15.73

续表

年份	2016	2017	2018	2019	2020	2021	2022	2023	2024
营业收入增长率	18.30	31.71	5.85	−10.04	0.80	20.06	−11.95	−7.91	20.29
所有者权益增长率	3.62	8.64	8.54	13.44	4.10	−1.47	7.66	5.13	4.72
营业成本增长率	14.40	42.58	3.62	−15.10	7.53	28.96	−16.02	−13.69	26.60
期间费用占收入比	23.63	20.07	20.92	23.23	19.54	15.16	16.79	19.81	17.75
应收账款增长率	24.50	3.10	−3.54	31.39	10.62	−0.66	−19.18	22.12	40.62
存货增长率	10.17	66.59	−4.85	−7.05	0.65	16.77	−39.33	−10.73	28.55

2.案例分析要求

分析评价老板电器的发展能力。

第四篇

财务综合评估

第十二章　综合分析与业绩评价

□ 本章重点与难点

一、综合分析与业绩评价的意义和目的

综合分析与业绩评价的意义和目的在于：

（1）建立系统性财务指标体系。企业是由各项业务活动构成的有机整体。企业的经营活动、投资活动和筹资活动不是彼此割裂，而是相互关联的。通过建立系统性的财务指标体系，可以明确企业各项业务活动之间如何联系，彼此之间会产生怎样的影响。

（2）建立科学有效的业绩评价标准。财务分析不仅要从盈利能力、营运能力、偿债能力和发展能力等角度分方面对企业予以分析评价，还需要将各方面综合起来对企业进行总体评价。综合考虑企业各方面业绩指标，采用合理的权重系数，运用科学的方法计算单一的业绩评价指数，将有利于对企业进行全方面考核或者在多家企业之间进行评比。

二、综合分析与业绩评价的内容

（1）综合分析。企业的财务目标是资本增值最大化。资本增值的核心在于资本收益能力的提高，而资本收益能力受企业各方面、各环节财务状况的影响。本部分分析正是要以净资产收益率为核心，通过对净资产收益率的分解，找出企业经营各环节对其的影响以及影响程度，从而综合评价企业各环节及各方面的经营业绩。杜邦财务分析体系是进行这一分析的最基本方法。

（2）业绩评价。虽然财务目标与财务环节的联系分析可以解决单项指标分析或单方面分析给评价带来的困难，但由于没能采用某种计量手段给相互关联的指标以综合评价，因此，往往难以准确得出公司经营业绩改善与否的定量结论。企业经营业绩综合分析评价正是从解决这一问

题出发，利用业绩评价的不同方法对企业经营业绩进行量化分析，最后得出企业经营业绩评价的唯一结论。

三、杜邦财务分析体系

杜邦财务分析体系，亦称杜邦财务分析法，是根据各主要财务比率指标之间的内在联系，建立财务分析指标体系，综合分析企业财务状况的方法。杜邦财务分析体系的特点，是将若干反映企业盈利状况、财务状况和营运状况的比率按其内在联系有机地结合起来，形成一个完整的指标体系，并最终通过净资产收益率或资本收益率这一核心指标来综合反映。

在杜邦财务分析体系中，包含了几种主要的指标关系，可以分为两大层次。

（1）以净资产收益率为核心，揭示出影响净资产收益率的三个最重要因素，即：

$$净资产收益率=销售净利率\times总资产周转率\times权益乘数$$

（2）销售净利率和总资产周转率的分解。

①销售净利率的分解。

$$销售净利率=\frac{净利润}{营业收入}\times100\%$$

$$=\frac{总收入-总成本费用}{营业收入}\times100\%$$

②总资产周转率的分解。

$$总资产周转率=\frac{营业收入}{总资产}$$

$$=\frac{营业收入}{流动资产+非流动资产}$$

四、杜邦财务分析体系的基础与本质

（1）杜邦财务分析体系的基础和本质是企业所有者（或股东）权益最大化。净资产收益率作为最核心的指标反映了企业将所有者（或股东）权益最大化作为企业的首要财务目标。

（2）杜邦财务分析体系实现了企业财务目标与企业活动的有机结合。杜邦财务分析体系将企业财务目标与各环节、各领域的财务活动紧密相连，形成完善的分析指标体系。

五、杜邦财务分析体系的局限性

1.涵盖信息不够全面

杜邦财务分析法主要利用的是企业资产负债表和利润表的项目数据，而不涉及现金流量表，这样做容易让报表使用者只看到账面利润而忽视了更能反映企业生命力的现金流量信息。

2.分析内容不够完善

杜邦财务分析法主要从企业盈利能力、营运能力、偿债能力的角度对企业展开财务分析，而忽略了对企业发展能力的分析。同时，由于杜邦财务分析法通常针对的是短期财务结果，这也容易诱导管理者的短期行为，忽视了企业长期价值的创造。

3.对企业风险分析不足

企业风险是财务报表使用者非常关心的问题，而杜邦财务分析法无法较直观地体现企业的经营风险或财务风险。

六、可持续的财务分析体系

许多人对杜邦财务分析体系进行了变形、补充，使其不断完善与发展。其中比较具有影响力的一种体系就是以可持续增长率为龙头指标的财务综合分析体系。

（1）可持续增长率的定义。

可持续增长率是指在不改变经营战略（不改变销售净利率和总资产周转率）和财务战略（不改变资本结构和股利支付率）的条件下，公司销售所能达到的最大增长率，它体现的是一种可持续的平衡发展。

（2）可持续增长率的计算。

可持续增长率=净资产收益率×留存收益率

=销售净利率×总资产周转率×权益乘数×（1-股利支付率）

（3）可持续增长率的分解。

可持续增长率的大小受销售净利率、总资产周转率、权益乘数以及股利支付率四个财务比率的影响。这四个比率背后实际上分别反映的是企业的利润管理、资产管理、筹资活动、股利政策；前两者实际上体现的是企业的经营战略，后两者体现的是企业的财务战略。

企业应当制定符合自身发展需要的经营战略和财务战略，努力使企业实际增长率与可持续增长率相一致，以实现平衡发展。如果企业调整经营战略或财务战略，可能会导致其实际增长率与可持续增长率发生差异，此时我们可以运用可持续增长率分析体系结合因素分析法分析企业实际销售增长率发生增减变动的原因。如实际销售增长率与可持续增长率或预算目标相比高出很多，那么需要分析：支撑高速增长的原因究竟是什么？是否具有风险？能否持续下去？

七、综合评分法的程序

运用综合评分法的一般程序或步骤包括：

（1）选择业绩评价指标。

（2）确定各项业绩评价指标的标准值。

（3）确定各项业绩评价指标的权数。

（4）计算各类业绩评价指标得分。

（5）计算经营业绩综合评价分数。

（6）确定经营业绩综合评价等级。

八、企业综合绩效评价指标体系的构成

根据《中央企业综合绩效评价实施细则》的规定，结合更新后的《企业绩效评价标准值》选择的企业综合绩效评价指标包括16个财务绩效定量评价指标和8个管理绩效定性评价指标。

（一）财务绩效定量评价指标

1.盈利回报指标

（1）净资产收益率

（2）营业收入利润率

（3）总资产报酬率

（4）盈余现金保障倍数

2.资产运营指标

（1）总资产周转率

（2）应收账款周转率

（3）流动资产周转率

（4）两金占流动资产比重

3.风险防控指标

（1）资产负债率

（2）现金流动负债比率

（3）带息负债比率

（4）已获利息倍数

4.持续发展指标

（1）研发经费投入强度

（2）全员劳动生产率

（3）经济增加值率

（4）国有资本保值增值率

（二）管理绩效定性评价指标

1.战略管理

2.发展创新

3.经营决策

4.风险控制

5.基础管理

6.人力资源

7.行业影响

8.社会贡献

九、财务绩效定量评价指标得分的计算

单项基本指标得分=本档基础分+调整分

其中：

本档基础分=指标权数×本档标准系数

调整分=功效系数×（上档基础分-本档基础分）

上档基础分=指标权数×上档标准系数

$$功效系数=\frac{实际值-本档标准值}{上档标准值-本档标准值}$$

本档标准值是指上下两档标准值居于较低等级一档。

十、管理绩效定性评价指标的计算

$$\frac{单项评议}{指标分数}=\sum\left(\frac{单项评议}{指标权数}\times\frac{各评议专家给定}{等级参数}\right)\div 评议专家人数$$

十一、企业综合绩效评价得分计算

企业综合绩效评价分数=财务绩效定量评价分数×70%+管理绩效定性评价分数×30%

十二、综合指数法的程序

运用综合指数法进行业绩评价的一般程序或步骤包括：

（1）选择业绩评价指标。

（2）确定各项指标的标准值。

（3）计算指标单项指数。

（4）确定各项指标的权数。

（5）计算综合经济指数。

（6）评价综合经济指数。

十三、综合经济指数的计算

1.按各项指标实际指数计算（不封顶）

$$综合经济指数 = \sum (某指标的单项指数 \times 该指标的权数)$$

2.按扣除超过100%部分后计算（封顶）

$$综合经济指数 = \sum (某指标的单项指数(扣除超出部分) \times 该指标的权数)$$

十四、综合经济指数的评价

按不封顶计算时，如果没有逆指标，综合经济指数越高越好；如果没有正指标，则综合经济指数越低越好。

按封顶计算时，综合经济指数越接近100%越好。

应当注意，在运用综合经济指数法进行经营业绩综合评价时，应特别注意以下两个问题：

第一，选择的各项经济指标在评价标准上应尽量保持方向的一致性，即尽量都选择正指标，或都选择逆指标。

第二，综合经济指数是否可高于100%的问题。综合经济指数在标准值比较先进时，可采用指数封顶的方法；当标准值为平均值时，则应采取指数不封顶的方法。企业在进行自身经营业绩评价时，也可将两种方法结合使用，取长补短，从而准确地评价企业的经营业绩。

$$分类基本指标得分 = \sum 类内各项基本指标得分$$

$$基本指标总分 = \sum 各类基本指标得分$$

十五、用EVA取代ROE作为央企绩效评价指标的原因

用EVA取代ROE作为央企绩效评价指标不仅能够满足“收益要弥补股权资本的机会成本”这一基本要求，而且能够消除净资产收益率指

标提升有可能诱发的财务风险增高的问题。可以说，EVA指标才是股东财富增加（或减少）的真正体现。

十六、EVA的计算公式

《中央企业负责人经营业绩考核暂行办法》规定EVA是指企业税后净营业利润减去资本成本后的余额，计算公式如下：

经济增加值=税后净营业利润-资本成本

=税后净营业利润-调整后资本×平均资本成本率

其中：

$$税后净营业利润=净利润+\left(\frac{利息}{支出}+\frac{研究开发}{费用调整项}-\frac{非经常性}{收益调整项}\times 50\%\right)\times（1-25\%）$$

调整后资本=平均所有者权益+平均负债合计-平均无息流动负债-平均在建工程

十七、EVA考核方式

（1）年度经营业绩考核。

（2）任期经营业绩考核。

□ 关键概念

1.综合分析　　2.业绩评价

3.杜邦财务分析体系　　4.可持续增长率

5.综合指数法　　6.综合评分法

7.单项指数　　8.综合经济指数

9.标准系数　　10.功效系数

11.EVA

□ 相关准则制度及阅读书目

［1］国务院国资委考核分配局.企业绩效评价标准值［M］.北京：经济科学出版社，2024.

［2］国务院国有资产监督管理委员会. 中央企业负责人经营业绩考核暂行办法［EB/OL］.（2019-03-07）. http：//www.sasac.gov.cn/n2588035/n2588320/n2588335/c10652592/content.html.

［3］池国华，等. 中国式经济增加值（EVA）考核实践探索：基于系统性和针对性视角的研究［M］. 大连：东北财经大学出版

社，2016.

[4] 池国华. 财务分析 [M]. 2版.北京：中国人民大学出版社，2021.

[5] 刘俊勇. 业绩评价与激励机制 [M]. 2版.北京：中国人民大学出版社，2021.

□ 复习思考题

1.为什么要进行综合分析与业绩评价？

2.试阐述杜邦财务分析体系的优点和局限性。

3.试阐述财务综合分析与财务综合评价的关系。

4.试阐述杜邦财务分析指标体系中主要财务指标之间的相互关系。

5.请说明可持续增长率财务分析体系中主要财务指标之间的相互关系。

6.运用综合指数法应注意哪些问题？

7.怎样运用综合评分法进行企业绩效评价？

8.国务院国资委在对中央企业负责人进行经营业绩评价时为何要用经济增加值指标取代净资产收益率指标？

□ 练习题

一、单项选择题

1.杜邦财务分析体系的核心指标是（　　）。

A.权益收益率　　B.资产净利率

C.净利润　　D.销售净利率

2.杜邦财务分析体系在进行指标分解时，没有包括衡量（　　）的指标。

A.盈利能力　　B.营运能力

C.偿债能力　　D.增长能力

3.可持续增长率的计算公式是（　　）。

A.总资产收益率×（1-股利支付率）

B.总资产收益率×（1+股利支付率）

C.净资产收益率×（1-股利支付率）

D.净资产收益率×（1+股利支付率）

4.《中央企业负责人经营业绩考核暂行办法》中规定EVA的计算公式是（　　）。

A.（利润总额+利息支出）÷平均资产总额×100%

B.税后净营业利润-调整后资本×平均资本成本率

C.利润总额÷平均资产总额×100%

D.（净利润+利息支出）÷平均资产总额×100%

5.下列指标中，属于正指标的是（　　）。

A.资产负债率　　B.流动比率

C.流动资产周转天数　　D.资本收益率

6.资产负债率的标准值为50%，实际值为60%，其单项指数为（　　）。

A.120%　　B.100%

C.80%　　D.83.33%

7.用综合指数法进行业绩评价时，$\frac{\text{标准值}-\frac{\text{实际值与标准值}}{\text{差额的绝对值}}}{\text{标准值}}\times 100\%$公式适用的指标是（　　）。

A.总资产报酬率　　B.资产负债率

C.存货周转率　　D.销售利润率

8.某修正指标的实际值是90%，其上档标准值是100%，本档标准值是80%，其功效系数是（　　）。

A.40%　　B.50%

C.60%　　D.80%

9.对可持续增长率进行分解后，反映企业股利政策的指标是（　　）。

A.销售净利润率　　B.总资产周转率

C.权益乘数　　D.股利支付率

10.从杜邦财务分析体系中可以看出，若要提高企业的经营业绩，应该（　　）。

A.降低资产负债率　　B.降低资产周转率

C.提高销售净利率　　D.提高销售费用的投入

11.国资委颁布EVA考核办法将长期考核和短期考核区分开来，分为（　　）。

A.年度经营业绩考核和任期经营业绩考核

B.月度经营业绩考核和任期经营业绩考核

C.中期经营业绩考核和短期经营业绩考核

D.年度经营业绩考核和长期经营业绩考核

二、多项选择题

1.综合分析评价的目的有（　　）。

A.明确企业财务活动与经营活动的相互关系

B.评价企业财务状况及经营业绩

C.为投资决策提供参考

D.为完善企业管理提供依据

E.为进行职工奖励打基础

2.根据杜邦财务分析体系，影响净资产收益率的因素有（　　）。

A.权益乘数　　B.速动比率

C.销售（营业）利润率　　D.成本利润率

E.总资产周转率

3.可持续增长率的假设前提有（　　）。

A.企业销售净利率将维持当前水平，并且可以涵盖新增债务增加的利息

B.企业总资产周转率将维持当前水平

C.不改变目前的资本结构

D.企业保持目前的利润留存率不变

E.不增发新股或回购股份

4.企业实际增长率超过可持续增长率的原因可能有（　　）。

A.在保持其他因素不变的条件下，提高了销售净利率

B.在保持其他因素不变的条件下，提高了总资产周转率

C.在保持其他因素不变的条件下，提高了资产负债率

D.在保持其他因素不变的条件下，提高了权益乘数

E.在保持其他因素不变的条件下，提高了股利支付率

5.反映盈利回报的指标有（　　）。

A.净资产收益率

B.权益乘数

C.总资产报酬率

D.总资产周转率

E.股利支付率

6.反映资产运营的指标包括（　　）。

A.盈利能力指标

B.总资产周转率

C.应收账款周转率

D.流动资产周转率

E.两金占流动资产比重

7.反映风险防控的指标包括（　　）。

A.资产负债率

B.现金流动负债比率

C.盈余现金保障倍数

D.带息负债比率

E.已获利息倍数

8.反映持续发展的指标包括（　　）。

A.研发经费投入强度

B.或有负债比率

C.全员劳动生产率

D.国有资本保值增值率

E.经济增加值率

9.计算功效系数所涉及的数值包括（　　）。

A.指标实际值

B.下档标准值

C.本档标准值

D.指标预期值

E.上档标准值

10.提高净资产收益率的途径有（　　）。

A.提高资产营运效率

B.增加销售收入

C.降低成本费用

D.降低负债比率

E.提高负债比率

11.关于业绩评价标准值，下列说法中，正确的有（　　）。

A.一般地说，当评价企业经营计划完成情况时，可以企业计划水平为标准值

B.当评价企业经营业绩水平变动情况时，可以企业前期水平为标准值

C.当评价企业在同行业或在全国或国际上所处地位时，可用行业标准值或国家标准值或国际标准值

D.设置标准值时，可适当参照国际上的通用标准

E.设置标准值时，可以参考我国企业近三年的行业平均值

12.在应用经济业绩综合评分法时，下列计算公式中，正确的有（　　）。

A.单项基本指标得分=本档基础分+调整分

B.单项基本指标得分=上档基础分+调整分

C.本档基础分=指标权数×本档标准系数

D.调整分=功效系数×（上档基础分-本档基础分）

E.调整分=功效系数×（上档基础分-下档基础分）

13.杜邦财务分析体系的局限性包括（　　）。

A.涵盖信息不够全面

B.分析内容不够完善

C.将反映企业盈利状况、财务状况和营运状况的比率按其内在联系有机地结合起来

D.对企业风险分析不足

E.未包含偿债能力分析

14.企业改变财务杠杆的手段包括（　　）。

A.增加流动负债的比例　　B.减少短期借款

C.减少股东的净投资　　D.增加长期借款

E.向股东支付现金股利

15.影响可持续增长率的指标中，反映企业经营战略的有（　　）。

A.销售净利率　　B.总资产周转率

C.权益乘数　　D.股利支付率

E.资产负债率

三、判断题

1.净资产收益率是能体现企业经营目标的财务指标。（　　）

2.权益乘数越大，财务杠杆作用就越大。（　　）

3.使用综合指数法进行企业经济效益综合评价时，在标准值比较先进时，可采用指数封顶的方式。（　　）

4.综合经济指数按不封顶计算时，如果等于或超过100%，说明各项指标均达到或超过标准值。（　　）

5.只要期末股东权益大于期初股东权益，就说明企业通过经营使资

本增值了。（　　）

6.盈余现金保障倍数的计算公式是经营现金净流量除以净利润。

（　　）

7.在运用综合经济指数法进行经营业绩综合评价时，无论指标如何选择，最终得到的综合经济指数越高，则经营业绩越好。（　　）

8.综合指数法又称功效系数法，其一般程序或步骤包括：选择业绩评价指标，确定各项业绩评价指标的标准值，确定各项业绩评价指标的权数，计算各类业绩评价指标得分，计算经营业绩综合评价分数，确定经营业绩综合评价等级。（　　）

9.业绩评价指标标准值需要根据分析的目的和要求确定，可用某企业某年的实际数，也可用同类企业、同行业或部门平均数，还可用国际标准数。（　　）

10.杜邦财务分析法从盈利能力、营运能力、偿债能力和发展能力的角度对企业展开了全面分析。（　　）

11.在运用综合经济指数法进行经营业绩综合评价时，应该尽量既包括正指标又包括逆指标。（　　）

四、计算题

1.单项指数计算

某企业的资产负债率为60%，流动比率为180%，资产负债率的标准值为50%，流动比率的标准值为200%。请计算资产负债率和流动比率的单项指数。

2.单项指标得分计算

假如总资产报酬率的评价标准见表12-1。

表12-1　**总资产报酬率的评价标准表**

标准系数	优秀（1）	良好（0.8）	平均值（0.6）	较低值（0.4）	较差值（0.2）
指标值（%）	9.1	7.3	4.0	2.2	0

某企业该项指标实际完成值为7.2%，该项指标的权数为14分。请计算总资产报酬率的得分。

3.净资产收益率计算

某企业2024年12月31日资产负债表（简表）见表12-2。

表12-2　**某企业2024年12月31日资产负债表（简表）**　单位：万元

资产	年末	负债和所有者权益	年末
货币资金	90	流动负债合计	300
应收账款净额	180	非流动负债合计	400
存货	360	负债合计	700
流动资产合计	630	所有者权益合计	700
非流动资产合计	770		
总计	1 400	总计	1 400

该企业2024年度销售收入为840万元，税后净利润为117.60万元。已知该企业2023年度销售净利率为16%，总资产周转率为0.5次，权益乘数为2.20，权益净利率为17.60%。

试计算：（1）2024年企业的销售净利率、总资产周转率、权益乘数和净资产收益率；

（2）利用因素分析法分析销售净利率、总资产周转率和权益乘数变动对净资产收益率的影响（涉及资产负债表的数据均采用期末数）。

4.可持续增长率计算

某企业2022—2024年的各相关财务指标见表12-3。试计算2023年、2024年该企业的可持续增长率。

表12-3　**某企业连续三年财务指标**

项目	销售净利率（%）	总资产周转率（次）	权益乘数	留存收益率（%）
2022年	10.20	0.91	3.50	30
2023年	15.11	1.22	2.89	30
2024年	6.72	0.85	4.24	31

5.评议指标得分计算

发展创新能力评议指标的等级参数：优，1分；良，0.8分；中，0.6分；低，0.4分；差，0.2分。该指标的权数是15分。7名评议员的评议结果：优，3人；良，3人；中，1人。请计算发展创新能力评议指标的得分。

五、业务题

1.杜邦分析

某公司有关财务信息见表12-4。

表12-4　**某公司财务数据摘选**　单位：亿元

项目	上年	本年
平均总资产	485	514
平均净资产	170	169
营业收入	140	151
净利润	14	11

要求：根据以上资料，按杜邦财务分析体系对净资产收益率的变动原因进行分析。

2.可持续增长率分析

某企业资料见表12-5。

表12-5　**某企业相关财务指标**　单位：万元

项目	上年	本年
平均总资产	68 520	74 002
平均净资产	41 112	40 701
营业收入	51 390	57 722
净利润	3 083	3 215
现金股利支付额	1 233	1 125

其中，该企业本年的流动资产周转率和固定资产周转率都比上年有所提升，且短期借款的比例也比上年有所提高。

要求：根据以上资料，对可持续增长率变动原因进行分析，并说明对可持续增长率进行分析的意义。

3.综合经济指数计算

某企业资料见表12-6。

表12-6　某企业经济指标数据表

经济指标	标准值	实际值	权数
销售利润率（%）	15	16	15
总资产报酬率（%）	12	10	15
资本收益率（%）	18	16	15
资本保值增值率（%）	105	103	10
资产负债率（%）	50	45	5
流动比率（%）	200	160	5
应收账款周转率（次）	6	5	5
存货周转率（次）	5	5.5	5
社会贡献率（%）	25	25	10
社会积累率（%）	20	20	15

要求：根据以上资料按封顶和不封顶两种方法计算综合经济指数。

4.杜邦财务分析体系的应用

A、B两家公司2022年至2024年的资料分别见表12-7、表12-8。

表12-7　A公司连续三年各财务指标

项目	2022年	2023年	2024年
净资产收益率（%）	11.96	15.89	17.07
总资产报酬率（%）	6.27	7.42	7.56
销售净利率（%）	7.46	8.31	9.36
总资产周转率（次）	0.84	0.89	0.81
权益乘数	1.91	2.14	2.26

表12-8　　**B公司连续三年各财务指标**

项目	2022年	2023年	2024年
净资产收益率（%）	8.48	9.83	10.52
总资产报酬率（%）	7.77	8.85	9.46
销售净利率（%）	13.25	13.86	13.15
总资产周转率（次）	0.59	0.64	0.72
权益乘数	1.09	1.11	1.11

要求：根据以上资料，结合A公司和B公司各方面的财务指标，采用杜邦财务分析体系对A、B两家公司净资产收益率出现的变化以及产生明显差异的原因进行总体分析判断。

5.综合评分法的应用

某公司本年考核指标值见表12-9。

表12-9　　**某公司考核指标值表**

指标名称	权重	指标值
净资产收益率（%）	10	20.82
营业收入利润率（%）	9	11.62
总资产报酬率（%）	8	10.07
盈余现金保障倍数	7	1.46
总资产周转率（次）	6	0.77
应收账款周转率（次）	6	19.27
流动资产周转率（次）	5	3.09
两金占流动资产比重（%）	5	48.16
资产负债率（%）	6	62.69
现金流动负债比率（%）	6	24.66
带息负债比率（%）	5	62.60

续表

指标名称	权重	指标值
已获利息倍数	5	8.10
研发经费投入强度（%）	6	2.59
全员劳动生产率（万元/人）	6	154.93
经济增加值率（%）	5	13.25
国有资本保值增值率（%）	5	116.12

某公司所属行业的绩效评价标准值见表12-10。

表12-10　**绩效评价标准值表**

项目	优秀值	良好值	中等值	较低值	较差值
一、盈利回报指标					
净资产收益率（%）	19.0	11.8	7.5	0	−6.6
营业收入利润率（%）	15.9	10.5	5.7	0.6	−9.2
总资产报酬率（%）	7.8	5.2	3.3	−0.6	−3.1
盈余现金保障倍数	3.1	1.9	0.9	−0.1	−2.0
二、资产运营指标					
总资产周转率（次）	1.2	1.0	0.6	0.4	0.3
应收账款周转率（次）	15.1	11.1	7.8	4.8	2.8
流动资产周转率（次）	2.7	2.0	1.4	0.7	0.2
两金占流动资产比重（%）	16.7	25.4	34.3	49.1	59.0
三、风险防控指标					
资产负债率（%）	48.3	53.3	58.3	71.2	82.4
现金流动负债比率（%）	25.3	14.7	7.5	−0.3	−5.5
带息负债比率（%）	25.3	36.0	52.0	58.3	70.6

续表

项目	优秀值	良好值	中等值	较低值	较差值
已获利息倍数	7.2	4.4	2.5	1.0	−1.2
四、持续发展指标					
研发经费投入强度（%）	3.2	2.5	1.9	1.2	0.5
全员劳动生产率（万元/人）	67.8	48.9	39.2	21.5	9.7
经济增加值率（%）	12.4	6.0	0	−5.1	−8.5
国有资本保值增值率（%）	111.2	108.3	104.1	98.5	91.6

要求：根据以上资料，采用综合评分法，对该企业经营业绩进行评价。（已知评议指标总分为86.5分）

□ 案例分析题

比亚迪的增长密码

1.案例介绍

比亚迪股份有限公司（以下简称“比亚迪”）成立于1995年，是一家横跨电子、汽车、新能源和轨道交通四大产业的高新技术企业，总部位于中国深圳。经过30余年的发展，比亚迪已成为全球领先的新能源汽车及动力电池制造商，业务遍布全球六大洲、70多个国家和地区，员工总数超过60万人。公司以“用技术创新满足人们对美好生活的向往”为使命，持续推动全球绿色出行和可持续发展。

比亚迪以电池技术起家，早期在移动电子设备电池领域占据全球领先地位。2003年进入汽车行业，2008年推出全球首款量产插电式混合动力汽车（PHEV），奠定了新能源车领域的先发优势。其自主研发的“刀片电池”以高安全性和长寿命著称，而e平台3.0、CTB（电池车身一体化）等技术进一步提升了电动车性能。2022年，比亚迪成为全球首个停产燃油车的传统车企，全面聚焦纯电和插电混动技术。

比亚迪新能源汽车销量自2022年起稳居全球前三，2023年销量突破300万辆，成为中国首个进入全球销量前十的汽车品牌。乘用车业务覆盖欧美、东南亚、拉美等市场，商用车（如电动巴士）已在伦敦、洛杉矶等数百个城市运营。此外，比亚迪光伏、储能系统及云轨（跨座式单轨）技术也在全球多国落地。

2024年，比亚迪的新能源汽车销量继续保持强劲增长，同比增长超40%，蝉联中国汽车市场车企销量冠军、中国汽车市场品牌销量冠军和全球新能源汽车市场销量冠军，2024年11月，比亚迪更成为全球首家达成第1 000万辆新能源汽车下线里程碑的车企。

比亚迪2022—2024年部分财务数据见表12-11。

表12-11 **比亚迪2022—2024年财务数据表** 单位：亿元

项目	2022年	2023年	2024年
资产	4 938.61	6 795.48	7 833.56
负债	3 724.71	5 290.86	5 846.68
所有者权益	1 213.90	1 504.62	1 986.88
净利润	177.13	313.44	415.88
营业收入	4 240.61	6 023.15	7 771.02

2.案例分析要求

请应用杜邦财务分析体系分析比亚迪2024年净资产收益率较2023年净资产收益率的变动情况，并分析变动原因。

比亚迪与特斯拉：全球新能源汽车双雄争锋

1.案例介绍

（1）比亚迪（BYD）公司简介

比亚迪股份有限公司（BYD，全称Build Your Dreams）成立于1995年，总部位于中国深圳，最初以电池制造起家，如今已发展成为全球领先的新能源汽车、电池、电子和轨道交通综合企业。比亚迪的业务涵盖乘用车、商用车、电池、太阳能、储能和云轨（跨座式单轨），是全球少数具备全产业链布局的新能源企业之一。

核心业务与技术优势

比亚迪以垂直整合战略著称，自主掌控电池、电机、电控等核心技术。2003年进军汽车行业，2008年推出全球首款量产插电式混动汽车

（PHEV）F3DM。2020年发布的刀片电池凭借高安全性和长寿命成为行业标杆，而e平台3.0和CTB（电池车身一体化）技术进一步提升了电动车的性能和续航。2022年，比亚迪宣布全面停产燃油车，专注于纯电（BEV）和插混（PHEV）车型。

市场表现与全球化

比亚迪新能源汽车销量自2021年起高速增长，2023年全球销量突破300万辆，成为中国首个进入全球销量前十的汽车品牌。其乘用车（如汉、海豹、元PLUS）畅销中国、欧洲、东南亚及拉美市场，电动巴士（K9系列）已在伦敦、洛杉矶、东京等全球400多个城市运营。此外，比亚迪的光伏、储能系统和云轨也在海外市场加速落地。

社会责任与未来愿景

比亚迪以“为地球降温1℃”为使命，推动绿色出行和可再生能源应用。公司连续多年入选《财富》世界500强，并获评“全球最具创新力企业”之一。未来，比亚迪将继续深耕新能源技术，拓展全球市场，助力碳中和目标。

（2）特斯拉（Tesla）公司简介

特斯拉（Tesla，Inc.）成立于2003年，总部位于美国得克萨斯州，是全球电动汽车（EV）和清洁能源行业的标杆企业，以颠覆性创新闻名。公司业务涵盖电动汽车、太阳能产品、储能系统和自动驾驶技术，创始人埃隆·马斯克（Elon Musk）的愿景是“加速世界向可持续能源的转变”。

核心业务与技术突破

特斯拉以高性能电动车和自动驾驶技术为核心竞争力。2008年推出首款电动跑车Roadster，2012年发布Model S，重新定义电动汽车市场。其4680电池、一体化压铸车身和Dojo超级计算机等技术持续引领行业。特斯拉的Full Self-Driving（FSD）系统是全球最先进的自动驾驶方案之一，尽管尚未完全实现L5级自动驾驶，但已积累海量真实路测数据。

市场表现与全球扩张

特斯拉是全球市值最高的汽车公司，2023年交付量超180万辆，主力车型Model 3/Model Y占据全球电动车销量榜首。其超级工厂（Gigafactory）分布于美国、中国（上海）、德国（柏林）和墨西哥（在建），上海工厂年产能超75万辆，是特斯拉全球供应链的关键支柱。此外，特斯拉的Powerwall储能系统和Solar Roof太阳能屋顶也在家庭能源领域占据重要地位。

行业影响与未来挑战

特斯拉不仅推动电动车普及，还通过开放专利、建设超级充电网络（Supercharger）加速行业变革。然而，其面临自动驾驶安全争议、4680电池量产瓶颈等挑战。未来，特斯拉计划推出Cybertruck、Robotaxi（无人出租车），并进一步优化FSD系统，巩固其在智能电动车领域的领导地位。

比亚迪和特斯拉是新能源汽车市场的主要竞争对手，比亚迪更侧重规模化制造和全产业链控制，而特斯拉以科技创新和品牌影响力见长，二者共同推动全球新能源革命。

（3）比亚迪和特斯拉2023年和2024年财务数据（见表12-12）

表12-12　**比亚迪和特斯拉2023年和2024年财务数据**

项目	比亚迪（亿元）		特斯拉（亿美元）	
	2023年	2024年	2023年	2024年
资产	6 795.48	7 833.56	1 221.00	1 066.00
负债	5 290.86	5 846.68	430.10	483.90
所有者权益	1 504.62	1 986.88	636.10	736.80
净利润	313.44	415.88	149.7	71.53
营业收入	6 023.15	7 771.02	967.70	976.90

2.案例分析要求

利用杜邦财务分析体系计算比亚迪和特斯拉2024年净资产收益率的差异，并分析差异产生的原因。

第十三章　企业价值评估

□ 本章重点与难点

一、企业价值评估的目的

企业价值评估由于评估主体不同而具有不同的评估目的。企业价值评估的目的主要有以下四种类型：

第一，投资者基于投资决策的评估目的；

第二，管理者基于价值管理的评估目的；

第三，交易双方基于并购的评估目的；

第四，清算企业基于清算的评估目的。

二、企业价值评估的内涵

根据企业价值评估的目的与主体不同，价值评估的内涵也有所不同，价值评估中要注意的几类主要价值包括：

1.资产价值与企业价值

企业资产的价值是由企业拥有或控制的经济资源所创造的经济收益的现值所决定的。企业价值实际上是由创造企业经济收益的各种资源的价值决定的。企业价值可具体体现为企业资产的价值。

2.企业价值与股东价值

企业价值是指企业全部资产的价值。股东价值亦称资本价值，是指企业净资产的价值。

3.账面价值与市场价值

账面价值是根据历史成本记录的，是特定时点会计核算反映的价值。市场价值是企业流通在外的普通股的市场价值与企业债务的市场价值的总和。

4.持续经营价值与清算价值

持续经营价值是指企业在可预见的未来能够持续经营，不会面临破产或清算的前提下，其资产组合的整体价值。清算价值是指企业破产或停业清算时，全部资产被变现出售所能获得的价值。企业的持续经营价值与清算价值可能存在不同。进行价值评估时应根据评估对象的具体情况，考虑应选择的价值。

5.少数股权价值与控股股权价值

少数股权价值是指投资者持有公司股份的比例较低，且无法通过股权或协议对公司关键决策事项施加控制或重大影响时的股权价值。投资者能够对公司关键决策事项施加控制时，其持有的股权价值为控股股权价值。价值评估中通常以股票或债券市场价格为基础进行评估。企业市场价值是评估企业经营业绩的重要指标和资本成本的主要决定因素。但是，市场价值衡量的是少数股权价值，不是控股股权交易的可靠价格指标。

三、企业价值评估的程序与方法

企业价值评估的程序通常包括以下几个步骤：信息资料收集、现场勘察、信息资料整理与分析、价值评估方法选择与运用、出具价值评估报告。

通常价值评估方法可以分为收益法、市场法、成本法（资产基础法）等基本类型。收益法常用的是现金流量折现法和经济利润折现法；市场法通常是以价格比为基础的价值评估法，常用的两种具体方法是上市公司比较法和交易案例比较法；成本法（资产基础法）是指以被评估企业评估基准日的资产负债表为基础，合理评估企业表内及表外各项资产、负债价值，确定评估对象价值的评估方法。

四、财务分析与企业价值评估

（一）财务分析主体与企业价值评估

财务分析主体主要分为企业内部的财务分析主体与企业外部的财务分析主体，他们都关注着企业价值评估。

（二）财务分析程序与企业价值评估

企业价值评估需要科学的方法和相关可靠的信息，财务分析程序的各个环节，既为价值评估提供方法支持，也提供信息支持。

（三）财务分析方法与企业价值评估

财务分析方法在企业价值评估方法的运用中占据着重要的地位。财务分析的战略分析、比率分析、因素分析、趋势分析、综合分析等，都是企业价值评估中不可或缺的方法。

五、以现金流量为基础的价值评估方法

（一）以现金流量折现为基础的价值评估程序

以现金流量折现为基础的价值评估的基本程序和公式是：

企业经营价值=明确预测期现金净流量现值+明确预测期后现金净流量现值

企业价值=企业经营价值+非经营投资价值

股东价值=企业价值-债务价值

（二）有明确预测期现金净流量现值估算

1.确定预测期

有明确预测期是指预测期是有限的，而不是无限的。从预测的准确性、必要性角度考虑，通常预测期为5~10年。

2.预测经营现金净流量

经营现金净流量的计算有两种基本方法：

（1）现金净流量=息前税后利润[①]-净投资

其中：息前税后利润=净利润+利息

净投资=总投资-折旧

公式中的总投资是指企业新的资本投资总额，包括资本支出、流动资产及其他资产投资。折旧包括固定资产折旧和无形资产及递延资产摊销等。

（2）经营现金净流量=毛现金流量-总投资

其中：毛现金流量=息前税后利润+折旧

3.确定折现率

企业经营现金净流量的折现率的高低主要取决于企业资本成本的水平。加权平均资本成本的计算公式是：

$$\text{加权平均资本成本}=\text{平均股权资本成本}\times\text{股权资本构成}+\text{平均负债资本成本}\times\text{负债资本构成}$$

可见，进行加权平均资本成本估算：一要确定资本结构或资本成本加权权数；二要估算股权资本成本；三要估算负债资本成本。

确定进行价值评估的公司的目标资本结构，建议综合采用三种方

① 也称“息税后利润”。

法：第一，尽量估算以现实市场价值为基础的公司资本结构；第二，考虑可比公司的资本结构；第三，考虑管理层筹资方针及其对目标资本结构的影响。

4.估算现金净流量现值

$$\text{经营现金净流量现值}=\sum_{t=1}^{n}\frac{\text{经营现金净流量}_t}{(1+\text{折现率})^t}$$

应当注意，使用现金流量折现法的关键是保持现金流量与贴现率的匹配，用加权平均资本成本折现股权现金流量会导致股权价值偏高；如果使用股本成本折现公司现金流量，又会低估公司价值。如果被估价的资产当前的现金流量为正，并且可以比较可靠地估计未来现金流量的发生时间，同时根据现金流量的风险特征又能够确定恰当的折现率，那么就适合采用现金流量折现法。

（三）明确预测期后现金净流量现值估算

明确预测期后公司预期现金净流量现值估算亦称连续价值估算。使用连续价值公式便不再需要详细预测延长期公司的现金净流量。用现金流量折现法进行连续价值估算，可供选择的方法有长期明确预测法、现金净流量恒值增长公式法和价值驱动因素公式法。第一种方法不但麻烦，而且也无必要，通常选择后两种方法。

1.现金净流量恒值增长公式法的估算公式是：

$$\text{连续价值}=\frac{\text{明确预测期后第一年现金净流量正常水平}}{\text{加权平均资本成本}-\text{现金净流量预期增长率(恒值)}}$$

2.价值驱动因素公式法的估算公式是：

$$\text{连续价值}=\frac{\begin{matrix}\text{明确预测期后第一年}\\\text{息前税后利润正常水平}\end{matrix}\times\left(1-\dfrac{\text{息前税后利润预期增长率(恒值)}}{\text{新投资净额预期回报率}}\right)}{\text{加权平均资本成本}-\text{息前税后利润预期增长率(恒值)}}$$

无论采用何种方法，都涉及确定预测期、估计明确预测期后现金净流量或利润水平及其增长率、加权平均资本成本估算及折现三个问题。

预测期的选择取决于有明确预测期现金净流量折现法选择的期限。虽然选择明确预测期十分重要，但它并不影响公司价值，只关系到明确的预测期与以后年份公司的价值如何分配。

息前税后利润、现金净流量、新投资净额预期回报率和现金净流量预期增长率是企业价值评估的重要参数，应结合各自特点，采取相应方法进行预测。

加权平均资本成本是进行连续价值折现的基础，资本成本的确定可参照前述方法进行。

（四）非经营投资价值和债务价值

企业价值是经营价值与非经营投资价值之和。非经营投资价值的确定，可通过非经营现金流量折现进行，也可不采用现金流量折现进行估价，而直接用非经营投资额代表非经营投资价值。

债务价值等于对债权人现金净流量的折现。因此，要评估债务价值：一要确定债权人的现金净流量；二要确定债权人的资本成本或折现率。应当注意，只有在价值评估当日尚未偿还的公司债务才需要估算价值，对于未来借款可以假设其净现值为零，因为这些借款得到的现金流入与未来偿付的现值完全相等。

六、以经济利润为基础的价值评估方法

（一）以经济利润为基础的价值评估程序

企业价值=投资资本+预计创造超额收益现值

预计创造超额收益现值=明确预测期经济利润现值+明确预测期后经济利润现值

即：

企业价值=投资资本+明确预测期经济利润现值+明确预测期后经济利润现值

（二）有明确预测期经济利润现值估算

1.确定预测期

本部分研究的是有明确预测期经济利润现值问题。

2.预测有明确预测期经济利润

经济利润=息前税后利润-资本费用

=息前税后利润-投资资本×加权平均资本成本

=投资资本×（投资资本回报率-加权平均资本成本）

上述计算是站在企业的角度，考虑全部投资资本所计算的经济利润。如果站在企业所有者的角度考虑，经济利润或超额利润是归属于企业所有者的，则经济利润可用下式计算：

经济利润=税后利润-股权资本费用

=税后利润-所有者权益×股权资本成本

=所有者权益×（净资产收益率-股权资本成本）

3.确定折现率

由于经济利润是一种超额利润，归企业所有者所有，因此，在计算经济利润现值时应反映对股东价值的增值，从这一点考虑，折现率应采用产权资本成本。

4.估算有明确预测期经济利润现值

经济利润现值计算的一般公式是：

$$经济利润现值=\sum_{t=1}^{n}\frac{经济利润_t}{(1+折现率)^t}$$

（三）估算明确预测期后经济利润现值

明确预测期后经济利润亦称连续价值。确定连续价值现值需要按以下步骤进行：

1.计算连续价值

$$连续价值=\frac{明确预测期后第一年经济利润正常水平}{加权平均资本成本-经济利润预期增长率恒值}$$

2.计算连续价值现值

$$连续价值现值=\frac{连续价值}{(1+折现率)^n}$$

其中：n代表有明确预测期的最后一年。

（四）投资资本的确定

企业价值评估中的投资资本是指预测期期初的投资资本。由于投资资本于预测期期初发生，因此，投资资本本身价值或账面价值与其现值相同，通常可用投资资本的账面价值直接作为以经济利润为基础的价值评估法中企业价值的组成部分。

（五）企业价值的确定

在上述三个步骤的基础上，运用下式可确定企业价值：

企业价值=投资资本+明确预测期经济利润现值+明确预测期后经济利润现值

七、以价格比或价格乘数为基础的价值评估方法

价格比法，亦称价值比法或比较法、价格乘数法等，是企业价值评估市场法的一种。常用的价格比通常包括盈利比率、资产比率、收入比率和其他特定比率。以价格比为基础的价值评估步骤如下：

（一）选择价格比

采用价格比为基础进行价值评估，首先要选择适当的价格比。选择时，第一要考虑相关性程度，通常应选择与股票价格相关程度最高的价格比；第二要考虑相关价格比基数信息的可靠性。例如，如果被评估企业的股票价格与其收益相关度最高，而该企业的收益预测也比较可靠，则选择价格与收益比进行评估将会比较准确、可行。

（二）选择该价格比的可比或类似公司

在选择价格比的基础上，还应确定可用于评估的价格比的比值。一个可以替代的方法是根据"类似"公司的价格比评价被评估企业。利用价格比的主要困难在于确定真正类似的公司。

类似公司是指那些具有最相似的经营和财务特征的公司。同一行业内部的企业是最佳的选择对象。但是，应当注意，并非同行业所有企业都是可比的，不同的企业有不同的特点。在选择类似公司时，通常有两种方法：一是将同行业中所有企业的该价格比进行平均，这种做法是要通过平均数将各企业的非可比因素抵消掉，而使评估企业成为该行业最具代表性的企业；二是选择行业中最相似的企业，但构成相似性是根据运用的价格比的不同而不同的。

（三）确定价格比值

在选择可比公司的基础上，价格比的确定可以历史状况为标准，也可以预期未来状况为标准。当以历史的价格比为标准时，其前提是历史数据能准确反映未来价格比状况。

另外，价格比的确定或计算应保持分子与分母的一致性。例如，价格与收益比的分母应该是每股净收益；价格与销售比的分子，在存在债务的情况下，应做如下调整：

$$价格与销售比=\frac{产权市场价值+债务}{销售额}=\frac{股票价格\times股数+债务}{销售额}$$

（四）预测价格比基数

要准确进行价值评估，在确定价格比的基础上，要准确预测价格比基数。例如，如果选择的价格比为价格与收益比，要评估企业股东价值，则要对企业的未来净收益进行准确预测；如果选择的价格比为价格与销售额比，要评估企业价值，则要对企业的未来销售额进行准确预测；如果选择的价格比为价格与账面价值比，要评估企业股东价值，则要对企业的账面净资产价值进行准确预测。

最后将确定的价格比与预测的价格比基数代入公式，即可得到评估价值。

□ 关键概念

1.企业价值评估　　2.收益法

3.市场法　　4.现金流量折现法

5.经营现金净流量　　6.连续价值

7.经济利润　　8.比较法

9.价格比

□ 相关准则制度及阅读书目

［1］中国资产评估协会．资产评估执业准则——企业价值［EB/OL］.［2023-12-01］．https：//www.cas.org.cn/docs/2017-09/20170913100607990316.pdf.

［2］国务院国资委产权管理局投资价值评估课题组．投资价值评估［M］．北京：中国市场出版社，2016.

［3］陈力农．公司价值评估［M］．上海：上海财经大学出版社，2012.

［4］余炳文，杨飞虎，胡梅根．企业价值评估案例［M］．北京：经济管理出版社，2016.

［5］张先治，池国华．企业价值评估［M］．5版.大连：东北财经大学出版社，2023.

［6］赵立新，刘萍，等．上市公司并购重组企业价值评估和定价研究［M］．北京：中国金融出版社，2011.

［7］托马斯，格普．价值评估指南［M］．中央财经大学资产评估研究所，译．北京：电子工业出版社，2012.

［8］达摩达兰．投资估价［M］．3版.林谦，安卫，译．北京：清华大学出版社，2014.

［9］斯密德林．估值的艺术：110个解读案例［M］．李必龙，李

羿，译．北京：机械工业出版社，2015.

[10] 蒙克斯，拉杰科斯．企业价值评估 [M]．秦丹萍，译．北京：中国人民大学出版社，2015.

□ 复习思考题

1.企业价值评估的目的通常有哪些？

2.企业价值评估的方法包括哪几种基本类型？

3.趋势分析与预测分析对评估企业价值有何作用？

4.企业价值评估与业绩评价有何关系？

5.为什么需要进行连续价值估算？

6.正确计算经济利润或EVA应注意什么问题？

□ 练习题

一、单项选择题

1.下列价值评估方法中，不属于贴现法的是（　　）。

A.以现金流量为基础的价值评估方法

B.以价格比为基础的价值评估方法

C.以经济利润为基础的价值评估方法

D.以股利为基础的价值评估方法

2.站在企业整体的角度来看，经济利润是从息前税后利润中扣除（　　）。

A.投资成本　　B.加权平均资本成本

C.资本费用　　D.财务费用

3.下列说法中，错误的是（　　）。

A.企业价值=持续经营股东价值+债务价值

B.企业价值=企业经营价值+非经营投资价值

C.企业价值=投资资本+预计创造超额收益现值

D.EVA=税后利润-股本成本-借贷成本

4.下列关于经营现金净流量的计算中，错误的是（　　）。

A.经营现金净流量=息前税后利润-净投资

B.经营现金净流量=毛现金流量-总投资

C.经营现金净流量=净利润+利息-总投资+折旧

D.经营现金净流量=税后利润+折旧-总投资

5.连续价值是指（　　）。

A.持续经营价值

B.控股权价值

C.明确预测期后现金净流量现值

D.明确预测期各年价值之和

6.最常用的价格比不包括（　　）。

A.市盈率或价格与收益比　　B.价格与股东价值比

C.市场价格与账面价值比　　D.价格与销售额比

二、多项选择题

1.企业价值评估的程序包括（　　）。

A.信息资料搜集　　B.现场勘察

C.信息资料整理与分析　　D.价值评估方法选择与运用

E.撰写价值评估结果报告

2.企业价值评估的收益法具体包括（　　）。

A.股利折现法　　B.现金流量折现法

C.净利润折现法　　D.上市公司比较法

E.经济利润折现法

3.下列类型的公司中，预测现金流量和确定折现率存在一定困难的有（　　）。

A.陷入财务拮据状态的公司　　B.收益呈周期性的公司

C.拥有未被利用资产的公司　　D.有专利权的公司

E.拥有产品选择权的公司

4.运用现金流量折现法进行企业价值评估，应考虑的因素有（　　）。

A.债务价值

B.确定贴现率

C.明确预测期长短

D.明确预测期后每年的现金流量

E.明确预测期每年的现金流量

5.运用价格比为基础的价值评估方法，通常可选择的价格比有（　　）。

A.市盈率　　B.价格与销售额比

C.市场价格与账面价值比　　D.每股价格与每股资产比

E.每股价格与每股成本比

6.企业价值评估的目的包括（　　）。

A.投资者基于投资决策的评估目的

B.管理者基于价值管理的评估目的

C.交易双方基于并购的评估目的

D.清算企业基于清算的评估目的

E.债权人基于信贷管理的目的

7.用现金流量折现法进行连续价值估算，可供选择的方法有（　　）。

A.长期明确预测法

B.以价格比为基础的价值评估方法

C.价值驱动因素公式法

D.现金净流量恒值增长公式法

E.以现金流量比为基础的价值评估方法

三、**判断题**

1.价值是衡量业绩的最佳标准，也是唯一标准。（　　）

2.以持续经营为前提，对企业价值进行评估时，可以采用收益法、市场法和资产基础法中的任何一种作为价值评估的方法。（　　）

3.即使两个企业未来各年的净收益完全相同，这两个企业的价值也未必相同。（　　）

4.利用净利润作为资本收益进行折现，被认为是较理想的价值评估方法。（　　）

5.企业未来资本收益是指股利。（　　）

6.只有在价值评估当日尚未偿还的公司债务才需要估算价值，对于未来借款可以假设其净现值为零。（　　）

四、计算题

1.以现金流量为基础的价值评估方法

相关资料如下：

（1）表13-1显示了发展公司未来5年的经营现金流量预测。

表13-1 **发展公司未来5年的经营现金流量预测（一）** 单位：万元

项目	2025年	2026年	2027年	2028年	2029年
净利润	8 561	9 462	10 469	10 992	11 851
加：固定资产折旧	5 813	4 326	5 890	6 862	7 669
财务费用	501	523	545	561	581
存货的减少	−4 989	−5 211	−5 214	−5 244	−5 261
经营性应收项目减少（减：增加）	−5 773	−6 544	−6 209	−6 570	−6 993
经营性应付项目增加（减：减少）	2 952	2 689	3 245	3 317	3 697
经营活动产生的现金流量净额	7 065	5 245	8 726	9 918	11 544

（2）假设公司从2030年开始，每年现金净流量比上年增长5%。

（3）企业加权平均资本成本为8%；非经营投资价值为5 271万元；债务价值为58 166万元。

要求：应用以现金流量为基础的价值评估方法评估发展公司的股东价值与企业价值。

2.以经济利润为基础的价值评估方法

表13-2是发达公司未来5年的相关预测数据。

表13-2 **发达公司未来5年的相关预测数据** 单位：万元

项目	2025年	2026年	2027年	2028年	2029年
资产总额	2 061	2 759	3 879	5 819	8 233
所有者权益	1 235	1 679	2 394	3 216	4 426
主营业务收入	7 742	10 839	15 516	22 193	31 528
净利润	288	378	416	490	587

假设发达公司2025年年初的投资资本为880万元，2029年以后经济利润预期增长率为7%，而且保持不变，其股权资本成本率为10%。

要求：应用以经济利润为基础的价值评估方法确定发达公司股东价值。

3.以价格比为基础的价值评估方法

鹏程公司拟进行整体资产评估，评估基准日为2024年12月31日。评估人员综合采用市盈率、市场价格与账面价值比和价格与销售额比综合评估公司价值。评估人员选了4家可比公司，分别计算了其2024年的市盈率、市场价格与账面价值比以及价格与销售额比，见表13-3。

表13-3 **4家可比公司的相关指标值**

项目	甲公司	乙公司	丙公司	丁公司
市盈率	17.8	15	18.2	16.3
市场价格与账面价值比	2.3	2.5	2	1.9
价格与销售额比	1.3	1.4	1.5	1

假设鹏程公司2024年的净收益为2 000万元，年末账面净资产为17 000万元，年销售额为33 000万元。

要求：分别采用市盈率、市场价格与账面价值比和价格与销售额比计算鹏程公司的股权价值。

4.股东价值评估

相关资料如下：

（1）表13-4显示了发展公司未来5年的经营现金流量预测：

表13-4 **发展公司未来5年的经营现金流量预测（二）** 单位：万元

项目	2025年	2026年	2027年	2028年	2029年
净利润	8 561	9 462	10 469	10 992	11 851
利息支出	1 889	2 012	2 123	2 230	2 357
投入资本	95 193	104 090	113 839	125 222	137 206

（2）假设公司的股权资本成本为8%，从2030年开始每年经济利润比上年增长3%。

（3）假设2025年年初投入资本为101 000万元，债务价值为80 000万元。

要求：评估发展公司股东价值。

5.股票价值评估

光辉股份有限公司属于上市公司，公司资产总额为32 000万元，产权比率为0.6。公司流通在外的普通股共计5 000万股，每股市价为15元。公司拟回购流通在外的普通股股票的10%。假设公司的市净率在回购前后保持不变，则在股票回购价格为10元时，股票回购后该公司流通在外的普通股市场价值为多少？

□ 案例分析题

圣博公司的真实业绩究竟如何？

1.案例介绍

圣博股份有限公司（以下简称“圣博公司”）是一家生产半导体封装设备的公司。公司自创建至今，账面利润基本上是盈利，尤其是2023年和2024年两年，净利润均超过1 000万元。因此，近几年圣博公司产品受市场认可，销量激增，圣博公司扩大了生产规模，加大了对固定资产的投资，同时补充了营运资金，处于快速扩张期的圣博公司发展前景较为明朗。

根据有关资料可以得到圣博公司的相关财务数据，见表13-5。

表13-5 圣博公司2023年、2024年财务数据 金额单位：万元

项目	2023年	2024年
利润总额	2 571	1 929
所得税税率	25%	25%
净利润	1 928	1 447
财务费用	200	170
债务资本	6 800	4 000
权益资本	13 000	12 000
投入资本总额	19 800	16 000
加权平均资本成本	10%	10%

其中：投入资本总额=债务资本+权益资本

总资本成本=投入资本总额×加权平均资本成本

目前，我国很多企业把利润作为评价企业业绩的指标，圣博公司也是以净利润来评价公司业绩的。从账面利润来看，圣博公司最近的盈利能力相当可观，从而使得外界对公司充满了信心，公司员工对公司所创造的利润也非常满意。

2.案例分析要求

（1）如果圣博公司采用EVA指标评价企业业绩，试分别计算2023年和2024年的EVA指标值，并指出用EVA和净利润哪一种指标评价圣博公司的经营业绩更合理，为什么？

（2）如何理解“在会计利润很大的情况下，公司实际也有可能处于亏损状态”，你认为该结论是否正确？

东方公司价值评估

1.案例介绍

东方生物科技集团股份有限公司（以下简称“东方公司”）是以农产品为原料进行天然植物有效成分提取的出口创汇型企业，拥有13家子（分）公司，主要研制和生产天然色素、天然香辛料提取物和精油、天然营养及药用提取物、油脂和蛋白等四大系列60多种产品。为了更好地促进公司的发展，集团公司决定对企业价值进行评估。

2024年的销售收入为16.875亿元，经营费用为15.175亿元，EBITDA为1.7亿元，折旧为0.55亿元，资本性支出为0.60亿元，营运资本为0.9亿元。公司发行在外债务的账面价值是9.12亿元，市场价值为10亿元，税前利率为10%。公司共有1亿股股票，每股市价15元，股票的β值为1.2，国库券的利率是6%。预计2025—2029年，公司的销售收入、利润、资本性支出、营运资本和折旧都将以10%的速度增长。从2030年开始，公司将进入稳定增长阶段，增长率下降为7%。公司进入稳定增长阶段后，资本性支出与折旧相抵，而负债比例将降至30%，债务税前利率降为8%，股票的β值为1.1（公司所得税税率为25%，市场平均收益率为13.5%）。

（1）2024年资料如下：

EBITDA（利息、税收、折旧、摊销前收益）=1.7亿元，资本性支出=0.6亿元，折旧=0.55亿元，营运资本=0.9亿元，税前利率=10%，销售收入=16.875亿元。

（2）高速增长阶段（2025—2029年）的资料如下：

销售收入、利润、资本性支出、营运资本和折旧的增长率=10%，n=5年，股票的β值=1.2，税前债务成本=10%。

（3）稳定增长阶段（2030年及以后）的资料如下：

资本性支出与折旧相抵，股票的β值=1.1，税前债务成本=8%，负债比率=30%，公司现金流量的预期增长率=7%。

2.案例分析要求

（1）根据上述资料，估计东方公司高速增长阶段预期现金净流量现值。

（2）估计东方公司稳定增长阶段预期现金净流量现值。

（3）估计东方公司的公司价值。

（4）计算股权资本的价值和每股价值。

注：（P/F，12%，1）=0.893，（P/F，12%，2）=0.797，（P/F，12%，3）=0.712，（P/F，12%，4）=0.636，（P/F，12%，5）=0.567。

H通信公司价值评估

1.案例介绍

H通信公司（以下简称“H公司”）是一家综合性通信制造业上市公司。H公司致力于设计、开发、生产、分销及安装各种先进的电信系统和设备，包括无线通信系统、有线交换与接入设备、光通信设备、数据通信设备、手机和电信软件系统和服务业务等。为了更好地促进公司的发展，H公司董事会决定对公司价值进行评估，具体采用以经济利润为基础的价值评估方法。为了简化问题，突出重点，在EVA计算过程中将会计调整项目主要限制在利息支出、研究与开发费用和在建工程等方面（不考虑摊销额，而是一次性调整）。

根据H公司的历史业绩及通信设备行业的发展趋势，估计其未来4年经营业绩的增长率为8%，其后进入稳定增长阶段，增长率为5%。假设H公司的所得税税率为25%。假设已知H公司2022年、2023年、2024年的β值分别为1.6、1.19和1.3，同期国债到期收益率为4.27%，中国资本市场的股本资本溢价为5.89%。H公司2022年、2023年、2024

年的债务资本成本分别为13.98%、12.06%、12.75%。H公司2022—2024年资产负债表项目和利润表项目部分资料见表13-6。

表13-6 H公司2022—2024年资产负债表项目和利润表项目资料（部分）

单位：万元

项目	2022年	2023年	2024年
在建工程	116 277	127 220	136 259
无息流动负债	2 207 766	2 806 118	3 621 002
负债合计	4 303 790	5 470 028	6 912 366
所有者权益	1 650 266	2 145 736	2 562 962
净利润	268 866	347 652	224 301
利息支出	75 131	72 862	137 400
研究开发费用	605 538	842 765	1 042 638

2.案例分析要求

请运用以经济利润为基础的价值评估方法对H公司的价值进行评估。具体要求如下：

（1）计算H公司的税后净营业利润。

（2）计算H公司的调整后资本。

（3）计算H公司的加权平均资本成本。

（4）计算H公司的EVA值。

（5）估算H公司的公司价值。

W房地产开发公司价值评估

1.案例介绍

W房地产开发公司是从事房地产开发和经营的公司，业务范围包括城镇土地开发、房屋营造、基础设施建设、房地产营销、房地产售后的维修保养、住宅小区的清洁绿化、治安保卫、居室装修、商业服务、搬家服务，以及其他经营服务等。2024年该公司经济效益较好。为了更好地对公司的长远发展进行有效预测和决策，该公司董事会决定采取以经济利润为基础的价值评估方法来评估企业价值。

表13-7是W房地产开发公司财务人员对公司未来5年财务数据的预测，该公司2025年年初的初始投资成本为1 580万元，2029年以后的经济利润预期增长率为8%且保持不变，股权资本成本率为10%。

表13-7　**W房地产开发公司未来5年的相关预测**　单位：万元

项目	2025年	2026年	2027年	2028年	2029年
资产总额	4 328.1	5 793.9	8 145.9	12 219.9	17 289.3
所有者权益	2 593.5	3 525.9	5 027.4	6 753.6	9 294.6
主营业务收入	16 258.2	22 761.9	32 583.6	46 605.3	66 208.8
净利润	604.8	793.8	873.6	1 029.0	1 232.7

2.案例分析要求

请按照W房地产开发公司董事会的要求并结合财务人员对公司未来5年财务数据的预测，运用以经济利润为基础的价值评估方法对该公司的股东价值进行评估。具体要求如下：

（1）预测该公司明确预测期各年经济利润。

（2）估算该公司明确预测期经济利润现值。

（3）估算该公司明确预测期后经济利润现值。

（4）计算该公司股东价值。

（5）与以现金流量为基础的评估方法相比，该公司董事会采取以经济利润为基础的评估方法的优势是什么？

复习思考题提示

□ 第一章复习思考题提示

1.财务分析为什么会形成独立的学科?

回答这个问题可从以下几个角度思考:

第一，财务分析有独立的理论体系。

第二，财务分析有独立的方法论体系。

第三，财务分析有独立的内容体系。

第四，财务分析与其他学科的关系。

2.如何理解财务分析的基本内涵?

回答这个问题可从以下几个角度思考:

第一，财务分析的定义。

第二，财务分析主体、依据和对象。

第三，财务分析的功能与作用。

3.如何理解西方财务分析体系对我们的启示?

回答这个问题可从以下几个角度思考:

第一，明确西方财务分析的几种体系及特点。

第二，明确财务分析体系建立的理论基础或逻辑思路。

第三，明确会计分析与财务分析、事后分析与事前分析、分析技术与分析应用等的关系与价值。

4.如何理解财务分析目标的多元化?

回答这个问题可从以下几个角度思考:

第一，财务分析主体多元化和财务分析信息使用者多元化决定了财务分析目标多元化。

第二，从满足投资者、债权人、经营管理者及其他利益相关者决策与控制的需要的综合角度来看财务分析目标。

第三，从财务分析信息使用目的的角度看财务分析目标。

□ 第二章复习思考题提示

1.符合哪些特征的信息可以被用于财务分析？

这个问题是关于财务分析信息的质量要求的，回答这个问题可从以下几个角度思考：

第一，财务信息应当完整。

第二，财务信息应当具有系统性。

第三，财务信息应该准确。

第四，财务信息应该具有及时性。

第五，财务信息应当与分析目标相关。

2.如何在财务分析中利用审计报告的信息？

这个问题是关于审计报告在财务分析中的信息功能的，回答这个问题可从以下几个角度思考：

第一，注册会计师审计报告是进行财务分析的重要信息。有人将审阅注册会计师审计报告作为财务分析的首要步骤，足以说明审计报告的重要性。

第二，注册会计师在审计报告中对所审计的财务报表提出审计意见的类型。

第三，审计意见类型，特别是非标审计意见类型对明确财务分析重点具有价值。

第四，关键审计事项，是注册会计师依据职业判断认为对当期财务报表审计最为重要的事项。

3.在利用会计报表进行财务分析时，应该注意哪些局限性？

这个问题是关于会计报表信息的局限性的，回答这个问题可从以下几个角度思考：

第一，财务会计报表计量的局限性。

第二，财务会计报表内容的局限性。

第三，财务会计报表时间的局限性。

4.在何种情况下，财务分析应当选择预算信息作为标准？

这个问题是关于预算标准在财务分析中的作用的，回答这个问题可从以下几个角度思考：

第一，预算标准的内涵。

第二，预算标准的适用范围。

第三，预算标准与经验标准、历史标准、行业标准相比较的优缺点。

5.在利用会计报表进行财务分析时，有必要关注附注信息吗？为什么？

这个问题是关于会计报表附注信息在财务分析中的作用的，回答这个问题可从以下几个角度思考：

第一，企业的基本情况。

第二，财务报表的编制基础。

第三，遵循企业会计准则的声明。

第四，重要会计政策和会计估计。

第五，会计政策和会计估计变更以及差错更正的说明。

第六，税率。

第七，重要报表项目的说明。

第八，重要事项的揭示。重要事项的揭示主要包括承诺事项、或有事项、期后事项。

6.为什么会计报表在财务分析中不可或缺？

这个问题是关于会计报表信息在财务分析中的作用的，回答这个问题可从以下几个角度思考：

第一，年报介绍了公司、行业情况和内部治理机制等背景资料。

第二，年报披露了公司的经营成果和财务状况。

第三，年报提供了公司未来的经营计划。

第四，上述信息对财务分析评价有着重要的作用。

□ 第三章复习思考题提示

1.如何理解战略分析在财务分析中的地位与作用？

回答这个问题可从以下几个角度进行思考：

第一，战略分析在财务分析一般分析方法中所处的环节。

第二，战略分析内容及与会计分析和财务效率分析的关系。

第三，战略分析对财务分析事后分析及估值分析的影响。

第四，在明确上述问题的基础上，可归纳战略分析的地位与作用。

2.如何理解会计分析在财务分析中的地位与作用?

回答这个问题可从以下几个角度进行思考：

第一，会计分析的内涵与步骤。

第二，明确会计分析与会计报表的关系、会计报表与财务活动的关系、会计分析与战略分析的关系，从而明确会计分析与财务活动及财务目标的关系。

第三，明确会计分析对财务效率分析及价值评估的影响。

第四，在明确上述问题的基础上，可归纳会计分析的地位与作用。

3.会计分析各步骤中有哪些重点问题?

回答这个问题可从以下几个角度思考：

第一，阅读会计报告。在全面阅读会计报告的基础上，应关注的重点问题为：会计报告中注册会计师的审计意见与结论；企业采用的会计原则，是否有重要性差错更正以及会计政策变更等重要事项；会计附加信息的披露是否完整、及时、真实。

第二，比较会计报表。其重点问题为比较方法的应用，通过分析揭示会计信息的差异及变化。用水平分析法反映企业经营业绩与财务状况的变化发展情况。用垂直分析法反映报表中各项目与总体情况的关系及变动情况。用趋势分析法反映分析期各项目的变动情况与趋势。

第三，解释会计报表。其重点问题为通过比较的方法揭示会计信息的差异及变化，并结合会计政策、会计估计以及会计核算原则阐释会计报表产生差异的原因以及对生产经营产生的影响，更重要的是，发现企业经营管理中的潜在危险信号。

第四，修正会计报表信息。其重点问题为将生产经营情况以及会计信息差异相结合，进行调整或说明会计信息失真的问题。

4.运用因素分析法应注意哪些问题?

回答这个问题可从以下几个角度思考：

第一，因素分析法的内涵。因素分析法包括连环替代法和差额计算法两种形式。

第二，应用连环替代法应注意的问题。应用连环替代法应注意的问题包括：①因素分解的相关性问题；②分析前提的假定性；③因素替代的顺序性；④顺序替代的连环性。

第三，应用差额计算法应注意的问题。应用连环替代法应注意的问题，在应用差额计算法时同样要注意。除此之外，还应注意的是，并非所有连环替代法都可按差额计算法的方式进行简化，特别是在各影响因素之间不是连乘的情况下，运用差额计算法必须慎重。

□ 第四章复习思考题提示

1.若想了解企业财务状况变动情况，应当如何进行分析？

资产负债表是反映企业财务状况的报表，若想了解企业财务状况变动情况，应当对资产负债表的变动情况进行分析。

第一，编制资产负债表水平分析表。

第二，对于变动情况，从变动率、变动金额和对整体的影响三个方面进行分析。

第三，从投资或负债的角度进行分析。

第四，从筹资或权益的角度进行分析。

2.若想评价企业的资产结构是否合理，应该如何进行分析？

回答这个问题可以从以下几个角度思考：

第一，编制资产负债表垂直分析表。

第二，结合企业的行业特征和经营特点，评价流动资产和非流动资产的比例关系是否合理。

第三，结合企业的行业特征和经营特点，考察流动资产内部的结构是否合理。

第四，结合企业的行业特征和经营特点，考察非流动资产内部的结构是否合理。

第五，注意不同期间结构关系的变化。

3.如何对企业资产负债的整体结构进行评价？

回答这个问题可以从以下几个角度思考：

（1）稳健结构。稳健型的资产负债表整体结构的财务结果是：①足以使企业保持相当良好的财务信誉，通过流动资产的变现满足偿还短期债务的需要，企业风险较小。②企业可以通过调整流动负债与非流动负债的比例，使负债成本达到企业目标标准。③无论是资产结构还是资本结构，都具有一定的弹性，特别是当临时性资产需要降低或消失时，可通过偿还短期债务或进行短期证券投资来调整。一旦临时性资产需要产生，又可以重新举借短期债务或出售短期证券来满足其所需。

（2）风险结构。风险型的资产负债表整体结构的财务结果是：①财务风险较大，较大的资产风险与较高的筹资风险不能匹配。流动负债和长期资产在流动性上并不对称，如果通过长期资产的变现来偿还短期内到期的债务，必然给企业带来沉重的偿债压力，从而需要企业大大提高资产的流动性。②相对于稳健结构形式，其负债成本较低。③企业存在"黑字破产"的潜在风险。由于企业时刻面临偿债的压力，一旦市场发生变动，或发生意外事件，就可能引发企业资产经营风险，使企业因资金周转不灵而陷入财务困境，造成企业因不能偿还到期债务而"黑字破产"。

4.存货会计政策会受到哪些因素的影响？如何才能评价存货会计政策的合理性？

在资产负债表中，影响存货的主要会计政策是存货计价方法，对其进行评价可以考虑以下几个方面：

第一，分析企业对存货计价方法的选择与变更是否合理。

第二，分析存货的盘存制度对确认存货数量和价值的影响。

第三，分析期末存货价值的计价原则对存货项目的影响。

5.对负债和权益的变动水平进行分析应该注意哪些方面？

第一，分析权益总额的变动状况以及各类、各项筹资的变动状况，揭示权益总额变动的主要方面，从总体上了解企业经过一定时期经营后权益总额的变动情况。

第二，发现变动幅度较大或对权益总额变动影响较大的重点类别和重点项目，为进一步分析指明方向。

第三，分析评价权益资金变动对企业未来经营的影响。

第四，注意分析评价表外业务的影响。

6.企业大规模举债，可能对企业产生哪些影响？

（1）负债比重提高，债务负担加重。

（2）形成资金制约，影响后续债务融资能力和水平。

（3）财务杠杆作用加大。

（4）负债能够约束经理人员的自利行为，产生治理效果。

7.应当如何评价企业股东权益结构是否合理？

企业股东权益结构合理性的分析，应当建立在股东权益结构分析的基础之上。

第一，编制股东权益垂直分析表。

第二，分析各部分之间的比例关系。

第三，分析各部分比例的变动情况。

第四，考虑以下几个方面可能产生的影响：

（1）股东权益总量。

（2）企业利润分配政策。

（3）企业控制权。

（4）权益资本成本。

（5）经济环境。

□ 第五章复习思考题提示

1.试说明所有者权益变动表与资产负债表的钩稽关系。

资产负债表报告的是某一时点的价值存量，利润表、现金流量表与所有者权益变动表反映的是两个时点之间的存量变化——流量，所有者权益变动表反映的是资产负债表中所有者权益具体项目的变化过程。四张会计报表从存量与流量视角，用会计语言反映了会计期间的总体财务状况和经营业绩。

2.试说明所有者权益变动表的框架及其分析的目的和内容。

所有者权益变动表分析，是指通过所有者权益的来源及变动情况，了解会计期间内影响所有者权益增减变动的具体原因，判断构成所有者权益的各个项目变动的合法性与合理性，为报表使用者提供较为真实的所有者权益总额及其变动信息。

所有者权益变动表分析的目的包括以下内容：第一，通过所有者权益变动表的分析，可以清晰体现会计期间构成所有者权益各个项目的变动规模与结构，了解其变动趋势，反映公司净资产的实力，提供资本保值增值的重要信息；第二，通过所有者权益变动表的分析，可以进一步从全面收益角度报告更全面、更有用的财务业绩信息，以满足报表外部和内部使用者进行投资、信贷、监管及其他经济决策的需要；第三，通过所有者权益变动表的分析，可以反映会计政策变更的合理性以及会计差错更正的幅度，具体报告会计政策变更和会计差错更正对所有者权益的影响数额；第四，通过所有者权益变动表的分析，可以反映影响所有者权益变动的行为，比如：股权分置、股利分配、股票回购、股份支付、再筹资等公司决策对所有者权益的影响。所有者权益变动表分析包括如下内容：第一，所有者权益变动表的水平分析；第二，所有者权益变动表的垂直分析；第三，所有者权益变动表的主要项目分析；第四，所有者权益变动表的影响因素分析。

3.简述其他综合收益的分类及主要项目。

其他综合收益的分类及主要项目如下：

（1）以后会计期间不能重分类进损益的其他综合收益项目。

① 重新计量设定受益计划变动额。

② 权益法下不能结转损益的其他综合收益。

③ 其他权益工具投资公允价值变动。

④ 企业自身信用风险公允价值变动。

（2）以后会计期间在满足规定条件时将重分类进损益的其他综合收益项目。

① 权益法下可转损益的其他综合收益。

② 其他债权投资公允价值变动。

③ 金融工具重分类计入其他综合收益的金额。

④ 其他债权投资信用减值准备。

⑤ 现金流量套期储备。

⑥ 外币报表折算差额。

⑦ 根据相关会计准则规定的其他项目。

4.简述所有者权益变动表趋势分析的基本思路。

所有者权益变动表的趋势分析，是通过所有者权益变动表各个项目的变动情况，观察和分析股本（实收资本）、资本公积、盈余公积、未分配利润等项目的变动趋势，深入理解和掌握所有者权益项目增减变动的原因与规律，为财务预测、财务决策、编制财务预算和估算企业价值提供依据。由于所有者权益变动表已反映资产负债表中所有者权益项目由期初到期末的具体变动，因此，所有者权益变动表趋势分析是对资产负债表趋势分析的补充与延伸。所有者权益变动表趋势分析包括公司数据趋势分析和对标（行业均值、对标公司等）数据趋势分析。

5.简述股票分割对每股收益和每股市价的影响。

虽然股票分割不属于某种股利，但和股票股利一样，它会对公司的每股收益、每股市价等产生影响。在其他条件不变的情况下，进行股票分割会使公司的每股收益、每股市价下降。

6.简述股权流通对价的含义及其对公司所有者权益的影响。

股权流通对价，是指非流通股股东为获取流通权而付出的一种代价，对价的基本方式有四种：送股、送现金、送权证和缩股。其中，前三种对价方式对股权分置改革的上市公司而言，既未带来经济利益的流入，也未导致经济利益的流出，对公司本身的注册资本、股本总额和资产、负债、所有者权益总额及其内部结构没有产生影响，所以上市公司本身可以不作会计处理。而缩股股权流通对价使上市公司本身的注册资本和总股本减少，需要进行相应的会计处理。

7.简述可转换公司债券对公司所有者权益的影响。

可转换公司债券发行时，应将其包含的负债成分和权益成分进行拆分，将负债成分确认为应付债券，权益成分确认为其他权益工具，故而可转换公司债券的发行会使得公司所有者权益中的其他权益工具增加。

可转换公司债券持有人行使转换权利时，其持有的债券就会转化为股票，从而使得股本增加，其他权益工具减少。

8.简述股份支付的特点以及其对所有者权益的影响。

股份支付具有以下几点特征：（1）股份支付是企业与职工或其他方之间发生的交易；（2）股份支付是以获取职工或其他方服务为目的的交易；（3）股份支付交易的对价或其定价与企业自身权益工具未来的价值密切相关。

以权益结算的股份支付会在等待期内的每个资产负债表日，以对可行权权益工具数量的最佳估计为基础，按照权益工具在授予日的公允价值，将当期取得的服务计入相关资产成本或当期费用，同时计入资本公积中的其他资本公积。在行权日，企业根据具体情况，确认股本和股本溢价，同时结转等待期内确认的资本公积。因而，以权益结算的股份支付在等待期内会引起资本公积的增加，在行权日可能会引起股本和资本公积的变化。

□ 第六章复习思考题提示

1.如何对利润额水平分析进行评价？对利润结构变动分析的要点是什么？

（1）对利润额水平分析进行评价时，应重点把握对几个关键利润项目的变动情况进行评价：

第一，对净利润变动情况进行分析评价。

第二，对利润总额变动情况进行分析评价。

第三，对营业利润变动情况进行分析评价。

主要的分析目的在于认清净利润增减变动的原因。

（2）对利润结构变动分析的要点如下：

利用垂直分析法，将利润表中各项目分别与营业收入进行对比，反映利润表各项目所占的比重，同时将不同时期的结构进行对比，从各项目结构变化的原因入手，揭示营业利润、利润总额和净利润的结构及其变动情况、变动原因以及变动的合理性。

2.报告分部水平分析的基本思路是什么？

可从以下几个角度回答这个问题：

第一，从各报告分部项目方面进行分析，主要包括各报告分部各项目的增减变动情况及原因分析，通过分部营业利润的增减变动寻找其增减变动的原因，分析分部资产和负债等信息的增减变动情况及其变动的原因。

第二，对各报告分部之间的项目进行分析，主要包括各报告分部之间营业收入规模、营业收入比重等对比，判断各分部在企业中的重要性。

3.为什么对利润表进行分析评价时要进行会计调整？

可从以下角度回答这个问题：

根据我国《企业会计准则》的规定，当企业所处的经济环境和客观情况发生变化，继续采用原来的会计政策不能公允地反映该类业务实际情况时，就需要改变会计政策。例如，企业原来对固定资产采用直线法计提折旧，随着技术进步，采用加速折旧法更能反映企业财务状况和经营成果。再如，为了提供更为可靠、更为客观的信息，企业可以改变原有的应收账款的坏账准备计提方法、计提比率，改变原有的存货计价方法、存货跌价准备的计提方法等。由于会计政策的变更，会影响变更当年的净利润和变更当年年初的未分配利润金额，进而影响当年可供分配的利润，对于这种情况，对利润表进行分析评价时要进行会计调整。

4.产品销售利润的影响因素有哪些？对产品销售利润完成情况如何进行评价？

（1）产品销售利润的影响因素：

产品销售利润，亦称主营业务利润，是综合反映企业主营业务最终财务成果的指标。产品销售利润的高低，可以直接反映企业生产经营状况和经济效益状况，是影响营业利润的主要因素。影响产品销售利润最基本的因素，是销售量、单价和单位销售成本。在生产多种产品的企业，产品销售利润还受产品销售品种构成的影响；在生产等级品的企业，由于优质优价，产品销售利润又受产品等级的影响。

（2）产品销售利润完成情况的评价内容包括：

第一，分清影响产品销售利润的有利因素与不利因素。

第二，分清影响产品销售利润的主观因素与客观因素。

第三，分清生产经营中的成绩与问题。

5.简述企业收入分析的内容。

可从以下几个角度回答这个问题：

（1）企业收入构成分析

企业收入分析不仅要研究规模总量及变动，而且要分析结构及变动情况，以了解企业的经营方向和收入的主要来源。收入构成分析可主要从主营业务收入与其他业务收入、现销收入与赊销收入的结构进行。

（2）营业收入趋势分析

可以根据案例对象的特点，针对同行业可比企业某一段时期的营业收入变动率进行趋势对比分析。

（3）上市公司操纵收入案例

收入操纵主要包括虚构收入、夸大收入、提前确认收入、隐瞒收入、缩小收入、推迟确认收入及混淆收入等方式。

6.除了利润表本身的基本项目以外，还有哪些报表的项目会对利润表产生影响？

可从以下几个角度回答这个问题：

利润表往往能为利益相关者带来许多关于上市公司的值得关注的信息。一个企业的利润实质上不仅由收入和成本费用决定，还由资产和负债期初与期末的变动情况决定，并且利润中包含未实现的利得和损失。因此，对利润表分析不能仅局限于利润表本身，还应结合资产负债表和现金流量表，深入分析利润质量。比如还需要对企业利润的结构与相应的现金流量结构之间的关系、营业收入与应收账款的关系、会计估计变更及会计政策变更对利润的影响、投资收益及营业外收支对净利润的影响、非经常性损益等特殊项目进行分析。

□ 第七章复习思考题提示

1.对比资产负债表、利润表和现金流量表的信息作用。

可从以下几个角度回答这个问题：资产负债表是反映企业在某一特定日期财务状况的报表，可以提供企业某一日期资产或负债的总额及结构，表明企业拥有或控制的资源及分布情况，企业未来需要用多少资产或劳务清偿债务以及清偿时间。但是，资产负债表无法说明一家企业的资产、负债和所有者权益为什么发生了变化。

利润表是反映企业在一定会计期间经营成果的报表。利润表中有关营业收入和营业成本等信息说明了经营活动对财务状况的影响，一定程度上说明了财务状况变动的原因，但由于利润表是按照权责发生制原则确认和计量收入与费用的，没有提供经营、投资、筹资活动引起的现金流入和现金流出的信息。

现金流量表是以收付实现制作为记账基础，反映企业一定会计期间内现金和现金等价物流入和流出信息的一张动态报表。现金流量表主要提供有关企业现金流量方面的信息，在评价企业经营业绩、衡量企业财务资源和财务风险以及预测企业未来前景等方面，现金流量表具有十分重要的作用。现金流量表的编制和分析能弥补资产负债表和利润表的不足。

2.现金流量的分类及其所包含的主要项目有哪些？

可从以下几个角度回答这个问题：

现金流量根据企业经济活动的性质，通常可分为经营活动现金流量、投资活动现金流量和筹资活动现金流量。现金流量根据现金的流程，又可分为现金流入量、现金流出量以及现金净流量。

具体项目详见现金流量表。

3.经营活动现金净流量与净利润产生差异的原因有哪些？

可通过以下等式回答这个问题：

$$\text{经营活动现金流量净额}=\text{净利润}-\text{非付现经营性收入}+\text{非付现经营性费用}-\text{非经营性收入}+\text{非经营性费用}-\text{非现金流动资产净变化额}+\text{非现金流动负债净变化额}$$

4.现金流量表信息对资产负债表和利润表信息的补充体现在哪些方面？

可从以下几个角度回答这个问题：

作用在于：第一，现金存量的增减以及现金流量的流向均以实际发生为基础，既避免了权责发生制的不足，又可以与资产负债表、利润表的相关项目相互联系、相互检验。第二，以现金流量作为盈利能力的参照指标，具有较强的稳健性。第三，现金存量与其他资产存在方式相比较，更容易检查和验证。第四，净现金流量、经营活动现金净流量等指标，比利润、净利润等指标更能体现公司的综合盈利水平和偿债能力，更能透视出公司的盈利质量。

5.分析现金流量表的“销售商品、提供劳务收到的现金”项目和利润表的“营业收入”项目之间的关系。

可从以下几个角度回答这个问题：

“营业收入”与“销售商品、提供劳务收到的现金”的差额，将会导致“应收账款”、“应收票据”和“预收款项”等项目的变化。但由于上述增值税影响的确切金额超出企业对外披露信息范围，所以外部分析者往往无法观测到“营业收入”与“销售商品、提供劳务收到的现金”的差额，与“应收账款”、“应收票据”和“预收款项”等项目的变动额之间的等式关系。另外，如果二者之间差异悬殊，则需要从视同销售、会计处理差错等方面寻找原因。

一般关系式为：

$$\text{销售商品、提供劳务收到的现金}=\text{营业收入}+\text{应收账款项目}(\text{期初}-\text{期末})+\text{应收票据项目}(\text{期初}-\text{期末})+\text{预收款项}(\text{期末}-\text{期初})-\text{债务人以非现金资产抵债减少的应收票据}-\text{本期计提坏账准备导致的应收账款减少数}$$

6.分析现金流量表的“购买商品、接受劳务支付的现金”项目和利润表的“营业成本”项目之间的关系。

该项目反映企业本期购买商品、接受劳务实际支付的现金（包括增值税进项税税额），以及本期支付前期购买商品、接受劳务的未付款项和本期预付款项。本期发生的购货退回收到的现金应从本项目内扣除。

一般关系式为：

$$\text{购买商品、接受劳务支付的现金}=\text{营业成本}(\text{扣除工资薪酬})+\text{存货项目}(\text{期末}-\text{期初})+\text{应付账款项目}(\text{期初}-\text{期末})+\text{应付票据}(\text{期初}-\text{期末})+\text{预付款项}(\text{期末}-\text{期初})$$

7.现金流量表中的现金及等价物与资产负债表的货币资金项目是何关系？

现金流量表中的现金，是指企业库存现金以及可以随时用于支付的存款。不能随时用于支取的存款不属于现金。现金等价物，是指企业持有的期限短、流动性强、易于转换为已知金额现金、价值变动风险很小的投资。

现金流量表中的现金，包括库存现金、银行存款、其他货币资金和现金等价物。其中：库存现金与会计核算中“库存现金”科目所包含的内容一致；银行存款与会计核算中“银行存款”科目所包含的内容基本一致，但存在区别：如果存在金融企业的款项中不能随时用于支付的存款，如不能随时支取的定期存款，不作为现金流量表中的现金。

资产负债表中的货币资金项目，根据财务报表列报准则的规定，其内容包括库存现金、银行存款及其他货币资金。其中，其他货币资金通常包括外埠存款、银行汇票存款、银行本票存款、信用证保证金存款、信用卡存款和存出投资款等六项内容。

因此，现金流量表中的现金包括资产负债表中的货币资金随时可以动用项目，并叠加了货币资金范畴之外的现金等价物。

8.阐述运用现金流量表附注进行财务分析的意义。

通过现金流量表附注分析，可以揭示从净利润到经营活动净现金流量的变化过程，反映经营活动净现金流量与净利润的区别与联系。现金流量表附注，也是现金流量表的补充资料，按现金流量表准则的规定，企业应当采用间接法在现金流量表附注中披露将净利润调节为经营活动现金流量的信息，因此将净利润调节为经营活动净现金流的过程及其结果，是观测经营活动现金流量净额与净利润关系的重要窗口，判断权责发生制下的利润指标是否有经营活动现金流支撑，利润的现金含量如何？由此进一步深化研究公司的利润质量。

□ 第八章复习思考题提示

1.阐述资本经营与资产经营、资产经营盈利能力与资本经营盈利能力的关系。

（1）阐述资本经营与资产经营的关系。可从以下几个角度回答这个问题：

第一，资本经营与资产经营的内涵。资本经营是与资本经营型的企业经营方式紧密相连的。资本经营的内涵是指企业以资本为基础，通过优化配置来提高资本经营效益的经营活动，其活动领域包括资本流动、收购、重组、参股和控股等能实现资本增值的领域，从而使企业以一定的资本投入，取得尽可能多的资本收益。

资产经营是与资产经营型企业的经营方式紧密相连的。资产经营型企业的特点是把资产作为企业资源投入，并围绕资产的配置、重组、使用等进行管理。在资产经营情况下，产品经营或商品经营要以资产经营为基础，即围绕资产经营进行商品经营和产品经营。因此，资产经营的基本内涵是合理配置与使用资产，以一定的资产投入，取得尽可能多的收益。

第二，资产经营与资本经营的区别。二者的区别主要体现在以下两个方面：经营内容不同以及经营出发点不同。

第三，资产经营与资本经营的联系。资本与资产的关系决定了二者之间相互依存、相互作用；资本经营是企业经营的最高层次，商品经营是对产品经营的进步，资产经营是对商品经营的进步，而资本经营是对资产经营的进步。

（2）阐述资产经营盈利能力与资本经营盈利能力的关系。可从以下几个角度回答这个问题：

第一，资本经营盈利能力内涵与反映资本经营盈利能力的指标。资本经营盈利能力是指企业的所有者通过投入资本经营所取得利润的能力。反映资本经营盈利能力的基本指标是净资产收益率，即企业净利润占净资产平均余额的比率。

$$净资产收益率=\frac{净利润}{平均净资产}\times 100\%$$

第二，资产经营盈利能力内涵与反映资产经营盈利能力的指标。资产经营盈利能力，是指企业运营资产产生利润的能力。反映资产经营盈利能力的指标是总资产报酬率，即息税前利润占总资产平均余额的比率。

$$总资产报酬率=\frac{利润总额+利息支出}{平均总资产}\times 100\%$$

第三，资产经营盈利能力与资本经营盈利能力的关系可以通过净资产收益率与总资产报酬率这两个指标之间的关系来反映。二者之间的关系如下：

$$\frac{净资产}{收益率}=[\frac{总资产}{报酬率}+(\frac{总资产}{报酬率}-\frac{负债}{利息率})\times\frac{负债}{净资产}]\times(1-\frac{所得税}{税率})$$

2.为什么说净资产收益率是反映盈利能力的核心指标？影响资本经营盈利能力的因素有哪些？

（1）为什么说净资产收益率是反映盈利能力的核心指标？可从以下几个角度回答这个问题：

第一，盈利能力的基本内涵。盈利能力是指企业在一定条件下赚取利润的能力。盈利能力的大小是一个相对的概念，通常是指相对于一定的资源投入和一定的收入而言的利润的多少，如资本盈利能力、资产盈利能力、商品盈利能力等。

第二，企业财务目标决定了净资产收益率是反映企业盈利能力的核心指标。企业财务目标是企业所有者权益或股东权益最大化。在所有者投入一定的情况下，股东权益最大化要求净资产收益率最大化。企业一切财务活动都将围绕财务目标进行，因此，净资产收益率必然成为企业追求的最重要的盈利能力指标。

第三，净资产收益率最能综合反映企业各个经营环节的盈利能力。资本经营是企业经营的最高层次。但资本经营不能与资产经营、商品经营以及产品经营相分离。资本经营的效果是企业各项经营效果的综合体现，净资产收益率也是其他盈利能力，如资产经营盈利能力、商品经营盈利能力的综合体现。

（2）影响资本经营盈利能力的因素有哪些？可从以下几个角度回答这个问题：

第一，资本经营盈利能力的内涵与指标。资本经营盈利能力是指企业的所有者通过投入资本经营取得利润的能力。反映资本经营盈利能力的基本指标是净资产收益率，即企业本期净利润与平均净资产的比率，其计算公式是：

$$净资产收益率=\frac{净利润}{净资产平均余额}\times 100\%$$

第二，影响资本经营盈利能力的因素。影响净资产收益率的因素主要有总资产报酬率、负债利息率、企业资本结构和所得税税率等。

第三，净资产收益率与各影响因素之间的关系。

$$\frac{净资产}{收益率}=\left[\frac{总资产}{报酬率}+\left(\frac{总资产}{报酬率}-\frac{负债}{利息率}\right)\times\frac{负债}{净资产}\right]\times\left(1-\frac{所得税}{税率}\right)$$

3.分别阐述商品经营与产品经营、资产经营之间的关系。

可从以下几个角度回答这个问题：

第一，商品经营、产品经营和资产经营的内涵。商品经营是与生产经营型的企业的经营方式紧密相连的。商品经营的基本内涵是企业以市场为导向，组织供产销活动，以一定的人力、物力消耗生产与销售尽可能多的社会需要的商品，为资产经营盈利能力奠定基础。

商品经营中涉及的供产销环节的核心是产品经营。产品经营的基本特点是只管生产，不管供应与销售，更不管筹资、投资等。因此，产品经营的基本内涵就是在企业生产计划指导下，组织产品生产，以一定的人力、物力消耗按时、保质、保量生产出更多的产品，为商品经营盈利能力奠定基础。资产经营是与资产经营型的企业经营方式紧密相连的。资产经营的基本内涵是合理配置与使用资产，以一定的资产投入，取得尽可能多的收益。

第二，商品经营与产品经营的关系。商品经营和产品经营既相互联系，又有所区别。(1) 产品经营是商品经营的一个环节，且是一个最基本的环节；商品经营是产品经营的扩展。(2) 产品经营主要侧重于产品实物经营，而不强调投入品与产出品的价格；商品经营不仅重视产品实物经营，而且强调价值经营，即考虑投入品与产出品的价格。(3) 商品经营目标比产品经营目标更综合。因此，要实现商品经营目标，既要搞好产品经营盈利能力，又要重视供产销的衔接及价值管理。

第三，商品经营与资产经营的关系。资产经营与商品经营既相互联系，又有区别：(1) 资产经营不能离开商品经营而独立存在，没有有效的商品经营就不能取得好的资产经营效果。(2) 资产经营是对商品经营的进一步发展，它不仅考虑了商品本身的消耗与收益，还考虑了资产的投入与产出及周转速度，并以此作为经营的核心。(3) 资产经营目标比商品经营目标更综合。商品经营目标是实现资产经营目标的基础，但不是全部。要实现资产经营目标，应在商品经营的基础上，进一步搞好资产重组与有效使用，加快资产周转速度。

4.为什么总资产报酬率的分子为息税前利润？是否可用其他指标做分子？

可从以下几个角度回答这个问题：

第一，比率指标要求分子与分母口径一致决定了总资产报酬率的分子应使用息税前利润，而不能是利润总额。企业总资产的资金来源有两部分：一是所有者权益；二是负债。所有者的投资报酬体现为利润；债权人的投资报酬体现为利息。因此，评价总资产的收益能力或盈利能力就不能仅考虑利润，忽视利息。

第二，资产经营的目标决定了总资产报酬率的分子应使用息税前利润，而不是息前税后利润。资产经营的目标与资本经营的目标不同，它考虑的不仅仅是企业资本所有者利益，而是企业所有利益相关者的利益，包括所有者、债权人、国家等各方面的利益。用税前利润而不是税后利润，有利于全面反映企业总资产的贡献能力，包括对国家或社会的贡献能力。

5.商品经营盈利能力计算时应注意哪些问题？

可从以下几个角度回答这个问题：

第一，反映商品经营盈利能力的指标可从收入和成本角度分为两大类，如收入利润率和成本利润率。

第二，由于多步式利润表提供利润的多样性和相应的收入及成本费用的多样性，各指标分子、分母计算口径问题是商品经营盈利能力指标计算中的关键问题。

第三，收入利润率计算时应注意：营业收入、总收入与相应利润的对应关系。

第四，成本利润率计算时应注意：营业成本、营业成本费用、总成本费用与相应利润的对应关系。

第五，注意各指标名称与内涵的协调。

6.阐述上市公司盈利能力指标与一般企业的盈利能力指标的关系。

可从以下几个角度回答这个问题：

第一，上市公司是一般企业的特殊形式，因此，反映一般企业盈利能力的指标同样适用于上市公司。

第二，反映上市公司盈利能力的某些指标与一般企业的盈利能力指标实质相同，只是名称不同，如股东权益报酬率与净资产收益率等就属于这种类型。

第三，上市公司特殊指标是一些与企业股票价格或市场价值相关的指标。这些指标与一般企业盈利能力指标并不矛盾。在规范的资本市场环境和较高的会计信息质量前提下，这些特殊指标直接受企业盈利能力一般指标的影响。

7.站在企业经营者的角度阐述企业盈利能力分析的目的。

可从以下几个角度回答这个问题：

第一，企业从事各种经营活动，直接目的是最大限度地赚取利润并维持企业持续稳定地经营和发展。

第二，企业持续稳定地经营和发展是获取利润的基础；而最大限度地获取利润又是企业持续稳定发展的目标和保证。只有在不断地获取利润的基础上，企业才可能发展。

第三，盈利能力较强的企业比盈利能力较弱的企业具有更大的活力和更好的发展前景。因此，盈利能力是企业经营者最重要的业绩衡量标准，也是发现问题、改进企业管理的突破口。

□ 第九章复习思考题提示

1.总资产营运能力受到哪些因素的影响？

回答这个问题可以按照以下的思路进行：

（1）流动资产比重。

（2）不良资产比重。

（3）投资性资产比重。

（4）轻资产化。

2.如何判断一家公司存货周转状况的优劣？

回答这个问题可从以下六个步骤展开讨论：

第一，判断公司存货周转情况的优劣要明确可以采用的相关指标。

第二，要进行多年存货周转率变化分析，将当年的存货周转率和周转期指标与历史基准进行比较。

第三，要进行存货周转率相关指标的行业比较，选取同行业的可比公司和行业均值数据进行横向比较，即与行业基准进行比较。

第四，要结合同行业可比公司多年数据进行二维比较，明确宏观经济因素对行业存货周转情况的影响，目标公司在这种环境影响下的反应和表现。

第五，对目标公司的存货周转率进行因素分析，明确存货周转率变化的原因。

第六，总结以上分析的结论，探讨公司存货周转率优劣，简述原因和影响。

3.试阐述资产周转率各指标之间的关系。

回答这个问题可从以下四个角度思考：

第一，总资产周转率与流动资产周转率的关系。

第二，流动资产周转率与流动资产垫支周转率的关系。

第三，流动资产垫支周转率与存货周转率的关系。

第四，存货周转率与各阶段周转率的关系。

4.如何做好一家上市公司的营运能力分析？

回答这个问题可从以下四个步骤进行：

第一，从指标计算的角度，计算总资产、流动资产、固定资产周转率的相关指标，分析指标对应的经济含义。

第二，将全部周转能力指标与同行业可比公司和行业均值进行比较，针对每一个指标进行多年的趋势分析，同时，结合行业比较与趋势分析，判断企业总资产营运能力、流动资产营运能力以及固定资产营运能力的水平。

第三，分析总资产营运能力、流动资产营运能力（包括存货和应收账款等流动资产）以及固定资产营运能力高（低）的影响因素、变化的原因，以及可能产生的经济后果。

第四，分析提高企业资产营运能力的途径和方法。结合公司战略、资产构成、经营特征、供应链特征、宏观环境、发展阶段等因素，对如何提高企业的营运能力给出相应的建议。

5.企业投资性资产会对营运能力分析产生什么影响？

回答这个问题可以按照以下思路进行：

企业的资产根据使用方式的不同，可以分为自营资产和对外投资两大类。自营资产是指企业开展生产经营业务所使用和占用的资产，如存货、固定资产等。对外投资是指企业通过直接或间接的方式将资产投入企业外部的其他主体，如交易性金融资产、长期股权投资等。这两类资产的回收及获利方式是不同的。自营资产的投入主要通过销售商品或提供服务取得营业收入予以回收并获利。对外投资主要是通过取得投资收益和买卖交易进行回收并获利。因此，投资性资产并不会直接增加企业的营业收入，多数情况下也不对营业收入的取得产生直接作用。所以，当企业存在较大规模的对外投资时，将会影响对资产周转率的计算分析效果。

□ 第十章复习思考题提示

1.简述影响短期偿债能力的因素与影响长期偿债能力的因素有何不同。

回答这个问题可从以下几个角度思考：

第一，影响短期偿债能力的因素主要考虑债务到期时的现金流量。

第二，影响长期偿债能力的因素主要考虑企业的盈利能力。

2.简述流动比率与速动比率的优缺点。

回答这个问题可从以下几个角度思考：

第一，优点是直观、简洁、通俗。

第二，不足主要表现在：①无法从动态上反映企业的短期偿债能力。流动比率各项要素都来自资产负债表的时点指标，用时点指标反映时期能力，难免片面。②具有较强的粉饰效应。流动资产中各要素所占比例的大小对企业偿债能力有重要影响，流动性较差的项目所占比重越大，企业偿还到期债务的能力就越差。另外，企业可以通过瞬时增加流动资产或减少流动负债等方法来粉饰其流动比率，人为地操纵其值的大小，从而误导信息使用者。③指标来源于报表，指标的真实性直接影响评价质量。④应结合企业不同时期的生产经营性质与特点以及流动资产的结构状况进行趋势分析，同时，采用同行业企业对比分析。

3.速动资产是如何界定的？其深层内涵是什么？

回答这个问题可从以下几个角度思考：

速动资产的计算通常有两种方法：一种方法是将流动资产中扣除存货和预付款项后的资产统称为速动资产，即：

速动资产=流动资产-存货

另一种方法是将变现能力较强的货币资金、交易性金融资产、应收票据和应收账款、应收利息、应收股利、合同资产、其他应收款和其他流动资产等加总称为速动资产，即：

速动资产=货币资金+交易性金融资产+应收票据+应收账款+应收利息+应收股利+其他应收款+合同资产+其他流动资产

当流动资产中的速动资产比重较大时，即使流动比率不高，由于速动资产流动性较强，企业的偿债能力仍然可能较好。

4.如何将短期偿债能力的静态指标与动态指标相结合进行分析与评价？

回答这个问题可从以下几个角度思考：

第一，由于短期偿债能力的静态指标具有一定缺陷，所以，还应该从动态指标角度进行分析与评价。

第二，从动态方面反映企业短期偿债能力的指标是建立在现金流量表和对经营中的现金流量分析基础上的，主要有近期支付能力系数和现金到期债务比率。此外，应收账款周转率、应付账款周转率、存货周转率也是从动态上反映企业短期偿债能力的辅助性指标。

5.流动比率、速动比率、现金比率之间存在什么关系？

回答这个问题可从以下几个角度思考：

第一，以全部流动资产作为偿付流动负债的基础，所计算的指标是流动比率。流动资产包括变现能力较差的存货和基本不能变现的预付费用。如果存货中有超储积压物资，会造成企业短期偿债能力较强的假象。

第二，速动比率以扣除变现能力较差的存货和预付款项作为偿付流动负债的基础，弥补了流动比率的不足。

第三，现金比率以现金类资产作为偿付流动负债的基础，但现金持有量过大会对企业资产利用效率产生副作用，所以，该比率不宜过大，因此，这一指标相对于流动比率和速动比率来说，其作用程度较小。

6.资产规模如何影响长期偿债能力？

企业资产是偿还企业债务的基本保证，因此，分析研究企业的偿债能力，最终还体现在资产规模与负债规模的比较上。一般来说，资产规模大于负债规模，则企业的偿债能力较好，否则，说明企业偿债能力存在严重问题。

7.应收账款与应付账款存在什么关系？这种关系对企业短期偿债能力有何影响？

企业购入材料等物资的目的，在于通过企业加工制成产品，然后销售收回现金，并实现价值增值。因此，由赊购商品所产生的应付账款应用赊销商品回收的现金来偿付，在资金周转上，二者与资金周转期有关系，而且必须相互配合。应收账款与应付账款的相互关系对企业的短期偿债能力产生的影响如下：

第一，应收账款与应付账款的周转期相同。在这种情况下，通过赊销商品所回收的现金恰好能满足偿付因赊购业务而产生的债务，企业的短期偿债能力指标不变。

第二，应收账款的周转速度快于应付账款的周转速度。在这种情况下，企业的流动比率就会降低，由于流动资产中的应收账款周转速度快，而流动负债中的应付账款周转速度慢，从动态上看，企业的实际偿债能力较强。

第三，应收账款的周转速度低于应付账款的周转速度。在这种情况下，企业的流动比率就较高，但从动态上看，企业的实际短期偿债能力低于以流动比率表示的企业短期偿债能力水平。

□ 第十一章复习思考题提示

1.为什么在市场经济当中仅仅从静态角度分析企业的财务状况是不充分的？

回答这个问题应按以下思路进行：

第一，从企业是否真正具有投资价值的角度来看，投资者注重的是企业未来的价值，而企业价值在很大程度上取决于企业营业收入、收益以及股利的未来增长，即取决于企业的增长能力，并不取决于企业过去或者目前所取得的收益情况。

第二，在市场经济中，企业的各项财务决策受外部环境、行业竞争特点、企业自身战略等因素影响，会随时进行调整。静态分析只能反映某一会计期末的财务状况，反映当时企业财务决策的结果，却不能呈现企业财务决策的调整过程和规律。无法总结企业历史发展的规律和特征也就无法面对变化的未来。

第三，应结合各个方面的效率分析结果，综合、动态地考虑企业各方面能力的协同发展。从企业的偿债能力、资产营运效率、盈利能力与增长能力的关系来看，偿债能力、资产营运效率、盈利能力都是从不同的侧面对企业的增长能力的具体分解，较强的偿债能力是实现企业发展的前提条件，较高的资产营运效率是提高盈利能力的关键，而较强的盈利能力是实现企业发展的关键，所以增强企业的偿债能力和盈利能力、提高企业的资产营运效率都是企业未来生存和发展的需要，都是为了增强企业的增长能力。

2.如何结合利润增长的来源，分析企业的利润增长率？

回答这个问题应按以下思路进行：

从利润表来看，利润增长大致来源于三个方面：

一是企业正常经营活动带来的利润增长，这种增长代表企业发展能力具有可持续性。

二是不构成企业日常经营活动的投资活动产生的收益，在利润表中常体现在投资收益、公允价值变动收益等项目，应关注这部分收益带来的营业利润增长的合理性，依靠投资扩张战略发展的企业，可能采用对外投资的方式获取收益，这类企业往往表现为投资收益和公允价值变动收益对营业利润的影响较大，要结合企业的发展扩张战略分析投资收益等非经营性利润项目波动的合理性和稳定性，注意投资风险。

三是非经常性损益项目，这是指公司发生的与生产经营无直接关系，以及虽与生产经营相关，但由于其性质、金额或发生频率，影响了真实、公允地评价公司当期经营成果和获利能力的各项收入、支出，如债务重组收益、债务重组损失、资产的处置或置换损益等，这些损益项目的变化虽然会影响净利润，但在可以预见的将来不能合理预计此类业务是否会发生，由此带来的增长也是无法持续保持的。

当然，除了分析净利润增长以外，为了观察其具体的构成，还可以进一步分析扣非净利润增长率指标，利用扣非净利润增长率可以更好地考察企业利润的增长情况。扣非净利润增长率是本期归属于上市公司股东的扣除非经常性损益的净利润增加额与上期归属于上市公司股东的扣除非经常性损益的净利润之比。扣非净利润增长率为正，则说明企业日常经营创造的利润增加，扣非净利润增长率越大，说明企业日常经营收益增长得越多，企业长期稳定发展具有较为可靠的基础；如果扣非净利润增长率小于零，而净利润增长率大于零，则说明企业当期依靠非经常性损益创造利润，利润构成的质量并不高。

3. 在利润增长分析中，为什么要分析扣非净利润增长率？

回答这个问题应按以下思路进行：

非经常性损益项目是指公司发生的与生产经营无直接关系，以及虽与生产经营相关，但由于其性质、金额或发生频率，影响了真实、公允地评价公司当期经营成果和获利能力的各项收入、支出，如债务重组收益、债务重组损失、资产的处置或置换损益等，这些损益项目的变化虽然会影响净利润，但在可以预见的将来不能合理预计此类业务是否会发生，由此带来的增长也是无法持续保持的。

分析扣非净利润的增长情况可以更加准确地考察企业利润的增长情况。可以通过计算扣非净利润增长率进行分析。扣非净利润增长率为正，则说明企业日常经营创造的利润增加，扣非净利润增长率越大，说明企业日常经营收益增长得越多，企业长期稳定发展具有较为可靠的基础；如果扣非净利润增长率小于零，而净利润增长率大于零，则说明企业当期依靠非经常性损益创造利润，利润构成的质量并不高。

4.为什么在分析收入增长时要结合资产增长率？

回答这个问题应按以下思路进行：

要判断企业在销售方面是否具有良好的成长性，必须分析营业收入增长是否具有效益性。一般来说，资产规模的增长会带来营业收入的增长，如企业将新增资本金用于增设生产线，购置生产设备，补充营运资金，进行研发投资和拓展销售渠道等，这都将一定程度扩大企业的营业收入。但如果企业某会计期间的营业收入增长主要依赖于资产的相应增长，也就是营业收入增长率低于资产增长率，则说明这种营业收入增长不具有效益性，同时也反映企业在销售方面的可持续发展能力不强。一个良性发展的企业，其营业收入增长率应高于资产增长率，这才能说明企业在销售方面具有良好的成长性。

5.如何判断企业收入增长率是否合理？

回答这个问题应按以下思路进行：

判断企业营业收入增长率是否合理，应将其与报表中其他相关项目的增长情况进行对比分析。

首先，应将营业收入增长率与营业成本增长率、期间费用增长率进行对比分析。正常情况下企业的营业收入增长率应当大于其营业成本增长率或费用增长率，如果情况相反，其原因可能是企业在产品成本、销售费用、管理费用、财务费用等方面控制不力，企业需要采取有针对性的措施对成本费用加以管控，否则可能会导致利润下降甚至亏损。

其次，应该将其与企业应收账款增长率和存货增长率进行对比分析。正常情况下企业收入增长率应当大于企业的应收账款增长率和存货增长率，如果情况相反，表明企业收账情况发生改变，要具体分析变化的原因。如果是账款回收管理存在问题，则需要警惕信用风险的发生，加强风险应对措施。同样，如果企业存货增长率超过了企业收入增长率，要进一步结合市场环境变化、企业战略调整、存货构成等因素，分析是否可能存在存货积压的情况。如果确实存在存货积压，则需要采取措施消化库存，避免严重影响企业资金使用效率，导致流动性风险。

6.如何利用某种产品的收入增长率指标来分析企业的成长性？

回答这个问题应按以下思路进行：

根据产品生命周期理论，每种产品的生命周期一般可以划分为四个阶段。每种产品在不同的阶段反映出的销售情况也不同：在投放期，产品收入增长率往往较低；在成长期，销量扩大，产品收入增长率较高；在成熟期，由于市场已经基本饱和，产品销量将不再有大幅度的增长，即产品收入增速放缓；在衰退期，由于该种产品的市场开始萎缩，产品收入增长率会大幅下降，甚至出现负数。根据这一原理，借助某种产品收入增长率指标，大致可以分析企业生产经营的产品所处的生命周期阶段，据此也可以判断企业发展前景。对一个具有良好发展前景的企业来说，较为理想的产品结构是“成熟一代，生产一代，储备一代，开发一代”。如果一个企业所有产品都处于成熟期或者衰退期，那么它的发展前景就不容乐观。因此，不断进行新的产品和服务的开发，持续的技术创新是企业生存发展的基础。

7.如何正确分析企业资产增长的质量？

回答这个问题应按以下思路进行：

一般来说，资产规模的增长会带来营业收入和利润的增长，如企业将新增资本金用于对外投资、增设生产线、购置生产设备，补充营运资金，进行研发投资和拓展销售渠道等，这都将一定程度扩大企业的营业收入，又因规模效应的存在，收入规模的扩大又将更大程度地提升企业的利润。因此，如果资产增长的同时能带来收益项目的同步甚至更大幅度的增长，那么这样的资产增长就是效益型增长。但同时，我们也应该注意到，企业进行研究开发、市场拓展、购建长期资产、兼并收购等方面的投资，其效益产生周期往往比较长，企业当期投资不产生效益的情况越来越多。这就需要进行多项目、多期增长趋势的对比分析，长期、动态地考虑资产增长的效益性问题，从而做出更加客观准确的预测。

8.为什么在应用增长率指标分析企业发展能力时应注意指标之间的关系？

回答这个问题应按以下思路进行：

评价企业的发展能力，除了对企业发展能力进行单项分析以外，还需要分析企业的整体发展能力。其原因在于：其一，所有者权益增长率、利润增长率、收入增长率和资产增长率等指标，只是从所有者权益、利润、收入和资产等不同的侧面考察了企业的发展能力，不足以涵盖企业发展能力的全部；其二，所有者权益增长率、利润增长率、收入增长率和资产增长率等指标之间存在相互作用、相互影响的关系，不能分别独立分析。因此，在实际运用时，只有把四种类型的增长率指标相互联系起来进行综合分析，才能正确评价一个企业的整体发展能力。

9.进行企业发展能力分析的步骤是什么？

回答这个问题应按以下思路进行：

步骤一：分别计算所有者权益增长率、利润增长率、收入增长率和资产增长率等指标的实际值。

步骤二：分别将上述增长率指标实际值与以前不同时期增长率数值、同行业可比公司增长率数值进行比较，结合行业发展特征和企业战略，分析企业在所有者权益、利润、营业收入和资产等方面的发展能力。

步骤三：分析所有者权益增长率、利润增长率、收入增长率和资产增长率等指标之间的关系，判断增长的效益性以及四类发展要素之间的协调性。

步骤四：根据以上分析结果，判断企业的整体发展能力和发展潜力。一般而言，只有一个企业的所有者权益增长率、利润增长率、收入增长率和资产增长率保持同步增长，且不低于行业内可比公司的平均水平，才可以判断这个企业具有良好的发展能力。

10.在应用企业整体发展能力分析框架时应注意哪些问题？

回答这个问题应按以下思路进行：

首先，企业资产是取得营业收入的保障，在资产利用效率一定的条件下，要实现营业收入的增长，就需要扩大资产规模。而资产规模的扩大一方面可以依赖所有者权益的增长，即留存收益的积累和股东追加投资；另一方面可以通过负债融资实现。资产增长一般伴随着收入和利润的增长，因此，资产增长要与收入和利润增长相协调。

其次，营业收入增长是企业利润增长的基础，也是企业价值增长的源泉。企业收入增长分析应重点关注收入的构成，结合外部宏观环境、产品的生命周期、企业的竞争战略等做出企业收入增长合理性、效益性和增长潜力的分析，从而有助于进一步预测未来营业收入的增长。收入增长要与利润增长相协调，即利润增速一般要高于收入增速，才体现出企业既能合理控制成本费用，又能充分利用规模效应提升自身盈利能力。

再次，利润的增长受企业营业收入规模增长、成本费用控制情况、资产管理质量波动、非经常性损益变化等因素的影响。利润是企业自有资金积累的基础，分析企业利润增长，需要重点关注利润的构成。同时拥有快速增长的净利润和良好的利润构成质量才是企业持续发展的核心动力。稳定增长的利润一方面可以给予股东投资回报；另一方面可以补充企业自有资金，减少对外部高成本、高风险融资的依赖，促进企业价值的提升。

最后，所有者权益增长有两个主要来源，其一是企业经营过程中创造的综合收益，而其中主要是当期已实现的收益，即当期净利润，属于自有资金融资，是企业“造血”能力的体现；其二是股东的净投资，即扣减掉对股东的利润分配后的股东投入资本的增加额，属于外部融资，是股东“输血”情况的体现。所有者权益的增长不仅受当期利润创造的影响，也受企业股利政策选择的影响。因此也需要结合公司的生命周期、发展战略、所有者权益变动表具体项目分析等评价企业的所有者权益增长情况，从而更加准确地预测未来所有者权益的保值和增值情况。

总之，在运用发展能力分析框架时，需要注意这四方面核心要素之间的相互关系，只有四方面协调发展，企业才能实现持续、健康经营。

□ 第十二章复习思考题提示

1.为什么要进行综合分析与业绩评价？

回答这个问题可从以下几个角度思考：

第一，从单项分析与综合分析的关系方面思考。

第二，从综合分析与业绩评价的关系方面思考。

第三，从分析评价的目的方面思考。

2.试阐述杜邦财务分析体系的优点和局限性。

回答这个问题可从以下几个角度思考：

第一，从指标之间的内在联系方面思考。

第二，是否考虑了增长性。

第三，涵盖信息是否全面，分析内容是否全面。

第四，对企业风险的分析是否充足。

3.试阐述财务综合分析与财务综合评价的关系。

回答这个问题可从以下几个角度思考：

第一，综合分析是综合评价的基础。

第二，综合评价是综合分析的结论。

4.试阐述杜邦财务分析指标体系中主要财务指标之间的相互关系。

回答这个问题可从以下几个角度思考：

第一，净资产收益率与总资产利润率、权益乘数的关系。

第二，总资产利润率与销售利润率、总资产周转率的关系。

第三，销售利润率与销售成本、期间费用的关系。

第四，总资产周转率与各项资产的关系。

5.请说明可持续增长率财务分析体系中主要财务指标之间的相互关系。

回答这个问题可从以下几个角度思考：

第一，可持续增长率与净资产收益率的关系。

第二，净资产收益率与销售利润率、总资产周转率、财务杠杆作用的关系。

6.运用综合指数法应注意哪些问题?

回答这个问题可从以下几个角度思考：

第一，从指标选择方面思考。

第二，从综合指数计算方面思考。

7.怎样运用综合评分法进行企业绩效评价?

回答这个问题可从以下几个角度思考：

第一，评价指标的设置。

第二，基本指标得分的计算。

第三，修正系数的计算。

8.国务院国资委在对中央企业负责人进行经营业绩评价时为何要用

经济增加值指标取代净资产收益率指标?

回答这个问题可从以下几个角度思考:

第一,EVA和ROE的区别。

第二,参照《中央企业负责人经营业绩考核办法》的规定。

□ 第十三章复习思考题提示

1.企业价值评估的目的通常有哪些?

回答这个问题可从以下几个角度思考:

第一,投资者基于投资决策的评估目的。

第二,管理者基于价值管理的评估目的。

第三,交易双方基于并购的评估目的。

第四,清算企业基于清算的评估目的。

2.企业价值评估的方法包括哪几种基本类型?

回答这个问题可从以下几个角度思考:

第一,收益法。收益法是指将预期收益资本化或者折现,确定评估对象价值的评估方法。具体包括股利折现法、现金流量折现法、净利润折现法和经济利润折现法等。

第二,市场法。市场法是指将评估对象与可比上市公司或者可比交易案例进行比较,确定评估对象价值的评估方法。具体包括上市公司比较法和交易案例比较法。

第三,成本法。成本法亦可称作资产基础法,是指以被评估企业评估基准日的资产负债表为基础,合理评估企业表内及表外各项资产、负债价值,确定评估对象价值的评估方法。

3.趋势分析与预测分析对评估企业价值有何作用?

回答这个问题可从以下几个角度思考:

趋势分析与预测分析可以科学地分析评价企业的发展趋势,在企业价值评估中发挥着至关重要的作用。

具体而言,在企业价值评估中,运用趋势分析与预测分析的目的在于观测企业发展的趋势及规律,为财务预警与及时防范和化解风险提供依据,为正确的财务决策提供依据,为编制财务预算与进行财务控制提供信息源,以及为评估企业价值奠定基础。

因而，趋势分析与预测分析直接决定着能否准确评价企业发展趋势，进而对企业价值评估是否有效具有至关重要的影响。

4.企业价值评估与业绩评价有何关系？

回答这个问题可从以下几个角度思考：

第一，企业价值评估属于业绩评价的一种方法，因为价值是衡量业绩的最佳标准。

第二，在进行企业价值评估时，需要对企业的历史和目前业绩进行分析，从而预测企业未来业绩。

5.为什么需要进行连续价值估算？

回答这个问题可从以下几个角度思考：

第一，对企业进行价值评估是对企业未来的一种预测，无法做到无限期地预测。

第二，通常是将企业价值评估的时期分为两段，即明确的预测期和明确的预测期后。

第三，这样就将企业价值评估转变成两个问题：一个是估算明确预测期现金净流量现值，另一个是求明确预测期后现金净流量现值。

第四，明确预测期后现金净流量现值指的就是企业的连续价值。

6.正确计算经济利润或EVA应注意什么问题？

回答这个问题可从以下几个角度思考：

第一，计算经济利润或EVA的过程中所涉及的扣除调整税的净营业利润是指营业利润减去所得税后的余额，而我国现行制度中的税后利润则是指利润总额减去应交所得税后的余额。

第二，计算经济利润或EVA的过程中所涉及的营业利润是指息税前利润，即营业利润中包括利息费用，而我国现行制度中的营业利润却不包括利息费用，利润总额中也不含利息。因此，扣除调整税的净营业利润实际上是息前税后利润。

第三，计算经济利润或EVA的过程中所涉及的总资本是西方经济学中的资本含义，相当于我们通常所说的总资产，而不是会计平衡公式（资产=负债+资本）中的资本含义。

练习题参考答案

第一章练习题答案

一、单项选择题

1.B　2.C　3.A　4.A　5.B　6.C　7.D

二、多项选择题

1.ABE　2.ABCD　3.ABC　4.ABCDE　5.ACD　6.ABD　7.ABCDE　8.BCE　9.BC

三、判断题

1.错误。应当指出，无论是会计学中的财务报表分析还是财务学中的财务比率分析，都无法反映财务分析的本质与全部内涵。

2.正确。

3.正确。

4.正确。

5.错误。追求股东权益或股东价值增加是企业财务的根本目标，它与追求企业价值或其他利益方利益并不矛盾。

6.正确。

7.错误。内部报表主要指除财务会计报表之外的其他与企业财务和会计活动有关的报表资料，其中最基本的是管理会计报表。

四、简答题

1.答：财务活动与财务报表的关系：

企业财务活动的过程包括筹资活动、投资活动、经营活动和分配活动。企业的各项财务活动都直接或间接地通过财务报表来体现。

资产负债表是企业筹资活动和投资活动的具体体现。

利润表是企业经营活动和分配活动的具体体现。

所有者权益变动表是企业股权筹资活动的具体体现。

现金流量表是以现金流量为基础的企业财务活动总体状况的具体体现。

2.答：企业财务分析的体系与内容：

（1）财务分析概论，包括财务分析理论、财务分析信息和财务分析方法。

（2）财务报告分析，包括资产负债表分析、所有者权益变动表分析、利润表分析和现金流量表分析。

（3）财务效率分析，包括盈利能力分析、营运能力分析、偿债能力分析和发展能力分析。

（4）财务综合评估，包括综合分析与业绩评价、企业价值评估。

3.答：财务分析发展过程中面临的挑战：

在新经济和新技术的背景下，财务分析面临许多挑战，如：（1）数据量的增加和多样性；（2）数据质量和一致性；（3）快速变化的商业环境；（4）隐私和数据安全；（5）技术和工具的更新；（6）复杂的金融工具和交易；（7）市场不确定性；（8）社会和环境责任。

这些挑战会对财务分析理论体系产生影响，因为传统的财务分析方法和理论体系通常不足以解决新经济和新技术环境中出现的问题。

4.答：财务分析的作用包括以下几点：

（1）财务分析可正确评价企业过去。正确评价企业的过去，是说明现在和揭示未来的基础，这不仅对正确评价企业过去的经营业绩是十分有益的，而且可对企业投资者和债权人的行为产生积极的影响。

（2）财务分析可全面反映企业现状。财务会计报表及管理会计报表等资料是企业各项生产经营活动的综合反映。根据不同分析主体的分析目标，采用不同的分析手段和方法，可得出反映企业在某方面现状的指标，这种分析对于全面反映和评价企业的现状有重要作用。

（3）财务分析可用于评估企业未来。财务分析不仅可用于评价企业的过去和反映企业的现状，更重要的是它可以通过对企业过去与现状的分析与评价，估价企业的未来发展状况与趋势。

第二章练习题答案

一、单项选择题

1.A　2.B　3.D　4.B　5.B　6.B　7.D　8.B　9.A　10.B

二、多项选择题

1.ABCDE　2.BCE　3.AB　4.AB　5.ABCD　6.ABD　7.ADE　8.ABDE　9.ABCD　10.BDE

三、判断题

1.错误。行业标准也有自身的局限性，比如企业多元化经营可能涉及不同行业，不同企业的会计政策和会计估计可能存在差异，这些都会影响行业标准的应用。

2.正确。

3.正确。

4.错误。盈利能力通常体现为财务成果和与其相关的一些指标之间的比率关系，如财务成果与收入的比率关系，财务成果与成本费用的比率关系等。但是，仅采用利润表信息还不足以完成盈利能力分析的全部内容。比如，对资本盈利能力和资产盈利能力的分析，还需要将利润表和资产负债表结合进行分析。

5.正确。

6.错误。虽然资产负债表是反映企业某一时点财务状况的会计报表，但是，资产负债表的附表为了解释和说明资产负债表某一时点的情况，往往用某一时期的数据来说明。如存货明细表和固定资产明细表中都包含期间减值准备计提的信息。

7.错误。年度报告既包括提供财务信息的企业财务报表，又包括提供非财务信息的董事会报告和监事会报告等。

8.错误。财务报表附注也能为财务分析提供大量的信息，并有助于对财务报表中的数字进行深入理解。因此，仅有财务报表数据还不够，必须辅以报表附注的信息。

9.正确。

10.正确。

四、简答题

1.答：财务分析信息根据是否直接反映企业的经营成果、财务状况和现金流量可分为财务信息和非财务信息。通常而言，财务信息是指以数字货币度量方式反映企业的经营成果、财务状况和现金流量的信息；非财务信息是以非数字货币度量方式反映的各类信息，包括宏观经济信息、行业信息、生产技术信息，企业组织结构、内部治理、战略目标和未来发展计划等方面情况的信息。

财务信息以量化的货币进行度量，且主要来自按照会计准则编制的财务报告。会计准则明确了财务信息生成的基本原则，可靠性和可比性较高，因此财务信息在财务分析中备受重视。但是，财务信息是对企业经营活动和财务状况的反映，这些活动都无法脱离具体的经济环境和行业背景。如果想要正确解读财务信息，还需要大量的非财务信息作为支撑。非财务信息中关于行业背景和经济状况等方面的信息，对正确使用财务信息至关重要。在财务分析过程中，需要将非财务信息和财务信息相结合。

2.答：财务分析中运用行业标准的限制条件有：

（1）同行业内的两家公司并不一定是可比的。例如，同是石油行业的两家企业，一家可能从市场购买原油，生产石油产品；另一家则集开采、生产、提炼、销售石油产品于一体。这两家公司的经营就是不可比的。

（2）一些大的公司往往跨行业经营，公司的不同经营业务可能具有不同的盈利水平和风险程度，这时用行业统一标准进行评价显然是不合适的。

（3）应用行业标准还受企业采用的会计政策的限制。同行业企业如果采用不同的会计政策，也会影响评价的准确性。例如，库存材料物资发出的计价方法不同，不仅可能影响存货的价值，而且可能影响成本水平。

3.答：会计报表的局限性包括：

（1）会计报表计量的局限性。会计报表计量的局限性，是指会计报表都是以货币为计量单位计量的，不能反映企业经营中的非货币性事项。货币计量虽然有其重要意义与作用，但企业经营中的非货币性事项，如产量、质量、劳动力及设备状况等对分析企业财务状况和经营状况也是非常必要的。另外，以货币为计量手段，在物价变动较大的情况下，特别是在通货膨胀情况下，会对分析数据的准确性产生不利影响，甚至歪曲数据，导致分析结果错误。

（2）会计报表内容的局限性。会计报表内容的局限性主要体现在：第一，会计报表由于制度原因、保密原因或规范原因等，不能提供详尽的因素分析数据，如各成本项目数据、材料消耗数据、人工消耗数据等。第二，会计报表不能反映企业未来将要发生的事项，只是对历史情况的反映。第三，会计报表不能表明企业采用的具体会计原则和会计方法。如在存货计价方法和折旧方法方面，不同的企业可根据要求采用不同的方法，而不同的方法对其计量结果是有影响的。

（3）会计报表时间的局限性。会计报表的编制通常是按月进行的，有些报表是按年进行的，且报表形成或报出时间与报表内容反映的时间之间又存在一段距离，因此，会计报表信息并不能反映分析时企业的真实情况，尤其在当今市场竞争激烈、情况瞬息万变的时代，明确报表时间上的局限性是十分重要的。

4.答：现金流量表提供了反映企业财务状况变动情况的详细信息，为分析、研究企业的资金来源与资金运用情况提供了依据。它提供的信息主要包括以下几个方面：

第一，提供了企业资金（特别是现金，下同）来源与运用的信息。

第二，提供了企业现金增减变动原因的信息。

第三，提供了分析资产负债表和利润表所需要的信息。

5.答：在资产负债表中，资产方项目的构成及其作用如下：

资产是企业拥有或者控制的能以货币计量的经济资源，包括企业的各种财产、债权和其他权利。资产按其流动性，一般可分为流动资产和非流动资产，其中非流动资产主要包括长期股权投资、固定资产、无形资产、递延所得税资产和其他资产等。资产负债表中的资产方项目的作用包括以下几点：

第一，提供了企业变现能力的信息。

第二，提供了企业资产结构的信息。

第三，提供了反映企业资产管理水平的信息。

第四，提供了反映公司价值的信息。

6.答：内部控制缺陷包括：重大缺陷、重要缺陷和一般缺陷三种类型。

重大缺陷，是指一个或多个控制缺陷的组合，可能导致企业严重偏离控制目标。

重要缺陷，是指一个或多个控制缺陷的组合，其严重程度和经济后果低于重大缺陷，但仍有可能导致企业偏离控制目标。

一般缺陷，是指除重大缺陷、重要缺陷之外的其他缺陷。

重大缺陷、重要缺陷和一般缺陷的具体认定标准，由企业根据上述要求自行确定。

第三章练习题答案

一、单项选择题

1.A　2.C　3.D　4.C　5.C　6.A　7.C　8.B　9.D　10.B

二、多项选择题

1.ABCD　2.ABCD　3.ABCDE　4.BCE　5.ABE　6.ADE　7.ADE　8.CDE　9.ABCDE　10.ACE

三、判断题

1.错误。财务分析的第一个阶段是搜集与整理财务分析信息。第一个步骤是明确财务分析目的。

2.错误。战略分析是会计分析和财务分析的基础和导向。

3.正确。

4.正确。

5.正确。

6.正确。

7.错误。比率分析法一般不能综合反映比率与计算它的会计报表之间的联系，因为比率通常只反映两个指标之间的关系。

8.正确。

9.错误。差额计算法是连环替代法的简化形式。连环替代法应用中应注意的问题，差额计算法都应考虑，包括替代顺序问题。

10.错误。可视化分析具有更强的数据处理能力，实时性、交互性和可视化效果更好，能够提供更深入、全面的财务洞察。

四、简答题

1.答：比率分析法应用中要注意的问题包括：

（1）比率的变动可能仅仅被解释为两个相关因素之间的变动，并不是所有的比率都有意义。

（2）比率分析由于只是两个报表项目之间的关系，因此很难综合反映比率与计算它的会计报表之间的联系。

（3）比率指标是相对数，如果不与绝对指标结合，往往给人们不保险的最终印象。

（4）比率指标不能给人们会计报表关系的综合观点。

2.答：在企业战略分析中，行业竞争程度分析应主要考虑三个影响因素：

（1）现有企业间的竞争。现有企业间的竞争程度影响着行业的盈利水平，竞争程度越高，价格越接近于边际成本，盈利水平也越低。通常应包括行业增长速度分析、行业集中程度分析、差异程度与替代成本分析、规模经济分析、退出成本分析。

（2）新加入企业竞争威胁分析。当行业平均利润率超过社会平均利润率时，行业必然会面临新企业加入的威胁。这时需要考虑规模经济因素、先进入优势因素、销售网与关系网因素、法律障碍因素。

（3）替代产品或服务威胁分析。应考虑当行业存在许多替代产品或服务时，其竞争程度加剧；反之，则竞争性较小。在分析消费者对替代产品或服务的选择时，通常考虑其效用和价格两个因素。

3.答：水平分析法与垂直分析法的区别：

（1）分析目的不同。水平分析法指将反映企业报告期财务状况的信息与反映企业前期或历史某一时期财务状况的信息进行对比，研究企业各项经营业绩或财务状况的发展变动情况。垂直分析的基本点不是将企业报告期的分析数据直接与基期进行对比求出增减变动量和增减变动率，而是通过计算报表中各项目占总体的比重或结构，反映报表中各项目与总体关系情况及其变动情况。

（2）分析形式不同。水平分析法有绝对值增减变动、增减变动率和变动比率值三种形式。垂直分析法的形式只有一种，即确定报表中各项目占总额的比重或百分比，其计算公式是：

某项目占总额的比重=该项目金额÷各项目总金额×100%

（3）可比性不同。垂直分析法本身的可比性较强，而水平分析法对可比性的要求较高。

4.答：财务分析报告的基本内容如下：

（1）基本财务情况反映。其主要说明企业各项财务分析指标的完成情况，包括企业盈利情况、企业营运状况、企业权益状况、企业偿债能力状况和企业产品成本的升降情况等。

（2）主要成绩和重大事项说明。其主要对企业经营管理中取得的成绩和不足及原因进行说明，比如利润的升降、销售的增减、支付能力的高低、资金周转的快慢等的具体情况及形成原因。

（3）存在问题的分析。这是财务分析的关键所在。问题分析一要抓住关键问题，二要分清原因。另外，对存在的问题应分清是主观原因引起的，还是客观原因造成的。

（4）提出改进措施、意见。财务分析的目的是发现问题并解决问题。对于企业存在的问题，财务分析报告必须提出切实可行的改进措施、意见。

5.答：可视化分析法是智能财务分析的重要环节和方法，也是实践中广泛采用的方法。可视化分析法是一种将数据以图形、图表、仪表板和可交互方式呈现的数据分析方法，将财务分析结果以直观、易懂的可视化方式呈现出来，如通过图表、图形、仪表板等形式展示财务指标的变化趋势、数据之间的关系等。智能可视化工具能够根据用户的需求和数据特点自动生成合适的可视化图表，帮助企业管理者更快速地理解数据背后的信息，做出及时、准确的决策。

五、计算题

1.水平分析

（1）编制利润表水平分析表（见表3-5）。

表3-5 **利润表水平分析表** 金额单位：百万元

项目	2024年	2023年	变动额	变动率（%）
一、营业收入	13 654	12 620	1 034	8.19
减：营业成本	11 120	10 592	528	4.98
税金及附加	42	35	7	20.00
销售费用	1 560	1 240	320	25.81
管理费用	206	189	17	8.99
财务费用	52	35	17	48.57
资产减值损失	46	35	11	31.43
加：投资收益	11	6	5	83.33
二、营业利润	639	500	139	27.80
加：营业外收入	65	53	12	22.64
减：营业外支出	15	32	−17	−53.13
三、利润总额	689	521	168	32.25
减：所得税费用	74	53	21	39.62
四、净利润	615	468	147	31.41

（2）对企业利润变动情况进行分析评价。

该企业的净利润本期比上期增长31.41%，增长较快，主要由营业利润的增长所致，同时营业外收入的增加和营业外支出的减少也是净利润较快增长的原因。营业利润本期比上期增长27.80%，主要是由于投资收益的剧增和营业收入的增加，其中投资收益本期比上期增长83.33%，应进行重点分析，是否存在人为操纵利润的可能性。营业收入的增长率超过了营业成本的增长率，说明该企业成本控制较好。但期间费用的增长率均超过了营业收入的增长率，其中增长率较高的为销售费用与财务费用，销售费用的增长率为25.81%，财务费用的增长率更是高达48.57%，此部分应结合企业所处的成长阶段及其战略类型进行分析，关注其是否有扩大市场份额与规模性融资行为，从而采取有效的措施降低期间费用。同时，资产减值损失的增长率达到31.43%，对于减值损失的原因，也应进行重点分析。综上所述，虽然净利润本期比上期增速明显，但取得上述成果并不能充分说明该企业经营良好。事实上，该企业的运营尚存在着亟待关注的问题。

2.因素分析

（1）单位产品材料成本分析。

分析对象：

120.5−118=+2.5（元）

因素分析：

单位材料成本=单位材料耗用量×单位材料费用

2023年：13×4+11×6=118（元）

替代：12×4+11×6=114（元）

2024年：12×5+11×5.5=120.5（元）

单耗变动的影响=114−118=−4（元）

单价变动的影响=120.5−114=+6.5（元）

可见，丙产品单位材料成本上升主要是A材料价格上涨幅度较大造成的，B材料的价格是下降的。其实A材料单耗和B材料单价的变动对材料成本降低都起了较大作用。

（2）单位产品直接人工成本分析。

分析对象：

63−60=+3（元）

因素分析：

单位直接人工成本=单位人工工时×小时工资率

效率差异的影响=（18−20）×3=−6（元）

工资率差异的影响=18×（3.5−3）=+9（元）

可见，企业人工费用上升主要是由小时工资率提高引起的，而企业生产效率并没有下降。效率提高使单位产品人工成本降低了6元。

3.水平分析与垂直分析

（1）编制HHJJ公司资产负债表水平分析表（见表3-6）。

表3-6 **资产负债表水平分析表** 金额单位：万元

资产	年末余额	年初余额	变动额	变动率（%）
流动资产：				
应收账款	5 170	4 630	+540	+11.66
存货	3 015	2 870	+145	+5.05
流动资产合计	9 920	8 884	+1 036	+11.66
固定资产：				
固定资产原值	18 518	16 920	+1 598	+9.44
固定资产净值	9 870	9 376	+494	+5.27
无形及递延资产	7 360	3 690	+3 670	+99.46
资产总计	27 150	21 950	+5 200	23.69
流动负债：				
应付账款	6 255	4 670	+1 585	+33.94
流动负债合计	7 690	6 289	+1 401	+22.28
非流动负债：				
长期借款	7 899	4 570	+3 329	+72.84
负债合计	19 190	14 380	+4 810	+33.45
所有者权益：				
实收资本	6 500	5 700	+800	+14.04
所有者权益合计	7 960	7 570	+390	+5.15
负债及所有者权益总计	27 150	21 950	+5 200	+23.69

从资产负债表的水平分析表中可以看出，2024年HHJJ公司总资产比2023年增加了5 200万元，增长率为23.69%。资产的增加从占用形态看，主要是无形及递延资产增加了，应引起重视；存货比上一年增长了

5.05%，应结合是否有销售规模扩大及价格上涨等原因进一步分析；应收账款增幅明显，较上一年增加了11.66%，应引起重视，加强对应收账款余额的动态管理、实时监控，并健全完善企业信用管理制度。2024年HHJJ公司负债总额比2023年增加了4 810万元，增长率为33.45%。从负债来源看，主要是由长期借款的增加引起的，长期借款比上一年增长了72.84%，非流动负债的增加应结合企业发展战略及企业所处的成长阶段分析，其是否有扩大生产经营规模及融资的行为。所有者权益比上一年也有所增加，增长率为5.15%。进一步分析资产、负债及所有者权益，还可得出许多关于资产、负债及所有者权益变动原因的结论。

（2）编制HHJJ公司资产负债表垂直分析表（见表3-7）。

表3-7　**资产负债表垂直分析表**

项目	2024年（%）	2023年（%）
流动资产合计	36.54	40.47
固定资产	36.35	42.72
无形及递延资产	27.11	16.81
资产总计	100.00	100.00
应付账款	23.04	21.28
流动负债合计	28.32	28.65
长期借款	29.09	20.82
非流动负债合计	42.36	36.86
负债合计	70.68	65.51
实收资本	23.94	25.97
所有者权益合计	29.32	34.49
负债及所有者权益总计	100.00	100.00

从表3-7可以看出，2024年HHJJ公司的资产构成情况是：有形资产占72.89%，无形及递延资产占27.11%。在有形资产中，固定资产与

流动资产的比重基本相同。从负债及所有者权益角度看，负债占70.68%，而所有者权益占29.32%，该企业的负债比重较大，但好在非流动负债比重较大，流动负债比重不算过高。与上一年度的结构情况进行对比，则可看出：第一，有形资产比重下降较大，无形及递延资产比重大幅度提高；第二，负债比重上升，所有者权益比重下降，负债上升的主要原因是长期借款增长较快，而流动负债比重基本与上一年持平。至于企业资产、负债及所有者权益结构变动的合理性，还应结合企业生产经营特点及具体情况而定。

第四章练习题答案

一、单项选择题

1.A　2.A　3.A　4.C　5.B　6.B　7.C　8.D　9.C　10.A

二、多项选择题

1. ABCD　2. ABCE　3. ABE　4. ABCD　5. ABCDE　6. ABCDE　7.ABCD　8.DE　9.ABC　10.ABC　11.BCD

三、判断题

1.错误。对资产、负债的影响还取决于该项目的比重。

2.正确。

3.错误。也可能是经营以外原因引起的，如增加负债。

4.正确。

5.正确

6.错误。固定资产比重越低，企业资产流动性越强。

7.正确。

8.错误。负债比率的增加，有可能带来负面影响，也可能带来正面影响，这取决于负债在企业中所发挥的作用。

9.错误。也可能是本期分配的利润大于本期实现的可供分配的利润。

10.正确。

11.错误。流动性只是资产结构的一个方面，不能仅以此来判断资产结构是否合理。现金在增加流动性的同时，也会降低资产的盈利能力。

12.错误。商业信用会产生机会成本，同时延迟支付会破坏企业的声誉，对企业长期发展产生负面影响。

13.错误。稳健结构的主要标志是流动资产的一部分资金来源需要由长期资金来解决。

14.错误。风险结构的主要标志是流动资产的资金需要全部由短期资金来满足。

15.正确。

16.正确。

17.错误。在资产负债表上，其他应收款的期末值不应过高。

18.错误。存货发生减值的主要原因为可变现净值低于账面成本。

19.错误。风险型的资产负债表整体结构的财务结果是存在“黑字破产”的可能。

20.正确。

21.正确。

四、计算题

1.负债变动情况和负债结构分析

（1）负债变动情况分析

负债变动情况分析表见表4-11。

表4-11　**负债变动情况分析表**　金额单位：万元

项目	期初余额	期末余额	变动额	变动率（%）
流动负债：				
短期借款	50 000	37 600	-12 400	-24.80
应付票据	7 500	7 000	-500	-6.67
应付账款	7 500	6 600	-900	-12.00
预收账款	2 400	4 100	1 700	70.83
应付职工薪酬	270	0	-270	-100.00
应交税费	4 500	1 600	-2 900	-64.44
其他应付款	180	387	207	115.00

续表

项目	期初余额	期末余额	变动额	变动率（%）
其他流动负债	2 000	1 100	−900	−45.00
流动负债合计	74 350	58 387	−15 963	−21.47
非流动负债：				
长期借款	20 000	18 400	−1 600	−8.00
应付债券	25 000	20 000	−5 000	−20.00
长期应付款	181 000	181 000	0	0
非流动负债合计	226 000	219 400	−6 600	−2.92
负债总计	300 350	277 787	−22 563	−7.51

（2）负债结构分析

负债结构分析表见表4−12。

表4−12 **负债结构分析表** 金额单位：万元

项目	期初余额	期末余额	结构变动情况（%）		
			期初	期末	差异
流动负债：					
短期借款	50 000	37 600	16.65	13.54	−3.11
应付票据	7 500	7 000	2.50	2.52	0.02
应付账款	7 500	6 600	2.50	2.38	−0.12
预收账款	2 400	4 100	0.80	1.48	0.68
应付职工薪酬	270	0	0.09	0	−0.09
应交税费	4 500	1 600	1.50	0.58	−0.92
其他应付款	180	387	0.06	0.14	0.08
其他流动负债	2 000	1 100	0.67	0.40	−0.27
流动负债合计	74 350	58 387	24.75	21.02	−3.73

续表

项目	期初余额	期末余额	结构变动情况（%）		
			期初	期末	差异
非流动负债：					
长期借款	20 000	18 400	6.66	6.62	−0.04
应付债券	25 000	20 000	8.32	7.20	−1.12
长期应付款	181 000	181 000	60.26	65.16	4.89
非流动负债合计	226 000	219 400	75.25	78.98	3.73
负债总计	300 350	277 787	100.00	100.00	0

2.固定资产分析

固定资产变动情况分析表见表4-13。

表4-13　**固定资产变动情况分析表**　金额单位：万元

固定资产原值	生产用	非生产用	租出	未使用	不需用	合计
期初固定资产原值	5 260 000	900 000	250 000	40 000	150 000	6 600 000
本期增加固定资产	913 500	50 000				963 500
其中：购入	105 750					105 750
建造完成	796 000	50 000				846 000
盘盈	11 750					11 750
本期减少固定资产	390 500	47 000			150 000	587 500
其中：出售					23 500	23 500
报废	47 000					47 000
盘亏		25 850				25 850
非常损失		21 150				21 150
投资转出	343 500				126 500	470 000
期末固定资产原值	5 783 000	903 000	250 000	40 000	0	6 976 000
变动额	523 000	3 000	0	0	−150 000	376 000
变动率（%）	9.94	0.33	0	0	−100	5.63

3.资产负债表垂直分析

资产负债表垂直分析表见表4-14。

表4-14　资产负债表垂直分析表

资产	20×4年	20×3年	负债及所有者权益	20×4年	20×3年
流动资产	71.52%	74.53%	应付账款	4.00%	3.61%
其中：应收账款	1.82%	1.47%	流动负债合计	10.38%	6.63%
存货	9.39%	6.31%	长期借款	0.68%	1.17%
固定资产	5.25%	5.93%	非流动负债合计	2.16%	2.05%
无形资产	1.65%	2.50%	负债合计	12.54%	8.68%
其他长期资产	21.58%	17.04%	实收资本	4.33%	4.02%
			所有者权益合计	87.46%	91.32%
资产总计	100.00%	100.00%	负债及所有者权益总计	100.00%	100.00%

从上表可看出，20×4年企业的资产构成情况是：流动资产占比略超70%，非流动资产占比接近30%，流动资产是非流动资产的2倍以上。在流动资产中，应收账款和存货占比均不足10%，并不构成主要资产项目。从权益角度看，负债占比约10%，而所有者权益占比接近90%。从整体来看，企业长期资金来源（所有者权益）占据主导，但是在负债内部，流动负债占比较高，存在一定风险。如果与上年度的结构情况进行对比，则可看出：第一，资产结构整体保持稳定，但是流动资产占比略有下降，而其他长期资产占比有所提升。第二，负债比重上升，所有者权益比重下降，负债比重上升的主要原因是流动负债增长较多。至于企业资产、负债及所有者权益结构变动的合理性，还应结合企业生产经营特点及具体情况分析判断。

4.资产负债表全面分析

（1）资产规模水平分析

资产规模水平分析表见表4-15。

表4-15　**资产规模水平分析表**　金额单位：千元

项目	年末	年初	变动额	变动率
现金	325	785	-460	-58.60%
应收账款	1 420	1 225	195	15.92%
存货	995	740	255	34.46%
流动资产合计	2 740	2 750	-10	-0.36%
固定资产净额	1 220	1 210	10	0.83%
资产总额	3 960	3 960	0	0

从投资或资产角度进行评价，公司年末资产总额与年初相比没有变化。但资产结构有略微的变化：流动资产较上年减少了1万元，减幅0.36%；固定资产较上年增加了1万元，增幅0.83%，这种变动无论是从金额上看，还是从比例上看，都是微不足道的。流动资产内部结构发生较大变动，现金减少46万元，应收账款增加19.5万元，存货增加25.5万元，这种变动的合理性还要结合公司的生产经营状况及经济效益予以评价。

（2）权益结构垂直分析

权益结构垂直分析表见表4-16。

表4-16　**权益结构垂直分析表**　金额单位：千元

项目	金额	比重
应付账款	525	13.26%
应付票据	350	8.84%
其他流动负债	472	11.92%
流动负债合计	1 347	34.02%
非流动负债	1 050	26.51%
负债合计	2 397	60.53%
实收资本	1 563	39.47%
所有者权益合计	1 563	39.47%
负债及所有者权益总计	3 960	100.00%

从筹资或资本结构优化角度进行评价，该公司的资产负债率为60.53%，从总体上看负债筹资比重较大，所有者权益筹资比重较小，财务风险较大，结构是否合理还应结合公司的盈利能力和经营风险进行评价。在负债项目构成中，流动负债占34.02%，非流动负债占26.51%，可见公司偏重于流动负债筹资；在流动负债项目构成中，应付账款占13.26%，应付票据占8.84%，其他流动负债占11.92%，可见应付账款为主要的流动负债，这种筹资方式成本较低，但长期使用易引发公司的信用危机，因此应注意其合理性。

（3）资产和资本结构分析

资产和资本结构分析表见表4-17。

表4-17 资产和资本结构分析表

项目	20×3年	20×4年	项目	20×3年	20×4年
流动资产	69.44%	69.19%	流动负债	—	34.02%
长期资产	30.56%	30.81%	长期资本	—	65.98%

由此可见，公司的流动资产中有一部分是由长期资本提供的，因此采取的是稳健结构。

第五章练习题答案

一、单项选择题

1.B　2.D　3.C　4.A　5.D　6.A　7.D　8.A　9.D　10.C

二、多项选择题

1.BCDE　2.ABC　3.ABC　4.ABDE　5.ABCDE　6.ABCDE　7.ABCE　8.ACE　9.BCD　10.AD

三、判断题

1.错误。所有者权益变动表可以反映投资人或者股东所拥有的权益，据以判断资本保值、增值的情况以及对负债的保障程度。

2.错误。所有者权益净变动额等于资产负债表中的期末与期初所有者权益的差额。

3.错误。其他综合收益项目分为以后会计期间不能重分类进损益的其他综合收益项目和以后会计期间能重分类进损益的其他综合收益项目两大类。

4. 正确。

5. 错误。库存股可以再次出售。

6. 正确。

7. 错误。转增股本是指公司将资本公积或者盈余公积转化为股本，它并没有改变股东的权益规模。

8. 错误。股票股利会影响所有者权益的内部结构，而股票分割则不会改变公司的所有者权益结构。

9. 正确。

10. 正确。

11. 错误。仅以权益结算的股份支付会对所有者权益有影响。

12. 错误。应记入“资本公积——资本溢价（或股本溢价）”账户。

四、简答题

1. 答：资产负债表报告的是某一时点的价值存量，利润表、现金流量表与所有者权益变动表反映的是两个时点之间的存量变化——流量，利润表反映了所有者权益变化的一部分，现金流量表则反映了现金的变化过程，所有者权益变动表反映的是资产负债表中所有者权益具体项目的变化过程。四张会计报表用会计语言反映了会计期间的总体财务状况和经营业绩。

2. 答：我国《企业会计准则——基本准则》中对所有者权益要素作了如下规定：“所有者权益的来源包括所有者投入的资本、直接计入所有者权益的利得和损失、留存收益等。”其中：直接计入所有者权益的利得和损失，是指不应计入当期损益、会导致所有者权益发生增减变动的、与所有者投入资本或者向所有者分配利润无关的利得或者损失。

由所有者权益变动表的内容可知，我国的所有者权益变动表的作用实际上就相当于英国ASB的“全部已确认利得与损失表”，美国FASB的“全面收益表”，国际会计准则委员会（IASC）的“权益变动表”。我国新准则颁布后的所有者权益变动表能更好地帮助投资者获得与其决策相关的全面收益信息。

3.答：所有者权益变动表的水平分析，是指将所有者权益各个项目的本期数与基准（可以是上期数等）进行对比，揭示公司当期所有者权益各个项目的水平及其变动情况，解释公司净资产的变动原因，借以进行相关决策的过程。

4.答：所有者权益变动的原因可简单归纳为以下几点：

（1）本期净利润。

（2）其他综合收益。

（3）会计政策和会计差错更正的累积影响。

（4）股东投入资本。

（5）向股东分配利润。

（6）提取盈余公积。

5.答：所有者权益变动表基本项目构架包括：（1）上一年年末余额；（2）会计政策变更与前期差错更正等；（3）本年年末余额；（4）本年增减变动金额；（5）本年年末余额。

其中：本年增减变动金额包括综合收益总额、所有者投入和减少资本、利润分配、所有者权益内部结转等项目内容。

6.答：库存股不是公司的一项资产，而是所有者权益的减项。留存收益中相当于库存股的那部分股本应当单独列示。因此，公司再次发行库存股时，其所产生的收入与取得时的账面价值之间的差额不会引起公司损益的变化，而是引起公司所有者权益的增加。

7.债务重组债务转为资本对债务人所有者权益的影响有：

债务重组债务转为资本，债务人的账务处理为：应按重组债务的账面余额，借记“应付账款”等科目，按债权人因放弃债权而享有本企业股份的面值总额，贷记“实收资本”或“股本”科目，按股份的公允价值总额与相应的实收资本或股本的差额，贷记或借记“资本公积——资本溢价”或“资本公积——股本溢价”科目，按期差额，贷记“营业外收入——债务重组利得”科目。可见，该行为会使得债务人的实收资本或者股本增加，同时可能会存在资本公积的变动。

8.公司分配当年税后利润时，首先应当提取净利润（即税后利润）的10%列入法定公积金。公司法定盈余公积累计额为公司注册资本的50%以上的，可以不再提取。另外，公司的法定公积金不足以弥补以前年度亏损的，在依照前款规定提取法定公积金之前，应当先用当年利润弥补亏损。其次，公司从税后利润中提取法定公积金后，经股东会或者股东大会决议，还可以从税后利润中提取任意公积金。最后，公司弥补亏损和提取公积金后所余税后利润，股份有限公司可以按照股东持有的股份比例分配，但股份有限公司章程规定不按持股比例分配的除外。

五、计算与分析题

1.根据净利润与所有者权益变动额的关系公式，本题所有者权益变动额的具体计算为：

3 000+250×40%−806+2 000=4 294（万元）

2.此政策对每股收益和每股市价的影响计算如下：

送股后的每股收益=5 000÷10 000÷（1+50%）=0.33（元）

送股后的每股市价=10÷（1+50%）=6.67（元）

3.支付股利后，公司市场价值和所有者权益下降到400万元，具体见简化的资产负债表（见表5−6）。

表5−6 **资产负债表（现金股利支付后）** 单位：千元

资产		负债及所有者权益	
货币资金	500	负债	0
其他资产	3 500	所有者权益	4 000
合计	4 000	合计	4 000

支付股利、除权后股票每股市价为2元。

4.本题应编制BAC公司所有者权益变动表水平分析表，从变动额与变动率两项指标观察各个项目的变动状况，借以进行具体的分析、评价。从所提供的报表可以看出，BAC公司2024年所有者权益比2023年大幅度增加，最主要的原因是2024年净利润大幅度增长，效益明显提高。

5.2024年年底“利润分配——未分配利润”账户的余额=80 000+50 000−7 500 −20 000 −30 000 =72 500（千元）。

第六章练习题答案

一、单项选择题

1.C　2.A　3.B　4.C　5.D　6.C　7.D　8.B　9.A　10.D　11.B　12.D　13.D　14.C　15.B　16.D

二、多项选择题

1.ABC　2.ACE　3.BD　4.ABE　5.CDE　6.CE　7.BCD　8.ABCD　9.BDE　10.ABDE　11.BE

三、判断题

1.错误。营业利润是指企业营业收入与营业成本、税费、期间费用、资产减值损失、资产变动净收益之间的差额。它既包括企业的主营业务利润和其他业务利润，又包括企业公允价值变动净收益和对外投资的净收益。

2.正确。

3.错误。仅此一年的利润额增减变动分析可能会掩盖一些问题，因此可以针对利润表主要项目，如净利润、利润总额、营业利润和毛利等进一步做趋势分析。

4.错误。企业的利润取决于收入和费用、直接计入当期利润的利得和损失金额的计量。

5.错误。营业成本变动对利润有着直接影响，在其他条件都不变的情况下，营业成本降低多少，利润就会增加多少。

6.错误。在现行税收体制下，增值税对产品销售利润没有直接影响。增值税通过城建税及教育费附加间接影响销售利润。但是，对于应缴纳消费税的产品，消费税税率或单位税金变动将直接影响产品销售利润。

7.错误。借助水平分析法，结合利润形成过程中相关的影响因素，反映利润额的变动情况，评价企业在利润形成过程中的各方面管理业绩并揭露存在的问题。

8.正确。

9.错误。除国家政策调价等客观原因外，在市场经济条件下，价格因素也可看成是主观因素。

10.错误。按我国现行会计制度规定，企业当期实现的净利润加上一年年初未分配利润（或减去年初未弥补亏损）和其他转入的余额，为可供分配的利润。

11.正确。

12.正确。

13.正确。

14.错误。全部营业成本分析是对企业全部营业成本的本年实际完成情况与上一年度实际情况进行对比分析，从产品类别角度找出各类产品或主要产品营业成本的升降的幅度，以及对全部营业成本的影响程度。

15.正确。

四、计算题

1.利润表综合分析

（1）编制宇通客车利润水平分析表并进行分析评价。

根据公司年报数据，编制宇通客车2024年利润表水平分析表，见表6-10。

表6-10　2024年宇通客车利润表水平分析表　金额单位：万元

项目	2024年	2023年	变动额	变动率（%）
一、营业总收入	3 721 759	2 704 199	1 017 560	37.63
其中：营业收入	3 721 759	2 704 199	1 017 560	37.63
二、营业总成本	3 292 556	2 458 973	833 583	33.90
其中：营业成本	2 867 934	2 083 331	784 603	37.66
税金及附加	44 966	32 764	12 202	37.24
销售费用	134 905	122 763	12 142	9.89
管理费用	75 764	71 932	3 832	5.33

续表

项目	2024年	2023年	变动额	变动率（%）
研发费用	178 827	156 764	22 063	14.07
财务费用	−9 839	−8 580	−1 259	−14.67
其中：利息费用	178	187	−9	−4.81
利息收入	10 064	14 652	−4 588	−31.31
加：其他收益	50 458	32 978	17 480	53.01
投资收益	4 612	9 904	−5 292	−53.43
公允价值变动收益	32 784	−124	32 908	26 538.71
信用减值损失	−20 404	−33 356	12 952	38.83
资产减值损失	−31 385	−55 710	24 325	43.66
资产处置收益	1 889	4 672	−2 783	−59.57
三、营业利润	467 156	203 589	263 567	129.46
加：营业外收入	9 705	6 570	3 135	47.72
减：营业外支出	4 641	2 357	2 284	96.90
四、利润总额	472 221	207 801	264 420	127.25
减：所得税费用	56 828	23 851	32 977	138.26
五、净利润	415 393	183 950	231 443	125.82
（一）按经营持续性分类				
持续经营净利润（净亏损以“−”号填列）	415 393	183 950	231 443	125.82

续表

项目	2024年	2023年	变动额	变动率（%）
（二）按所有权归属分类				
1.归属于母公司股东的净利润	411 619	181 708	229 911	126.53
2.少数股东损益	3 773	2 242	1 531	68.29
六、其他综合收益的税后净额	−17 578	−16 735	−843	−5.04
归属母公司所有者的其他综合收益的税后净额	−17 578	−16 735	−843	−5.04
1.不能重分类进损益的其他综合收益	−12 876	−16 887	4 011	23.75
其他权益工具投资公允价值变动	−12 876	−16 887	4 011	23.75
2.将重分类进损益的其他综合收益	−4 701	152	−4 853	−3 192.76
外币财务报表折算差额	−4 701	152	−4 853	−3 192.76
七、综合收益总额	397 815	167 215	230 600	137.91
（一）归属母公司所有者的综合收益的税后净额	394 042	164 973	229 069	138.85
（二）归属于少数股东的综合收益的税后净额	3 773	2 242	1 531	68.29
八、每股收益（元/股）				
（一）基本每股收益	1.86	0.82	1.04	126.83
（二）稀释每股收益	1.86	0.82	1.04	126.83

①净利润分析。

宇通客车2024年实现净利润415 393万元，比上年增加231 443万元，增幅为125.82%。其中，归属于母公司股东的净利润比上年增加229 911万元，增幅为126.53%；少数股东损益比上年增加1 531万元，增幅为68.29%。从水平分析表看，公司净利润增加主要是利润总额比上年增加264 420万元导致，而所得税费用比上年增加32 977万元，是净利润增加的不利因素但不是主要因素，最终在二者的共同作用下，宇通客车2024年净利润增加231 443万元。

②利润总额分析。

宇通客车2024年利润总额比上年增加264 420万元，增幅为127.25 %，其中营业利润同比增加263 567万元，增幅为129.46%。营业外收入同比增加3 135万元，增幅为47.72%；营业外支出同比增加2 284万元，增幅为96.90%，营业外收支使公司利润总额增加851万元。综上所述，营业利润增加是利润总额增加的主要原因，营业外收入弥补营业外支出之后，也是利润总额的增加项。

③营业利润分析。

营业利润是一定时期内企业盈利最主要、最稳定的关键来源。宇通客车营业利润增加主要是营业收入、其他收益、公允价值变动收益增加和资产减值损失、信用减值损失减少等所致。其中，营业收入比上年增加1 017 560万元，增幅为37.63%，主要原因是销量增加推动产品销售额的提高。营业成本、税金及附加、销售费用、管理费用、研发费用增加，投资收益、资产处置收益减少等是导致营业利润减少的项目。综上所述，2024年宇通客车的营业利润较上年增加263 567万元，增幅为129.46%。

除上述三个关键指标外，宇通客车公司基本每股收益（同稀释每股收益）比上年增加1.04元，增幅为126.83%。综合收益总额等于企业净利润加其他综合收益。其他综合收益相较上年减少843万元，降幅为5.04%，其与净利润的共同作用使综合收益总额比上年增加230 600万元，增幅为137.91%，其中归属于母公司所有者的综合收益同比增加229 069万元，增幅为138.85%，归属于少数股东的综合收益同比增加1 531万元，增幅为68.29%。

（2）编制宇通客车利润表垂直分析表并进行分析评价。

对宇通客车2023—2024年利润构成情况进行分析，见表6-11。

表6-11　宇通客车2023—2024年利润表垂直分析表（%）

项目	2024年	2023年	差异
一、营业总收入	100.00	100.00	0.00
其中：营业收入	100.00	100.00	0.00
二、营业总成本	88.47	90.93	-2.46
其中：营业成本	77.06	77.04	0.02
税金及附加	1.21	1.21	0
销售费用	3.62	4.54	-0.92
管理费用	2.04	2.66	-0.62
研发费用	4.80	5.80	-1
财务费用	-0.26	-0.32	0.06
加：其他收益	1.36	1.22	0.14
投资收益	0.12	0.37	-0.25
公允价值变动收益	0.88	0	0.88
信用减值损失	-0.55	-1.23	0.68
资产减值损失	-0.84	-2.06	1.22
资产处置收益	0.05	0.17	-0.12
三、营业利润	12.55	7.53	5.02
加：营业外收入	0.26	0.24	0.02
减：营业外支出	0.12	0.09	0.03
四、利润总额	12.69	7.68	5.01
减：所得税费用	1.53	0.88	0.65
五、净利润	11.16	6.80	4.36

由表6-11可知，宇通客车2024年营业利润占营业收入的比重为12.55%，较上年增加5.02%；利润总额占营业收入的比重为12.69%，较上年增加5.01%；净利润占营业收入的比重为11.16%，较上年增加4.36%。可见，从利润构成情况来看，宇通客车2024年利润表主要项目占比较上年均增加4%以上。进一步分析其变动原因，从营业利润结构来看，销售费用、管理费用、研发费用占比下降，资产减值损失和其他收益占比上升是导致营业利润占比增加的主要原因；而投资收益、资产处置收益占比下降，财务费用占比上升则是营业利润占比增加的不利因素。营业外支出占比上升是利润总额占比减少的主要原因，而所得税费用占比增加是净利润占比下降的根源。总之，资产减值损失占比上升，销售费用、管理费用和研发费用占比下降是导致三项利润占比在2024年上升的主要原因。

（3）针对宇通客车公司营业利润进行分析评价。

对宇通客车公司2024年度营业利润进行水平分析，见表6-12。

表6-12　**宇通客车2024年营业利润水平分析表**　金额单位：万元

项目	2024年	2023年	变动额	变动率（%）
一、营业收入	3 721 759	2 704 199	1 017 560	37.63
减：营业成本	2 867 934	2 083 331	784 603	37.66
二、毛利	853 825	620 868	232 957	37.52
减：税金及附加	44 966	32 764	12 202	37.24
销售费用	134 905	122 763	12 142	9.89
管理费用	75 764	71 932	3 832	5.33
研发费用	178 827	156 764	22 063	14.07
财务费用	−9 839	−8 580	−1 259	−14.67
加：其他收益	50 458	32 978	17 480	53.01
投资收益	4 612	9 904	−5 292	−53.43
公允价值变动收益	32 784	−124	32 908	26 538.71
信用减值损失	−20 404	−33 356	12 952	38.83
资产减值损失	−31 385	−55 710	24 325	43.66
资产处置收益	1 889	4 672	−2 783	−59.57
三、营业利润	467 156	203 589	263 567	129.46

从表6-12可知，宇通公司2024年营业利润增加263 567万元，增幅为129.46%。其中营业收入同比增加1 017 560万元，增幅为37.63%，毛利增加232 957万元，增幅为37.52%，是营业利润增加的主要原因。

另外，财务费用减少1 259万元，其他收益增加17 480万元，公允价值变动收益增加32 908万元，信用减值损失减少12 952万元，资产减值损失减少24 325万元，是导致营业利润增加的原因。而营业成本增加784 603万元，增幅为37.66%，税金及附加、管理费用、销售费用、研发费用增加，投资收益和资产处置收益减少是营业利润的抵减项目。

可见，宇通客车2024年营业毛利变动是影响营业利润的关键。通过水平分析法分析营业利润的变动原因，不仅应关注营业利润本身的变动，还应重点分析各项目对营业利润变动的影响，以此判断营业利润的质量和影响营业利润的关键因素，为后续分析奠定基础。因此，继续分析宇通客车毛利的变动原因。

（4）针对宇通客车公司毛利进行分析评价。

从表6-12可知，宇通客车2024年毛利同比增加232 957万元，增幅为37.52%，是因为营业收入的增加额远大于营业成本的增加额。至于宇通客车毛利率水平高低，还应进行自身趋势分析以及同行业对比分析。

宇通客车产品毛利分析，见表6-13。

表6-13　**2024年宇通客车分产品毛利分析表**　金额单位：万元

产品	营业收入	营业成本	毛利率（%）	营业收入变动率（%）	营业成本变动率（%）	毛利率变动率（%）
客车产品	3 104 750.93	2 386 783.66	23.12	37.17	38.71	-0.85

从表6-13可知，从产品角度看，客车产品2024年毛利率为23.12%，毛利率变动率为-0.85%，究其原因是营业成本的增幅为38.71%，大于营业收入的增幅，而营业成本增加的主要原因是原材料价格的提高。

2.对宇通客车利润变化趋势进行分析评价

根据图6-1可知，宇通客车2018—2024年各主要利润项目规模趋势基本一致，均呈先降后升之势，毛利规模总体突出，毛利、营业利润、利润总额和净利润到2020年降到低谷，之后逐年增加。2021年宇通客车各主要利润项目金额触底反弹，改变了之前利润表各主要项目持续下降的趋势。

总之，宇通客车净利润和利润总额、营业利润各年绝对额较接近，变动趋势基本一致，且三个项目金额相差不大，说明宇通客车各利润项目受营业外收支等非经常性损益的影响较小，营业利润是影响宇通客车经营成果的重要因素。而毛利和营业利润之间的差异还应关注期间费用、税金及附加、资产减值损失和信用减值损失以及其他非经常性损益的影响。

3.成本水平分析

运用水平分析法对A产品单位成本完成情况进行分析，见表6-14。

表6-14 **A产品单位成本分析表** 金额单位：元

成本项目	2024年实际成本	2023年实际成本	增减变动情况		项目变动对单位成本的影响（%）
			变动额	变动率（%）	
直接材料	655	602	+53	+8.80	+4.90
直接人工	159	123	+36	+29.27	+3.33
制造费用	322	356	-34	-9.55	-3.15
产品单位成本	1 136	1 081	+55	+5.09	+5.09

从表6-14的分析可知，A产品2024年单位成本比上一年度增加的原因主要是单位产品直接人工成本增加36元和直接材料成本增加53元，但由于制造费用减少，使产品单位成本又减少34元，最终产品单位成本较上年增加55元，增幅为5.09%。至于直接材料和直接人工成本增加的原因，以及制造费用减少的原因，还应进一步结合企业的各项消耗和价格的变动进行分析，以找出单位成本升降的最根本原因。

4.营业成本完成情况分析

（1）计算全部营业成本变动额和变动率。

全部营业成本变动额=20 380-21 400=-1 020（元）

全部营业成本变动率=（-1 020）÷21 400×100%=-4.77%

企业全部营业成本比上年减少，变动额为-1 020元，变动率为-4.77%。

（2）确定主要产品和非主要产品成本变动情况及对全部营业成本的影响。

主要产品营业成本变动额=19 100-18 000=1 100（元）

主要产品营业成本变动率=1 100÷19 100×100%=5.76%

主要产品对全部成本的影响率=1 100÷21 400×100%=5.14%

非主要产品成本变动额=2 300-2 380=-80（元）

非主要产品成本变动率=（-80）÷2 300×100%=-3.48%

非主要产品对全部成本的影响率=（-80）÷21 400×100%=-0.37%

从以上分析可以看出，全部营业成本之所以比上年有所减少，主要是由于公司主要产品营业成本减少所致。主要产品营业成本比上年降低5.76%，使全部营业成本降低5.14%。非主要产品的营业成本却比上年增加，成本超支3.48%，使全部营业成本增长0.37%。

（3）分析各主要产品营业成本完成情况及对全部成本的影响。

A产品营业成本变动额=9 600-9 000=600（元）

成本变动率=600÷9 600×100%=6.25%

对全部成本的影响=600÷21 400×100%=-2.80%

B产品营业成本变动额=9 500-9 000=500（元）

成本变动率=500÷9 500×100%=5.26%

对全部成本的影响=500÷21 400×100%=2.34%

A、B两种产品成本下降，是导致全部营业成本下降的主要原因。

5.等级品利润分析

（1）根据题中资料计算2023年与2024年的销售额，见表6-15。

表6-15　**等级品利润分析表**　金额单位：元

等级	销售量（辆）		价格		2023年销售额	2024年销售额	
	2023年	2024年	2023年	2024年		按2023年价格计算	按2024年价格计算
一等品	12 000	12 500	150	158	1 800 000	1 875 000	1 975 000
二等品	9 400	8 800	135	136	1 269 000	1 188 000	1 196 800
合计	21 400	21 300			3 069 000	3 063 000	3 171 800

（2）计算等级品平均单价。

2024年等级品本年平均价格=3 171 800÷21 300=149（元）

2024年等级品上一年平均价格=3 063 000÷21 300=144（元）

2023年等级品上一年平均价格=3 069 000÷21 400=143（元）

（3）等级品构成变动对利润的影响。

21 300×（144−143）=21 300（元）

（4）等级品价格变动对利润的影响。

21 300×（149−144）=106 500（元）

五、业务题

1.产品销售利润分析

（1）整理数据。

根据所给的资料，编制弘远公司2023年和2024年主要产品销售利润明细表，见表6-16。

表6-16 弘远公司2023年和2024年的主要产品销售利润明细表 金额单位：千元

产品名称	销售数量（个）		销售单价		单位销售成本		单位销售利润		销售利润总额	
	2023年	2024年	2023年	2024年	2023年	2024年	2023年	2024年	2023年	2024年
A	400	390	600	600	529.27	526	70.73	74	28 292	28 860
B	295	305	1 500	1 450	1 436.48	1 371	63.52	79	18 738.4	24 095
C	48	48	500	500	477.6	487.875	22.4	12.125	1 075.2	582
合计	—	—	—	—	—	—	—	—	48 105.6	53 537

（2）确定销售量、价格、单位成本、税金和品种结构等各因素变动对产品销售利润的影响。

分析影响产品销售利润的因素，首先要确定分析对象，即2024年产品销售利润与2023年产品销售利润的差异：

53 537−48 105.6=5 431.4（千元）

①销售量变动对利润的影响。

$$产品销售量完成率=\frac{390\times600+305\times1\,500+48\times500}{400\times600+295\times1\,500+48\times500}\times100\%$$

$$=101.27\%$$

销售量变动对利润的影响=产品销售利润基期数×（产品销售量完成率-1）

=48 105.6×（101.27%-1）=610.94（千元）

②单位价格变动对利润的影响。

$$\begin{array}{c}销售价格变动对\\销售利润的影响\end{array}=\sum\left[\begin{array}{c}产品实际\\销售量\end{array}\times\left(\begin{array}{c}实际\\销售价格\end{array}-\begin{array}{c}基期\\销售价格\end{array}\right)\right]$$

=390×（600-600）+305×（1 450-1 500）+48×（500-500）

=-15 250（千元）

③销售成本变动对利润的影响。

$$\begin{array}{c}销售成本变动对\\利润的影响\end{array}=\sum\left[\begin{array}{c}产品实际\\销售量\end{array}\times\left(\begin{array}{c}单位产品\\基期成本\end{array}-\begin{array}{c}单位产品\\实际成本\end{array}\right)\right]$$

=390×(529.27-526)+305×(1 436.48-1 371)+48×(477.6-487.875)

=20 753.50（千元）

④产品品种结构对利润的影响。

$$\begin{array}{c}品种构成变动\\对利润的影响\end{array}=\sum\left(\begin{array}{c}产品实际\\销售量\end{array}\times\begin{array}{c}产品基期\\单位利润\end{array}\right)-\begin{array}{c}基期产品\\销售利润\end{array}\times\begin{array}{c}产品销售量\\完成率\end{array}$$

$$=(390\times70.73+305\times63.52+48\times22.4)-48\,105.6\times\frac{390\times600+305\times1\,500+48\times500}{400\times600+295\times1\,500+48\times500}\times100\%$$

=-683.04（千元）

根据上述四项因素的分析可以看出，产品销售利润增加5 431.4千元是由于：

① 产品销售数量变动的影响	610.94
② 产品销售价格变动的影响	-15 250
③ 产品销售成本变动的影响	20 753.50
④产品品种结构变动的影响	-683.04
	5 431.40

2.销售费用分析

（1）销售费用结构分析

销售费用2023年和2024年的结构及差异，以及百元营业收入销售费用构成分析，见表6-17。

表6-17 **销售费用结构分析表**

项目	产品销售费用构成（%）			百元营业收入销售费用构成（%）		
	2024年	2023年	差异	2024年	2023年	差异
工资	13.67	8.45	+5.22	0.22	0.10	+0.12
差旅费	18.08	15.10	+2.98	0.29	0.18	+0.11
运输费	21.18	51.35	−30.17	0.34	0.62	−0.28
包装费	7.14	1.41	+5.73	0.11	0.02	+0.09
销售佣金	13.53	—	+13.53	0.22	—	+0.22
仓储费	3.42	6.78	−3.36	0.05	0.08	−0.03
广告费	11.25	3.74	+7.51	0.18	0.04	+0.14
展览费	2.18	9.54	−7.36	0.03	0.11	−0.08
会议费	5.07	0.53	+4.54	0.08	0.01	+0.07
其他	4.48	3.10	+1.38	0.07	0.04	+0.03
销售费用合计	100	100	0	1.59	1.2	+0.39

（2）评价

从销售费用构成来看，2024年差旅费和运输费占的比重最大，另外，工资、销售佣金和广告费所占比重也较大。动态地看，2024年运输费比重下降30.17%，而广告费、工资比重则有所上升，2024年发生销售佣金的支出，且在销售费用结构中占较大比例。从百元营业收入销售费用来看，2024年为1.59%，比2023年的1.20%增加0.39%。其中，除了运输费、仓储费和展览费有所下降外，其他项目都有所增加。尤其是销售佣金增加最多为0.22%，销售佣金的支出对扩大销售收入的作用如何，还需进一步分析。

第七章练习题答案

一、单项选择题

1.B 2.C 3.B 4.B 5.D 6.D 7.D 8.D 9.A 10.A

二、多项选择题

1.ABCDE　2.AD　3.BCE　4.ACE　5.CD　6.AD　7.AE　8.BCD　9.ACE　10.BDE

三、判断题

1.错误。固定资产折旧的变动影响当期现金流量的变动。当本期固定资产折旧增加时，会发生费用抵税作用，当期现金流量会增加，反之，则减少。

2.错误。经营活动产生的现金流量大于零不一定说明企业盈利。经营活动产生的现金流量大于零，只是说明现金流入量减去付现成本后大于零。

3.错误。企业分配非现金股利不会引起现金流出量的增加。

4.错误。利息支出将对筹资活动现金流量和经营活动现金流量产生影响。

5.错误。企业支付所得税将引起经营活动现金流量的增加。

6.正确。

7.错误。在某些条件下，还可能计入筹资活动所收到的现金。

8.错误。经营活动净现金流量大于零，说明当期经营活动现金流入量足以弥补经营活动付现成本。

四、业务题

1.指标计算

（1）盈利现金比率　88.34%

（2）全部资产现金回收率　52.71%

（3）销售获现比率　106.46%

（4）每股经营活动现金流量　0.67元

2.现金流量计算与分析

（1）填出表中A、B、C、D四项：

A：66 307　B：72 198

C：−143 498　D：171 056

（2）分析A公司当期经营活动现金净流量与净利润出现差异的原因如下：

$$\begin{matrix}\text{经营活动的}\\ \text{净现金流量}\end{matrix}=\begin{matrix}\text{本期}\\ \text{净利润}\end{matrix}+\begin{matrix}\text{不减少现金}\\ \text{的经营性费用}\end{matrix}+\begin{matrix}\text{非经营性}\\ \text{活动费用}\end{matrix}-\begin{matrix}\text{非经营性}\\ \text{活动收入}\end{matrix}+\begin{matrix}\text{非现金流动}\\ \text{资产的减少}\end{matrix}-\begin{matrix}\text{非现金流动}\\ \text{资产的增加}\end{matrix}+\begin{matrix}\text{流动负债}\\ \text{的增加}\end{matrix}-\begin{matrix}\text{流动负债}\\ \text{的减少}\end{matrix}$$

若当期经营活动现金净流量与净利润出现差异，即可判断A公司在本期出现了不减少现金的经营性费用、不减少现金的非经营性费用、非现金流动资产各项的变动、流动负债各项的变动。

3.现金流量表比较分析

分析思路：此案例所提供的资料与本章教材中所举实例类似，所以，可以参照该公司的水平分析、垂直分析的分析思路进行。水平分析时，以上一年为基期，运用比较方法计算两期的差异额和差异率，以发现成绩及存在的问题；垂直分析时，先分别计算两期的结构比，然后进行相应的差异比较，从而进行评价。

当然，如果能结合AF公司两年的资产负债表、利润表以及财务报表的附注进行分析，效果将更好。

下面的分析过程及结论仅供参考。

（1）对现金流量表进行水平分析（见表7-7）。

表7-7　**水平分析表**　金额单位：万元

项目	本年	上年	差异	
			金额	百分比（%）
经营活动：现金流入	1 332	1 129	203	17.98
现金流出	1 297	1 278	19	1.49
现金流量净额	35	−149	184	−123.49
投资活动：现金流入	242	290	−48	−16.55
现金流出	259	375	−116	−30.93
现金流量净额	−17	−85	68	−80.00
筹资活动：现金流入	315	440	−125	−28.41
现金流出	202	350	−148	−42.29
现金流量净额	113	90	23	25.56
汇率变动对现金影响额	0	0	0	0
现金及现金等价物净增加额	131	−144	275	−190.97

分析数据说明：本期现金净流量比上期有较大规模的增加，增加额为275万元。增加的主要原因是经营活动现金净流量的增加，而经营活动现金净流量的增加主要依靠经营活动现金流入量的增加，本期比上期增加184万元，增加幅度为123.49%，说明本期经营活动回笼现金实力较强。

（2）对现金流量表进行垂直分析（见表7-8）。

表7-8 **现金流入量结构分析表** 金额单位：万元

项目	本年结构		上年结构	
经营活动产生的现金流入	1 332	70.51%	1 129	60.73%
投资活动产生的现金流入	242	12.81%	290	15.60%
筹资活动产生的现金流入	315	16.68%	440	23.67%
现金流入小计	1 889	100%	1 859	100%

从表7-8可以看出，无论是上一年，还是本年，在全部现金流入量中，经营活动所产生的现金流入都是主要的、基本的，而且比重在不断上升，其重要原因是经营活动现金流入量绝对数的增长。

现金流出量结构分析表见表7-9。

表7-9 **现金流出量结构分析表** 金额单位：万元

项目	本年结构		上年结构	
经营活动产生的现金流出	1 297	73.78%	1 278	63.80%
投资活动产生的现金流出	259	14.73%	375	18.72%
筹资活动产生的现金流出	202	11.49%	350	17.47%
现金流出小计	1 758	100%	2 003	100%

从表7-9可以看出，无论是上一年还是本年，在全部现金流出量中，经营活动所产生的现金流出量占主要比重，而且本年的比重比上一年有所上升。其原因是经营活动规模扩大，并且与流入量相匹配。

（3）综合分析：最好结合AF公司近两年的资产负债表、利润表以及财务报表附注进行分析及评价，其结论将会更加客观、有效。

第八章练习题答案

一、单项选择题

1.B　2.D　3.C　4.A　5.A　6.D　7.C　8.A　9.D　10.B　11.D　12.A　13.C　14.B

二、多项选择题

1.ABCE　2.BCD　3.DE　4.ACE　5.ABCE　6.BC　7.BCDE　8.ABCD　9.ABCD　10.ABCE　11.BCD　12.BDE　13.ACDE　14.ABCD

三、判断题

1.错误。资本经营盈利能力分析主要对总资产报酬率指标进行分析和评价。

2.正确。

3.错误。从经济学角度看，资本的内涵与我们通常所说的资产的内涵是基本相同的，它侧重于揭示企业所拥有的经济资源，而不考虑这些资源的来源特征。

4.错误。在负债利息率和资本构成等条件不变的情况下，总资产报酬率越高，净资产收益率就越高。

5.错误。当总资产报酬率高于负债利息率时，提高负债与所有者权益之比将使净资产收益率提高。

6.正确。

7.错误。资产经营的基本内涵是合理配置与使用资产，以一定的资产投入，取得尽可能多的收益。资本经营是指企业以资本为基础，通过优化配置来提高资本经营效益的经营活动。

8.错误。净资产收益率是反映盈利能力的核心指标。

9.错误。企业盈利能力的高低与利润的高低不一定成正比。在反映盈利能力的指标分母一定的情况下，企业盈利能力的高低与利润的高低成正比。

10.错误。影响营业收入利润率的因素是营业收入和营业利润，影响营业成本利润率的因素是营业成本与营业利润。

11.正确。

12.正确。

13. 错误。如果企业不存在优先股，那么，二者是相同的。

14. 错误。一般情况下，价格与收益比率越高，反映企业发展前景越好，并不一定是盈利能力越强。另外，必须注意，当每股收益可能为零或负数时，价格与收益比越高并不能说明企业发展前景越好。

15. 正确。

16. 错误。只有发行稀释性的普通股时才对每股收益指标进行调整，优先股不是稀释性的普通股。

四、计算题

1. 商品经营盈利能力分析

（1）收入利润率分析。

S公司2020—2024年收入利润率分析数据及指标，见表8-4。

表8-4 **S公司2020—2024年收入利润率分析表** 金额单位：万元

项目	2020年	2021年	2022年	2023年	2024年
总收入	1 502 362.49	1 467 221.47	1 605 244.41	1 718 310.96	1 991 794.23
营业收入	1 502 362.49	1 467 221.47	1 605 244.41	1 718 310.96	1 991 794.23
营业成本	594 571.57	577 741.29	611 506.91	620 297.88	668 114.86
毛利	907 790.92	889 480.18	993 737.50	1 098 013.08	1 323 679.37
营业利润	670 558.60	600 951.15	714 008.67	772 146.10	883 647.30
营业费用	836 943.61	871 572.77	949 029.60	1 000 303.50	1 174 156.91
营业外支出	3 832.75	2 413.79	1 103.04	564.53	834.05
利润总额	668 585.30	603 070.93	716 531.90	776 096.56	884 795.46
净利润	500 215.33	450 804.42	536 519.93	580 492.91	661 878.61
营业收入利润率（%）	44.63	40.96	44.48	44.94	44.36
毛利率（%）	60.42	60.62	61.91	63.90	66.46
总收入利润率（%）	44.50	41.10	44.64	45.17	44.42
营业净利润率（%）	33.30	30.73	33.42	33.78	33.23
营业成本利润率（%）	112.78	104.02	116.76	124.48	132.26
营业费用利润率（%）	80.12	68.95	75.24	77.19	75.26
全部成本费用总利润率（%）	79.52	69.00	75.41	77.54	75.30
全部成本费用净利润率（%）	59.49	51.58	56.47	58.00	56.33

根据表8-4的数据，S公司2020—2024年各项收入利润率指标，如

图 8-4 所示。

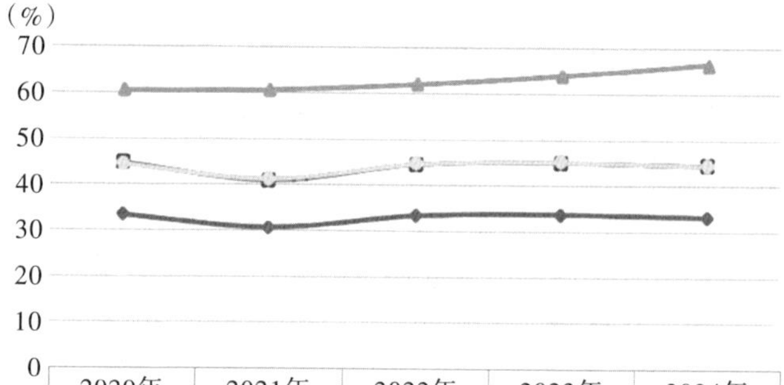

	2020年	2021年	2022年	2023年	2024年
营业收入利润率（%）	44.63	40.96	44.48	44.94	44.36
毛利率（%）	60.42	60.62	61.91	63.90	66.46
总收入利润率（%）	44.50	41.10	44.64	45.17	44.42
营业净利润率（%）	33.30	30.73	33.42	33.78	33.23

图8-4　S公司2020—2024年各项收入利润率指标图

由图 8-4 可知，2020—2024 年 S 公司的各项收入利润率指标变化平稳，基本维持在一定的水平，其中，2024 年 S 公司的营业收入利润率、总收入利润率、营业净利润率相比 2023 年均略有下降，但下降的幅度较小，而毛利率相比 2023 年有小幅上升，增幅为 2.56%，表明 S 公司的商品经营盈利能力比较稳定，反映商品经营盈利能力的基础指标有一定的提升。总收入利润率与营业收入利润率数值极为接近，折线几乎重合，说明总收入以营业收入为主。

（2）成本利润率分析。

根据表 8-4 的数据，S 公司 2020—2024 年各项成本利润率指标，如图 8-5 所示。

由图 8-5 可知，2020—2024 年 S 公司的各项成本利润率指标基本呈波浪式上升趋势，且维持在一定的水平，其中，2024 年 S 公司的营业费用利润率、全部成本费用总利润率、全部成本费用净利润率相比 2023 年均略有下降，下降幅度为 2% 左右；而 2024 年 S 公司的营业成本利润率相比上年有所上升，增幅为 7.78%，表明 S 公司成本控制较好，但营业费用等需要进一步控制。全部成本费用总利润率与营业费用利润率数值极为接近，折线几乎重合，说明全部成本费用以营业费用为主。

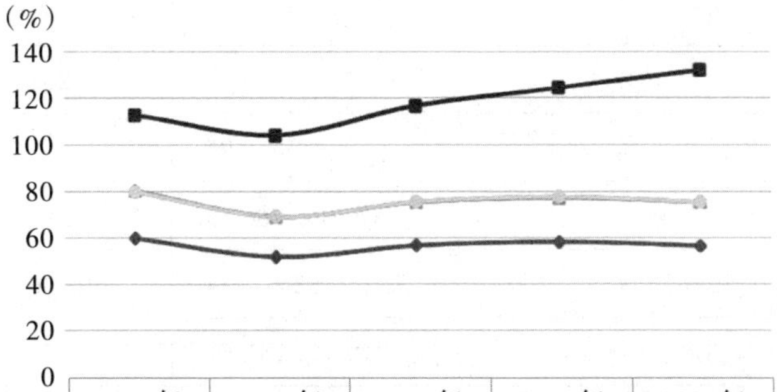

	2020年	2021年	2022年	2023年	2024年
营业成本利润率（%）	112.78	104.02	116.76	124.48	132.26
营业费用利润率（%）	80.12	68.95	75.24	77.19	75.26
全部成本费用总利润率（%）	79.52	69.00	75.41	77.54	75.30
全部成本费用净利润率（%）	59.49	51.58	56.47	58.00	56.33

图8-5　S公司2020—2024年各项成本利润率指标对比图

（3）毛利率分析。

第一，S公司自身毛利率分析。可以编制S公司2020—2024年毛利率水平分析表，计算各年度毛利率及变动率。分析毛利率变动趋势及变动原因。

第二，S公司与同行业其他企业的毛利率对比分析。选择同行业三家可比企业，对比其毛利规模、毛利率及变动率。评价各企业间毛利规模、毛利率的差距，变动趋势及变动原因。

2.资本经营盈利能力分析

甲公司2024年资本经营盈利能力分析相关数据及指标，见表8-5。

表8-5　**甲公司2024年资本经营盈利能力因素分析表**　金额单位：元

项目	2024年	2023年	差异
总资产平均余额	11 877 139 369.09	9 402 141 872.71	—
净资产平均余额	7 585 642 241.71	6 870 969 425.64	—
负债平均余额	4 291 497 127.39	2 531 172 447.07	—
净资产负债率（%）	57	37	20
利息支出	41 116 079.19	42 802 689.55	—

续表

项目	2024年	2023年	差异
负债利息率（%）	0.96	1.69	-0.73
利润总额	577 052 766.55	560 859 687.55	—
息税前利润	618 168 845.74	603 662 377.10	—
净利润	479 179 742.67	496 778 331.51	—
所得税税率（%）	16.96	11.43	5.53
总资产报酬率（%）	5.20	6.42	-1.22
净资产收益率（%）	6.32	7.23	-0.91

分析对象：

净资产收益率差异=6.32%-7.23%=-0.91%

2023年净资产收益率=［6.42%+（6.42%-1.69%）×37%］×（1-11.43%）

≈7.23%

替换总资产报酬率=［5.20%+（5.20%-1.69%）×37%］×（1-11.43%）=5.76%

替换负债利息率=［5.20%+（5.20%-0.96%）×37%］×（1-11.43%）=6.00%

替换净资产负债率=［5.20%+（5.20%-0.96%）×57%］×（1-11.43%）=6.75%

替换所得税税率=［5.20%+（5.20%-0.96%）×57%］×（1-16.96%）=6.32%

2024年净资产收益率=［5.20%+（5.20%-0.96%）×57%］×（1-16.96%）

=6.32%

总资产报酬率变动对净资产收益率的影响=5.76%-7.23%=-1.47%

负债利息率变动对净资产收益率的影响=6.00%-5.76%=0.24%

净资产负债率变动对净资产收益率的影响=6.75%-6.00%=0.75%

所得税税率变动对净资产收益率的影响=6.32%-6.75%=-0.43%

由上述内容可知，该公司2024年净资产收益率相对于上年下降0.91%，主要是总资产报酬率下降1.47%所致，负债利息率和净资产负债率两个指标产生了正面影响，分别使得净资产收益率增加了0.24%和0.75%。所得税税率的提高，导致净资产收益率下降0.43%。各因素综合作用导致该公司2024年净资产收益率比上年下降0.91%。说明该公司资本经营盈利能力有所下降。还可以针对总资产报酬率进行深入分析。

3.资产经营盈利能力分析

乙公司资产经营盈利能力分析相关数据及指标，见表8-6。

表8-6　**乙公司资产经营盈利能力因素分析表**　金额单位：万元

项目	当年	预计	差异
营业收入	4 000	5 000	
息税前利润	160	250	
总资产平均余额	11 200	15 000	
总资产周转率（次）	0.357	0.333	-0.024
销售息税前利润率	4%	5%	1%
总资产报酬率	1.43%	1.67%	0.24%

分析对象（总资产报酬率差异）：

1.67%-1.43%=0.24%

采用连环替代法计算如下：

（1）总资产周转率变动的影响=（0.333-0.357）×4%=-0.096%

（2）销售息税前利润率变动的影响=0.333×（5%-4%）=0.333%

可见，该公司新增加的项目由于投入资产较多，使得总资产周转率对总资产报酬率带来负面影响，而由于销售息税前利润率对总资产报酬率是正面的影响，该正面影响大于总资产周转率的负面影响，因而总资产报酬率由于引入新项目将增加0.24%。

五、业务题

1.（1）根据所给资料计算丙公司2024年度每股收益、普通股权益报酬率、股利发放率和价格与收益比率等指标。

$$每股收益=\frac{1\,511\,854.9-345\,985}{1\,101\,291.6}=1.06（元）$$

$$普通股权益报酬率=\frac{1\,511\,854.9-345\,985}{7\,036\,076.9}\times100\%=16.57\%$$

$$股利发放率=\frac{198\,140\div1\,101\,291.6}{1.06}\times100\%=16.97\%$$

价格与收益比率$=\frac{8.03}{1.06}=7.58$

（2）用差额分析法对普通股权益报酬率进行分析。

根据所给资料，2023年普通股权益报酬率为15.57%（（1 255 118.2-345 985）÷5 839 667.4×100%），2024年普通股权益报酬率比2023年增加了1%，对于其变动原因，用差额分析法分析。

净利润变动对普通股权益报酬率的影响：

$$\frac{(1\,511\,854.9-345\,985)-(1\,255\,118.2-345\,985)}{5\,839\,667.4}\times100\%=4.396\%$$

普通股权益平均额变动对普通股权益报酬率的影响：

$$\left(\frac{1\,511\,854.9-345\,985}{7\,036\,076.9}-\frac{1\,511\,854.9-345\,985}{5\,839\,667.4}\right)\times100\%=-3.395\%$$

两因素共同作用使普通股权益报酬率增加了1%。

2.计算丁公司的稀释每股收益。

对于稀释性潜在普通股——可转债而言，调整净利润时应以当期净利润为基础加上当期已确认为财务费用的利息，并将所得税因素考虑在内。

净利润增加=100 000 000×5%×（1-25%）=3 750 000（元）

新增股份=100 000×20=2 000 000（股）

稀释每股收益=（10 000 000+3 750 000）÷（2 000 000+2 000 000）

=3.4375（元）

3.毛利率综合分析。

（1）由表8-4、图8-1可知，金龙汽车的毛利率整体呈波浪式变化，2012—2015年呈上升趋势，在2015年达到一个高点为17.15%，2016年因骗补事件毛利率跌到8.90%，之后从2017年的峰值18.74%一路下滑，2021年滑到低谷为8.80%，之后开始回升。尽管金龙汽车的规模与宇通客车相近，但毛利率远低于宇通客车。金龙汽车的规模比中通客车大很多，但毛利率水平却不如中通客车。总体来看，在2012—2024年四家客车企业毛利率的对比中，宇通客车的毛利率在行业中始终处于领先地位，各年毛利率均高于同行业其他企业。安凯客车的毛利率始终处于行业较低水平，尤其是2015年和2016年，其毛利率连续两年为负值，说明企业亏本销售，产品在市场中缺乏优势。中通客车虽然经营规模较小，但以商品经营为基础的盈利能力水平较高。四家企业的毛利率在2020年均有不同程度的下降，其中，宇通客车下降最明显。而在2021年，在其他三家企业毛利率持续下滑的情况下，宇通客车的毛利率已经开始回升。13年间四家企业的毛利率大多在10%~30%的区间内波动，行业整体趋势基本一致。

（2）毛利率反映一家企业产品和服务的获利程度。如果要提高毛利率，就要提高销量和单价，降低单位成本。因此，可以从价格、销量、成本三个方面分析金龙汽车毛利率偏低的原因。

首先，对比单价。可以分车型计算单辆客车的平均单价，并将四家企业进行对比。其次，对比单位成本。可以主要对比金龙汽车和宇通客车的成本项目，以及各成本项目占比。由于客车行业原材料成本基本占客车制造总成本的90%以上，也可以原材料成本分析作为切入点，对比四家企业原材料成本（不考虑客车服务业）相关数据及趋势。再次，对比销量。可以对比金龙汽车和中通客车的销量情况。最后，对比金龙汽车各类型客车的毛利率。金龙汽车的生产结构低效，以中型、轻型客车为主，采购成本过高，平均价格较低，导致毛利率较低。

（3）结合经营策略的建议。

结合金龙汽车的经营策略看，金龙汽车的生产销售总体来说有低价、高销量、高成本等特点。金龙汽车在经营策略的选择上并不明晰，表面上看其定价较低，试图扩大销量走低成本策略，但其成本却居于较高水平。对于客车这一类同质化现象较为严重的产品市场，像金龙汽车这样成本较高的企业，实施差异化战略更为可行。金龙汽车应适当提高产品定价，在保持研发投入和产品质量的条件下适当控制成本，坚持以差异化为主导的战略，为客户提供更好的消费体验。

第九章练习题答案

一、单项选择题

1.B　2.D　3.D　4.B　5.C　6.D　7.A　8.D

二、多项选择题

1.BCDE　2.ADE　3.AB　4.ACD　5.CD　6.ABC　7.ACD　8.ACDE
9.BCD

三、判断题

1.错误。在其他条件不变的情况下，资产的周转期越长，资产的使用效率越低。

2.错误。企业还可以通过改变资产配置结构来提高总资产周转率。

3.错误。该说法存在片面性，提高营运能力仅代表提高了单位资产的产出（收入），企业盈利能力是否提高还要看利润的创造情况。

4.正确。

5.错误。还应考虑投资性资产对总资产周转率的影响。

6.错误。使用营业成本作为周转额是用来说明垫支的流动资产周转速度的。

7.正确。

8.错误。还包括相对节约额。

9.正确。

10.正确。

11.正确。

四、计算题

1.现金周期指标的计算

（1）应收账款周转期 $=\dfrac{(3\,853+4\,433)\div 2\times 360}{68\,051}=21.92$（天）

（2）存货周转期 $=\dfrac{(8\,940+8\,587)\div 2\times 360}{48\,998}=64.39$（天）

（3）应付账款周转期 $=\dfrac{(4\,662+8\,024)\div 2\times 360}{48\,998}=46.6$（天）

（4）经营周期 $=21.92+64.39=86.31$（天）

（5）现金周期 $=86.31-46.6=39.71$（天）

2.流动资产周转速度指标的计算

（1）流动资产周转率 $=\dfrac{31\,420}{(13\,250+13\,846)\div 2}=2.32$（次）

流动资产周转期 $=\dfrac{(13\,250+13\,846)\div 2\times 360}{31\,420}=155.23$（天）

（2）流动资产垫支周转率 $=\dfrac{21\,994}{(13\,250+13\,846)\div 2}=1.62$（次）

流动资产垫支周转期 $=\dfrac{(13\,250+13\,846)\div 2\times 360}{21\,994}=221.76$（天）

（3）存货周转率=$\frac{21\,994}{(6\,312+6\,148)\div 2}$=3.53（次）

存货周转期=$\frac{(6\,312+6\,148)\div 2\times 360}{21\,994}$=101.97（天）

（4）应收账款周转率=$\frac{31\,420}{(3\,548+3\,216)\div 2}$=9.29（次）

应收账款周转期=$\frac{(3\,548+3\,216)\div 2\times 360}{31\,420}$=38.75（天）

3.流动资产周转加速效果的计算

（1）流动资产相对节约额=$16\,425\times\left(\frac{1}{16\,425\div 3\,650}-\frac{1}{14\,600\div 3\,650}\right)$

=−456.25（万元）

（2）流动资产绝对节约额=$13\,890\times\left(\frac{1}{3.4}-\frac{1}{13\,890\div 4\,630}\right)$=−544.71（万元）

（3）流动资产节约额=$7\,316\times\left(\frac{1}{7\,316\div 2\,360}-\frac{1}{6\,095\div 2\,438}\right)$

= −566.4（万元）

其中：

绝对节约额=2 360−2 438=−78（万元）

相对节约额= −566.4 −（−78）= −488.4（万元）

（4）营业收入增加额=$2\,438\times\left(\frac{7\,316}{2\,360}-\frac{6\,095}{2\,438}\right)$=1 462.8（万元）

4.固定资产利用效果指标的计算

（1）固定资产产值率=$\frac{268\,954}{(86\,450+94\,370)\div 2}\times 100\%$=297.48%

（2）生产设备产值率=$\frac{268\,954}{(32\,332+39\,635)\div 2}\times 100\%$=747.44%

（3）生产用固定资产产值率=$\frac{268\,954}{(58\,786+66\,059)\div 2}\times 100\%$

=430.86%

（4）固定资产收入率=$\frac{275\,368}{(86\,450+94\,370)\div 2}\times 100\%$=304.58%

五、业务题

1.总资产营运能力分析

（1）总资产收入率分析。

有关指标计算如下：

（上年）总资产收入率=80 862÷95 132×100%=85%
（本年）总资产收入率=90 456÷102 791×100%=88%
（上年）总资产产值率=76 840÷95 132×100%=80.77%
（本年）总资产产值率=82 987÷102 791×100%=80.73%
（上年）产品销售率=80 862÷76 840×100%=105.23%
（本年）产品销售率=90 456÷82 987×100%=109%

分析对象：

总资产收入率差额=88%−85%=3%

①总资产产值率下降的影响：

（80.73% − 80.77%）×105.23%=−0.04%

②产品销售率提高的影响：

80.73%×（109% − 105.23%）=3.04%

两因素影响合计：

3.04%−0.04%=3%

（2）总资产周转率分析。

有关指标计算如下：

（上年）总资产周转率=80 862÷95 132=0.85（次）
（本年）总资产周转率=90 456÷102 791=0.88（次）
（上年）流动资产周转率=80 862÷42 810=1.889（次）
（本年）流动资产周转率=90 456÷43 172=2.095（次）
（上年）流动资产占总资产的比重=42 810÷95 132×100%=45%
（本年）流动资产占总资产的比重=43 172÷102 791×100%=42%

分析对象：

0.88−0.85=0.03（次）

① 流动资产周转加速的影响=（2.095−1.889）×45%=0.093（次）

② 流动资产所占比重下降的影响=2.095×（42%−45%）=−0.063（次）

两因素影响合计：0.093−0.063=0.03（次）

2.流动资产周转速度分析

（1）流动资产周转率分析：

有关指标计算见表9-9。

表9-9　有关指标计算

项目	上年	本年
流动资产周转率（次）	$\frac{80\ 862}{42\ 810}=1.889$	$\frac{90\ 456}{43\ 172}=2.095$
流动资产垫支周转率（次）	$\frac{52\ 560}{42\ 810}=1.228$	$\frac{54\ 274}{43\ 172}=1.257$
成本收入率	$\frac{80\ 862}{52\ 560}=1.538$	$\frac{90\ 456}{54\ 274}=1.667$

分析对象：

2.095−1.889=0.206（次）

上年指标：

1.228×1.538=1.889（次）

替代流动资产垫支周转率：

1.257×1.538=1.933（次）

本年指标：

1.257×1.667=2.095（次）

①流动资产垫支周转率加速的影响：

1.933−1.889=0.044（次）

②成本收入率提高的影响：

2.095−1.933=0.162（次）

两因素影响合计：

0.044+0.162=0.206（次）

（2）流动资产垫支周转率分析：

有关指标计算见表9-10。

表9-10　有关指标计算

项目	上年	本年
流动资产垫支周转率（次）	$\frac{52\ 560}{42\ 810}=1.228$	$\frac{54\ 274}{43\ 172}=1.257$
存货周转率（次）	$\frac{52\ 560}{19\ 265}=2.728$	$\frac{54\ 274}{20\ 723}=2.619$
存货构成率	$\frac{19\ 265}{42\ 810}=0.45$	$\frac{20\ 723}{43\ 172}=0.48$

分析对象：

1.257−1.228=0.029（次）

①存货周转率下降的影响：

（2.619−2.728）×0.45=−0.049（次）

②存货构成率提高的影响：

2.619×（0.48−0.45）=0.079（次）

两因素影响合计：

0.079−0.049=0.03（次）

注：计算结果和分析对象之间的误差系小数点取舍所致，下同。

3.存货周转速度分析

有关指标计算见表9-11。

表9-11 有关指标计算

项目	上年	本年
存货周转天数（天）	$\frac{16\,480\times 360}{98\,880}=60$	$\frac{17\,520\times 360}{116\,800}=54$
材料周转天数（天）	$\frac{5\,768\times 360}{62\,280}=33.34$	$\frac{5\,606\times 360}{71\,682}=28.15$
在产品周转天数（天）	$\frac{6\,922\times 360}{93\,936}=26.53$	$\frac{8\,410\times 360}{117\,968}=25.66$
产成品周转天数（天）	$\frac{3\,790\times 360}{98\,880}=13.80$	$\frac{3\,504\times 360}{116\,800}=10.8$
材料费占总产值生产费比重	$\frac{62\,280}{95\,815}=0.65$	$\frac{71\,682}{115\,610}=0.62$
总产值生产费占产品生产成本比重	$\frac{95\,815}{93\,936}=1.02$	$\frac{115\,610}{117\,968}=0.98$
产品生产成本占营业成本比重	$\frac{93\,936}{98\,880}=0.95$	$\frac{117\,968}{116\,800}=1.01$

分析对象：

54−60=−6（天）

上年指标：

（33.34×0.65×1.02+26.53）×0.95+13.8=60（天）

替代材料周转天数：

（28.15×0.65×1.02+26.53）×0.95+13.8=56.73（天）

替代材料费占总产值生产费比重：

（28.15×0.62×1.02+26.53）×0.95+13.8=55.92（天）

替代总产值生产费占产品生产成本比重：

（28.15×0.62×0.98+26.53）×0.95+13.8=55.25（天）

替代在产品周转天数：

（28.15×0.62×0.98+25.66）×0.95+13.8=54.43（天）

替代产品生产成本占营业成本比重：

（28.15×0.62×0.98+25.66）×1.01+13.8=57（天）

本年指标（替代产成品周转天数）：

（28.15×0.62×0.98+25.66）×1.01+10.8=54（天）

①材料周转天数缩短的影响：

56.73−60=−3.27（天）

②材料费占总产值生产费比重下降的影响：

55.92−56.73=−0.81（天）

③总产值生产费占产品生产成本比重下降的影响：

55.25−55.92=−0.67（天）

④在产品周转天数缩短的影响：

54.43−55.25=−0.82（天）

⑤产品生产成本占营业成本比重上升的影响：

57−54.43=2.57（天）

⑥产成品周转天数缩短的影响：

54−57=−3（天）

各因素影响额合计：

−3.27−0.81−0.67−0.82+2.57−3=−6（天）

4.固定资产利用效果分析

（1）固定资产产值率分析。

有关指标计算见表9-12。

表9-12　　　　　　　　　**有关指标计算**

项目	上年	本年
固定资产产值率	$\frac{34\ 750}{13\ 681}$×100%=254%	$\frac{38\ 225}{14\ 365}$×100%=266.1%
生产设备产值率	$\frac{34\ 750}{5\ 541}$×100%=627.14%	$\frac{38\ 225}{6\ 102}$×100%=626.43%
生产用固定资产产值率	$\frac{34\ 750}{10\ 261}$×100%=338.66%	$\frac{38\ 225}{10\ 343}$×100%=369.57%
生产设备占生产用固定资产比重	$\frac{5\ 541}{10\ 261}$×100%=54%	$\frac{6\ 102}{10\ 343}$×100%=59%
生产用固定资产占全部固定资产比重	$\frac{10\ 261}{13\ 681}$×100%=75%	$\frac{10\ 343}{14\ 365}$×100%=72%

①生产用固定资产产值率分析。

分析对象：

369.57%-338.66%=30.91%

生产设备产值率下降的影响：

（626.43%-627.14%）×54%=-0.38%

生产设备占生产用固定资产比重提高的影响：

626.43%×（59%-54%）=31.32%

两因素影响额合计：

31.32%-0.38%=30.94%

②全部固定资产产值率分析。

分析对象：

266.1%-254%=12.1%

生产设备产值率下降的影响：

（626.43%-627.14%）×54%×75%=-0.29%

生产设备占生产用固定资产比重提高的影响：

626.43%×（59%-54%）×75%=23.49%

生产用固定资产占全部固定资产比重下降的影响：

626.43%×59%×（72%-75%）=-11.09%

各因素影响额合计：

-0.29%+23.49%-11.09%=12.11%

（2）固定资产收入率分析。

有关指标计算见表9-13。

表9-13 **有关指标计算**

项目	上年	本年
固定资产收入率	$\frac{33\,673}{13\,681}$×100%=246.13%	$\frac{35\,962}{14\,365}$×100%=250.34%
固定资产产值率	$\frac{34\,750}{13\,681}$×100%=254%	$\frac{38\,225}{14\,365}$×100%=266.1%
产品销售率	$\frac{33\,673}{34\,750}$×100%=96.9%	$\frac{35\,962}{38\,225}$×100%=94.08%

分析对象：

250.34%-246.13%=4.21%

固定资产产值率提高的影响：

（266.1%-254%）×96.9%=11.72%

产品销售率下降的影响：

266.1%×（94.08%-96.9%）=-7.5%

各因素影响额合计：

11.72%-7.5%=4.22%

第十章练习题答案

一、单项选择题

1.D　2.C　3.D　4.A　5.C　6.A　7.D　8.B　9.B　10.D

二、多项选择题

1.ABC　2.AB　3.CDE　4.ACDE　5.BDE　6.ADE　7.BC　8.ABE　9.ADE　10.BCD

三、判断题

1.错误。对债权人而言，企业的资产负债率越低越好。

2.错误。对不同企业而言，速动比率不一定大于1才是好的。

3.错误。在销售政策既定的情况下，企业采取较宽松的信用政策和收账政策，其应收账款占用额就比较大，周转速度就比较缓慢。

4.错误。流动比率越高，表明企业资产流动性越好，收益性越差。

5. 错误。获利能力强的企业，其长期偿债能力也强。

6. 正确。因为这两个比率都是反映长期债务及费用保证程度的比率。

7. 正确。业务性质决定。

8. 正确。前提是：当投资效益大于负债成本时，资产负债率越高，财务杠杆效应就越大，同时，财务风险也越大。

9. 正确。二者都反映了流动资金的来源与流动资金的运用的适应程度。

10. 正确。因为现金的流动性、偿付性最强。

11. 正确。因为会计政策的变更，往往会影响资产等项目计量、估计的真实性，进而引起偿债能力指标的失真。

12. 错误。企业权益资金的实际价值是影响企业最终偿债能力的最重要因素。

13. 错误。已获利息倍数是分析盈利能力对长期偿债能力影响的指标，而利息现金流量保证倍数是分析现金流量对长期偿债能力影响的指标。

14. 错误。对于应收账款和存货变现存在问题的企业，分析现金比率尤为重要。

15. 正确。企业的偿债义务是按期支付利息和到期归还本金，相比而言，归还本金更重要。

四、计算题

1. 存货周转率计算

$$流动比率-速动比率=\frac{存货平均余额}{流动负债}$$

即：

$$3-2.5=\frac{存货平均余额}{60}$$

存货平均余额=30（万元）

$$存货周转率=\frac{81}{30}=2.7$$

2. 流动比率、速动比率计算

$$流动比率=\frac{400}{200}=2$$

速动比率=$\frac{400-(90+10)}{200}$=1.5

3.填充资产负债表

（1）存货周转次数=$\frac{315\ 000}{存货平均余额}$=4.5（次）

存货平均余额=70 000（元）

期初存货 = 期末存货，存货平均余额 = $\frac{期初存货+期末存货}{2}$

期末存货=存货平均余额=70 000元

（2）应收账款净额=432 000−294 000−70 000−25 000=43 000（元）

（3）流动比率=$\frac{流动资产}{流动负债}$=$\frac{432\ 000-294\ 000}{流动负债}$=1.5

流动负债=$\frac{138\ 000}{1.5}$=92 000（元）

应付账款=92 000−25 000=67 000（元）

（4）资产负债率=$\frac{负债总额}{资产总额}\times 100\%$=50%

负债总额=216 000（元）

非流动负债=216 000−92 000=124 000（元）

（5）未分配利润=432 000−216 000−300 000=−84 000（元）

4.指标计算

（1）流动比率=1.571

（2）速动比率=0.857

（3）现金比率=0.143

（4）应收账款周转次数=4.5次

（5）存货周转天数=89.11天

（6）资产负债率=54.55%

（7）净资产负债率=1.2

（8）有形净资产负债率=1.2

（9）股东权益比率=45.45%

（10）已获利息倍数=5.178

（11）资产非流动负债率=22.73%

（12）非流动负债营运资金比率=80%

（13）现金债务总额比率=20.36%

（14）利息现金流量保证倍数=1.68

5.计算分析

流动比率=963 801÷314 849=3.06

G公司2024年流动比率为3.06，但我们不能据此得出企业短期偿债能力较强的结论。因为在分析企业短期偿债能力时，不能单纯依赖某一个指标，而应重视指标背后流动资产和流动负债的结构。本题中，该企业的存货及预付账款所占比例为：

（703 758+24 608）÷963 801×100%=75.57%

存货通常是流动资产中变现速度最慢的资产，且在销售时受到市场价格的影响，其变现价值带有很强的不确定性，在市场萧条的情况下或适销不对路时，又可能成为滞销货而无法转换为现金，而预付账款只能减少企业未来时期的现金支出，流动性较低。流动资产中占比较大的还有其他应收款，占比接近20%，假设该公司其他应收款是被子公司占用，是否能够及时收回，则取决于子公司的经营状况。

再看流动负债的结构。在流动负债中，占比最大的是短期借款，占比高达63.55%，到期必须偿还，一旦公司存货无法变现，其他应收款无法收回，则不能按期偿还到期债务。因此，尽管G公司流动比率大于3，但由于流动资产与流动负债结构不太合理，不能说明企业具有较强的短期偿债能力。

总之，在进行短期偿债能力分析时，不能简单地依赖经验值进行判断，应结合财务报表进行深入分析，同时，还应结合其他相关指标，以及行业标准、历史标准等进行综合分析。

五、综合分析题

1.对D公司的偿债能力分析主要局限于以比率分析、比较分析和简单的原因解释为主，并没有进行更深一步的研究。看完这些分析内容并不能使我们对这家企业的偿债能力产生成体系的印象，甚至还会增添一些困惑。

2.D公司关于偿债能力分析存在不完善及不当之处，具体建议如下：

（1）关于短期偿债能力分析。

分析企业的短期偿债能力时，通常会涉及流动比率和速动比率等财务指标。该公司由于计算这两个比率得出的结果均相对较高，因而草率地得出结论“短期偿债能力和长期偿债能力有大幅提高”，这个结论有些片面。

在分析该公司流动比率变动的原因时，我们并没有看到在流动资产中占比较高的存货项目的规模和构成如何变化，更没有看到较易出现周转问题的应收账款项目的规模和构成的变化，只是通过后面的存货周转率和应收账款周转率大致了解到企业的存货和应收账款的周转状况——存货周转效率有所下降，应收账款周转效率有所提高。

但是，必须注意的是，如果企业流动比率、速动比率均较高，可能意味着企业有大量超过正常经营需要的资产存在于货币资金、商业债权和存货等项目上，才导致了存在较大规模的流动资产，而过量的流动资产往往会造成企业资金的闲置，进而影响企业的整体经济效益。如果出现这种情况，就应该意识到这一点不但不是企业的竞争优势，反而会成为企业的劣势。

至于该公司实际属于什么情况，还要结合其本身的报表来具体加以分析。

（2）关于长期偿债能力分析。

资料中对于资产负债率下降问题的解释简单归因于资产的增加和负债的减少，这一解释令人难以理解。资产的增加，或负债的减少都不是导致资产负债率降低的直接原因。资产负债率的降低，应该是企业融资管理（扩大股东资本、降低债务或者合理安排融资的时间结构等）、利润增长（增加企业的股东权益）等因素综合作用的结果。

此外，在对企业长期偿债能力进行考察时，在计算资产负债率的基础上，更应该结合企业的盈利能力来加以分析。

第十一章练习题答案

一、单项选择题

1.B　2.C　3.C　4.A　5.D　6.A　7.C　8.B　9.A　10.C　11.D

二、多项选择题

1.ABCD　2.ABCE　3.ADE　4.ABCD　5.ABCD　6.ABCE　7.ABD

8.ABDE　9.ACD　10.CDE

三、判断题

1.正确。

2.错误。对债权人而言，增长能力同样至关重要，因为企业偿还债务尤其是长期债务主要是依靠未来的盈利能力。

3.正确。

4.正确。

5.不正确。关注企业净利润增长的同时，也要特别注意利润的质量，即企业要在创造利润的同时，也能创造现金。例如，如果收入都由大量的应收项目构成，这样的企业长期会出现资金短缺，不利于企业健康发展

6.正确。

7.不正确。对于存货是否出现积压的判断要考虑多方面因素，还需要配合企业的经营特征、季节性销售特点，上游材料供应环境的变化，以及企业产品构成变动等因素，不能仅从存货增速超过收入增速，直接得出存货积压的结论。

8.正确。

9.正确。

10.错误。只有把四种类型的增长率指标相互联系起来进行综合分析，才能正确评价一个企业的整体发展能力。

11.错误。分析增长率指标时应当将当期实际值与以前不同时期增长率数值、同行业平均水平进行比较，这样才能更全面地分析企业在所有者权益、收益、营业收入和资产等方面的发展能力。

12.正确。

13.正确。

14.不正确。企业支付股票股利不影响所有者权益总额，但支付现金股利会带来所有者权益总额的减少，进而影响所有者权益的增长。

15.正确。

四、计算题

1.产品生命周期分析

（1）应用某种产品收入增长率计算公式，分别计算2022年、2023

年、2024年3年的甲产品收入增长率，见表11-9。

表11-9 **A公司2021—2024年收入增长率计算表** 金额单位：万元

项目	2021年	2022年	2023年	2024年
甲产品营业收入	540	675	928	1 380
甲产品营业收入增加额	—	135	253	452
甲产品收入增长率	—	25%	37.48%	48.71%

（2）从表11-9的相关数据可以看出，该公司甲产品2021年以来的营业收入不断增长。从收入增长率来看，2022年、2023年、2024年3年的收入增长率均不低于25%，属于增长较快的情况，这充分说明该公司甲产品市场不断拓展，生产规模不断增加，销售量迅速扩大，由此可判断甲产品正处于成长期。

2.资产增长能力分析

（1）利用相关数据先分别计算2022年、2023年、2024年的资产增长率、所有者权益增加额及其占资产增加额的比重，见表11-10。

表11-10 **资产增长率指标计算表** 金额单位：万元

项目	2021年	2022年	2023年	2024年
资产总额	200	296	452	708
资产增加额	—	96	156	256
资产增长率	—	48%	52.70%	56.64%
负债总额	78	120	179	270
所有者权益总额	122	176	273	438
所有者权益增加额	—	54	97	165
所有者权益增加额占资产增加额的比重	—	56.25%	62.18%	64.45%

（2）根据表11-10可知，B公司2022年、2023年、2024年的资产增长率分别为48%、52.70%和56.64%，这说明该公司的资产规模不断增加，且资产增长率不断加大，B公司的资产规模具有良好的增长趋势；再结合所有者权益的增长来看，从2022年到2024年，所有者权益

增加额占资产增加额的比重不断增加，且均超过50%，说明这3年资产的增加主要是来自所有者权益的增加，企业资产具备较好的增长潜力。因此，总体来看B公司资产增长能力较强。

综合以上分析，可以得出B公司的资产增长能力较好，并且假如我们预测未来几年经济环境比较稳定，那么我们可以根据资产增长率对公司未来资产规模进行预测或检验其预测值的合理性，同时可以为预测其他报表和企业价值评估提供参考信息。

3.利润增长能力分析

（1）利用题目中所给出的数据完成表11-11。

表11-11　**尖山公司利润增长率计算表**　金额单位：万元

项目	2021年	2022年	2023年	2024年
营业利润	38 724	43 407	58 506	105 915
营业利润增长额	—	4 683	15 099	47 409
营业利润增长率	—	12.09%	34.78%	81.03%
净利润	51 031	40 860	48 202	88 987
净利润增长额	—	-10 171	7 342	40 785
净利润增长率	—	-19.93%	17.97%	84.61%

（2）根据表11-11计算所得的数据对该公司进行利润增长能力分析。

先分析营业利润增长情况。该公司2022年、2023年、2024年的营业利润增长率分别为12.09%、34.78%和81.03%，可见尖山公司的营业利润不断增加，其增长规模也不断加大，呈现出良好的增长趋势。

然后分析尖山公司净利润的增长情况。该公司2022年、2023年、2024年的净利润增长率分别为：-19.93%、17.97%、84.61%，可以看出尖山公司的净利润增长率在不断增加，虽然2022年的净利润较2021年有所降低，致使增长率为负，但2022年之后净利润不断增长，尤其2024年的增幅很大，达到了84.61%。这说明尖山公司的净利润呈现出良好的增长趋势。

再结合营业利润增长率来分析。可以看出，该公司2022年和2023年的净利润增长率均低于营业利润增长率，说明这两年的净利润增长主要来自营业利润的增长，其正常业务的盈利能力较强。2024年的净利润增长率超过营业利润增长率，说明该年净利润的增长除了来自营业利润的增长外，还有非经营性损益所起的作用。这需要结合非经营性损益占营业利润的比重来进一步分析净利润的增长效益性。

整体而言，尖山公司具有较好的利润增长能力。

在这样的发展趋势判断下，我们还可以简单地推测一下尖山公司后续几年的利润额，通过对多年数据进行预测或检验，可以提高其预测利润表本身以及根据预测利润表进行的其他预测和价值评估的可信度。

五、业务题

1.（1）利用题目给出的有关资料，计算该公司的收入增长率，计算过程见表11-12。

表11-12　**收入增长率计算表**　金额单位：万元

项目	2021年	2022年	2023年	2024年
营业收入	4 576	6 194	8 671	12 413
营业收入增加额	—	1 618	2 477	3 742
营业收入增长率	—	35.36%	39.99%	43.16%

根据表11-12的计算结果，我们可以看出，星海公司的营业收入规模不断扩大，收入增长率呈现不断上升的趋势，且收入增长率均高于30%，保持着较高的比率。因此可以初步判断该公司的销售增长性良好，产品正处于成长期。在分析时我们首先要注意判断企业在销售方面是否具有良好的成长性，必须分析销售增长是否具有效益性。如果收入增长率低于资产增长率，说明这种销售增长不具有效益性，同时也反映企业在销售方面可持续发展能力不强。其次要全面、正确地分析和判断一个企业营业收入的增长趋势和增长水平，必须将一个企业不同时期的收入增长率加以比较和分析。因为仅仅就某个时期的销售情况而言，某个时期的收入增长率可能会受到一些偶然的和非正常的因素的影响，而无法反映出企业实际的销售发展能力。再次要观察企业产品的结构情

况，每种产品在不同的阶段反映出的销售情况也不同：投放期的收入增长率往往较低；成长期的收入增长率较高；成熟期的收入增长率与上一期相比变动不大；衰退期的收入增长率较上一期变动非常小，甚至表现为负数。对一个具有良好发展前景的企业来说，较为理想的产品结构是“成熟一代，生产一代，储备一代，开发一代”。此外，还要注意分析收入增长的来源。企业的收入增长可能源于外汇汇率的变动，也可能源于债务重组产生的利润，还可能源于会计政策或会计估计变更引起的变动，如果是诸如此类原因引起的收入增加，那么这种增长能力就是不可持续的，不能说明企业的销售能力。另外，收入的质量也值得关注，有些收入造成的坏账准备数额较大，这种收入并没有给企业带来发展的动力。

根据这样的增长趋势，我们可以初步推测公司以后几年的收入增长率，当然在实际预测分析中还要结合企业具体情况加以调整，或者利用多角度预测进行支持性验证，以便为进行其他预测和价值评估等提供更具参考意义的信息。

（2）利用题目给出的有关数据，计算星海公司的所有者权益增长率、营业利润增长率、净利润增长率、收入增长率、资产增长率，进而分析该公司的整体发展能力。其计算过程见表11-13。

表11-13　**增长率计算表**　金额单位：万元

项目	2021年	2022年	2023年	2024年
所有者权益	797	988	1 343	1 915
所有者权益增加额	—	191	355	572
所有者权益增长率	—	23.96%	35.93%	42.59%
营业利润	674	913	1 298	1 866
营业利润增加额	—	239	385	568
营业利润增长率	—	35.46%	42.17%	43.76%
净利润	398	550	873	1 293
净利润增加额	—	152	323	420

续表

项目	2021年	2022年	2023年	2024年
净利润增长率	—	38.19%	58.73%	48.11%
营业收入	4 576	6 194	8 671	12 413
营业收入增加额	—	1 618	2 477	3 742
营业收入增长率	—	35.36%	39.99%	43.16%
资产总额	1 369	1 649	2 207	3 103
资产增加额	—	280	558	896
资产增长率	—	20.45%	33.84%	40.60%

下面具体分析该公司在所有者权益、利润、收入、资产等方面的增长能力。

第一，从表11-13可以看出，该公司自2021年以来，所有者权益一直在增加，分析其增长原因，可以发现公司3年的净利润增长率一直高于其当年的所有者权益增长率，这说明该公司3年的所有者权益增长主要来自生产经营活动所创造的利润，可以判断该公司的所有者权益发展能力较好。

第二，对比3年的净利润增长率，可以发现该公司3年来净利润增长率呈现出先升后降的趋势，这说明该公司的净利润增长不太稳定。对比3年的营业收入与净利润可知，3年的净利润增长率均高于当年的营业收入增长率，这反映出该公司3年的净利润增长能力较好，市场竞争能力较强。再与营业利润相比来看，3年的净利润增长率均高于营业利润增长率，说明净利润的增长除了来自营业利润的增加外，还有非经营性损益所起的作用，需要结合非经营性损益占营业利润的比重来分析净利润的稳定性。

第三，根据2022年、2023年、2024年的营业收入增长率指标，可知该公司3年的营业利润增长率均高于收入增长率，且营业利润增长率本身呈现出上升趋势，说明该公司营业收入的增长超过营业成本、相关税费、期间费用等成本费用的增加，营业利润增长能力较好。

第四，比较该公司3年的营业收入增长率，可知该公司3年来营业收入增长率一直保持较高的比率，并呈现上升的趋势，这说明该公司的销售具备良好的增长趋势。利用表11-13中的资产增长率指标，分析各年销售增长是否具有效益性。2022年、2023年、2024年3年的营业收入增长率分别都高于当年的资产增长率，这说明该公司3年中每一年的销售增长都具有效益性，也就是说具备良好的成长性。但是收入的质量值得关注，有些收入造成的坏账准备数额较大，这种收入并没有给企业带来发展的动力。

第五，从表11-13可以看出，该公司自2021年以来，其资产总额不断增加，从2021年的1 369万元增加到2024年的3 103万元。该公司2021年以来的资产增长率一直保持较高的比率，这说明该公司近几年资产规模不断增长。再分析该公司资产增长的效益性和资产增长的来源。从表11-13可以看出，该公司3年的资产增长率均低于当年的营业收入增长率，这说明每年的资产增长是正常适当的。

综合以上几方面的分析，除了净利润的稳定性值得进一步探讨以外，可知星海公司所有者权益增长率、资产增长率、营业收入增长率和净利润增长率、营业利润率基本能够保持同步增长，且保持较高水平，因此可以判断公司具有良好的整体发展能力。

2.（1）利用题目给出的有关资料，计算该公司的净利润增长率，计算过程见表11-14。

表11-14　**净利润增长率计算表**　金额单位：万元

项目	2020年	2021年	2022年	2023年	2024年
净利润	25 715	32 211	39 617	22 271	−138 768
净利润增加额	—	6 496	7 406	−17 346	−161 039
净利润增长率	—	25.26%	22.99%	−43.78%	−723.09%

根据表11-14的计算结果，我们可以看出，H公司的净利润增长率一路下滑，2021年和2022年净利润都在增加，但2023年和2024年增长率暴跌至负值，净利润大幅减少，至2024年公司已经处于亏损状态，从中可以看出公司净利润发展能力差，如不能找出问题从而改善经营状

况，公司的净利润将难以增长。

分析时首先关注利润增长的来源。利润增长大致来源于三个方面：一是企业正常经营活动带来的利润增长，这种增长代表着企业发展能力具有可持续性。二是不构成企业日常经营活动的投资活动产生的收益，在利润表中常体现在投资收益、公允价值变动收益等项目，应对这部分收益带来的营业利润增长的合理性保持警惕，因为企业很可能会通过投资活动等操纵利润。三是非经常性收益项目，这是指那些具有较大偶然性和意外性的收益，如债务重组收益、非流动资产毁损报废利得等，这些收益的产生虽然会导致净利润增加，但它们并不能代表企业真实的盈利能力，由此带来的增长也是无法持续的。

其次，应该结合营业收入增长率进行对比分析：如果一个企业营业收入增长，但利润并未增长，那么从长远看，它并没有增加所有者权益。同样，一个企业如果净利润增长，但营业收入并未增长，也就是说净利润的增长并不是来自营业收入，很可能是来自非经常性收益项目，如资产重组收益、债务重组收益、财政补贴等项目，这样的增长因素对于企业而言往往是不可持续的，其原因在于非经常性损益并不代表企业真实的盈利能力，具有较大的偶然性和意外性。

最后，为了更准确地反映企业净利润的增长趋势，应将企业连续多期的净利润增长率和营业利润增长率指标进行对比分析，这样可以排除个别时期偶然性或特殊性因素的影响，从而更加全面、真实地揭示企业净利润和营业利润的增长情况。

（2）利用题目给出的有关数据，计算H公司的所有者权益增长率、营业利润增长率、净利润增长率、收入增长率、资产增长率，进而分析该公司的整体发展能力。其计算过程见表11-15。

表11-15　**增长率计算表**　金额单位：万元

项目	2020年	2021年	2022年	2023年	2024年
所有者权益	105 533	380 291	417 262	434 759	285 765
所有者权益增加额	—	274 758	36 971	17 497	−148 994
所有者权益增长率	—	260.35%	9.72%	4.19%	−34.27%

续表

项目	2020年	2021年	2022年	2023年	2024年
营业利润	28 212	32 806	43 002	29 872	−129 690
营业利润增加额	—	4 594	10 196	−13 130	−159 562
营业利润增长率	—	16.28%	31.08%	−30.53%	−534.15%
净利润	25 715	32 211	39 617	22 271	−138 768
净利润增加额	—	6 496	7 406	−17 346	−161 039
净利润增长率	—	25.26%	22.99%	−43.78%	−723.09%
营业收入	68 566	118 173	217 522	339 932	383 839
营业收入增加额	—	49 607	99 349	122 410	43 907
营业收入增长率	—	72.35%	84.07%	56.27%	12.92%
资产总额	189 138	478 035	598 471	1 025 324	875 898
资产增加额	—	288 897	120 436	426 853	−149 426
资产增长率	—	152.74%	25.19%	71.32%	−14.57%
所有者权益增加额占比	—	95.11%	30.70%	4.10%	99.71%

下面具体分析该公司在所有者权益、利润、收入、资产等方面的增长能力。

第一，从表11-15可以看出，该公司自2021—2023年所有者权益一直在增加，2024年所有者权益增长率为负值，所有者权益减少。与净利润增长率比较可以发现，除了2022年净利润增长率超过了所有者权益增长率外，所有者权益增长率与净利润增长率之间差异变化较大，2021年所有者权益增长率远超净利润增长率，2023年净利润出现负增长，但所有者权益仍然在增加，2024年两项增长率指标均为负值，所有者权益和净利润均减少。可见公司所有者权益增长并非主要来自生产经营活动所创造的利润。可以初步判断该公司的所有者权益发展能力并不理想。

第二，从表11-15可以看出，4年来该公司净利润增长率一路下滑，2023年和2024年更是暴跌至负值，净利润大幅下降，2024年公司亏损，说明公司净利润增长能力不足。对比营业收入与净利润可知，净利润增长率均远低于当年的收入增长率，2023年在收入高速增长的情况下，净利润反而减少，从长远看，净利润无法增加所有者权益；再与营业利润相比来看，无论是利润增长年度还是利润下降年度，各年的净利润增长率与营业利润增长率差异都较大，说明净利润受非经常性损益的影响较大，需要结合非经常性损益所占营业利润的比重来分析净利润的主要来源，判断净利润增长的持续性。

第三，从表11-15可以看出，与净利润增长率类似，各年营业利润增长率均远低于收入增长率，且营业利润增长率整体有明显的下降趋势，说明该公司营业成本、相关税费、期间费用等成本费用的增加超过营业收入的增长，营业利润增长能力差。

第四，从表11-15可以看出，H公司的营业收入规模不断扩大，收入增长率呈现先升后降的趋势，且波动较大，2021—2023年收入增长强劲，这与公司的扩张战略有关，但2024年收入增长率大幅下降，销售增长能力可能后劲不足，增长的可持续性有待进一步考察。与资产增长率指标对比可以发现，2021年和2023年收入增长率都远低于资产增长率，销售增长的效益性较差，2022年和2024年收入增长率超过资产增长率，销售增长的效益性有所改善。

第五，从表11-15可以看出，该公司2021—2023年其资产总额不断增加，资产增长率波动较大，2024年资产出现负增长，较上期资产减少。再分析该公司资产增长的效益性和资产增长的来源。2021年和2023年资产增长率都远高于收入增长率，这说明资产扩张过快，公司经营不能及时调整，未能给公司带来收入增长。从所有者权益增加额占资产增加额比重可以看出公司资产增长的来源逐渐从来源于所有者权益的增加转向依赖于负债的增加，资产增长来源恶化，公司恐面临债务危机。

综合以上几方面的分析，H公司各项发展能力均不乐观，整体发展能力差。可见公司疯狂并购扩张使其陷入增长陷阱，高速增长难以持续，2024年危机已然显现，公司亟须改变经营战略，否则将难以为继。

第十二章练习题答案

一、单项选择题

1.A　2.D　3.C　4.B　5.D　6.C　7.B　8.B　9.D　10.C　11.A

二、多项选择题

1.ABCD　2.ACE　3.ABCDE　4.ABCD　5.AC　6.BCDE　7.ABDE　8.ACDE　9.ACE　10.ABCE　11.ABCDE　12.ACD　13.ABD　14.ABCD　15.AB

三、判断题

1.正确。

2.正确。

3 正确。

4.错误。也可能是某项指标完成较好弥补了完成较差的指标形成的结果。

5.错误。也可能是投资人追加投资的结果。

6.正确。

7.错误。如果各项经济指标全部为正指标，则评价标准为指标越高越好；如果全部为逆指标，则评价标准为指标越低越好；如果既有正指标又有逆指标，则应将逆指标转为正指标或相反。

8.错误。综合评分法又称功效系数法，其一般程序或步骤包括选择业绩评价指标，确定各项业绩评价指标的标准值，确定各项业绩评价指标的权数，计算各类业绩评价指标得分，计算经营业绩综合评价分数，确定经营业绩综合评价等级。

9.正确。

10.错误。杜邦财务分析法主要从企业盈利能力、营运能力和偿债能力的角度对企业展开财务分析，忽略了对企业发展能力的分析。

11.错误。选择的各项经济指标在评价标准上应尽量保持方向的一致性。

四、计算题

1.单项指数计算

$$资产负债率的单项指数=\frac{50\% - (60\% - 50\%)}{50\%}\times 100\%=80\%$$

流动比率的单项指数=$\frac{200\% - (200\% - 180\%)}{200\%}$×100%=90%

2.单项指标得分计算

本档基础分=14×0.6=8.4（分）

本档调整分=$\frac{7.2\% - 4.0\%}{7.3\% - 4.0\%}$×（14×0.8−14×0.6）=2.72（分）

总资产报酬率指标得分=8.4+2.72=11.12（分）

3.净资产收益率计算

（1）2024年销售净利率=117.6÷840×100%=14%

2024年总资产周转率=840÷1 400=0.60

2024年权益乘数=1 400÷700=2

2024年权益净利率=117.6÷700×100%=16.80%

（2）2024年权益净利率−2023年权益净利率=16.80%−17.60%=−0.80%

权益净利率=销售净利率×总资产周转率×权益乘数

将2023年的相关数据代入上式：

16%×0.50×2.20=17.60%

将2023年的销售净利率替换为2024年的销售净利率：

14%×0.50×2.20=15.40%

则销售净利率对权益净利率的影响为：

15.40%−17.60%=−2.20%

将2023年的总资产周转率替换为2024年的总资产周转率：

14%×0.60×2.20=18.48%

则总资产周转率对权益净利率的影响为：

18.48%−15.40%=3.08%

将2023年的权益乘数替换为2024年的权益乘数：

14%×0.60×2=16.80%

则权益乘数对权益净利率的影响为：

16.80%−18.48%=−1.68%

三者对权益净利率影响的合计数=−2.20%+3.08%+（−1.68%）=−0.8%，即2023年与2024年的权益净利率的差额。

4.可持续增长率计算

2023年可持续增长率=10.20%×0.91×3.50×30%=9.75%

2024年可持续增长率=15.11%×1.22×2.89×30%=15.98%

5.评议指标得分计算

$$\text{发展创新能力评议指标得分}=\frac{15\times1+15\times1+15\times1+15\times0.8+15\times0.8+15\times0.8+15\times0.6}{7}$$

≈12.86（分）

五、业务题

1.杜邦分析

有关财务指标计算见表12-13。

表12-13　有关财务指标计算表（一）

项目	上年	本年
净资产收益率	14÷170×100%≈8.24%	11÷169×100%≈6.51%
销售（营业）利润率	14÷140×100%=10%	11÷151×100%≈7.28%
总资产周转率（次）	140÷485≈0.29	151÷514≈0.29
权益乘数	485÷170≈2.85	514÷169≈3.04

分析对象：

6.51%-8.24%=-1.73%

①由于销售（营业）利润率变动的影响：

（7.28%-10%）×0.29×2.85≈-2.25%

②由于总资产周转率变动的影响：

7.28%×（0.29-0.29）×2.85=0

③由于权益乘数变动的影响：

7.28%×0.29×（3.04-2.85）≈0.40%

各因素影响额合计：

-2.25%+0+0.40%=-1.85%

（与分析对象的差异系小数点取舍所致）

从上述计算中可以看出，上一年公司净资产收益率为8.24%，本年下降到6.51%，下降幅度比较明显。净资产收益率下降主要是由于销售利润率下降。销售利润率从10%下降到7.28%，说明企业的商品经营盈利能力下降，并进一步导致资本盈利能力下降。公司应从收入管理和成本费用管理两个角度对利润管理进行深入分析，查明问题原因。

公司的总资产营运能力没有发生显著变化。但企业仍可能存在各项资产周转速度变化不均衡的问题，可结合各项资产周转率分析及时发现。

公司权益乘数由2.85倍上升至3.04倍，表明企业的负债有所提高。该变化导致净资产收益率上升了0.40%。负债比例的提高一方面说明企业的债务融资能力增强，有助于企业利用财务杠杆效应获利，另一方面也会加大企业偿债能力减弱的风险，报表使用者应当关注这一点。

2.可持续增长率分析

有关财务指标计算见表12-14。

表12-14　**有关财务指标计算表（二）**

项目	上一年	本年
净资产收益率	3 083÷41 112×100%≈7.50%	3 215÷40 701×100%≈7.90%
销售（营业）利润率	3 083÷51 390×100%≈6%	3 215÷57 722×100%≈5.57%
总资产周转率（次）	$\frac{51\ 390}{68\ 520}$≈0.75	$\frac{57\ 722}{74\ 002}$≈0.78
财务杠杆作用	$\frac{68\ 520}{41\ 112}$≈1.67	$\frac{74\ 002}{40\ 701}$≈1.82
股利支付率	1 233÷3 083×100%≈40%	1 125÷3 215×100%≈35%
可持续增长率	7.5%×（1-40%）=4.50%	7.9%×（1-35%）≈5.135%

分析对象：

5.135%-4.50%=0.635%

上一年指标：

6%×0.75×1.67×（1-40%）=4.50%

替代销售利润率：

5.57%×0.75×1.67×（1-40%）=4.19%

替代总资产周转率：

5.57%×0.78×1.67×（1-40%）=4.35%

替代财务杠杆作用：

5.57%×0.78×1.82×（1-40%）=4.74%

本年指标（替代股利支付率）：

5.57%×0.78×1.82×（1-35%）=5.14%

①由于销售利润率下降的影响：

4.19%-4.50%=-0.31%

②由于总资产周转率提高的影响：

4.35%-4.19%=0.16%

③由于财务杠杆作用提高的影响：

4.74%-4.35%=0.39%

④由于股利支付率降低的影响：

5.14%-4.74%=0.4%

各因素影响合计：

-0.31%+0.16%+0.39%+0.4%=0.64%

（与分析对象的差异系小数点取舍所致）

由表12-14可以看出，与上一年相比，该公司除了销售利润率有所下降外，其他三项指标在本年均有所上升。该公司通过加快资产周转速度、提高财务杠杆作用、增加留存收益比率三个途径来支持营业收入的高速增长。然而这些方式只能维持短期内营业收入的高速增长，无法支持企业持续的高速增长。总资产周转率不能无限地提高。短期借款需要归还，如果企业高速增长，资金甚至无法满足营业收入增长需要的资产增长，更无法归还短期借款。此外，留存收益比率也不能无限制地提高，其上限为100%。可见，该公司在短期内虽然可以通过多种方式的联合作用来实现营业收入的不断加速增长，但从长远来看，这种加速增长无法实现，企业仍应结合可持续增长率来安排收入的增长。

可持续增长率致力于从长远来看企业的价值增长状况，通过这一比率使企业盈利能力、营运能力、偿债能力和发展能力建立起联系，并借此统一各财务指标，建立起分析框架，这样做同时消除了同业不同规模企业之间的比较障碍。将这一比率层层分解后可用于评价企业在经营管理、投资管理、融资战略和股利政策四个领域的管理效果。可持续增长率是企业在保持经营效率和财务政策不变的情况下能够达到的增长比率，它取决于净资产收益率和股利政策。因此，可持续增长率将企业的各种财务比率统一起来，以评估企业的增长战略是否可持续。

3.综合经济指数计算

（1）单项指数计算

销售利润率指数：16÷15×100%=106.7%

总资产报酬率指数：10÷12×100%=83.3%

资本收益率指数：16÷18×100%=88.9%

资本保值增值率指数：103÷105×100%=98.1%

资产负债率指数：［50%-（50%-45%）］÷50%×100%=90%

流动比率指数：［200%-（200%-160%）］÷200%×100%=80%

应收账款周转率指数：5÷6×100%=83.3%

存货周转率指数：5.5÷5×100%=110%

社会贡献率指数：25÷25×100%=100%

社会积累率指数：20÷20×100%=100%

（2）综合经济指数

①按不封顶计算。

106.7%×15%+83.3%×15%+88.9%×15%+98.1%×10%+90%×5%+80%×5%+83.3%×5%+110%×5%+100%×10%+100%×15%=94.81%

②按封顶计算。

100%×15%+83.3%×15%+88.9%×15%+98.1%×10%+90%×5%+80%×5%+83.3%×5%+100%×5%+100%×10%+100%×15%=93.31%

4.杜邦财务分析体系的应用

对比两家公司的发展，A公司三年的净资产收益率均高于B公司，两家公司的净资产收益率均不断上升。通过对杜邦财务分析体系的分解，可以发现：

A公司净资产收益率提高的原因：一是销售净利率不断上升，抵销资产规模扩大导致的总资产周转率下降，使得公司的总资产报酬率不断提高；二是公司杠杆程度加大。

B公司净资产收益率三年来也不断上升，公司销售净利率的波动被公司总资产周转率的提升所抵销，资产利用率提高导致总资产报酬率上升，在杠杆程度变化较小的前提下，最终使得净资产收益率上升。

比较两家公司，可以看出A公司净资产收益率明显高于B公司最主要的原因在于A公司有着非常大的权益乘数。由于杠杆作用，使得A公司在总资产报酬率始终低于B公司的情况下，最终净资产收益率远远高于B公司。A公司以提高财务风险为代价换取了较高的股权资本投资回报。

5.综合评分法应用

定量指标得分见表12-15。

表12-15　**定量指标得分表**

指标	指标权数	实际值	单项指标得分
净资产收益率	10	20.82	10.00
营业收入利润率	9	11.62	7.57
总资产报酬率	8	10.07	8.00
盈余现金保障倍数	7	1.46	4.98
总资产周转率	6	0.77	4.11
应收账款周转率	6	19.27	6.00
流动资产周转率	5	3.09	5.00
两金占流动资产比重	5	48.16	2.06
资产负债率	6	62.69	3.19
现金流动负债比率	6	24.66	5.93
带息负债比率	5	62.60	1.65
已获利息倍数	5	8.10	5.00
研发经费投入强度	6	2.59	4.95
全员劳动生产率	6	154.93	6.00
经济增加值率	5	13.25	5.00
国有资本保值增值率	5	116.12	5.00
定量指标总分			84.44

（6）综合评价得分计算

综合评价得分=84.44×70%+86.5×30%≈85.06（分）

该企业绩效等级属于良（B+）。

第十三章练习题答案

一、单项选择题

1.B　2.C　3.D　4.D　5.C　6.B

二、多项选择题

1.ABCDE　2.ABCE　3.ABCDE　4.ABCE　5.ABC　6.ABCD　7.ACD

三、判断题

1.错误。表述过于绝对，衡量企业业绩的标准有很多。

2.正确。

3.正确。

4.错误。利用净现金流量作为资本收益进行折现，被认为是较理想的价值评估方法。因为净现金流量与以会计为基础计算的股利及利润指标相比，能更全面、更精确地反映所有价值因素。

5.错误。企业未来资本收益可用股利、净利润、息税前利润和净现金流量等表示。

6.正确。

四、计算题

1.以现金流量为基础的价值评估方法

根据题目所给材料利用现金流量折现法评估公司的企业价值与股东价值如下：

（1）估算经营现金净流量现值，见表13-8。

表13-8　**企业经营现金净流量现值计算表（一）**　金额单位：万元

年份	企业经营现金净流量	折现系数（8%）	企业经营现金净流量现值
2025	7 065	0.926	6 542.19
2026	5 245	0.857	4 494.97
2027	8 726	0.794	6 928.44

续表

年份	企业经营现金净流量	折现系数（8%）	企业经营现金净流量现值
2028	9 918	0.735	7 289.73
2029	11 544	0.681	7 861.46
合计	—	—	33 116.79

（2）明确预测期后现金净流量现值计算。

连续价值=$\frac{11\ 544\times(1+5\%)}{8\%-5\%}$=404 040（万元）

连续价值现值=404 040×0.681=275 151.24（万元）

（3）企业价值计算。

企业经营价值=33 116.79+275 151.24=308 268.03（万元）

企业价值=308 268.03+5 271=313 539.03（万元）

（4）计算股东价值。

股东价值=313 539.03−58 166=255 373.03（万元）

2.以经济利润为基础的价值评估方法

（1）预测有明确预测期的各年经济利润，见表13-9。

表13-9 **预测期各年经济利润计算表（一）** 金额单位：万元

项目	2025年	2026年	2027年	2028年	2029年
净利润	288	378	416	490	587
净资产收益率（%）	23.32	22.51	17.38	15.24	13.26
股权资本成本（%）	10	10	10	10	10
净资产收益率−股权资本成本（%）	13.32	12.51	7.38	5.24	3.26
所有者权益	1 235	1 679	2 394	3 216	4 426
经济利润	164.50	210.04	176.68	168.52	144.29

（2）估算明确预测期经济利润现值，见表13-10。

表13-10 **企业经济利润现值计算表** 金额单位：万元

年份	企业经济利润	贴现系数（10%）	企业经济利润现值
2025	164.50	0.909	149.53
2026	210.04	0.826	173.49
2027	176.68	0.751	132.69
2028	168.52	0.683	115.10
2029	144.29	0.621	89.60
合计	—	—	660.41

（3）估算明确预测期后经济利润现值。

连续价值=$\frac{144.29\times(1+7\%)}{10\%-7\%}$=5 146.34（万元）

连续价值现值=5 146.34×0.621=3 195.88（万元）

（4）公司股东价值计算。

公司股东价值=880+660.41+3 195.88=4 736.29（万元）

3.以价格比为基础的价值评估方法

由题目可知：

（1）平均市盈率=（17.8+15+18.2+16.3）÷4=16.825

鹏程公司价值=2 000×16.825=33 650（万元）

（2）平均市场价格与账面价值比=（2.3+2.5+2+1.9）÷4=2.175

鹏程公司价值=17 000×2.175=36 975（万元）

（3）平均价格与销售额比=（1.3+1.4+1.5+1）÷4=1.3

鹏程公司价值=33 000×1.3=42 900（万元）

具体评估数据见表13-11。

表13-11 **鹏程公司及可比公司评估数据** 金额单位：万元

项目	鹏程公司数据	可比公司平均比率	鹏程公司价值
净收益	2 000	16.825	33 650
净资产	17 000	2.175	36 975
年销售额	33 000	1.3	42 900

4.股东价值评估

（1）预测有明确预测期的各年经济利润，见表13-12。

表13-12 预测期各年经济利润表（二） 单位：万元

项目	2025年	2026年	2027年	2028年	2029年
净利润	8 561	9 462	10 469	10 992	11 851
利息支出	1 889	2 012	2 123	2 230	2 357
息前税后利润	10 450	11 474	12 592	13 222	14 208
投入资本	95 193	104 090	113 839	125 222	137 206
资本费用（投入资本×8%）	7 615.44	8 327.20	9 107.12	10 017.76	10 976.48
经济利润	2 834.56	3 146.80	3 484.88	3 204.24	3 231.52

（2）估算明确预测期经济利润现值，见表13-13。

表13-13 企业经营现金净流量现值计算表 金额单位：万元

年份	企业经济利润	贴现系数（8%）	企业经济利润现值
2025	2 834.56	0.926	2 624.80
2026	3 146.80	0.857	2 696.81
2027	3 484.88	0.794	2 766.99
2028	3 204.24	0.735	2 355.12
2029	3 231.52	0.681	2 200.67
合计	—	—	12 644.39

（3）估算明确预测期后企业经济利润现值。

连续价值=$\frac{3\ 231.52\times(1+3\%)}{8\%-3\%}$=66 569.31（万元）

连续价值现值=66 569.31×0.681=45 333.70（万元）

（4）公司股东价值计算。

公司股东价值=101 000+12 644.39+45 333.70-80 000=78 978.09（万元）

5.股票价值评估

回购前：

公司净资产=32 000÷（1+0.6）=20 000（万元）

公司的市净率=15÷（20 000÷5 000）=3.75

回购普通股股数=5 000×10%=500（万股）

回购后：

当股票回购价格为每股10元时：

流通在外普通股股数=5 000−500=4 500（万股）

公司净资产=20 000−500×10=15 000（万元）

公司每股净资产=15 000÷4 500≈3.33（元/股）

因为市净率不变，则：

回购后公司每股市价=3.33×3.75≈12.5（元/股）

回购后公司股票市场价值=12.5×4 500=56 250（万元）

案例分析题提示

□ 第一章案例分析题提示

2023年进入中国500强汽车行业企业财务分析

（1）分别评价四项能力情况。

从盈利能力看，新能源车企：高增长、高毛利，但净利率受研发和营销费用拖累（如蔚来净亏损）。传统车企：低毛利、低增长，依赖规模效应，利润受燃油车降价影响。零部件企业：盈利最强（电池/玻璃技术壁垒高），ROE领先全行业。

从营运能力看，新能源车企：存货周转快（订单驱动生产），应收账款管理优（直营模式占比高）。传统车企：库存压力大（燃油车滞销），渠道积压导致周转率低。零部件企业：资产周转率最低（重资产模式），但现金流稳定（宁德时代预收款占比高）。

从偿债能力看，新能源车企：负债率较高（融资扩张产能），但流动性可控（现金流改善）。传统车企：债务结构更优（国企背景融资成本低），但流动比率接近警戒线（库存占用资金）。零部件企业：偿债能力最强（宁德时代现金储备超1 800亿元）。风险点：蔚来、小鹏等新势力资产负债率超75%，需警惕流动性危机。

从发展能力看，新能源车企：高研发投入（智能驾驶/电池技术）、激进扩张（海外建厂）。传统车企：转型投入不足，海外依赖合资品牌（如大众合资）。零部件企业：技术驱动（宁德固态电池研发），全球化布局最快。

（2）综合分析评价（见表1-6）。

（3）提出相关建议。

新能源车企：优化负债结构，平衡扩张与现金流。

传统车企：加速电动化转型，剥离低效资产。

表1-6　　　　　综合分析评价表

企业类型	盈利能力	营运能力	偿债能力	发展能力	总体评价
新能源车企	★★★★☆	★★★★★	★★★☆☆	★★★★★	高增长但负债承压
传统车企	★★☆☆☆	★★★☆☆	★★★★☆	★★☆☆☆	稳健但转型滞后
零部件企业	★★★★★	★★★☆☆	★★★★★	★★★★☆	盈利强、技术壁垒高

零部件企业：巩固技术优势，规避地缘政治风险（如宁德时代美国建厂受阻）。

东风汽车集团2024年实现扭亏为盈

（1）上述案例资料从哪几个方面介绍了东风汽车集团2024年的财务活动及取得的成效？

根据第一章学习的财务目标、财务活动、财务报表和财务绩效的关系，首先应从筹资活动、投资活动、经营活动和分配活动的角度分析本案例提出的问题。对于案例分析资料中信息不全的问题，也可结合该公司财报进行补充说明。

（2）结合东风汽车集团年度业绩报告，分析该集团2024年扭亏为盈的主要原因，以及仍存在的问题。

案例中已经从财务活动和财务指标反映了该公司2024年扭亏为盈的情况，但不够全面和深化，可结合该公司年度数据进行深入分析。同时，通过进一步分析，揭示公司存在的问题。

□ 第二章案例分析题提示

被质疑的“鲁大师”

（1）结合内外部因素，分析并购前鲁大师的经营业绩出现了哪些问题，主要受到哪些财务活动影响？

内部因素：①营收结构单一且增长乏力。并购前鲁大师主要依赖在线广告服务（占比超50%），但该业务因用户反感弹窗广告导致鲁大师口碑下滑，用户活跃度持续下降。2018—2024年虽然广告收入从1.75亿元上升至1.82亿元，但是营收占比从54%下降为14%，增长停滞。

电子设备销售业务受新冠疫情冲击大幅萎缩，2024年仅贡献17.2万元收入，较2018年的1.03亿元暴跌99.8%。②关联交易依赖度高。前五大客户收入占比从2019年的41.2%攀升至2022年的64.3%，最大关联方三六零集团长期贡献超20%的收入。2022年与天津旗鱼的关联交易额达1.05亿元，占总营收的29.2%。关联交易的集中性暴露了业务独立性不足，可能通过关联方输送利益或虚增收入。③股权结构复杂化。表面由田野控制，但周鸿祎通过诚盛间接掌握话语权，存在实际控制人不透明风险。关联方频繁变动（如天津旗鱼突然成为最大关联方）引发投资者对财务真实性的质疑。

外部因素：①市场竞争加剧。硬件检测工具赛道进入红海，鲁大师用户流失导致流量变现能力下降。核心业务缺乏护城河，未能适应游戏、广告行业的技术迭代需求。②用户信任危机。广告弹窗的强制推送导致用户流失，月活下降直接影响广告收入。品牌形象从“专业工具”沦为“垃圾广告平台”，削弱了长期竞争力。

关键财务活动影响：①关联交易虚增收入。通过关联方（如天津旗鱼）进行高额交易，掩盖主营业务的衰退。2022年天津旗鱼贡献收入1.05亿元，但实际业务合理性存疑。②低效资产配置。电子设备销售业务投入产出比极低，2022年收入仅17.2万元，表明资源错配。③现金流依赖关联方。2019—2022年关联交易累计收入超3亿元，若关联方支持中断，将直接冲击现金流。

（2）评价鲁大师并购天津旗鱼造成的业绩变化时，应选择何种标准信息较为恰当？

①收入结构与质量：并购后独家许可在线游戏收入从383.4万元暴增至4.98亿元，但需分析其可持续性。若天津旗鱼游戏生命周期短，则收入可能为短期泡沫。毛利率变化：并购导致毛利率从49.8%腰斩至20.9%，原因是支付高额游戏许可费。低毛利率业务占比过高也会削弱盈利能力。

②费用匹配性：营收增长120.1%但研发费用仅增长7.6%，远低于同行。游戏行业依赖研发投入，低研发费用率暗示并购标的缺乏自主开发能力，而依赖代理过时游戏。

③关联交易隐性转移：并购前天津旗鱼为鲁大师的关联方，2022年贡献收入1.05亿元；并购后其收入并入报表，但需核查是否存在内部定价不公允的情况。

④市场反应与股价表现：并购后鲁大师的股价从8.6港元每股跌至0.8港元每股，反映出投资者对财务数据真实性的怀疑。并购未能提升市场信心，反而被视为盈余管理手段。

（3）鲁大师并购天津旗鱼前后业绩发生了哪些变化？从并购前后财务指标的变化来看，你认为投资者对鲁大师的质疑是否合理？

并购前后财务报表发生的变化：

在未并购天津旗鱼的2022年，鲁大师的营业收入为3.59亿元，其中运营独家许可在线游戏业务的收入仅383.4万元，占比约1%，广告服务的营收占比超过50%。在鲁大师并购天津旗鱼后，其收入总额到达了惊人的7.91亿元。虽然鲁大师之前所运营的在线游戏平台收入较2022年有所下降，但2023年运营独家许可在线游戏业务创造的收入高达4.98亿元，占总营业收入的比重达到63%，第一次超过了鲁大师的广告业务，成为公司最主要的收入来源。对此，鲁大师在业绩公告中称：营收大幅度增加的原因是公司于2023年年初并购了天津旗鱼80%的股权，持有股权由原来的20%增加至100%。天津旗鱼旗下有三款表现良好的独家许可在线游戏，导致其收入、应收账款等财务数据较2022年有较大幅度的变动。

①营业收入与营业成本增加，毛利率下降。

在鲁大师2023年并购天津旗鱼，取得对天津旗鱼的控制权后，鲁大师将天津旗鱼的在线游戏收入全部纳入合并财务报表之中。根据前文对鲁大师关联方交易的分析，该公司在并购天津旗鱼后的8个月里，从天津旗鱼处确认了49 385.6万元的收入，而天津旗鱼也为鲁大师带来了44 460万元的营业成本。若鲁大师没有并购天津旗鱼，它2023年将从天津旗鱼处确认12 816.0万元的游戏业务收入，且没有发生营业成本，则2023年其营业收入与营业成本将分别为38 209.6万元（79 051.2−49 385.6−4 272.0+12 816.0）与18 095万元（62 555.0−44 460）。并购带来了收入与成本的双重增加，导致毛利率大幅下降。

②天津旗鱼从关联方处消失，关联方收入占比下降。

鲁大师在2023年年报中披露了重大关联方交易事件，该公司从所有关联方处确认的收入总额为6 030.2万元，其中从天津旗鱼处取得的收入为4 272.0万元。按此规模估算，在未发生并购事件的情况下，鲁大师2023年全年将从天津旗鱼处确认12 816.0万元的收入（4 272.0÷4×12）。由前文的估算可得，在未发生并购事件的情况下，公司的营业收入为38 209.6万元，关联方收入占营业收入的比重将高达38.1%（14 574.2÷38 209.6×100%）。并购后，天津旗鱼成为鲁大师的子公司，从天津旗鱼处取得的收入将不再于关联方交易处披露，其全年的关联方收入占营业收入的比重仅有7.6%（6 030.2÷79 051.2×100%），相较于未并购的情况下降了30.5个百分点。

③各项费用增长幅度与收入不匹配，费用比率下降。

虽然鲁大师的收入出现了大幅增加，但各项费用率并没有因为新增的游戏业务而以同等幅度增长。2023年鲁大师的研发费用、管理费用、销售费用分别增长了7.6%、9.7%、14.8%，增长幅度远不及收入，由此带来的是各项费用比率的变化。鲁大师2023年的研发费用率、管理费用率、销售费用率均不足7%，较2022年大幅下降。

投资者对鲁大师质疑的合理性：

天津旗鱼的注册资本只有200万元，鲁大师以229.2万元的价格购买了天津旗鱼剩余80%的权益。根据鲁大师在年报中的披露，天津旗鱼在交易日的公允价值约为286.6万元。虽然天津旗鱼只是一家小型公司，但无论是鲁大师从天津旗鱼处确认的收入，还是并购后鲁大师财务指标的变动，似乎都存在不合常理之处。

①毛利率异常。

假设鲁大师主营业务收入中独家许可在线游戏的收入全部为天津旗鱼产生，且其主营业务成本与2022年相比不变，那么仅在并购后的8个月中，鲁大师在独家许可在线游戏上的营业收入就已经高达4.98亿元。与2022年相比，新增的营业成本高达4.45亿元，该部分的毛利率低至10.6%（（4.98−4.45）÷4.98×100%）。受该部分业务的影响，鲁大师的总体毛利率仅为20.9%，远低于其他游戏公司。鲁大师新增的游戏业务营收能力如此之强，毛利率却如此之低，且并购天津旗鱼时的交易对价仅为229.2万元，因此投资者有理由质疑鲁大师通过并购来增加游戏业务收入。

②各项费用比率异常。

在2023年营业收入变动极大的情况下，鲁大师的研发费用、管理费用与销售费用仅分别增长了336.7万元、401.8万元与362.8万元。考虑到游戏行业本身的特点，与其他游戏公司相比，这个增长幅度似乎也不合常理。以研发费用为例，游戏公司为了制作市场竞争力强的游戏，一般都要投入大量资金用于研发。而鲁大师在并购天津旗鱼后却一反常态，对其营收能力强的几款游戏几乎没有投入较多研发费用。不仅如此，天津旗鱼的游戏存在着寿命周期短、同类竞品多等诸多问题，未来的盈利能力令人生疑。因此投资者有理由怀疑鲁大师利用天津旗鱼达到增加短期收入的目的。

综上所述，鲁大师在完成并购之后，毛利率与各项费用比率远低于其他公司。鲁大师合并报表中来自天津旗鱼的收入占比过大，如果剔除来自天津旗鱼的收入，鲁大师的营业收入将会出现断崖式下降，毛利率同样受到影响。因此，投资者对鲁大的质疑具有一定的合理性，该事件存在利用并购进行盈余管理的可能性。

宝龙地产“沉浮录”

（1）宝龙地产的债务危机如何在财务报表中加以反映?

宝龙地产的债务危机在财务报表中通过以下关键指标和项目反映：

①资产负债表：首先，宝龙地产的流动比率与速动比率持续下降。2019—2024年，流动比率从1.30降至0.94，速动比率从0.68降至0.37，表明短期偿债能力恶化。其次，宝龙地产的现金短债比跌破安全线。现金短债比从2019年的1.33降至2024年的0.43，远低于“三道红线”要求的大于等于1，表明货币资金无法覆盖短期债务。最后，宝龙地产2024年总负债达1 426.18亿元，其中一年内到期的短期借款261.80亿元，而同期现金及等价物仅61.03亿元，且资金缺口200.77亿元。

②利润表：一方面，盈利能力断崖式下滑：销售毛利率从2019年的36.41%降至2024年的8.75%，销售净利率从2019年的23.11%降为2024年的-10.98%，核心业务盈利大幅萎缩。另一方面，依赖非经营性

收益，2021年净利润中资本化利息、汇兑收益等非持续性收益占比达42.7%，盈利质量堪忧。

③现金流量表：一方面，经营性现金流净额大幅流出，2020年经营性现金流净流出120亿元，2021年进一步恶化，表明主营业务造血能力不足。另一方面，融资性现金流依赖度上升：2020年融资性现金流同比增长453%，达223.61亿元，宝龙地产通过举债维持资金链。

综上所述，宝龙地产的债务危机体现为资产负债表的高杠杆、利润表的盈利恶化及现金流断裂，三者叠加导致违约风险爆发。

（2）本次债务危机还涉及哪些财务分析信息来源？这些财务分析信息有哪些主要特点？

①其他财务分析信息来源：

评级机构报告：标普、穆迪多次下调宝龙地产的信用评级，2022年宝龙地产从“B”降至“CCC+”，提示违约风险。

债务违约公告：2022年7月及2023年11月的美元债利息违约公告，直接暴露流动性危机。

融资渠道受阻记录：ABS项目终止、公司债发行规模缩减，反映资本市场信心丧失。

债务重组方案：2023年公布的境外债务重组方案，揭示债务压力及谈判进展。

②主要特点：

前瞻性：评级下调、融资失败等信号早于违约事件，具有预警作用。

外部性：评级机构、交易所等第三方信息增强客观性，但易受市场情绪影响。

动态性：债务重组方案、资产出售进度等信息随危机演变不断更新，需实时跟踪。

综合性：结合定量与定性信息，全面评估风险。

（3）债务危机是否早有端倪，结合财务报表分析宝龙地产的偿债能力，并对财务状况做出评价。

首先，对宝龙地产的偿债能力进行分析。从数据看，宝龙地产的流动比率在2019—2024年间呈现下降的趋势，从1.30下降到0.94，这意味着公司的短期偿债能力有所减弱。速动比率可用于更严格地评估企业的短期偿债能力，因为它排除了存货等流动性较差的资产。宝龙地产的速动比率也呈现下降趋势，从2019年的0.68下降到2024年的0.37，进一步表明公司的短期偿债能力在减弱。其次，盈利与现金流背离，营收增长但现金流恶化。2020年营收增长36.33%，但经营性现金流净流出120亿元，反映出收入质量低、回款能力弱。最后，存货积压严重，2021年存货周转率仅为0.36次，土储去化缓慢，资金沉淀加剧。

综上所述，宝龙地产在2019—2024年间的偿债能力呈现下降趋势。其流动比率和速动比率的下降、现金短债比的恶化，都表明公司的短期偿债能力在减弱。通过与房地产标杆企业华润置地、万科进行对比发现，宝龙地产在2020年前的流动比率与华润置地持平，优于万科，但2020年之后其流动比率大幅下降，可见其短债压力在增大，为债务危机的爆发埋下伏笔。同时，虽然宝龙地产资产负债率近年来没有较大的变化，但归属母公司股东的权益与负债合计的比例在下降，也进一步影响了公司的长期偿债能力。因此，宝龙地产在追求业务扩张和发展的过程中，需要特别关注资产负债结构，以避免过高的财务杠杆带来财务风险。

□ 第三章案例分析题提示

比亚迪公司的转型发展

（1）上述分析运用了哪些财务分析方法？

案例分析中运用了战略分析、水平分析、比率分析、行业对比分析等财务分析方法。

（2）基于上述财务指标和比亚迪公司的资料，从公司战略和管理模式的角度对公司进行综合评价。

公司战略与管理模式变化。从“成本领先”到“技术+品牌”升级。

垂直整合战略深化，自研自产闭环，成本控制能力行业领先。拆分供应链，弗迪电池、比亚迪半导体等子公司独立运营，未来可能分拆上市，提升估值并引入外部资金。

全球化加速，2023年海外销量达24.2万辆（同比增长334%），占总量约8%，目标为2025年海外销量占比达到25%。

高端化与品牌升级，推出仰望（U8/U9）、方程豹等高端品牌，单车均价提升至17万元（2021年约为14万元）。

技术驱动，研发费用增至395亿元（营收占比为5.3%），聚焦CTB电池车身一体化、易四方电机等技术。

比亚迪财务表现全面向好，反映其战略转型成效：短期规模效应+垂直整合保障盈利，现金流充裕支撑扩张；长期高端化与全球化是关键，需观察技术突破（如固态电池）能否构建新壁垒。

ABC股份有限公司2023年财务报告分析

根据案例中ABC公司财务报告分析信息，指出该公司在2023年取得的成效、存在的问题，并提出未来进一步完善的建议。

①根据案例中ABC公司2023年各项指标的完成情况，公司在以下几个方面取得了成效。

第一，规模扩张与资产优化。总资产达2 689亿元，连续两年保持8%以上的增速，固定资产投资150亿元，重点投向新能源和智能制造领域，财务结构更趋稳健。

第二，盈利能力稳步上升。销售利润率从2021年的3.2%，提升到2023年的3.8%。营业利润率2021年为4.1%，2023年为4.7%，呈现稳步提升态势。

第三，运营效率提升。总资产周转率三年连升至0.71次，存货周转率提升至6.8次，应收账款周转率提升至9.3次，流动资产周转率提升至1.25次，资产使用效率显著改善。

第四，偿债能力增强。资产负债率持续下降至58.6%，流动比率提升至1.32，速动比率突破1.0，有形资产净值债务率降至172.4%，经营性现金流同比增长22%至89亿元。

②ABC公司2023年存在的不足。

第一，盈利能力有待提升，销售净利率3.8%仍低于行业标杆，原材料价格波动影响毛利率的稳定性，新业务投入对短期盈利贡献有限。

第二，业务结构风险，传统业务周期性明显，海外市场政策风险加剧。

第三，成本压力，钢材等原材料成本占比高，欧盟碳关税增加出口成本，研发投入持续加大影响当期利润。

③改善建议。

第一，盈利提升措施。深化供应商战略合作，建立原材料价格对冲机制，重点发展氢能储运等毛利率超25%的高附加值产品。

优化全球产能布局，降低物流和制造成本。

第二，业务结构优化。平衡传统与新兴业务比重，目标为新能源营收占比超40%，加快氢能业务商业化落地，争取3年内实现盈利。

拓展装备租赁等增值服务，培育新利润增长点。

第三，风险应对策略。建立多区域供应链体系，降低单一市场依赖，加大本地化生产投入，规避贸易壁垒，完善汇率风险管理机制。

第四，长期能力建设。保持研发投入占比4.5%以上，聚焦核心技术突破，推进智能制造升级，深化ESG实践，争取年碳减排目标提前实现。

□ 第四章案例分析题提示

酱茅的“优”与“忧”

（1）对海天味业应收账款的质量进行分析。

①应收账款占收入的比例极低。2024年，海天味业应收账款占收入的比例仅为0.224%，而同期的千禾味业、中炬高新、加加食品分别为7.55%、0.58%、2.01%。

②应收账款周转天数短。2024年海天味业的应收账款周转天数仅为0.7天，而千禾味业、中炬高新、加加食品分别为25.21天、2.25天、8.52天。

③采用“先款后货”结算模式。海天味业通过严格的经销商管理策略，要求经销商预付货款，大幅降低了应收账款风险。

综上所述，海天味业应收账款质量高，回款速度快，坏账风险低，反映了其在供应链中的强势地位和高效的资金管理能力。

（2）如何加强对应收账款的管理？

结合案例中海天味业的经验与行业实践，加强应收账款管理的措施包括：

①严格信用政策：实行“先款后货”模式，减少应收账款产生；对客户进行信用评级，动态调整赊销额度。

②强化客户关系管理：维护与核心经销商的长期合作关系，确保回款的稳定性；定期评估客户的财务状况，防范潜在违约风险。

③财务工具应用：利用应收账款保理或资产证券化，加速资金回流；对逾期账款采取法律手段追讨。

④数字化监控：建立应收账款管理系统，实时跟踪账龄和回款进度；通过大数据分析预测客户付款行为，提前预警风险。

（3）依据比较分析法，说明海天味业2022—2024年的“忧”及其原因。

根据海天味业2024年披露的年报等资料，海天味业2022—2024年面临的“忧”可以总结为以下三个方面：

第一处“忧”：资产配置中货币资金占比极高，营运资本利用率低。首先，对海天味业的经营活动、筹资活动、投资活动进行分析发现，海天味业具有较强的造血能力，能够覆盖投资所需资金，现金流较健康，投资活动与经营活动没有资金缺口。其次，从总资产的变动和结构入手，还原海天味业的资产配置现状、趋势与风险，海天味业的资产规模有所增长，而年报表明，海天味业的资产规模有所增长，主要是由于货币资金在增长。这表明海天的闲置资金并没有得到较好的利用。

第二处“忧”：海天味业成长性遇到瓶颈，产品盈利无明显增长，且由于费用支出快速增长，经营活动盈利出现下滑。尽管海天味业一直在压缩销售费用，但是经营活动的盈利还是出现了下滑的情况。海天味业经营资产报酬率有所恶化，其背后是核心利润率下滑导致的。将海天味业历史相关要素进行时间序列分析，得出其2021—2024年的销售费用率与销售净利率并进行比较发现，海天味业试图压缩销售费用以平衡其他费用支出，但2023年的销售净利率与2022年的销售净利率相比，仍出现了3.62%的下降，可见面对难以压制的费用支出，如何提升盈利仍是海天味业需要应对的难题。

第三处“忧”：随着电商行业的迅速发展，为了开拓线上市场，海天味业社区团购的茶品售价较低，加上广告费等因素导致其在线上销量上涨的情况下，毛利率对比线下在下滑，造成增收不增利的现象发生。正文以结构百分比比较为基础，比较海天味业线上线下销售、成本、利润变动情况。从中可以发现，尽管海天味业积极发展线上，试图搭上互联网红利的班车，但受调味品行业特性以及转型时间较晚的影响，线上销售不尽如人意。线上营业成本的增幅是营业收入增幅的2倍，由此，海天味业线上的财务数据甚至出现毛利率负增长的情况。

海天味业面临的“忧”一方面是受外在条件的影响，另一方面是其战略决策的原因。首先，2022—2024年，受新冠疫情的影响，消费者消费水平下降。加上天气因素，大豆产量下降，价格上涨，这让原材料以大豆为主的海天味业受到不小的打击。其次，面对原材料价格上涨，海天味业违背了2022年产品不涨价的承诺，将压力转移到消费者身上。而且在货币资金占比极高的情况下，财务费用持续增长，有可能公司进行了非必要融资。这些都与管理层的决策有关，也与股东定下的利润指标息息相关。此外，企业的商业模式是否有利于企业发展、是否有利于保持现有的竞争力等都与潜在战略风险的发生与否息息相关。

苏宁难“安宁”

（1）苏宁频繁并购且持续进行投资，请结合现金流量分析其资金来源。

从苏宁经营活动产生的现金流量来看，2018—2024年，虽然苏宁的经营活动现金流入出现了显著升高的趋势，但现金流出也在逐渐增长，经营活动现金净流量在2018—2022年连续5年出现负值。随着转型的推进，苏宁的经营活动现金流入难以抵补相关的经营支出，一方面是由于其具有经营性的应收项目不断增多，现金流入缺乏通畅性，与此同时应收账款也出现了过快增长的情况，对苏宁的现金使用效率产生影响，在一定程度上带来了现金周转压力。

从苏宁投资活动产生的现金流量来看，苏宁投资活动频繁的期间为2017—2018年，对应了苏宁小店大量扩张及调整闭店的时期，反映出苏宁在战略转型过程中急于布局线下便利店，扩张速度过快且投资数额大，但门店定位及选址、店面运营、供应链及成本等方面存在问题，难以取得理想的投资效果，还导致企业的投资现金流出现了明显的波动情况，给企业现金流质量造成了冲击。此外，苏宁在转型过程中开展对外投资，收购及对物流仓储等设施的建设也带来了不小的投资活动现金流出。

由于2018—2019年苏宁的经营活动和投资活动现金流量净额均为负值，为了维持企业经营活动、投资活动的正常运转，不得不相应地多筹资。从筹资活动产生的现金流的表现来看，苏宁的筹资能力很强，通过向股东筹资、发行公司债及向银行借款等多渠道进行了大量筹资，对相应的资金缺口进行了弥补。可是，伴随着筹资规模的逐渐增大，企业资金成本在提高，相应地，财务风险也在增加，这进一步考验着苏宁的资金周转能力。

（2）苏宁的净利润能否反映企业真实的经营状况？请对苏宁的财务状况做出评价。

第一，净利润的“失真性”。

①依赖非经常性收益。苏宁2018—2024年扣除非经常性损益后的净利润（扣非净利润）连续多年为负，表明其主营业务长期亏损。净利润的短暂正值主要依赖资产出售和股权质押等非经常性操作。例如，2017年出售阿里巴巴股票获利32.85亿元，2018年进一步出售股票获利56亿元，这些操作掩盖了核心业务持续亏损的真相。

②不可持续性。资产出售虽能短期内美化报表，但导致优质资产流失，削弱了企业长期竞争力。这种“拆东墙补西墙”的策略无法支撑企业持续发展。

第二，财务状况评价。

①盈利能力恶化。首先，核心业务亏损。扣除资产出售收益后，苏宁零售主业多年亏损，2024年扣非净利润亏损达446.69亿元。其次，虽然2023—2024年经营现金流暂时为正，但同期营收继续下滑。最后，毛利率下滑，营业成本增速高于收入，零售竞争加剧导致盈利空间压缩。

②偿债能力危机。一方面，短期偿债风险高，货币资金难以覆盖短期债务（2024年短期借款262.72亿元，货币资金仅112.89亿元）。另一

方面，债务规模失控。总负债从2012年的470.5亿元飙升至2024年的1 248.34亿元，资产负债率曾高达90.63%，陷入“借新还旧”的恶性循环。

③营运效率低下。一方面，存货与应收账款积压，2018年后存货和应收账款大幅增加，2020年存货242.52亿元，应收账款76.96亿元，加剧了资金周转压力。另一方面，资产周转率下降。营业收入自2020年起断崖式下滑（2022年仅为713.74亿元），资产使用效率显著降低。

（3）针对苏宁的财务分析对企业经营有何启示？

①聚焦核心业务，避免盲目多元化。企业应优先强化核心业务竞争力，避免因追逐风口分散资源。企业在并购时需符合战略协同性，注重后续整合与盈利能力评估，而非单纯追求规模扩张。

②警惕依赖非经常性收益，强化主业“造血”能力。企业需通过主营业务创造稳定利润，而非依赖非经常性收益粉饰报表。通过供应链管理、技术升级降低营业成本。

③重视现金流管理，避免“烧钱”陷阱。苏宁转型智慧零售时，经营活动现金流持续为负，依赖筹资活动维持运转，最终引发债务危机。因此企业应确保经营活动现金流为正，避免过度依赖外部融资。高额的技术或市场投入需匹配明确的盈利路径，防止“烧钱”模式失控。

④控制债务风险，优化资本结构。苏宁总负债从2012年的470.5亿元飙升至2024年的1 248.34亿元，资产负债率曾高达82.85%（2021年），陷入“借新还旧”的恶性循环。因此企业债务规模需与偿债能力匹配，短期借款比例不宜过高，应保持充足的货币资金覆盖短期债务。

⑤提升运营效率，优化资产配置。苏宁的存货和应收账款存在积压现象，资产周转效率低下。企业应通过数据驱动减少滞销库存，加快周转速度。同时，应加强客户信用评估，缩短回款周期，避免资金占用。

□ 第五章案例分析题提示

A股上市公司股票回购热情不减

（1）公司进行股份回购的目的是什么？

股票回购的目的一般有以下两点：①实施基于股票的管理层激励，

管理层可以以低于市价的价格购买公司的股票，从而使管理层和股东的利益一致。②提高每股收益，减少发行在外的股票数量，会使每个股东享有的利润增加，从而提高每股收益。

（2）注消式回购如何影响所有者权益呢？

进行股票回购时会产生库存股。由于库存股不是公司的一项资产，而是作为所有者权益的减项列示在所有者权益中，引起所有者权益的减少；而对库存股进行注销时，会引起所有者权益内部结构的调整，对所有者权益总额没有影响。

净资产出现巨额赤字时投资者如何出资？

（1）如果企业将投资者投入的资金超过其注册资本所占份额的部分确认为“其他应付款”，为降低资产负债率，经股东会同意，能否将“其他应付款”转作“资本公积——资本溢价”？

一般情况下，根据企业出资者签署的与出资有关的协议或合同，如果出资者共同约定将某出资者超过其注册资本所占份额的部分作为所有者权益，则企业将其确认为“资本公积——资本溢价”；如果出资者共同约定将某出资者超过其注册资本所占份额的部分作为负债，待一定期间后偿还给出资者，则应确认为对某出资者的负债，记入“其他应付款”科目。“资本公积——资本溢价”和“其他应付款”性质不同，不能随意调换。如果出资者原已共同约定将某出资者超过其注册资本所占份额的部分作为负债，只有当出资者放弃此债权时，才能根据《企业会计准则》的规定将债权人放弃的债权在“资本公积——其他资本公积”中核算。据此，本案例中董事会对于“其他应付款”转作“资本公积——资本溢价”的决议不合规，应当纠正。

（2）企业净资产为负数或资不抵债时，是否需要出资人先弥补亏损后增资？

若企业净资产为负数或资不抵债，是由企业自身经营管理不善造成的，企业应当对各出资人说明并承担责任，没有理由要求出资人弥补资不抵债的部分，因此，不能强制要求出资人先弥补亏损后增资。如果各出资人为了公司的发展，自愿替企业弥补亏损，也只能视同捐赠进行会计处理，并考虑纳税。

（3）企业净资产出现巨额赤字时，出资人能否转让股权？

如果公司净资产出现巨额赤字，只要公司按照《公司法》、公司章程等规定运作，均可按法定程序对外转让股权。如果股东转让股权但公司的注册资本金额不变，市场监督管理部门在办理变更登记时，不要求提交验资报告，但如果股东或出资人要求注册会计师出具验资报告，注册会计师也可以承办此验资业务。

股利政策带来的报表联动

——以茅台集团2022—2024年的股利政策为例

（1）结合表5-3，请说明上述股利分配制度如何在2024年合并所有者权益变动表中体现？

股利分配体现在所有者权益变动表中利润分配下的对所有者分配利润的项目金额，并且本年报表金额的变动一般为上年年度股利分配方案中现金分红的数额。然而，茅台集团最近三年存在中期分红现象，根据表5-3股利分配方案的具体实施公告日可以确定有两笔分红方案影响2024年的合并所有者权益变动表。

一是，茅台集团2023年年报分红，每10股派息数308.76元，现金分红数额约为387.86亿元。二是，茅台集团2024年三季报分红，每10股派息数238.82元，现金分红数额约为300.01亿元。二者合计总金额为687.87亿元。在2024年合并所有者权益变动表中体现在对所有者（股东）的分配，同时减少所有者权益687.87亿元。

（2）说明上述股利分配制度对2024年合并资产负债表哪些项目产生影响。

上述两项股利分配方案（2023年报分红和2024年三季报分红）会对2024年合并资产负债表中的“货币资金”与“未分配利润”两个项目产生影响，影响金额为2024年现金分红数额687.87亿元。从2024年未分配利润的附注说明中可以更具体地看出现金股利对未分配利润项目金额的影响。

（3）结合表5-4、表5-5，请说明上述股利分配制度如何在2024年合并现金流量表中体现。

茅台集团采用现金分红的股利分配方案，因此会形成筹资活动的现金流出量，从节选2024年合并现金流量表筹资活动产生的现金流量来看，本年分配股利、利润或偿付利息支付的现金约709.51亿元，其中包含子公司支付给少数股东的股利、利润约21.64亿元和母公司分配的现金股利约687.87亿元。

（4）分析上述股利分配政策可能对哪些常见的财务指标产生影响。

现金股利的分配会同时减少资产与所有者权益项目的金额，因此可能会对偿债能力与盈利能力的相关指标产生影响。

例如，茅台2024年分配约687.87亿元的现金股利，减少了当年的货币资金，企业的流动比率与速动比率也会随之下降。此外，分配股利会减少本期未分配利润金额和期末所有者权益金额，可见公司的股利分配政策将影响本年的净资产收益率。

可转换公司债券的发行与转换对所有者权益的影响

（1）企业发行可转换公司债券的动机是什么？

① 调节、优化企业资本结构：因为可转换公司债券具备债券与股票的双重特征，在转换前，它是公司的一项负债，转换后，它又变成了公司的权益资本，所以，可转债可以调节公司股权和债权的比重。

② 降低融资成本：由于可转债附带了公司的股票期权，作为补偿，票面利率一般比普通公司债券低。另外，可转债的票面利率一般仍会远远低于同期银行贷款、普通债券和国债的利率水平。同时，在可转换债券被转换之前，相当于公司发行了较低利率的债券，并且该利息费用可以在税前抵扣，从而进一步降低了发行公司的融资成本。

③ 缓解股本的被稀释程度：发行可转换公司债券，其本身是债务融资，不会稀释公司的股本，只是在逐步地转换成公司股权后，逐渐地稀释公司的股本。

（2）长城汽车发行可转债中，如何确认所有者权益和负债的金额？

在进行分拆时，应当先对负债成分的未来现金流量进行折现确定负债成分的初始确认金额，再按发行价格总额扣除负债成分初始确认金额后的金额确定权益成分的初始确认金额。发行可转换公司债券发生的交易费用，应当在负债成分和权益成分之间按照各自的相对公允价值进行分摊。

（3）阐述可转换公司债券在转换时的会计处理，分别影响负债类和所有者权益类下的什么科目？

企业发行的可转换公司债券，应当在初始确认时将其包含的负债成分和权益成分进行分拆，将负债成分确认为应付债券，将权益成分确认为其他权益工具。

①发行时：

借：银行存款

　　应付债券——可转换公司债券（利息调整）（倒挤认定，也可能记贷方）

　贷：应付债券——可转换公司债券（面值）

　　　其他权益工具（可转债中的权益部分）

②转股时：

借：应付债券——可转换公司债券（面值）

　　　　　　——可转换公司债券（利息调整）（折价记贷方，溢价记借方）

　　其他权益工具（可转债中的权益部分）

　贷：股本

　　　资本公积——股本溢价

□ 第六章案例分析题提示

华为的逆境焕新之道

（1）分析华为外部忧患的切入点是什么？

终端业务是华为战略根基的核心，且始终与自研芯片技术深度融合。我们抓住核心业务，首先针对华为分客户销售收入的占比进行分析。在2021年以前，华为终端业务收入占比最高，有两年在54%以上。然而，从2021年开始占比持续低于40%，被运营商业务超越，如图6-2所示。

（2）图6-3中的关键点是什么？通常会影响利润表的哪些项目？应采用什么方法继续进行分析？

图6-3中的关键点是华为2021年终端业务收入同比断崖式下跌了49.59%；2022年延续负增长惯性，同比再降11.90%。可见，在国际地缘博弈加剧的背景下，华为的芯片供应链遭遇钳制，成为“卡脖子”难

题。并直接瓦解了华为终端业务的规模优势。核心业务收入下降，通常会影响企业的收入总额和利润状况。因此，我们顺藤摸瓜，首先对利润表主要项目，即销售收入、营业利润和净利润及变动率进行趋势分析，发现在2021年以前，华为存在明显的增收不增利现象。但2021年则比较异常，尽管因终端业务收入下降，导致销售收入下降28.56%，然而营业利润和净利润却明显增加，如图6-5所示。

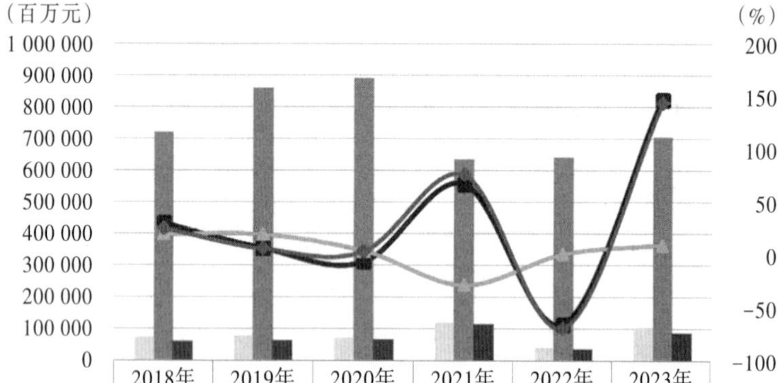

	2018年	2019年	2020年	2021年	2022年	2023年
营业利润	73 287	77 835	72 501	121 412	42 216	104 401
销售收入	721 202	858 833	891 368	636 807	642 338	704 174
净利润	59 345	62 656	64 649	113 718	35 562	86 950
营业利润变动率	29.98	6.21	-6.85	67.46	-65.23	147.30
销售收入变动率	19.48	19.08	3.79	-28.56	0.87	9.63
净利润变动率	25.06	5.58	3.18	75.90	-68.73	144.50

图6-5　2018—2023年华为主要利润项目及变动趋势

（3）根据上述资料，梳理华为在严峻外患的背景下其内部可能存在问题的分析思路。

第一，收入下降，利润异常。

第二，利润增加，造血无门。

第三，追根溯源，业务为因。

第四，利润亮眼，并非主业。

第五，抽丝剥茧，水落石出。

第六，对症下药，回血有道。

（4）分析华为内部可能存在哪些问题。（建议至少分析6个方面）

可以从以下6个方面深入分析华为在面临严峻外患的背景下，其内部可能存在的问题。

①收入下降，但利润异常——通过2018—2023年华为销售收入、营业利润和净利润及变动率趋势分析，如图6-5所示。尽管2021年华为销售收入下降28.56%，但营业利润与净利润却表现出色，涨幅均超过60%。这又是什么原因呢？

②利润增加，但造血无门——通过2018—2023年华为经营活动现金流量净额与净利润关系趋势对比分析，发现2020年以前，华为的经营活动现金流量净额不断增加，占净利润的比重均在1.25以上，说明盈利质量高，造血功能强。但从2020年开始，华为经营活动现金流量净额忽高忽低，占比降到50%左右。说明华为净利润的质量下降，其“造血”能力也出现了问题。而导致华为经营活动现金流量净额小于净利润的原因之一是销售收入下降，进而使销售商品及提供服务收到的现金减少。华为经营活动现金流量净额与净利润关系趋势如图6-6所示。

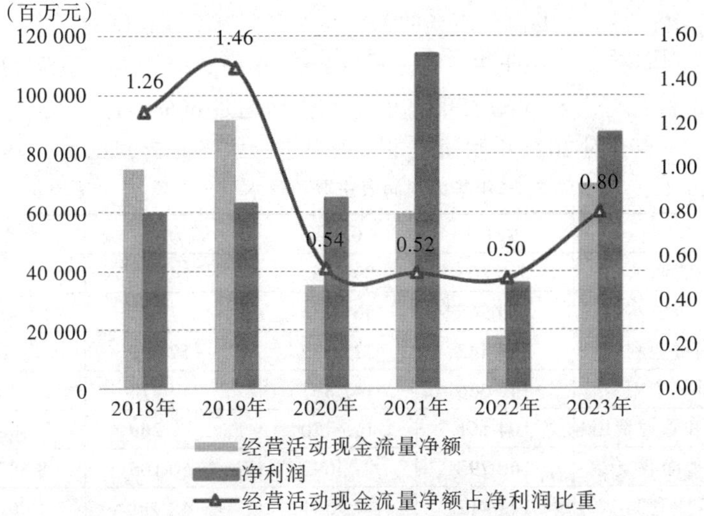

图6-6 华为经营活动现金流量净额与净利润关系趋势

③追根溯源，业务为因——为探究华为销售收入下降的原因，继续对华为2021年销售收入按地区和客户进行水平分析，见表6-18。

表6-18　**华为2021年销售收入按地区和业务同比变动表**　金额单位：百万元

按地区划分				按业务划分			
年份	2021年	2020年	同比变动（%）	年份	2021年	2020年	同比变动（%）
中国	413 299	597 983	-30.90	运营商业务	281 469	302 621	-7
欧洲、中东、非洲	131 467	180 819	-27.30	企业业务	102 444	100 339	2.10
亚太	53 675	64 466	-16.70	消费者业务	243 431	482 916	-49.60
美洲	29 225	39 664	-26.30	其他	9 463	5 492	72.30
其他	9 141	8 436	8.40	合计	636 807	891 368	-28.60
合计	636 807	891 368	-28.60				

由表6-18可知，与2020年相比，按业务划分占比最高的“运营商业务”和“消费者业务”同比均下降，其中消费者业务即“终端业务”销售收入的降幅高达49.60%（与外患部分分析结果一致，只是分析的角度不同）。从区域视角看，2021年华为中国地区销售收入降幅最高，在30%以上；三个主要海外市场的销售收入也都有不同程度的下降。

④利润亮眼，并非主业——尽管2021年华为销售收入下降28.56%，但营业利润与净利润却表现出色，涨幅均超过60%。这又是什么原因呢？进一步针对2021年利润表主要项目进行水平分析，见表6-19。

表6-19　**2021年华为利润表主要项目水平分析表**　金额单位：百万元

年份	2021年	2020年	变动额	变动率（%）
销售收入	636 807	891 368	-254 561	-28.56
销售成本	329 365	564 236	-234 871	-41.63
销售毛利	307 442	327 132	-19 690	-6.02
研发费用	142 666	141 893	773	0.54
销售和管理费用	104 161	113 430	-9 269	-8.17
其他净收支	60 797	692	60 105	8 685.69
营业利润	121 412	72 501	48 911	67.46
净利润	113 718	64 649	49 069	75.90

⑤抽丝剥茧，水落石出——发现其他净收支是导致其利润大幅增加的主要原因。说明华为2021年尽管利润亮眼，但主要源于非经常性损益，如图6-7所示。可知，2021年以前华为的其他净收支极低，而

2021年与2022年因处置子公司及业务导致其他净收支激增。

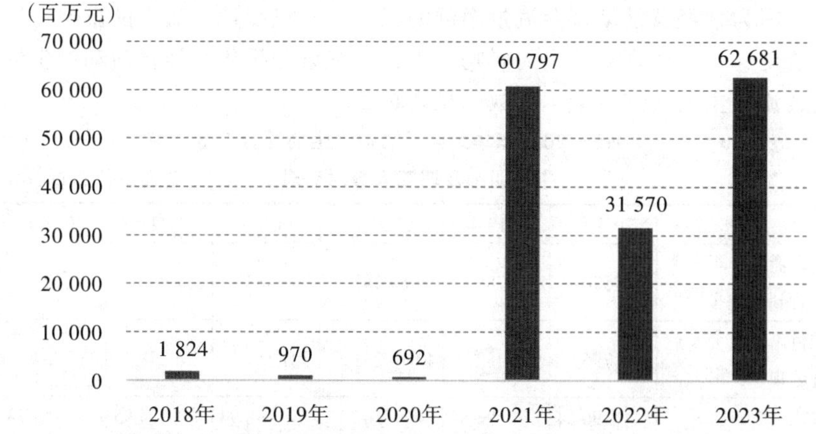

图6-7　2018—2023年华为其它净收支对比

华为2018—2023年剔除“其他净收支”后营业利润对比分析，如图6-8所示。可知，剔除其他净收支后，华为的营业利润从2020年开始持续下滑，2022年降至106.46亿元。说明华为的经营方针在从追求规模转向追求利润的过程中，通过非经常性损益增加利润和“人工造血”，并非长久之计，必须采取行之有效的措施以提高江河日下的营业利润。

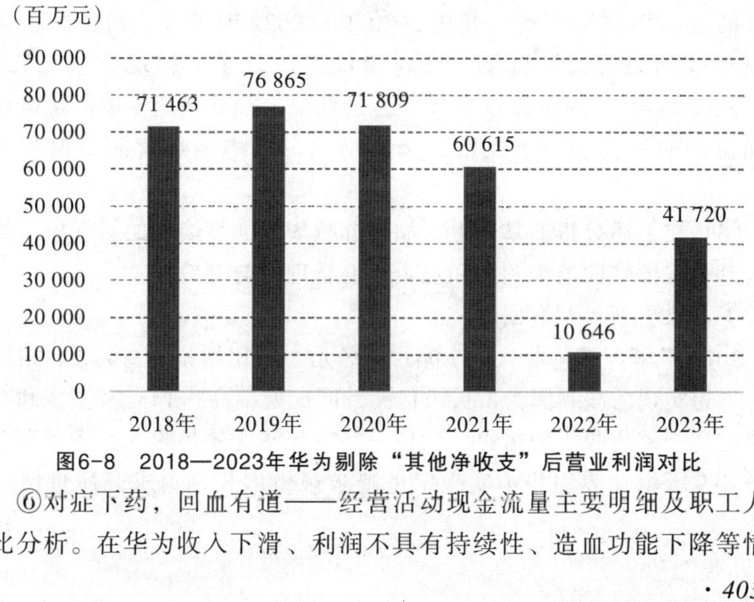

图6-8　2018—2023年华为剔除“其他净收支”后营业利润对比

⑥对症下药，回血有道——经营活动现金流量主要明细及职工人数对比分析。在华为收入下滑、利润不具有持续性、造血功能下降等情况

下，应该怎么办呢？是不是应该控制成本费用，减少现金流出呢？

因为，经营活动现金流量净额的减少，不仅受现金流入的影响，还可能受经营活动现金流出的影响。因此，继续分析华为经营活动产生的现金流量主要明细及职工人数，见表6-20。

表6-20　2018—2023年华为经营活动产生的现金流量主要明细及职工人数对比表

金额单位：百万元

年份	2018年	2019年	2020年	2021年	2022年	2023年
销售商品及提供服务收到的现金	795 520	959 785	989 447	708 883	711 048	770 927
支付给供应商及雇员的现金	768 796	929 482	1 010 231	701 351	746 228	757 254
占比（%）	96.64	96.84	102.1	98.94	104.95	98.23
经营活动产生的现金流量净额	74 659	91 384	35 218	59 670	17 797	56 134
职工人数（万人）	18.80	19.40	19.70	19.50	20.70	20.70

由表6-20可知，华为分析期员工规模不断增加，那么通过控制员工人数，增加经营活动现金流量净额，也是值得关注的点。2018—2022年华为“销售商品及提供服务收到的现金”与“支付给供应商及雇员的现金”同向变动，其中2020年和2022年华为“销售商品及提供服务收到的现金”低于“支付给供应商及雇员的现金”，2022年“经营活动产生的现金流量净额”为最低值。而华为近6年不断增加员工规模，通过控制员工人数，降本增效，以增加经营活动现金流量净额。

（5）在上述分析的基础上，如何分析华为逆境焕新的新气象，如华为从追求规模转向追求利润和现金流的合理性与有效性。

①万象更新，利润回暖

2023年华为销售收入为7 041.74亿元，同比增幅为9.63%。相比之下，华为实现的净利润为869.50亿元，同比增幅高达144.5%。净利润的增幅远高于销售收入的增幅。2018—2023年华为销售收入及净利润变动如图6-9所示，表明华为实现了由追求规模增长到追求高质量增长的飞跃。

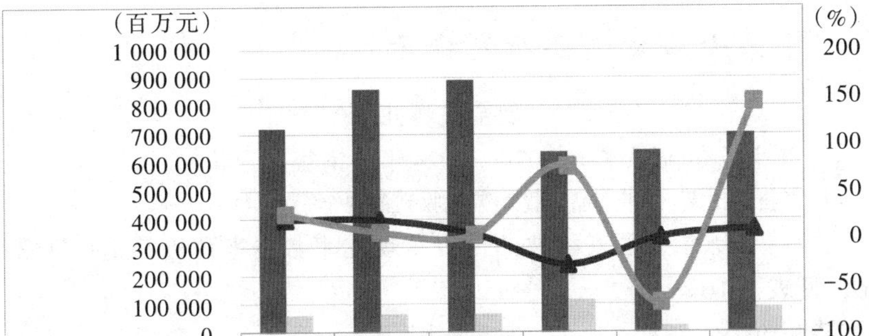

	2018年	2019年	2020年	2021年	2022年	2023年
销售收入	721 202	858 833	891 368	636 807	642 338	704 174
净利润	59 345	62 656	64 649	133.718	35 562	86 950
销售收入变动率	19.48	19.08	3.79	−28.56	0.87	9.63
净利润变动率	25.06	5.58	3.18	75.90	−68.73	144.50

图6-9　2018—2023华为销售收入及净利润变动

②血源焕新，机遇骤增

2023年华为“销售商品及提供服务收到的现金”高于“支付给供应商及雇员的现金”，“造血”能力得到提高，是经营活动现金流量净额及现金、现金等价物增加的主要原因，如图6-10所示。2023年华为的员工人数仍为20.70万人，与2022年相同（见表6-20），表明华为通过控制职工人数将企业重心由追求规模转向追求利润和现金流获得了成效。

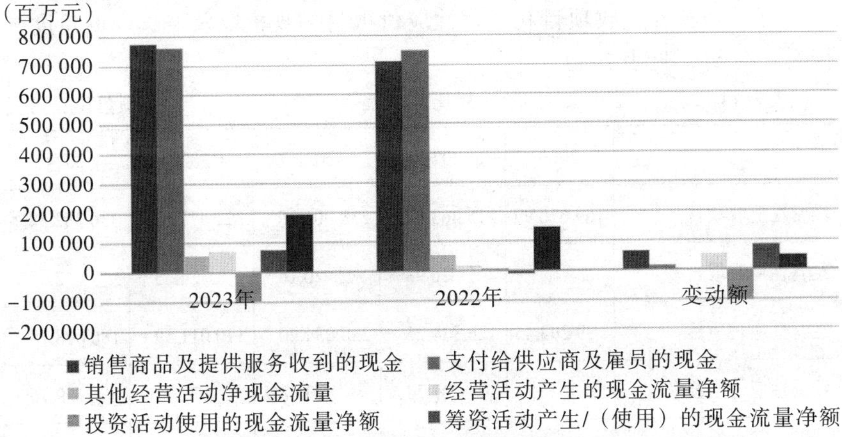

图6-10　2023年华为现金流量表主要项目变动对比图

□ 第七章案例分析题提示

现金去哪儿了?

(1)请分析辰安科技2020—2024年的销售获现状况。

销售获现比率=销售商品、提供劳务收到的现金÷营业收入

可结合历年来辰安科技的销售获现比率数据来评价其销售获现状况，见表7-10。

表7-10 **销售获现比率表**

年份	2020	2021	2022	2023	2024
销售获现比率	88.31%	84.06%	117.47%	67.53%	107.23%

辰安科技近年来的销售获现比率年度间波动很大，尤其是2022—2024年间。在2020年、2021年和2023年的销售获现比率均小于1，销售回款能力有待加强，而2022年和2023年的销售获现比率均大于1，销售回款能力较强。这可能与公司主要客户为政府及事业单位有关。项目周期长且验收多集中在第四季度，意味着案例公司的收入确认和现金回款存在明显的季节性波动。

(2)请分析辰安科技经营性应收项目与经营性应付项目配合使用的状况。

可从经营性应收项目和经营性应付项目的规模以及增长率的角度进行对比分析，见表7-11。

表7-11 **对比分析表** 金额单位：万元

年份	2020	2021	2022	2023	2024
经营性应收项目	169 676.99	215 463.67	258 906.19	322 477.47	330 382.38
经营性应收增长率		26.98%	20.16%	24.55%	2.45%
经营性应付项目	99 293.45	126 834.25	220 034.20	170 011.59	186 608.78
经营性应付增长率		27.74%	73.48%	−22.73%	9.76%
经营性应收与应付差额	70 383.54	88 629.42	38 871.99	152 465.88	143 773.60

经营性应收项目规模始终以较大幅度高于经营性应付项目规模，并且在2023年和2024年二者差异显著增加，经营性应收规模超过经营性应付规模约15亿元。说明公司为客户提供商业性融资的同时，却很难从供应商处取得相应商业信用，因此出现资金缺口。

（3）辰安科技经营活动产生现金流量是否充足？在对经营活动现金流量进行充分性分析时应考虑哪些因素？

经营活动现金流入量在弥补经营活动现金流出量之外，还应该考虑其对非付现成本和筹资成本的弥补。

①经营活动产生的现金流量小于零。

在这种情况下，企业正常的经营活动产生的现金流入不足以支付企业经营活动引起的现金流出。在企业的初创期，由于大量扩大生产活动、开拓市场的活动及产能没有达到规模经营的水平，经营活动的现金流量会出现负值，这是企业成长过程中的正常现象；处于成长期的企业，虽然创造的现金不断增加，但由于还处在不断扩大再生产过程中，一般不会有很充裕的现金流量；企业处于成熟期以后，经营活动的现金流量若仍然是负的，则必须采用一定手段向短期周转中补充资金（事实上处于这个情况的企业很难筹集到资金），否则会面临资金链断裂的情况，从而导致企业破产；在企业的衰退期，由于新产品的出现和市场占有率的逐渐下滑，在后期经营现金流量一般也会是负的，这也是企业发展过程中的正常现象。

②经营活动产生的现金流量等于零。

这就是说，企业正常的经营活动产生的现金流入刚好可以满足企业经营活动引起的现金流出，企业的经营现金流量处于平衡状态。这种情况下，企业仅仅弥补了付现成本，非付现成本没有得到货币补偿。从短期看，企业无须向短期周转中注入资金，仍然可以维持周转，但是从长期来看，一旦需要重新购置固定资产，企业就面临着资金的危机，必须采用一定手段融资，否则无法更换设备继续生产。即使筹集到了资金，企业如果一直无法使非付现成本得到货币补偿的状态，那么最后的命运必然是融资枯竭，走向破产。

③经营活动产生的现金流量大于零，但是无法完全弥补非付现

成本。

在这种情况下企业的经营活动现金流入足以使经营付现成本得到货币补偿，但是无法完全弥补折旧、摊销等非付现成本。由于折旧、摊销费用不需要支付现金，企业的日常开支并不困难，甚至会有一部分结余。但是，由于积攒起来的资金不足以重新购置固定资产，企业从长期来看仍是面临危机的。

④经营活动产生的现金流量大于零并且刚好可以弥补非付现成本。

这种情况下，企业摆脱了日常经营在现金流量方面的压力，企业经营活动产生的现金流量刚好能够弥补企业的付现成本和非付现成本，能够维持经营活动，但是无法为企业的扩大再生产和进一步发展提供资金。

⑤经营活动产生的现金流量大于零并且在弥补非付现成本后仍有剩余。

这种情况下，企业的经营现金流量完全弥补非付现成本后仍有剩余的资金可以用于投资活动等，有利于企业的长期可持续发展，是企业运行的一种良好状态。企业富余的现金可以用于购置设备，从而扩大企业的生产规模，使企业获得更大的未来发展潜力。

综上所述，辰安科技2023年和2024年经营活动产生现金流量均小于0，表明企业正常的经营活动产生的现金流入不足以支付企业经营活动引起的现金流出。鉴于辰安公司处于成长期，财务波动与盈利质量不稳定，反映了市场开拓期的成本压力及项目周期波动，而非成熟期的稳定现金流。

（4）请分析哪些因素可能导致净利润和经营活动净现金流量的不平衡。结合表7-5，说明具体哪些因素导致辰安科技2024年净利润和经营活动净现金流量产生差异。

应考虑不减少现金的经营性费用、减少现金的非经营性费用、非现金流动资产的减少和流动负债增加等因素的影响。

$$\begin{aligned}\text{经营活动的净现金流量}=&\text{本期净利润}+\text{不减少现金的经常性费用}+\text{非经常性活动费用}-\text{非经常性活动收入}+\text{非现金流动资产的减少}-\\&\text{非现金流动资产的增加}+\text{流动负债的增加}-\text{流动负债的减少}\end{aligned}$$

具体的项目包括：资产减值准备、固定资产折旧、无形资产及开发支出摊销、长期递延资产摊销、处置固定资产、无形资产和其他长期资产的损失、公允价值变动损失、财务费用、投资损失、递延所得税、存货减少、经营性应付项目的减少、经营性应付项目的增加、股权激励成本等。

辰安科技2024年净利润和经营活动净现金流量相差-15 683.02万元，产生差异的主要原因包括：资产减值准备增加11 725.89万元，经营性应付项目增加16 597.19万元，存货增加12 556.46万元，经营性应收项目增加7 904.91万元。

（5）请综合分析现金流量表与利润表以及资产负债表之间的关系。

现金流量表以收付实现制为编制基础，而利润表和资产负债表是以权责发生制为基础编制的。资产负债表的“货币资金”项目提供了期初、期末余额信息，而现金流量表反映了现金在这两个时点之间的变动情况。三张表都是对公司财务状况的反映。

特变电工转型过程中的现金流表现

（1）请根据所提供资料，分析特变电工2017—2024年间总体的现金流表现。

为了更好地体现案例公司在2017—2024年度的三大现金流在多年度的变化，通过表7-12对三大活动现金流量净额进行趋势分析。

表7-12　**特变电工2017—2024年现金流量的趋势分析**　单位：%

项目＼年份	2024	2023	2022	2021	2020	2019	2018	2017
经营活动产生的现金流量净额	724.22	1 443.62	1 219.24	635.23	294.07	226.01	144.35	100.00
投资活动产生的现金流量净额	419.36	482.44	621.13	304.82	97.60	272.04	105.74	100.00
筹资活动产生的现金流量净额	97.08	37.83	-153.48	-38.37	-54.89	200.54	173.24	100.00

从表7-12可知，特变电工在2017—2023年度的经营活动产生的现金流量净额呈现高速增长态势，从2017年的17.88亿元增至2023年258.12亿元（增长13.44倍），尤其是2020—2022年间经营活动产生的现金流量净额同比增长率超100%，这与光伏行业高景气度下公司新能

源业务的利润贡献密不可分；2024年呈断崖式下跌（规模缩至129.49亿元，同比下降约50%），这主要源于多晶硅亏损拖累，硅料价格暴跌，子公司新特能源亏损。

2017—2024年度特变电工投资活动产生的现金流量净额始终为负，并于2022年达到峰值，表明公司采取了持续性的扩张型战略。2023—2024年投资规模有所回落，这与光伏行业处于行业下行周期有密切关联。

筹资活动产生的现金流净额从2017年到2019年呈现翻倍增长，2020—2022年筹资活动现金流呈现负值，源于业绩高增后公司主动降杠杆。之后的2023年和2024年光伏行业不景气，公司需要依赖筹资活动弥补大额资本开支的资金缺口。

总体来看，2019年之前，筹资活动产生的现金流量净额超过了经营活动，但是二者差异在逐渐缩小。随着公司主营业务发力，尤其是新能源业务的爆发式增长，2020年后经营活动产生的现金流量是支撑公司大规模资本开支的主要驱动因素。

（2）请分析特变电工筹资活动现金流入与流出的内部结构，并总结其最近年份的主要融资模式及可能存在的风险。

为了更好地反映案例公司筹资活动流入与流出的内部结构详情及年度变化，可以绘制如表7-13所示的内部结构分析表。由表7-13可知，特变电工在2017—2024年的筹资活动现金流入构成中，取得借款所收到的现金是主要来源，占比70%以上，甚至个别年份（2020年）超过90%。可见，特变电工是以债务融资主导的融资模式。特变电工在2017—2024年的筹资活动现金流出构成中，偿还债务支付的现金是主要现金流出项目，占比60%以上，并且总体占比呈现下降态势，2023年之前主要是公司分配股利、利润或偿付利息支付的现金占比增加所致，2024年主要是支付其他与筹资活动有关的现金占比增加所致。总体来看，特变电工的筹资渠道单一，以债务融资为主，而且持续存在借新债还旧债的高风险现象，未来需警惕经营活动现金流锐减与大规模资本开支背景下的高额债务本金与利息偿还带来的财务风险。

表7-13　特变电工2017—2024年筹资活动现金流内部结构分析　单位：%

项目＼年份	2024	2023	2022	2021	2020	2019	2018	2017
吸收投资收到的现金	10.63	4.66	3.58	23.55	7.98	9.53	14.07	21.22
其中：子公司吸收少数股东投资收到的现金	2.22	0.03	0.08	11.36	0.38	6.38	4.89	0
取得借款收到的现金	78.53	86.50	87.65	73.59	92.02	83.43	85.44	78.73
发行债券收到的现金	3.35	4.17	0	0	0	0	0.41	0
收到其他与筹资活动有关的现金	7.48	4.67	8.76	2.85	0.00	7.03	0.08	0.05
筹资活动现金流入小计	100.00	100.00	100.00	100.00	100.00	100.00	100.00	100.00
偿还债务支付的现金	67.70	66.89	65.10	70.46	76.17	87.29	82.42	89.51
分配股利、利润或偿付利息支付的现金	11.16	20.45	21.90	13.30	12.39	11.82	10.71	8.91
其中：子公司支付给少数股东的股利、利润	2.25	2.24	4.13	1.41	1.06	0.40	0.42	0.30
支付其他与筹资活动有关的现金	21.14	12.65	13.00	16.24	11.45	0.89	6.87	1.58
筹资活动现金流出小计	100.00	100.00	100.00	100.00	100.00	100.00	100.00	100.00

□ 第八章案例分析题提示

从盈利能力看宇通客车行业龙头地位

（1）企业盈利能力指标分析可以从哪些角度入手？毛利率、总资产报酬率、净资产收益率分析是否能够代表客车行业的盈利能力水平？

客车行业是一个以销售客车为主营业务的行业，其盈利能力主要指标可以从资本经营、资产经营与商品经营的角度体现，而净资产收益率、总资产报酬率、营业收入毛利率分别体现了客车行业的资本经营盈利能力、资产经营盈利能力和商品经营盈利能力，对其进行趋势分析基本可以代表客车行业盈利能力水平。

（2）毛利率、总资产报酬率和净资产收益率之间是什么关系？通过图8-1、图8-2和图8-3对宇通客车的盈利能力进行分析和评价。

商品经营的基本内涵是企业以市场为导向，组织供产销等经营活动，以一定的人力、物力消耗，生产与销售尽可能多的社会需要的商品。毛利率是体现商品经营的代表性指标，是企业盈利的基础。

资产经营不能离开商品经营而独立存在，没有有效的商品经营就不能取得好的资产经营效果；资产经营是对商品经营的进一步发展，要实现资产经营目标，应在商品经营的基础上，进一步搞好资产的重组与有效使用，加快资产周转速度。总资产报酬率是反映资产经营盈利能力的指标，不仅受商品经营盈利能力的影响，而且受总资产周转效率的影响。

资本经营要以资产经营为依托，资本经营不能离开资产经营而孤立存在，资本经营是企业经营的最高层次，资本经营是资产经营的进步。商品经营和资产经营都服从于资本经营的总体目标。净资产收益率是反映资本经营盈利能力的指标，不仅受总资产报酬率的影响，而且受负债利息率、企业资本结构和所得税税率等因素的影响。

由图8-1、图8-2、图8-3可知，2012—2022年客车行业四家公司的毛利率、总资产报酬率、净资产收益率三项指标总体呈波浪式下降趋势，其中，毛利率下降幅度较小，总资产报酬率下降幅度较大。宇通客车的毛利率和总资产报酬率均保持在行业前列，净资产收益率略逊一筹，也体现出了远高于行业其他公司的特征。从2021年起宇通客车的毛利率、总资产报酬率、净资产收益率三项指标均开始回升，其他三家企业从2023年左右三项指标开始回升。可见，在行业中宇通客车的盈利能力较为突出。

（3）本案例采用了哪些财务分析方法？盈利能力分析还可以采用哪些分析方法？

本案例采用了趋势分析方法，盈利能力分析还可以采用因素分析方法。

（4）2012—2024年宇通客车在同行业企业中，为何大部分年份毛利率明显高于同行业其他企业，但总资产报酬率和净资产收益率在2019—2022年优势不那么明显呢？

宇通客车2012—2024年在同行业企业中毛利率和总资产报酬率均远高于行业其他企业，说明其商品经营盈利能力和资产经营盈利能力较突出，由于总资产报酬率下降幅度较大，可以对总资产报酬率进行因素分析，进一步结合营运能力分析总资产报酬率下降的原因进行探讨。同时，由于净资产收益率影响因素较多，需要针对净资产收益率进行因素分析，找到影响其变动的根本原因。

另外，还可以通过对比四家公司的平均单价和平均成本，进一步从源头探寻盈利能力指标普遍下降的原因。

□ 第九章案例分析题提示

海尔智家营运资金管理优化之路

（1）计算海尔智家近三年应收账款周转期、存货周转期、应付账款周转期和现金周期指标。

指标计算结果见表9–14。

表9–14 海尔智家主要财务指标表

项目	2024年	2023年	2022年
应收账款周转期（天）	30.95	25.32	22.55
存货周转期（天）	72.10	73.43	87.71
应付账款周转期（天）	91.17	83.11	90.66
现金周期（天）	11.89	15.64	19.59

（2）根据上述指标计算结果评价海尔智家营运资金管理效果。

如表9–14所示，海尔智家的存货周转期呈现出明显的下降趋势，数字库存变革效果初步显现。应收账款周转期呈现出增长趋势，其影响被存货周转期缩短所抵销。最终海尔智家的现金周期呈现出下降趋势，表明营运资金的管理效率提高。

□ 第十章案例分析题提示

金龙汽车短期偿债能力分析

（1）分别计算金龙汽车2012—2024年各年的流动比率、速动比率和现金比率并绘制其趋势图；分别从流动比率、速动比率和现金比率的角度分析评价金龙汽车的偿债能力。

①从流动比率的角度分析评价金龙汽车的偿债能力。

根据表10–4，计算2012—2024年金龙汽车各年的流动比率，如图10–1所示。可见，2015年以前金龙汽车的流动比率均在1.20以下。2015—2021年，金龙汽车的流动比率在1.20 ~ 1.32之间波动，从2022年开始，流动比率降到1.10及以下。从图10–1来看，金龙汽车的流动比率始终大于1，短期内是否具有偿债风险，还需要进一步分析。

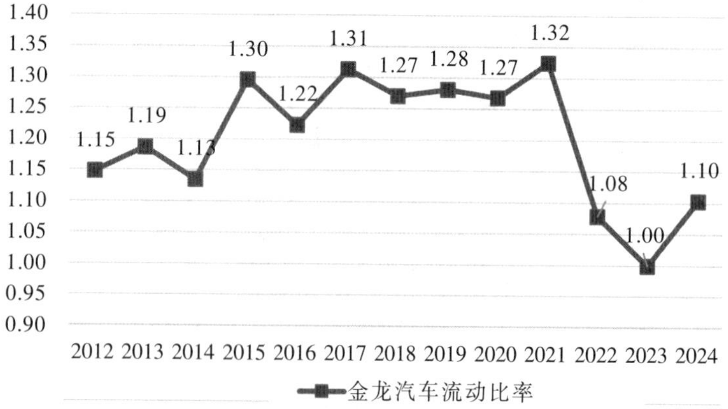

图10-1　2012—2024年金龙汽车流动比率趋势图

②从速动比率的角度分析评价金龙汽车的偿债能力。

根据表10-4与表10-5，计算2012—2024年金龙汽车速动比率，如图10-2所示。可见，2012—2017年金龙汽车的速动比率总体呈上升趋势波，2017年达到峰值为1.24，2018—2021年呈下降趋势，在1.13~1.18之间波动，2022—2024年速动比率下降到1以下。对比图10-1，发现金龙汽车的速动比率与流动比率之间的差距较小，说明其短期偿债能力受存货影响较小。

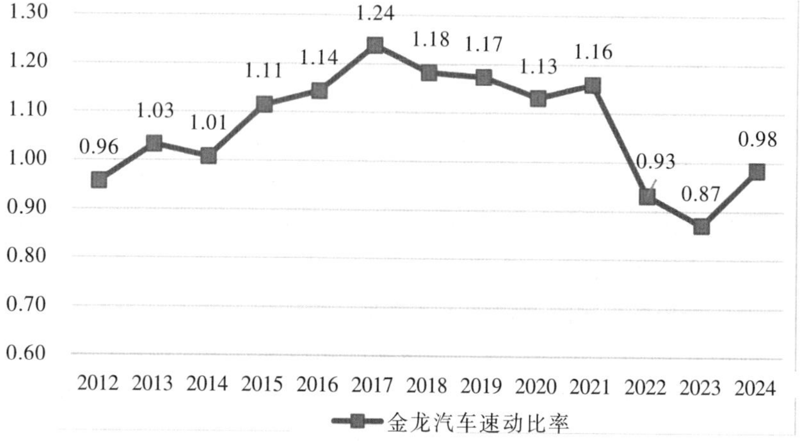

图10-2　2012—2024年金龙汽车速动比率趋势图

③从现金比率的角度分析评价金龙汽车的偿债能力。

根据表10-4与表10-5，计算2012—2024年金龙汽车现金比率，如图10-3所示。可见，2012—2024年金龙汽车现金比率在28%~43%之间波动，除了2016年低于30%以外，其他各年的现金比率均在30%以上。从现金比率的角度看，金龙汽车的短期直接偿债能力呈波浪式变化，但总体较高。

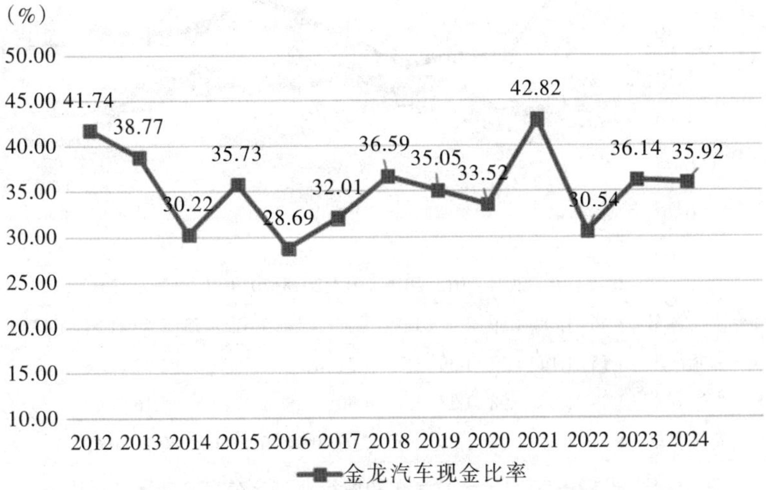

图10-3　2012—2024年金龙汽车现金比率趋势图

在企业的流动资产中，现金的流动性最强，可直接偿债，所以，用现金比率来衡量偿债能力很有必要，金龙汽车的现金比率较高，是其自身特征，还是客车行业企业的共性？接下来还需针对同行业四家公司进行对比分析。

（2）分别从流动比率、速动比率和现金比率的角度分析金龙汽车在行业中的偿债能力。

①从流动比率的角度分析金龙汽车在行业中的偿债能力。

根据图10-1和表10-6的数据，对比2012—2024年金龙汽车和同行业三家企业流动比率，如图10-4所示。可见，2022年以前，金龙汽车的流动比率和中通客车不相上下，且大部分年份高于中通客车。宇通客车一直处于领先水平，其流动比率各年均高于其他三家企业。在大多数年份，安凯客车的流动比率在四家企业中最低，特别从2018年开始，各年均低于1。通过对比四家企业的流动比率趋势，可以看到宇通客车的短期偿债能力最强。那么，是否流动比率越高越好，越低越差呢？实际上，流动比率的高低并不能完全代表企业的偿债能力，还需要进一步分析流动资产和流动负债的结构。

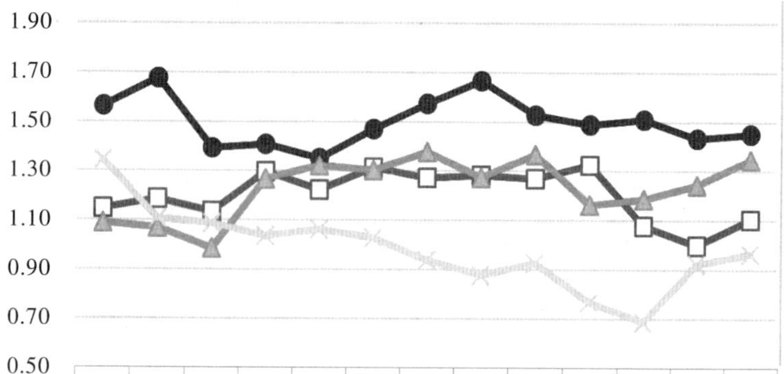

	2012	2013	2014	2015	2016	2017	2018	2019	2020	2021	2022	2023	2024
宇通客车	1.56	1.68	1.39	1.41	1.35	1.47	1.57	1.67	1.53	1.49	1.51	1.43	1.45
金龙汽车	1.15	1.19	1.13	1.30	1.22	1.31	1.27	1.28	1.27	1.32	1.08	1.00	1.10
中通客车	1.09	1.07	0.98	1.27	1.32	1.30	1.38	1.27	1.37	1.16	1.19	1.24	1.35
安凯客车	1.34	1.11	1.09	1.04	1.06	1.03	0.94	0.88	0.93	0.77	0.69	0.92	0.96

图10-4　2012—2024年金龙汽车和同行业可比公司流动比率对比图

②从速动比率的角度分析金龙汽车在行业中的偿债能力。

根据图10-2和表10-6的数据，对比2012—2024年金龙汽车和同行业三家企业速动比率，如图10-5所示。可见，2020年以前，宇通客车的速动比率明显处于领先地位，除2016年略低于中通客车以外，其他年份均高于其他三家企业。但从2020年开始四家企业速动比率普遍下降。由于四家企业的存货在流动资产中占比较小且相对稳定，因此，它们的速动比率与流动比率的变化趋势基本一致，除安凯客车从2018年开始、金龙汽车从2022年开始速动比率低于1外，其他企业从2018年起速动比率都在1以上，金龙汽车的速动比率在四家企业中处于中等偏下水平。

安凯客车速动比率最低，13年中仅有3年速动比率高于1。

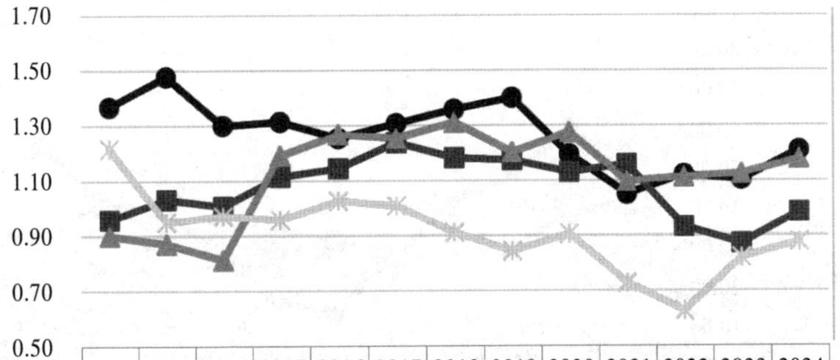

	2012	2013	2014	2015	2016	2017	2018	2019	2020	2021	2022	2023	2024
宇通客车	1.37	1.48	1.30	1.31	1.25	1.31	1.36	1.40	1.19	1.05	1.12	1.10	1.21
金龙汽车	0.96	1.03	1.01	1.11	1.14	1.24	1.18	1.17	1.13	1.16	0.93	0.87	0.98
中通客车	0.90	0.87	0.81	1.19	1.27	1.25	1.31	1.20	1.27	1.10	1.11	1.12	1.18
安凯客车	1.22	0.95	0.97	0.96	1.03	1.01	0.91	0.84	0.90	0.73	0.63	0.82	0.88

图10-5　2012—2024年金龙汽车和同行业可比公司速动比率对比图

由上述流动比率分析和速动比率分析，可以初步得出结论：在客车行业四家企业中，偿债能力最强的是宇通客车，其次是中通客车，金龙汽车排第三，安凯客车短期偿债能力相对较差。

③从现金比率的角度分析金龙汽车在行业中的偿债能力。

根据图10-3和表10-6，对比2012—2024年金龙汽车和同行业三家企业现金比率，如图10-6所示。可见，在四家企业中，除金龙汽车的现金比率相对稳定以外，其他企业的现金比率波动均较大；2016—2019年金龙汽车的现金比率处于领先水平，始终在28%以上。宇通客车的现金比率在2013—2015年、2020年、2022—2024年均处于领先地位，但2017年处于最低水平；中通客车的现金比率仅在2017年略低于20%，其他各年均在20%以上；安凯客车的现金比率波动较大，最高值为74.10%，最低值为12.85%。综合四家企业来看，除安凯客车以外，其他三家企业的现金比率总体表现较好，直接支付能力较强。

然而，现金比率过高，会增加企业的现金闲置成本，造成资金闲置问题，使企业丧失投资其他项目的机会，降低企业获取额外收益的能力，其管理层应该积极寻找合适的投资机会，适当降低企业闲置资金数额，提高企业现金使用效率；现金比率过低又会降低企业的短期偿债能力。通常对于企业的债权人来说，现金流量充足，贷款风险较小，是其

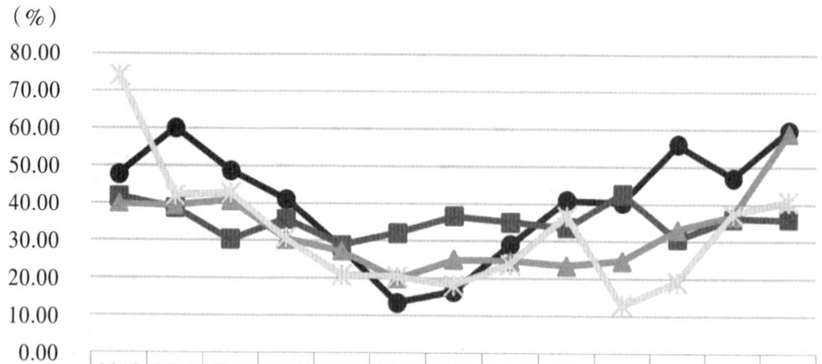

	2012	2013	2014	2015	2016	2017	2018	2019	2020	2021	2022	2023	2024
宇通客车	47.70	60.01	48.68	41.06	28.19	13.34	16.38	28.85	40.97	40.42	55.92	47.02	59.82
金龙汽车	41.74	38.77	30.22	35.73	28.69	32.01	36.59	35.05	33.52	42.82	30.54	36.14	35.92
中通客车	39.88	39.33	40.66	30.38	27.29	19.84	24.85	24.67	23.42	24.79	33.12	36.81	58.99
安凯客车	74.10	42.08	42.74	30.50	20.66	20.31	18.01	23.75	36.77	12.85	19.05	37.42	40.72

图10-6　2012—2024年金龙汽车和同行业可比公司现金比率对比图

做出贷款决策的重要参考指标。

（3）通过案例分析请思考：进行单一流动比率分析、速动比率分析、现金比率分析能否全面反映金龙汽车的偿债能力？

①流动比率分析是否能全面反映金龙汽车的偿债能力？

流动比率是衡量企业短期偿债能力的重要指标，表明企业每1元流动负债有多少流动资产作为支付保障。但是流动资产的变现能力有限，存货等流动资产的流动性相对于货币资金较差，较多的存货将影响流动比率的质量。

②速动比率分析是否能全面反映金龙汽车的偿债能力？

速动比率是指企业速动资产与流动负债之间的比率，用来衡量企业流动资产中几乎可以立即变现偿付流动负债的比率。该指标从流动比率演化而来，所以，常常和流动比率一起判断和评价企业的短期偿债能力。

尽管速动比率排除了存货和预付账款等对企业短期偿债能力的影响，但由于客车行业企业普遍应收账款占比高，应收账款不具有现时支付的能力，具有一定的回款期。因此，应收账款占资产比重高时，速动比率也不能完全反映其偿债能力，需要剔除应收账款等对流动资产的影响，同时，结合现金流量表，从现金流量的角度分析现金比率等指标。

③现金比率分析能否全面反映金龙汽车的偿债能力？

尽管金龙汽车在四家企业中，流动比率和速动比率都不突出，但其现金比率优势明显，说明其具有较强的即时偿债能力。但还应进一步分析现金比率高的原因，以及现金的主要来源，如果企业现金主要来源于投资活动，而非经营活动，则不具有稳定性。即企业的即期偿债能力主要依赖于稳定的经营活动净现金流量。因此，还应进一步结合现金流量表进行深入分析，再结合趋势分析的结论综合判断金龙汽车的短期偿债能力。

综上所述，企业短期偿债能力分析应将绝对数指标和相对数指标结合，静态分析和动态分析相结合，同时，还要结合竞争对手的情况进行行业分析，结合现金流量表等对特殊情况进行深入分析。

（4）根据以上案例分析内容提炼短期偿债能力分析思路。

第一，对短期偿债能力各指标的分析，均应从案例分析对象自身分析和同行业企业对比分析两个角度进行。

第二，将流动比率、速动比率和现金比率三个指标综合对比分析。

第三，静态分析和动态分析相结合，比率分析和趋势分析相结合等。

第四，分析流动比率和速动比率，还需要进一步分析流动资产和流动负债的结构。

□ 第十一章案例分析题提示

煤炭行业的“焦煤之王”——山西焦煤

（1）根据表11-5，评价山西焦煤的利润增长情况，并结合营业利润增长率分析2023年出现负增长的原因。

山西焦煤2016年至2021年，净利润增长率呈波动状态，2017年大幅增长后，2018年出现断崖式下降，2019年净利润增长率由正增长变为负增长，随后从2020年开始净利润重新恢复正增长，增长至2022年的184.15%，2023年净利润增长率又从正增长变回了负增长。营业利润与净利润的增减趋势大致相同，当2021年净利润大幅增长时，营业利润也大幅增长，这表明大幅增长的净利润，都来源于营业利润的增长贡献，说明山西焦煤的利润质量较高。但是净利润第一次减少的2019年，相应的营业利润出现了减少，其原因可能在于2019年山西省发布焦化行业压减政策，使得山西焦煤的利润也出现了降低的情况。净利润第二次减少的2023年，相应的营业利润增长率为负，其原因可能在于近几年受环保政策等影响，焦煤行业进入寒冬期，使得山西焦煤利润出现明显下滑。

（2）根据表11-4，评价山西焦煤的收入增长情况，并结合资产增长情况评价其效益性，结合同行业比较分析其在行业内的地位。

2020年、2023年、2024年山西焦煤的营业收入增长率低于资产增长率，说明在相应年份公司销售情况不具有良好的成长性，销售增长不具有效益性。这是由于近几年行业整体效益下降，山西焦煤受到了相应影响。其余年份，山西焦煤的营业收入的增长率都高于资产增长率，说明资产规模的增长是效益性增长。通过与同行业进行比较发现，山西焦煤的收入增长速度的变化幅度与同行业公司趋势大体一致。虽然在2016年与2017年山西焦煤的收入增长率低于潞安环能与冀中能源，但在2018年，山西焦煤的收入增长率远远高于另外两个公司。并且，对比2020年的营业收入增长率可以发现，潞安环能和冀中能源出现负增长的时候，山西焦煤仍然保持正增长率。此外，三家公司都在2023年与2024年经历了不同程度的收入负增长，但山西焦煤营业收入增长率变化趋势相对平缓。综合来看，山西焦煤收入的规模与发展能力在同行业中处于中等水平。

（3）根据表11-5，评价山西焦煤的资产增长情况，并分析其增长来源是否合理。

山西焦煤资产规模除2021年和2023年减少外均在增长，增速有所变动。在2019年、2020年和2024年，山西焦煤资产小幅度增长的同时，所有者权益减少，所以所有者权益增加额占总资产增加额的比重为负，这表明资产的增加主要来源于负债的增加；2021年与2023年资产减少，所有者权益增加，资产的下降主要来源于负债的降低。总体来看，山西焦煤资产增长较为合理。

（4）应用企业整体发展能力分析框架，分析山西焦煤的整体增长能力。

总体来看，山西焦煤在所有者权益、利润、收入和资产等方面的增长能力均低于行业平均水平，说明山西焦煤整体的增长能力下降，增速放缓；通过对比净利润增长率与营业利润增长率可以发现，除2017年、2020年、2022年和2024年之外，净利润增长率始终低于营业利润增长率，反映企业的成本费用的上升超过了销售的增长，反映出企业的增长能力并不好；对比收入增长率与资产增长率可以发现，近些年，收入增长率常常低于资产增长率，说明营业收入的增加主要依赖资产的增长，反映出企业销售增长不具有效益性；对比所有者权益增长率与净利润增长率可以发现，2023年和2024年，所有者权益增长率均高于净利润增长率，说明公司这几年的所有者权益增长并不是来自生产经营活动创造的净利润，而是依赖股东的净投资。

总体而言，近年来山西焦煤整体发展速度放缓，发展能力较以往有所下降，仍处于行业中等水平。当然，考虑到企业增长能力还受到许多其他复杂因素的影响，要得到关于企业增长能力的更为准确的结论，还需要利用更多的资料进行更加深入的分析。

家电行业中的“白马”——老板电器

由表11-6数据可见，老板电器的各项增长率都呈现较大幅度的波动，增长趋势不稳定。特别是2018—2020年，净利润、营业收入及存货增长率都呈现出下降趋势，2021年营业收入虽有增长反弹，但并没有带来净利润的同步增长，净利润降幅一度超过20%。观察另两家同业可比公司的增长率指标可以发现，收入增长和净利润增长都具有明显的行业特征，三家公司的收入增速2018—2020年都有不同程度的下降，并均于2021年出现较大幅度的增长，2021年华帝股份和万和电气净利润增长率均为负值，结合2021年厨电行业的发展可以看出，老板电器在2020年的表现与行业环境不无关系。但不难发现，老板电器在总资产、所有者权益、营业收入增长方面表现较另外两家企业更为稳定，增速虽有符合行业发展趋势的下滑，但下滑幅度不大，可见其发展能力较为良好。

首先，比较收入增长率和资产增长率。2016年到2020年，资产增长率均高于收入增长率，2021年收入增长率超过了资产增长率，高达

24.84%。整体而言，公司销售增长对资产投入的依赖性较强，销售的增长效益正在降低。比较收入增长率与应收账款增长率可以发现，除2016年、2017年和2023年之外，应收账款增长率皆高于收入增长率，企业的信用风险较大；比较收入增长率与存货增长率可以看出，2016—2018年，存货增长率虽然呈现下降的趋势，但除2016年外，均高于收入的增长率，在2019年，存货增长率下降，公司进行了存货管理，减少了存货，但在2021年，存货增长率高于收入增长率，公司需采取相应的措施，避免存货积压。2022—2024年，收入增长与资产增长仍然保持较强的同步性，资产增长率始终高于收入增长率，但同时，存货增长呈现快速下降的趋势，说明企业在大幅削减存货，需要进一步考察存货减值情况，排除存货减值带来的存货骤减，才能进一步分析存货减少的原因，如果企业优化了存货供产销的管理，这种存货规模的下降体现了管理效率的提升。

其次，比较股东权益增长率与净利润增长率。可以看到，2016—2018年，净利润增长率不断下滑的同时，股东权益增长率也不断下降，但2017年与2018年其增速仍高于净利润增长率，说明股东权益增长的质量始终不高。2019年净利润增长率出现了短暂的回升，但整体仍呈现下降的趋势，与股东权益变动趋势相同，说明所有者权益的增长不仅仅是来自生产经营活动的净利润，还有别的方面。除此之外，股东权益增长率与净利润增长率之间出现较大的差异，应进一步分析二者出现较大差异的原因，在2021年净利润增长率变为-20.06%，股东权益仍在增加，说明企业股东权益的增长并非依赖公司的盈利和积累。2022年和2023年，老板电器的净利润增长率均超过10%，但2024年这种增长并没有延续，说明净利润的稳定性较差。两家可比公司的增长也较不稳定，华帝股份的高增长出现在2023年，净利润增幅高达194.5%，因华帝股份净利润经历了2020年至2022年的连续高速下滑，该增长可能是较低的基期利润带来的，需进一步分析原因。

最后，比较营业收入增长率和营业成本增长率。可以看到，营业收入增长率和营业成本增长率始终呈现相同的变动趋势。除2019年、2020年、2023年之外，营业成本增长率始终高于营业收入增长率，说明公司需对成本费用进行合理管控。比较三家公司的营业成本增长率不难发现，老板电器的营业成本增长率高于另两家同业公司，这也是由于老板电器的规模、销售量基本高于另外两家公司；比较三家公司的期间费用占比，平均而言，老板电器的期间费用占比高于万和电气，低于华帝股份，且整体呈下降的趋势。2021年，老板电器的净利润增长率为负，是由于企业营业成本增长率高于营业收入增长率，企业利润下滑，比较另两家公司也可以看出，厨电行业整体的变动是导致净利润增长率为负的重要影响因素之一。2023年，营业收入增长率超过营业成本增长率，这也带来了2023年净利润约10%的增长，但该良好态势并没有维持，2024年企业营业收入增长乏力，营业成本却因为存在黏性，仍然较2023年增长了2.12%，致使净利润下滑近10%，老板电器若想维持较为稳定的利润增长，仍需加强生产韧性，合理控制成本。

总体而言，老板电器仍具有较好的整体发展能力，虽然其增速明显放缓，个别方面的增长效益性不足问题开始显现，但这不仅与老板电器自身经营变化有关，也与行业发展环境日趋严峻密切相关。

□ 第十二章案例分析题提示

比亚迪的增长密码

比亚迪2023年和2024年的杜邦分析指标计算见表12-16。

表12-16　**比亚迪公司杜邦分析指标计算表**

项目	2023年	2024年
净资产收益率（%）	23.06	23.82
业主权益乘数	4.32	4.19
销售净利率（%）	5.20	5.35
总资产周转率（次）	1.03	1.06

根据表12-16的计算可知，比亚迪在2024年净资产收益率依然保持了增长的趋势。净资产收益率的增长得益于销售净利率和总资产周转率的增长。虽然财务杠杆有所降低，不利于净资产收益率的增长，但是鉴于比亚迪较高的杠杆率，适当降低是有利于企业财务安全的。

比亚迪与特斯拉：全球新能源汽车双雄争锋

比亚迪与特斯拉杜邦分析指标计算见表12-17。

表12-17　　比亚迪与特斯拉杜邦分析指标计算表

项目	比亚迪	特斯拉
净资产收益率（%）	23.82	10.42
业主权益乘数	4.19	1.67
销售净利率（%）	5.35	7.32
总资产周转率（次）	1.06	0.85

根据表12-17的计算可知比亚迪公司2024年净资产收益率为23.82%，远高于特斯拉的10.42%。主要原因是比亚迪的财务杠杆远高于特斯拉。过高的财务杠杆为比亚迪带来了较高的净资产收益率，同时也带来了较高的财务风险。而比亚迪的销售净利率却不如特斯拉。比亚迪如果想要全面赶超特斯拉，还应在提高盈利能力和营运能力方面多做努力。

□ 第十三章案例分析题提示

圣博公司的真实业绩究竟如何？

（1）如果圣博公司采用EVA指标评价企业业绩，试分别计算2023年和2024年的EVA指标值，并指出用EVA和净利润哪一种指标评价圣博公司的经营业绩更合理，为什么？

2023年EVA=（2 571+200）×（1−25%）−（6 800+13 000）×10%

=98.25（万元）

2024年EVA=（1 929+170）×（1−25%）−（4 000+12 000）×10%

=−25.75（万元）

利用EVA来评价圣博公司经营业绩更合理。公司的净利润连续两年都为正，但2024年的EVA却为负值。净利润为正值可能只是公司盈利的一个表象，实际上公司忽视了股东投入的资本也是有成本的，EVA为负说明企业并没有为公司创造价值，而是在毁灭价值。

（2）如何理解“在会计利润很大的情况下，公司实际也有可能处于亏损状态”，你认为该结论是否正确？

净利润只确认和计量债权资本成本，忽略了股权资本成本。这种不计权益资本的现象会使企业管理者形成“资本免费”的错觉，进而不计成本、随心所欲地使用权益资本。同样，净利润指标忽略了资本结构对公司业绩的影响，会使得公司管理者忽视资本经营的重要性。

另外净利润对企业真实业绩的反映存在某种程度的失真和扭曲，而且净利润指标容易被操纵。而EVA是股东定义的利润，注重资本成本是EVA的明显特征。管理人员在运用资本时，必须为资本付费，就像付工资一样。由于考虑到了包括权益资本在内的所有资本的成本，EVA体现了公司在某个时期创造或损坏了的财富价值量，真正成了股东所定义的利润。用财务报告中的会计利润指标来衡量，许多公司都是盈利的，但实际上只有当公司所得的净利润大于全部资本成本时，才是为投资者创造了财富，否则是在损害股东财富。EVA对资本成本的重视，使企业可以避免这种“隐性亏损”的发生。虚假的盈利很可能给决策者造成错觉，使其不断追加投资，隐性亏损不断增加（EVA在不断下滑），变为显性亏损，导致企业失控，甚至有突然倒闭的可能。

东方公司价值评估

（1）根据上述资料，估计东方公司高速增长阶段预期现金净流量现值。

高速增长阶段（2025—2029年）：

负债比率=10÷（10+1×15）×100%=40%

股权资本成本=$R_f+\beta(R_m-R_f)$=6%+1.2×（13.5%-6%）=15%

加权平均资本成本=10%×（1-25%）×40%+15%×（1-40%）=12%

根据公式：年现金净流量=EBIT×（1-所得税税率）+折旧-资本性支出-净营运资本增加额，预计2025—2029年企业的现金净流量现值计算见表13-14。

表13-14　**企业5年现金净流量现值计算表**　单位：亿元

项目	2025年	2026年	2027年	2028年	2029年
EBITDA①	1.870	2.057	2.263	2.489	2.738
折旧②	0.605	0.666	0.732	0.805	0.886
EBIT③	1.265	1.391	1.531	1.684	1.852
EBIT（1-t）④	0.949	1.043	1.148	1.263	1.389

续表

项目	2025年	2026年	2027年	2028年	2029年
资本性支出⑤	0.660	0.726	0.799	0.878	0.966
营运资本增加额⑥	0.090	0.099	0.109	0.120	0.132
年现金净流量⑦=④+②-⑤-⑥	0.804	0.884	0.972	1.07	1.177
现值（12%）	0.718	0.705	0.692	0.681	0.667

（2）估计东方公司稳定增长阶段预期现金净流量现值。

稳定增长阶段（2030年及以后）：

负债比率=30%

股权资本成本=$R_f+\beta(R_m-R_f)$=6%+1.1×（13.5%-6%）=14.25%

加权平均资本成本=8%×（1-25%）×30%+14.25%×（1-30%）=11.78%

第6年现金净流量=EBIT（1-税率）+折旧-资本性支出-净营运资本增加额

=EBIT（1-t）（1+g）-0.132×（1+7%）

=1.389×（1+7%）-0.141

=1.486-0.141

=1.345（亿元）

稳定增长阶段期初价值（高速增长阶段期末价值）=1.345÷（11.78%-7%）

=28.14（亿元）

稳定增长阶段预期现金流量现值=28.14÷（1+12%）^{5}

=28.14×（P/F，12%，5）

=28.14×0.567=15.96（亿元）

（3）估计东方公司的公司价值。

公司当前的价值是高速增长阶段预期现金净流量的现值和稳定增长阶段预期现金流量现值之和。

公司价值=0.718+0.705+0.692+0.681+0.667+15.96=19.42（亿元）

（4）计算股权资本的价值和每股价值。

公司股权资本价值=公司价值-债务市场价值

=19.42-10

=9.42（亿元）

公司股票每股价值=9.42÷1

=9.42（元/股）

H通信公司价值评估

（1）计算H公司的税后净营业利润。

$$\text{税后净营业利润}=\text{净利润}+\left(\text{利息支出}+\text{研究开发费用调整项}\right)\times(1-25\%)$$

H公司的税后净营业利润见表13-15。

表13-15　**H公司税后净营业利润计算表**　单位：万元

年份	2022年	2023年	2024年
净利润	268 866	347 652	224 301
利息支出	75 131	72 862	137 400
研究开发费用调整项	605 538	842 765	1 042 638
税后净营业利润	779 367.75	1 034 372.25	1 109 329.50

对调整项的解释如下：

① 利息支出。该项通常在财务报表的“财务费用”项目下列示，将利息支出扣除所得税影响后调增净利润，是因为利息支出应该包括在经营利润中，将其加回是为了避免重复扣除债务成本。

② 研究开发费用调整项。这一项包括“管理费用”项下的“研究与开发费用”和当期确认为无形资产的研究开发支出。将研究开发费用扣除所得税影响后调增净利润，这是为了鼓励企业通过研发实现换代升级，提升核心竞争力。

（2）计算H公司的调整后资本。

调整后资本=所有者权益+负债合计-无息流动负债-在建工程

H公司的调整后资本见表13-16。

表13-16　**H公司调整后资本计算表**　单位：万元

年份	2022年	2023年	2024年
所有者权益	1 650 266	2 145 736	2 562 962
负债合计	4 303 790	5 470 028	6 912 366
无息流动负债	2 207 766	2 806 118	3 621 002
在建工程	116 277	127 220	136 259
调整后投入资本	3 630 013	4 682 426	5 718 067

对调整项的解释如下：

① 无息流动负债。企业的资本占用包括平均负债和平均所有者权益，在此基础上扣除平均无息流动负债是为了避免不负担资本占用费用的短期负债波动对资本占用额的影响，鼓励管理层合理管理净营运资产，避免占用过多的流动资金。无息流动负债包括“应付票据”“应付账款”“预收账款”“应交税费”“应付利息”“其他应付款”“其他流动负债”等无息流动负债项目。

② 在建工程。由于项目建设期的收益往往不佳，为了支持企业在一定范围内扩大再生产，提升企业的持续盈利能力和核心竞争力，引导企业加快处理闲置、低收益的资产，将财务报表中符合主业规定的“在建工程”项目从资本成本中扣除。

（3）计算H公司的加权平均资本成本。

$$\frac{\text{加权平均}}{\text{资本成本}}=\frac{\text{股权资本}}{\text{成本}}\times\frac{\text{股权资本}}{\text{成本的比重}}+\frac{\text{债务资本}}{\text{成本}}\times\left(1-\frac{\text{所得税}}{\text{税率}}\right)\times\frac{\text{债务资本}}{\text{成本的比重}}$$

由于已知H公司2022年、2023年、2024年的β值分别为1.6、1.19和1.3。以同期国债到期收益率4.27%为无风险利率，以5.89%为中国资本市场的股本资本溢价。根据资本资产定价模型，得其股权资本成本分别为13.69%、11.28%和11.93%。

H公司加权平均资本成本的计算见表13-17。

表13-17　**H公司加权平均资本成本计算表**

年份	2022年	2023年	2024年
股权资本成本	13.69%	11.28%	11.93%
债务资本成本	13.98%	12.06%	12.75%
股权资本成本的比重	0.44	0.45	0.44
债务资本成本的比重	0.56	0.55	0.56
加权平均资本成本	11.90%	10.05%	10.60%

（4）计算H公司的EVA值。

H公司EVA值的计算见表13-18。

表13-18 **EVA计算表** 金额单位：万元

年份	2022年	2023年	2024年
税后净营业利润	779 367.75	1 034 372.25	1 109 329.50
调整后资本	3 630 013	4 682 426	5 718 067
加权平均资本成本	11.90%	10.05%	10.60%
EVA	347 396.20	563 788.44	503 214.40

（5）估算H公司的公司价值。

H公司的公司价值计算见表13-19。

表13-19 **公司价值计算表** 金额单位：万元

年份	2024年	2025年	2026年	2027年	2028年	2029年
基期EVA	503 214.40					
EVA增长率		8.00%	8.00%	8.00%	8.00%	5.00%
预测期EVA		543 471.55	586 949.28	633 905.22	684 617.64	718 848.52
加权平均资本成本		11%	11%	11%	11%	11%
预测期EVA现值		489 614.01	476 381.20	463 506.03	450 978.84	426 601.61
后续期EVA现值	7 465 528.13					
期初全部投入资本	5 718 067.00					
公司价值	15 490 676.82					

W房地产开发公司价值评估

（1）预测该公司明确预测期各年经济利润。

预测期各年经济利润计算表见表13-20。

表13-20 **预测期各年经济利润计算表** 金额单位：万元

年份	2025年	2026年	2027年	2028年	2029年
净利润	604.8	793.8	873.6	1 029.0	1 232.7
净资产收益率（%）	23.32	22.51	17.38	15.24	13.26

续表

年份	2025年	2026年	2027年	2028年	2029年
股权资本成本（%）	10	10	10	10	10
净资产收益率-股权资本成本（%）	13.32	12.51	7.38	5.24	3.26
所有者权益	2 593.5	3 525.9	5 027.4	6 753.6	9 294.6
经济利润	345.45	441.09	371.02	353.89	303.00

（2）估算该公司明确预测期经济利润现值。

企业经济利润现值计算表见表13-21。

表13-21 **企业经济利润现值计算表** 金额单位：万元

年份	企业经济利润	贴现系数（10%）	企业经济利润现值
2025年	345.45	0.909	314.01
2026年	441.09	0.826	364.34
2027年	371.02	0.751	278.64
2028年	353.89	0.683	241.71
2029年	303.00	0.621	188.16
合计	—	—	1 386.86

（3）估算该公司明确预测期后经济利润现值。

连续价值$=\dfrac{303\times(1+8\%)}{10\%-8\%}=16\ 362$（万元）

连续价值现值=16 362×0.621 =10 160.80（万元）

（4）计算该公司股东价值。

公司股东价值=1 580+1 386.86+10 160.80=13 127.66（万元）

（5）与以现金流量为基础的评估方法相比，该公司董事会采取以经济利润为基础的评估方法的优势是什么？

与以现金流量为基础的评估方法相比，以经济利润为基础的评估方法的优势在于，通过以经济利润为基础的评估方法可以了解公司在单一时期内所创造的价值。经济利润等于投资资本回报率与加权平均资本成本之差乘以投资成本，因此经济利润将价值驱动因素、投资成本回报率和增长率转化为一个数字（增长率最终关系到投资资本数额或公司规模）。